MW01678981

L'ÉTONNANTE HISTOIRE DES NOMS DES

MAMMIFÈRES

De la musaraigne étrusque à la baleine bleue

AUTRES OUVRAGES D'HENRIETTE WALTER

Dictionnaire de la prononciation française dans son usage réel, en collaboration avec André Martinet, Paris, Champion & Genève, Droz, 1973, 932 p.

La dynamique des phonèmes dans le lexique français contemporain, préface d'André Martinet, Paris, Champion & Genève, Droz, 1976, 481 p.

La phonologie du français, Paris, PUF, 1977, 162 p.

Enquête phonologique et variétés régionales du français, préface d'André Martinet, Paris, PUF, 1982, 253 p.

Le français dans tous les sens, Paris, Robert Laffont, 1988, 384 p. Préface d'André Martinet. Grand prix de l'Académie française 1988. Traductions en anglais, en tchèque et en roumain.

Des mots sans-culottes, Paris, Robert Laffont, 1989, 248 p.

Dictionnaire des mots d'origine étrangère, en collaboration avec Gérard Walter, Paris, Larousse, 1991, édition revue et augmentée 1998, 427 p.

L'aventure des langues en Occident. Leur origine, leur histoire, leur géographie, Paris, Robert Laffont, 1994, 498 p. Préface d'André Martinet. Prix spécial du Comité de la Société des gens de lettres, et grand prix des lectrices de *Elle*, 1995. Traductions en espagnol, en portugais (Portugal & Brésil), en italien. Traduction japonaise sous presse.

L'aventure des mots français venus d'ailleurs, Paris, Robert Laffont, 1997, 344 p. Prix Louis-Pauwels, 1998.

Le français d'ici, de là, de là-bas, Paris, J.-C. Lattès, 1998, 416 p.

Dictionnaire du français régional de Haute-Bretagne, en collaboration avec Philippe Blanchet, Paris, Bonneton, 1999, 157 p.

Le français, langue d'accueil: chronologie, typologie et dynamique / French, an accommodating language: the Chronology, Typology and Dynamics of Borrowing, ouvrage bilingue sous la direction de Sue Wright à partir d'un exposé d'Henriette Walter, Clevedon, England, Multilingual Matters, 2000, 134 p.

Honni soit qui mal y pense. L'incroyable histoire d'amour entre le français et l'anglais, Paris, Robert Laffont, 2001, 364 p.

AUTRES OUVRAGES DE PIERRE AVENAS

La mise en forme des matières plastiques. Approche thermomécanique, en collaboration avec J. F. Agassant et J. Ph. Sergent, Paris, Lavoisier, 1982, éd. revue et augmentée en 1996, préface de P. G. de Gennes. Cette deuxième édition a été réalisée avec la collaboration de B. Vergues et M. Vincent.

Polymer processing. Principles and modeling, en collaboration avec J. F. Agassant, J. Ph. Sergent, et P. J. Carreau, Münich, Vienne, New York, Hanser Publishers, 1991.

HENRIETTE WALTER
PIERRE AVENAS

L'ÉTONNANTE HISTOIRE DES NOMS DES MAMMIFÈRES

▸ coati
Nasua nasua

it. *coati*
esp. *coatí*
angl. *coati*
all. *Nasenbär*

☞ ***De la musaraigne étrusque à la baleine bleue***

ROBERT LAFFONT

© Éditions **Robert Laffont** S.A., Paris, 2003
ISBN 2-221-09157-4

Direction artistique **Hector Obalk**
Exécution **Florian Debraine**
Illustrations du bestiaire **François Boisrond**
Dessins documentaires **Catibor**

Remerciements

Il est vraiment rare que deux auteurs, venus d'horizons très différents, réussissent le tour de force de mettre en commun leurs compétences complémentaires pendant plusieurs années sans que le moindre nuage vienne compromettre l'aboutissement de ce travail de longue haleine.

Cette situation exceptionnelle s'explique par les circonstances particulièrement favorables qui ont été réunies grâce à l'aide d'amis des quatre coins de l'Europe et grâce à la compréhension de notre entourage le plus proche : il y a eu Isabelle Walter, toujours soucieuse de nous apporter des documents inattendus, mais aussi Cécile, Véronique et surtout Brigitte Avenas dont la complicité de tous les instants a été extrêmement précieuse. Une place de choix doit être réservée à Gérard Walter, qui, durant toutes ces années, a travaillé dans l'ombre à la mise au point du manuscrit, foisonnant et constamment remanié, de cet ouvrage unique en son genre, original par le fond comme par la forme.

C'est à ce stade qu'interviennent les illustrations virtuoses de François Boisrond et l'apport minutieux d'Hector Obalk, qui a eu à cœur de réaliser, avec l'aide très appréciée de Florian Debraine, une mise en page élégante constamment au service du sujet traité.

Un grand merci à tous et à chacun.

SOMMAIRE

Une table des matières détaillée se trouve à la fin de l'ouvrage

ABRÉVIATIONS & SIGNES PARTICULIERS

Aide à la lecture

a. fr.	ancien français
Ac.	Académie française
all.	allemand
angl.	anglais
basq.	basque
bret.	breton
cat.	catalan
dan.	danois
éd.	édition
esp.	espagnol
espér.	espéranto
EU	États-Unis
fr.	français
GB	Grande-Bretagne
gr.	grec classique
hong.	hongrois
i.-e.	indo-européen
interl.	interlingua
irl.	irlandais
it.	italien
lat.	latin
lat. cl.	latin classique
lat. pop.	latin populaire
lett.	letton
litu.	lituanien
néerl.	néerlandais
néogr.	néogrec, grec moderne
pl.	pluriel
pol.	polonais
ptg.	portugais
roum.	roumain
sansk.	sanskrit
suéd.	suédois
tch.	tchèque
s. av. J.-C.	siècle avant Jésus-Christ
s. ap. J.-C.	siècle après Jésus-Christ
en italique	forme d'un mot
g^w	gw prononcé en une seule articulation, comme dans la séquence gou dans sagouin
k^w	kw prononcé en une seule articulation, comme dans la séquence qu dans équateur
—>	aboutit à
<	vient de
*	(devant un mot) forme reconstruite, non attestée
« »	sens d'un mot
< >	forme graphique
[ ] ou / /	prononciation
†	(après un mot) espèce de mammifère disparue

PRÉAMBULE

Les animaux sont partout

On dit que les langues sont ce qui différencie le plus les êtres humains des animaux. Mais ces derniers sont si proches de nous qu'au détour d'une phrase, ce sont des animaux familiers ou exotiques qui pointent leur nez dans toutes les langues, comme dans un parc zoologique inattendu.

Une présence parfois dissimulée

Il suffit de regarder d'un peu plus près le vocabulaire du français par exemple, et voici que se profilent les noms de nombreux animaux, sous des formes parfois un peu cachées : sous *canine,* on peut deviner qu'il y a le nom du chien, mais sous *lycée,* la présence du nom du loup est moins évidente, tout comme on a du mal à retrouver le cheval sous *maréchal,* et, sans une longue explication, on ne pourra pas découvrir la chèvre sous *chimère,* le bouc sous *tragédie,* la chatte sous *marmite* et encore moins le taureau sous la lettre A. Pourtant, même complètement dissimulés par l'évolution phonétique, ces animaux sont bien présents dans tous ces noms.

Dans les langues, tout comme dans les fables, les animaux sont vraiment partout : à l'origine des verbes *pulluler* ou *vacciner,* des substantifs *muscle* ou *écrou,* des adjectifs *chevalin* ou *dauphinois.*

Les animaux, depuis toujours

La très étonnante aventure des noms des animaux et, singulièrement, celle des mammifères remontent bien loin dans l'histoire de l'humanité.

Dès les origines, les hommes ont côtoyé ou affronté dans les milieux naturels :

- de grands animaux sauvages, redoutés et parfois divinisés, comme le loup, l'ours, le renard, le lion ;
- des animaux qu'ils ont domestiqués, comme le chien, la brebis, le bœuf, le cheval ;
- de petites bêtes familières des campagnes, comme la souris, le rat, la belette ;

des bêtes qu'ils ont chassées pour assurer leur subsistance, comme le lièvre, le sanglier, le cerf;

des animaux qu'ils ont poursuivis pour s'emparer de leur fourrure, comme le castor, l'hermine, le vison;

et, beaucoup plus tard, de petits animaux de compagnie, comme le hamster, le caniche, le chihuahua.

Tous ces animaux, les hommes ont très naturellement été conduits à les nommer pour pouvoir les désigner, et l'idée est venue aux auteurs de ce livre de montrer à quel point les animaux sont encore présents dans les langues du monde: ils le sont non seulement parce que chaque animal a, dans toutes ces langues, un nom qui aide à le différencier de son voisin mais aussi parce que ce nom devient le point de départ de nouvelles formes permettant de désigner d'autres réalités du règne animal (*lycène*) ou végétal (*chiendent, delphinium*), ainsi que des objets créés par l'homme (*herminette*) ou même des constructions nées de son imagination (*vampire*) ou de sa réflexion (*cynisme*).

Si on les retrouve à la base de tant de noms, c'est que les animaux ont été au cœur des préoccupations humaines depuis la nuit des temps. Ils ont en effet été le sujet de thèmes récurrents, que l'homme a illustrés dans ses premières peintures et sculptures, dans les contes ancestraux et les légendes mythologiques ou encore dans la dénomination des constellations. Les noms des animaux sont sans doute apparus dans les toutes premières manifestations du langage humain.

Un bestiaire étymologique

Les noms mêmes des animaux apportent des informations sur les raisons pour lesquelles ils se sont imposés à l'homme. Si certains noms, comme celui du loup ou du lion, ont la même origine dans la plupart des langues de l'Europe, d'autres révèlent quels étaient les traits qui avaient le plus frappé les êtres humains au moment où ils les nommaient: cela pouvait être leur lieu de vie (le *campagnol*), leur couleur singulière (*le petit-gris, la roussette*) ou leur odeur désagréable (*le putois*), leur taille imposante (*le tatou géant*), leur comportement étonnant (*le paresseux*), leur tempérament rusé (*le renard*), leur voracité exceptionnelle (*le glouton*) ou leurs cris perçants (*le singe hurleur*).

En parcourant les pages de cet ouvrage, c'est en fait une espèce de bestiaire étymologique que l'on pourra découvrir, une sorte de pseudo-dictionnaire développé par thèmes, où la tonalité nécessairement un peu savante de l'ensemble se trouve atténuée par moments grâce à des pauses anecdotiques, souvent ludiques, toujours dépaysantes.

Ni dictionnaire, ni encyclopédie

C'est bien l'histoire des noms des animaux qui est au centre de ce livre, mais cette histoire sert aussi de point de départ vers d'autres horizons. Elle offre un cadre rêvé pour observer les constellations de la voûte céleste, pour fréquenter les dieux de la mythologie, pour tenter de comprendre les mystères de l'évolution linguistique et les bizarreries de l'héraldique, pour faire un détour du côté des noms propres, prénoms et noms de lieux, ou encore pour côtoyer les personnages de la littérature, du cinéma et de la publicité, tout cela sans quitter le domaine animalier et en respectant la classification des mammifères établie par les spécialistes. Dans cette optique, de nombreux écrits de zoologie ont été consultés, qu'il s'agisse des auteurs de l'Antiquité (Aristote ou Pline l'Ancien), des grands naturalistes créateurs de la nomenclature encore en usage (Buffon, Linné, Daubenton, Cuvier, Geoffroy Saint-Hilaire) ou encore des grands chercheurs d'aujourd'hui.

Ce vaste ensemble d'informations, qui part dans toutes les directions, aurait tout naturellement pu être présenté sous forme de dictionnaire à tendance encyclopédique. Mais l'ordre alphabétique, si éminemment pratique pour obtenir rapidement un renseignement précis, aurait eu pour effet de disperser des noms qui sont intimement liés par leurs origines. Ainsi, le nom de l'*éléphant* y aurait été très éloigné de celui de l'*olifant*, qui désigne aujourd'hui un cor en ivoire comme celui de Roland mais qui signifiait aussi «éléphant» en ancien français.

Afin d'éviter ce morcellement des connaissances aux vingt-six coins de l'alphabet, on a préféré opter pour un regroupement thématique autour de chacun des mammifères de ce bestiaire peu commun, qui n'est pas centré sur leur anatomie, leurs faits et gestes, leurs mœurs ou leur habitat, mais où tout est conçu en fonction de l'univers linguistique incroyablement riche qu'ils animent. Grâce à la façon dont chacun d'entre eux est représenté dans différentes langues, on pourra apprécier les trésors d'imagination que les hommes ont pu déployer pour les nommer.

UN BESTIAIRE AU CŒUR DES LANGUES

Une grande diversité autour de quelques animaux-vedettes

Les animaux et leurs noms

Suivre à la trace les noms des mammifères dans différentes langues et, de façon plus détaillée, dans la langue française, c'est aussi se familiariser, chemin faisant, à la fois avec un certain nombre de notions de linguistique et avec la diversité des langues du monde. Vaste et ambitieux programme, impossible à envisager sans avoir au préalable circonscrit un champ d'investigation bien délimité, tant pour les animaux que pour les langues à prendre en considération.

Un inventaire à réduire

Devant plus d'un million d'espèces animales répertoriées par les savants, il fallait tout d'abord constituer un corpus de base de dimension raisonnable. Or, même en choisissant de s'en tenir à la seule classe des mammifères, on se trouvait devant une trop grande diversité: beaucoup plus de 4000 espèces dont la très grande majorité n'est connue que par les spécialistes en zoologie. C'est la raison pour laquelle n'ont été retenus pour être présentés et commentés dans cet ouvrage que les quelque 300 noms de mammifères figurant au moins dans les trois dictionnaires usuels récents de la langue française: le *Petit Robert*, le *Petit Larousse* et *Hachette Encyclopédie.*[1]

Pourtant, un simple coup d'œil à la liste des noms finalement retenus montre que même ces derniers sont parfois loin de faire partie du vocabulaire le plus courant: on n'a pas l'occasion de s'intéresser quotidiennement au *babiroussa*, au *caracal* ou encore au *polatouche*, dont les noms peuvent toutefois susciter la curiosité.

Regroupement autour d'un animal-vedette

Afin de donner au lecteur des points de repère dans la grande diversité des espèces présentées dans cet ouvrage, les différents mammifères ont été regroupés autour de quelques animaux-vedettes mieux connus. Ainsi, le babiroussa se trouve dans le chapitre AUTOUR DU PORC, le caracal, dans AUTOUR DU CHAT et le polatouche dans AUTOUR DE L'ÉCUREUIL.

Un cadre zoologique indispensable

Bien que le sujet de cet ouvrage soit les noms des animaux et non pas les animaux eux-mêmes, il était néanmoins nécessaire de replacer ceux-ci dans un cadre reconnu par les naturalistes, qui ont établi sur des bases scientifiques le classement des centaines de milliers d'espèces vivant sur la terre.

C'est pourquoi chacun des chapitres s'ouvre sur quelques lignes d'introduction qui annoncent les divers mammifères dont il sera question dans les pages suivantes. Cette page de présentation témoigne aussi du souci de situer les animaux dans le cadre établi par les naturalistes, qui les ont classés

en **ordres**, parmi lesquels les carnivores, les rongeurs, les cétacés...

en **familles**: les canidés, les éléphantidés, les bovidés...

en **sous-familles**: la famille des *bovidés*, par exemple, se subdivise en plusieurs sous-familles, celles des *bovinés*, des *caprinés*, des *antilopinés*...

en **genres**: le vison et l'hermine, par exemple, appartiennent au même genre, *Mustela*, que la belette ou le putois...

en **espèces**: le mouton, par exemple, est de la sous-famille des caprinés, qui fait partie de la famille des bovidés.

Dans les pages d'introduction aux différents chapitres ***Autour de...***, ces indications figurent sous des formes typographiques différentes

ordre: **CARNIVORES**
famille: **mustélidés**
sous-famille: ***mustélinés***
espèce: par ex. **LA BELETTE.**

La classification des espèces

La notion d'espèce s'appuie sur un critère essentiel, qui est l'aptitude à la reproduction, pour un ensemble d'individus, dans leur milieu naturel, mais il existe parfois des divergences entre les classements établis par les divers naturalistes.

Pour éviter toute confusion dans le présent ouvrage, sauf indication contraire, nous nous référons toujours à la dernière classification des mammifères publiée par la Smithsonian Institution de Washington: *Mammal Species of the World* (1993), qui comporte 4629 espèces (dont l'homme).[2]

On sait cependant que cette liste évolue, et évoluera encore au cours du temps :

d'une part, parce qu'on découvre des espèces encore inconnues. « Chez les mammifères, les découvertes se succèdent encore au rythme de 15 à 20 espèces par an. Ce sont pour la plupart des chauves-souris et des rongeurs mais aussi, ce qui est plus inattendu, des petits primates d'Amérique du Sud, à raison d'une nouvelle espèce par an environ depuis dix ans »[3]

d'autre part, parce que des espèces disparaissent. Ainsi le mammouth, le mastodonte, le paléothérium, disparus depuis très longtemps, ne sont pas sur la liste de la Smithsonian Institution, mais celle-ci comporte encore le thylacine, ou loup de Tasmanie, pourtant considéré comme disparu depuis 1937

enfin, la liste peut évoluer du fait de nouvelles reconnaissances d'espèces. Ainsi, le bonobo a été séparé du chimpanzé commun en 1929, et la tendance est aujourd'hui d'admettre qu'il n'y a pas une seule espèce d'éléphants d'Afrique (comme c'est le cas dans la liste de la Smithsonian Institution datée de 1993), mais deux, ce qui entérine l'existence d'un mammifère de plus.[4]

Les langues de l'Europe

Sur le plan linguistique, on aura maintes fois l'occasion de remonter aux origines communes des langues de l'Europe et de rappeler que la plupart d'entre elles font partie de la grande famille indo-européenne, à quelques exceptions près : le basque, qui a subsisté en France et en Espagne, le hongrois, qui est venu ultérieurement constituer un îlot non indo-européen en Europe centrale, l'estonien et le finnois au nord du continent, ainsi que quelques langues à l'est de l'Europe. Toutes les autres langues de l'Europe sont indo-européennes : le grec, le latin et les langues romanes, les langues baltes et les langues slaves, l'albanais, les langues germaniques et les langues celtiques.

Qu'est-ce que l'indo-européen ?

C'est ainsi que l'on nomme, depuis le début du XIXe siècle, un groupe de langues qui présentent des traits communs conduisant à les considérer comme les différentes formes prises par une même langue plus ancienne[5] et qui aurait connu une différenciation du fait de son expansion hors de son lieu d'origine.

Mais quelles étaient les populations qui les parlaient ?

Grâce aux données archéologiques,[6] on sait que des populations, dont la présence a été attestée il y a plusieurs millénaires dans les steppes situées au nord de la mer Noire et de la mer Caspienne, avaient développé un mode de vie et des institutions particulières. À partir de –4000 environ, par vagues successives, ces mêmes populations auraient migré, d'une part vers l'Iran et le nord de l'Inde et d'autre part vers l'Europe, en direction de l'ouest et du sud. On a donc tenté de faire coïncider ces mouvements d'expansion de populations conquérantes avec les déplacements des groupes d'usagers de ces langues dites indo-européennes.[7]

Si cette hypothèse a reçu l'aval de nombreux linguistes (qui, toutefois, ne s'accordent pas sur le lieu d'origine ni sur la date des migrations), c'est que l'on a pu, grâce à la méthode comparative, constater qu'il existe dans les langues les plus anciennement attestées (sanskrit, grec, latin) de nombreux traits identiques ou très proches, qui ne peuvent pas être dus au hasard et qui plaident donc pour une origine commune. Ces mêmes traits se retrouvent dans les langues actuelles, malgré l'usure phonétique qui les masque en partie.[8]

On ne sait pas qui étaient ces «Indo-Européens»: les guillemets rappellent qu'on n'a jamais eu la preuve de l'existence d'une population «indo-européenne». La seule chose dont on soit sûr, c'est que le même type de sépulture — les *kourganes*, d'un mot russe signifiant «tumulus» — se retrouve à travers toute l'Europe, depuis l'extrême sud-est jusqu'au centre du continent: les premières, situées entre la mer Noire et la mer Caspienne, datent de –5000 environ et s'échelonnent chronologiquement d'est en ouest jusque vers la fin du IIe millénaire avant notre ère. Les plus récentes se trouvent en Bohême et en Allemagne moyenne.[9]

C'est à partir de ce stade que la linguistique prend le relais de l'archéologie, mais avec un handicap majeur: les premières attestations de textes écrits déchiffrables ne datent que de la fin du IIe millénaire avant notre ère: écriture cunéiforme des tablettes d'argile des Hittites,[10] écriture mycénienne de Crète, qui est un syllabaire et non pas un alphabet[11] ou écriture alphabétique du grec, attestée seulement à partir de la fin du Ier millénaire avant notre ère, avec les écrits homériques.

La reconstruction des formes anciennes

Grâce à la méthode comparative[12] appliquée à l'étude des langues attestées, on a tout de même pu reconstruire dans une certaine mesure la préhistoire de celles-ci. Mais il ne faudrait pas s'imaginer que l'on reconstruit la langue indo-européenne elle-même: ce que l'on obtient, ce sont des formes hypothétiques de base, des racines communes et des correspondances.

En constatant que «père» se dit: *pater* en grec, *pater* en latin, *pitar* en sanskrit, *fadar* en germanique ancien, *athir* en vieil irlandais, on établit qu'à l'initiale des mots, **p** grec, **p** latin, **p** sanskrit correspondent à **f** en germanique et à zéro (c'est-à-dire à la disparition de la consonne) en celtique. C'est ce qui permet de reconstruire ***p-** pour l'indo-européen, et d'expliquer les formes germaniques (en f) et celtiques (absence de consonne) comme le fruit d'évolutions ultérieures.[13]

Pour pouvoir extrapoler ainsi, ce n'est pas sur une liste unique de correspondances que l'on s'appuie, mais sur de très nombreux exemples concordants, qui permettent de confirmer l'hypothèse de départ.

On reconstruit de la même manière la racine indo-européenne **peku-* «bétail» sur la base des correspondances du sanskrit *paçu*, du latin *pecu*, du germanique ancien *faihu*.[14]

Dans cet exemple, on remarquera l'évolution sémantique ultérieure qui a fait passer du sens de «bétail» à celui de «richesse, somme d'argent», que l'on retrouve dans le dérivé latin *pecunia* «richesse en bétail», puis «argent» d'où l'adjectif français *pécuniaire* ou encore dans l'anglais *fee* «honoraires, cotisation» (cf. la forme **faihu* «bétail» en germanique ancien). Cela ne se comprend que si l'on se rappelle que le troupeau a été très tôt un objet d'échange et de commerce.

Les langues favorisées dans cet ouvrage

Il fallait aussi se limiter dans le choix des langues à prendre en considération. En dehors du français, qui est omniprésent, on a voulu privilégier celles qui lui sont les plus proches sur le plan géographique. Toutefois, d'autres langues ont souvent été citées, en fonction de l'intérêt de telle ou telle particularité lexicale pour désigner un animal donné, d'autant plus que de nombreux mammifères nés hors d'Europe gardent dans leur nom la trace de leur lieu d'origine: *gazelle* est un nom d'origine arabe, *jaguar* vient du tupi, *panda*, du népalais, *pangolin* du malais ou *impala* du zoulou. Ces noms ont souvent été empruntés presque tels quels dans les langues de l'Europe.

Les tableaux multilingues

La diversité de ces noms dans différentes langues est présentée sous forme de tableaux schématiques au début des chapitres intitulés «Autour de…», ce qui permet, au moins pour les noms d'animaux les plus usuels, de retrouver dans une même colonne toutes les formes remontant à la même origine.

On a choisi de ne faire figurer dans ces tableaux que 17 langues, dont 13 sont des langues indo-européennes :

le grec classique et le grec moderne, ou néogrec,[15]
le latin,
4 langues romanes : français, italien,[16] espagnol,[17] portugais,[18]
4 langues germaniques : anglais, allemand, néerlandais, danois
1 langue celtique : breton
1 langue slave : tchèque[19]

2 sont des langues non indo-européennes :

hongrois[20]
basque[21]

et 2 sont des langues internationales auxiliaires :

espéranto,[22]
et interlingua[23]

Il a semblé intéressant de joindre aux langues naturelles ces deux langues conçues a posteriori dans le but d'en faire des langues de communication très faciles à apprendre : leurs auteurs ont supprimé les complexités grammaticales que connaissent toutes les langues naturelles, et le lexique de ces langues est fondé essentiellement sur des ressemblances avec des langues indo-européennes. Ces deux langues construites dans la même optique ont quelquefois fait le même choix, mais pas toujours. Ainsi, le nom choisi pour le loup est *lupo* dans les deux langues tandis que, pour le chien, l'espéranto a choisi la forme d'origine germanique, *hundo*, et l'interlingua a préféré la forme d'origine latine, *can*

Il faut considérer ces tableaux comme des panneaux schématiques d'informations générales, et auxquels le lecteur un peu curieux pourra se référer s'il éprouve le besoin ou l'envie de retrouver le nom le plus commun d'un animal dans une langue donnée.

En dehors de ces grands tableaux consacrés aux animaux les plus connus, on trouvera, pour chacun des mammifères de cet ouvrage, à la droite du titre, l'indication systématique de son nom dans quatre autres langues : italien, espagnol, anglais, allemand.

Les « rosaces »

Pour illustrer les prolongements des noms des mammifères dans le lexique français, ont été regroupés sous forme de rosaces tous les mots dérivés à partir d'une même forme de base, leur *étymon* selon la terminologie linguistique.

Ainsi, dans le chapitre du **cheval**, on compte quatre rosaces (voir p.156, p.157 et p.159) :

autour de la première rosace gravitent des mots de la langue française dérivés à partir du latin classique **equus** (*équidé, équitation...*)

autour de la deuxième figurent ceux qui ont été formés à partir du grec **hippos** (*hippique, hippodrome, hipparion...*).

autour de la troisième rosace sont disposés les mots qui dérivent du latin vulgaire **caballus** (*cavalerie, cheval...*)

enfin, autour de la quatrième rosace, on reconnaîtra ceux qui sont liés au mot **cheval** lui-même (*chevalier, chevalière, chevauchée...*).

Les espaces de détente

En contrepoint de certains passages un peu «pointus», les intermèdes anecdotiques contenus dans les espaces de récréation apporteront au lecteur de nouvelles informations, souvent inédites, mais cette fois sous une forme beaucoup plus avenante, si bien que cette faune aux noms parfois étranges lui deviendra peu à peu familière. On connaissait bien le loup ou le lion, mais on ne savait peut-être pas qu'il y avait des mammifères nommés *dugong, suricate* ou *bonobo.*

Et pour que tous ces noms ne restent pas de simples mots que l'on ne rencontre que dans les livres, les illustrations demandées à François Boisrond apporteront non seulement une note esthétique très personnelle à l'ensemble de l'ouvrage mais donneront peut-être envie d'aller voir de plus près ces mammifères dont les noms font rêver.

Du loup au bonobo, et de la musaraigne étrusque à la baleine bleue

En allant du loup, l'animal sauvage le plus familier par sa présence dans les contes et les fables, au bonobo, dont l'existence est encore parfois insoupçonnée, le lecteur est conduit, par des chemins souvent détournés, de l'animal historiquement le plus redouté au primate biologiquement le plus proche de l'homme.

Si l'on envisage la situation sur un plan plus directement perceptible, celui de la taille et du poids, ce sont deux autres mammifères qui méritent d'être mis en vedette : la musaraigne étrusque, qui mesure moins de 10 cm, queue comprise, et qui pèse à peine plus de 1,5 g, est le plus petit mammifère connu tandis que la baleine bleue (avec plus de 30 mètres de long et jusqu'à 150 tonnes) est cent millions de fois plus lourde et reste de loin le plus gros animal de la planète.

Autour du loup

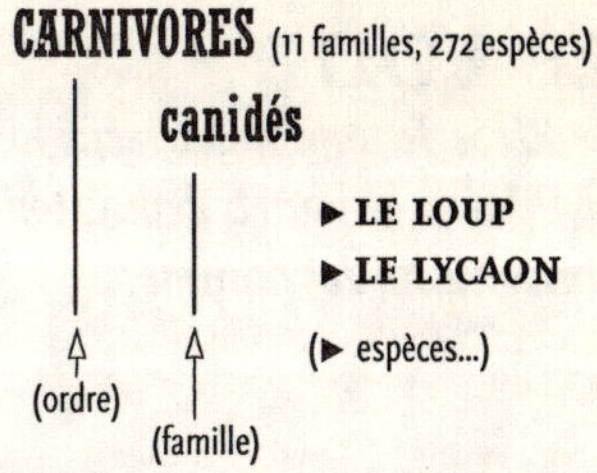

Avec le chien et le renard, le loup est l'un des trois grands représentants de la famille des canidés. Celle-ci comporte aussi d'autres membres moins connus, parfois difficiles à distinguer d'un loup, d'un chien ou d'un renard, comme par exemple le lycaon.

LE LOUP

héros de nombreux récits historiques ou mythiques, le loup a depuis toujours hanté l'imaginaire des hommes

it.	*lupo*
esp.	*lobo*
angl.	*wolf*
all.	*Wolf*

Ce n'est pas un hasard si le premier chapitre de cet ouvrage est consacré aux noms du loup. Depuis la nuit des temps, en effet, hommes et loups se sont côtoyés, en compétition sur les mêmes territoires de chasse.

LES NOMS DU LOUP

racine i.-e.	***lukʷo-, wlkʷo-***	ORIGINES DIVERSES	
gr.	*lukos*	bret.	*bleiz*
néogr.	*lukos*	hong.	*farkas*
lat.	*lupus*	basq.	*otso*
fr.	*loup*		
it.	*lupo*		
esp.	*lobo*		
ptg.	*lobo*		
(espér.)	*lupo*		
(interl.)	*lupo*		
angl.	*wolf*		
all.	*Wolf*		
néerl.	*wolf*		
dan.	*ulv*		
tch.	*vlk*		

Le loup, mythe et réalité

Les rapports entre les hommes et les loups ont cependant toujours été ambivalents : d'un côté, la crainte du prédateur cruel, la peur ancestrale du loup, de l'homme-loup, du loup-garou, et de l'autre l'admiration pour le courage, la force et la prudence de cet animal. Son attitude offensive a été assimilée finalement à une vertu guerrière. Tout cela a laissé des traces profondes dans les mythes et dans les langues elles-mêmes.

Le loup a aujourd'hui disparu de nombreux pays d'Europe. En France, il était encore très largement répandu à la fin du XVIIIe siècle, surtout en Bretagne. Il avait complètement disparu avant la Deuxième Guerre mondiale, pour reparaître, venant d'Italie, dans le parc du Mercantour en 1992.[24]

Si sa population a diminué un peu partout depuis des siècles, c'est qu'il a été chassé, capturé et systématiquement détruit. Charlemagne a fait nommer en 813 des officiers chargés de lutter contre les loups. Un tel officier s'est appelé en latin médiéval *luparius*, de *lupus* «loup», puis en français *louvetier*.

Plus tard, François Ier a structuré un corps de gardes appelé *louveterie*, dont les membres étaient les *louvetiers*. Il y a encore aujourd'hui en France des lieutenants de *louveterie*, chargés de veiller à l'équilibre des espèces dans la faune sauvage.[25]

Les noms du loup : un remarquable consensus

La ressemblance des noms du loup dans différentes langues indo-européennes saute aux yeux et atteste l'origine commune de ces noms dans les langues germaniques, slaves, baltes ainsi que dans le grec, le latin et les langues romanes.

À partir des similitudes formelles entre les noms du loup, notamment dans les langues romanes, germaniques et slaves, on a pu remonter à une même racine indo-européenne, qui apparaît sous la forme de deux variantes : ***wlk^{w}o-*** et ***luk^{w}o-***.[27]

> **GAROU N'EST PAS UNE EXCEPTION**
>
> L'équivalence entre *garou* (en français) et *wariwulf* (en germanique) peut surprendre si l'on ne la replace pas dans la longue série à laquelle elle appartient :
>
> *guerre* correspond à l'anglais *war*,
> *gages* correspond à l'anglais *wages*,
> *gaufre* correspond à l'anglais *waffle*...
>
> La liste de ces mots français en g-, empruntés au germanique, s'est trouvée encore augmentée à partir du Ve siècle, époque de l'afflux en français de mots germaniques, où cette prononciation (comme dans *gant*) s'est également étendue à des mots d'origine latine : *Vasconia* est finalement devenu *Gascogne*, et *vespa* a été prononcé ***g^{w}espa*** et a ultérieurement abouti à la forme *guêpe*.[31]

L'une d'entre elles, ***wlk^{w}o-***, dont la prononciation ne peut être qu'hypothétique, quelque chose comme ***woulkouo***, est attestée dans les langues germaniques (all. *Wolf*, angl. et néerl. *wolf*, danois et norv. *ulv*), dans les langues baltes (lituanien *vilkas*), dans les langues slaves (russe *volk*).

Cette racine se cache en outre dans des noms de peuples anciens : les *Volsques* en Italie et les *Volques* en Gaule dans la Narbonnaise, peuples ainsi appelés en référence au loup.[28]

C'est sous une autre variante, en partie inversée : ***luk^{w}o-***[29], que cette racine est attestée en grec *(lukos)* et en latin *(lupus)*, d'où les formes évoluées dans les différentes langues issues du latin (par exemple *loup* en français).

Seul le nom suédois *varg* se distingue de celui des autres langues germaniques. Il se relie en fait au vieux-norrois *vargr* signifiant «criminel, scélérat».[26]

Le latin

Le latin a été groupé avec les formes issues de ***luk^{w}o-***, et pourtant le /p/ du latin *lupus* peut surprendre puisqu'il n'y a pas de /p/ dans la racine indo-européenne ***luk^{w}o-***. On peut toutefois lui trouver une justification.

EN LATIN, POURQUOI LE /*P*/ DE *LUPUS* ?

On peut s'étonner de la présence de /p/ dans *lupus*, car ce nom remonte à ***luk^{w}o-***. Or, on sait que le /*k^{w}*/ de l'indo-européen s'est généralement maintenu en latin, comme on le constate dans *quattuor* «quatre», *quinque* «cinq», *quercus* «chêne» ou *aqua* «eau».

Si la forme *lupus* du nom du loup en latin comporte un /p/ alors qu'on attendrait un /*k^{w}*/ (quelque chose comme *loukwous)*, c'est que le mot a dû avoir été emprunté à une langue voisine. Or les Osques et les Ombriens [30], qui vivaient non loin du Latium, berceau du latin, avaient justement remplacé dans leur langue tous les /*k^{w}*/ de l'indo-européen par des /p/. Il n'est donc pas invraisemblable que le nom du loup en latin ait été emprunté à cette langue.

Une autre hypothèse serait un croisement avec la racine ***wlp-*** d'où viendrait le latin *vulpes* «renard». Dans ce cas, il y aurait eu confusion entre les noms du loup et du renard (cf. LE NOM DU RENARD, p.62).

D'autres noms du loup

On ne sait pas pourquoi les langues celtiques n'ont pas adopté le nom indo-européen du loup, alors qu'elles ont accepté celui du chien *(cú* de l'irlandais est proche de *canis* latin). Y a-t-il eu un tabou linguistique par crainte de l'animal ? Les formes celtiques sont en effet très différentes : en irlandais *mac tíre* ou *faolchú* (où l'on peut reconnaître en finale une forme très proche du nom du chien, *cú)*, en gallois *blaidd*, en breton *bleiz*. On a pu rapprocher ces deux dernières formes de celle du latin *belua* «bête sauvage».

Du loup des bois au loup des mers

C'est sans doute en raison de sa réputation de grande voracité qu'on a donné le nom du loup à une espèce de poissons également très voraces: le *loup*, que les Latins appelaient déjà *lupus*. De leur côté, les Grecs appelaient *lukos* divers poissons carnivores, mais ils nommaient le poisson qu'on appelle *loup* en français d'un nom spécifique: *labrax* «le vorace», nom que l'on retrouve dans le nom du poisson en grec moderne *labraki*.

En français, ce poisson se nomme bien *loup* sur les bords de la Méditerranée, mais on le désigne autrement dans la moitié nord de la France, où *bar*, du germanique **bars* «pointe», est la forme la plus fréquente. Dans cette dénomination, ce n'est pas la voracité du poisson qui se manifeste, mais bien plutôt le danger que représente sa nageoire dorsale aux pointes acérées.

Le loup-garou

La peur du loup est séculaire. Elle a existé partout en Europe au moins jusqu'au début du XIXe siècle. En témoignent de nombreuses évocations d'un «homme-loup» au nom savant: le *lycanthrope*, où l'on reconnaît le grec *lukos* «loup» et *anthrôpos* «homme». Il existe aussi une forme tout à fait populaire, qui n'est pas d'origine grecque mais d'origine germanique: à partir du germanique *wari* «homme» et de *wulf* «loup», on trouve par exemple *Werwolf* en allemand, *werewolf* en anglais et *garou* en français. Le loup-garou, personnage cruel des légendes et des superstitions populaires, mi-loup mi-homme, a pendant des siècles hanté l'imaginaire des hommes. Grâce à l'étymologie, on s'aperçoit qu'en fin de compte *loup-garou* est en fait un pléonasme. En effet, *garou* a pour origine la forme germanique *wariwulf*: *gar-* y est l'aboutissement de *wari* (*w* germanique est l'équivalent de g dans les langues romanes), et *-ou* est une prononciation évoluée de *wulf*. Dans *garou* il y a déjà «homme» et «loup», et *loup-garou* exprime donc deux fois la notion de «loup».

Le nom latin du loup et sa descendance en français

Comme on peut le constater ci-dessous, le nom latin du loup, *lupus*, figure dans plusieurs termes savants:

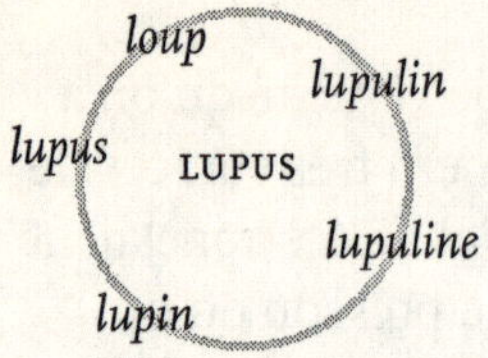

On les retrouve mêlés à d'autres noms savants dans la récréation suivante.

RÉCRÉATION

UN PEU DE SCIENCES NATURELLES

Des noms formés à partir de celui du loup sont proposés dans le désordre dans la colonne de gauche, avec leur définition dans la colonne de droite.

Quels sont les appariements corrects ?

1. le **lupus**	A. sorte de papillon
2. le lycène	B. araignée qui ne tisse pas de toile
3. le **lupulin**	C. muflier des jardins
4. la **gueule-de-loup**	D. maladie de la peau
5. la **vesse-de-loup**, ou **lycoperdon**	E. champignon qui, à maturité, s'ouvre bruyamment
6. la **lycose**	F. poussière jaune des cônes de houblon
7. le **lupin**	G. nom latin scientifique de la tomate
8. le **lycopersicum**	H. herbacée utilisée comme fourrage
9. le **lycopène**	J. chanvre d'eau
10. le **pied-de-loup**, ou **lycopode**	K. pigment rouge de la tomate
11. la **patte-de-loup**, ou **lycope**	L. plante dont on extrait une poudre inflammable

RÉPONSE : 1D — 2A — 3F — 4C — 5E — 6B — 7H — 8G — 9K — 10L — 11J

Les réponses très succinctes à la récréation ci-dessus appellent des commentaires plus explicites :

1. Le **lupus** est une maladie qui marque la peau comme une morsure de loup, et que les Romains nommaient déjà *lupus*.
2. Le **lycène** est un genre de papillon dont le nom latin *lycaena* a été forgé en 1807 par le naturaliste Fabricius.[32] On ne connaît pas la raison de ce choix mais, vu que les naturalistes ont couramment donné des noms mythologiques aux papillons, on peut penser à *Lukaina*, nom que l'on donnait à Aphrodite en Grèce.[33]
3. Le **lupulin** est produit par les cônes « femelles » du houblon, du latin botanique *lupulus*, diminutif du latin *lupus* « houblon » ; certains ont pu penser que le houblon a été appelé ainsi parce qu'il épuise les sols avec la voracité d'un loup. Du *lupulin*, on extrait la *lupuline*, qui rend la bière amère et assure sa conservation. Il existe aussi une autre **lupuline** qui est une variété

de luzerne dénommée ainsi parce que ses fleurs rappellent celles du houblon.

4. La **gueule-de-loup** est un autre nom du *muflier*, dû à ses fleurs, en forme de mufle d'animal.
5. La **vesse-de-loup** est un champignon en forme de poire qui, lorsqu'il est mûr, éclate sous le pied, comme un pet (ou une vesse), en émettant un petit nuage de spores. Son nom savant, *lycoperdon*, a l'air plus distingué mais il vient tout de même de *lukos* «loup» et du grec *perdomai* «péter». Une curiosité à signaler: dans le *Grand Robert*, *pet-de-loup* est défini comme un «vieil universitaire ridicule», d'après un personnage créé par Nadar en 1849.
6. Le grec ***lukos***, devenu *lycos* en latin, a désigné des araignées velues et coureuses, d'où le latin zoologique *lycosa*, devenu *lycose* en français pour désigner les araignées du type tarentule.
7. On ne sait pas pourquoi le latin *lupinus* «relatif au loup», a désigné aussi la plante nommée aujourd'hui **lupin**.
8. Le nom latin scientifique de la tomate est **lycopersicum**, du grec *lukos* «loup» et *persikon* «pêche». On a longtemps cru que cette plante était toxique,[34] d'où l'évocation du caractère maléfique du loup dans ce nom scientifique (que l'on retrouve encore aujourd'hui en homéopathie).
9. C'est à partir du nom savant de la tomate *(lycopersicum)* qu'a été forgé le nom du pigment rouge, **lycopène**, qui colore la tomate et le poivron et qui est aujourd'hui utilisé en cosmétologie.
10. Le **lycopode**, du latin scientifique *lycopodium* «petit pied du loup» est sans doute appelé ainsi parce que ses tiges sont velues, ou griffues, comme une patte de loup. Les microspores de cette plante constituent la poudre de lycopode, extrêmement inflammable et utilisée autrefois dans les feux d'artifice.
11. On ne sait pas pourquoi le **lycope**, qui est une plante des lieux humides, s'appelle ainsi.

RÉCRÉATION

ILS ONT MIS UN LOUP DANS LEUR MOTEUR

Dans la ville de Wolfsburg, en Allemagne, se situent des usines de la société Volkswagen, qui a lancé en 1998 une petite voiture baptisée *Lupo* («loup» en italien). Dans *Le Monde* du 2 nov. 1998, on a pu lire à son sujet:

[...] *un côté pince-sans-rire qui rend sympathique cette Lupo («loup» en italien, mais aussi un clin d'œil à Wolfsburg, littéralement «la ville du loup»), qui ressemble plus à un louveteau qu'à un loup-garou.*

Question: Combien de fois le nom du loup apparaît-il dans la phrase du *Monde*?

RÉPONSE : 7 fois. *Lupo*, «loup», *Wolfsburg*, «loup», louveteau et loup-garou (loup + homme-loup).

Le loup, personnage mythologique

La mythologie grecque met en scène un grand nombre de personnages dont le nom se relie à celui d'un animal, et c'est certainement le loup qui détient le record dans ce domaine. Dans le *Dictionnaire de la mythologie grecque et romaine* de Pierre Grimal,[35] on n'en trouve pas moins de quatorze, dont trois *Lycaon.*

Un quartier d'Athènes voué à la culture

Le lien entre la mythologie et les noms de lieux est clairement illustré avec le *Lycée (Lukeion)* qui était un quartier d'Athènes, au pied d'une colline elle-même appelée *Lycabette,* et situé non loin d'un temple dédié à Apollon *Lycien.* Sous le nom *Lukeion (Lycée)* on retrouve *lukos* «loup», ce qui évoque un lieu hanté par les loups. Le quartier a ensuite donné son nom au gymnase qui s'y trouvait, qui eut un administrateur au nom prédestiné de *Lycurgue* («qui repousse le loup»). C'est dans ce gymnase qu'Aristote a enseigné sa doctrine: de là vient le nom du *lycée* en français, alors que la langue allemande a préféré conserver le latin *gymnasium* dans un sens équivalent.

La louve aux mœurs légères

Dans les premiers textes grecs et latins, le même mot *(lukos* en grec, *lupus* en latin) servait à désigner indifféremment le mâle ou la femelle. Puis apparaissent *lukaina* «louve» en grec ancien et *lupa* en latin.

Mais alors que *Lukaina* a été pris comme surnom d'Aphrodite (cf. le papillon nommé *lycène,* p.24), le latin *lupa* a pris un chemin différent. En effet, le premier sens dans lequel *lupa* apparaît en latin n'est pas celui de «femelle du loup» (qui se disait *lupus femina* «loup femelle») mais celui de «femme aux mœurs légères, courtisane», d'où *lupana* qui, en latin, désignait l'accoutrement d'une prostituée. Se couvrait-elle de peaux de loup? Cette hypothèse apporterait un élément éclairant l'étymologie de *lupanar* «lieu où les prostituées exercent leur métier».

Le paradoxe de la louve chez les Romains

On reste perplexe devant la conception que les Romains se faisaient du loup et en particulier de la louve: d'une part, *lupa* on l'a vu, renvoyait à une catégorie sociale fort décriée, mais d'autre part, on glorifiait cette même louve qui, selon la légende, avait allaité Romulus et Remus et qui était donc à l'origine de Rome. *Luperca* était d'ailleurs une ancienne divinité romaine, peut-être la personnification divine de la louve légendaire qui les avait pris sous sa protection dans la grotte *Lupercal*, au pied du mont Palatin.

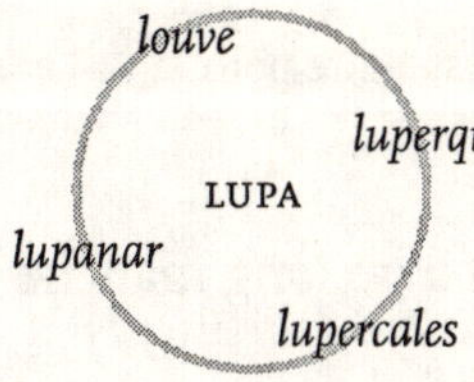

Les Romains allaient jusqu'à célébrer en son honneur, tous les 15 février, des fêtes très importantes, les *Lupercales*, au cours desquelles les prêtres, les *luperques*, vêtus de peaux de loup, organisaient une course autour du mont Palatin.

RÉCRÉATION

UN LYCÉE, LE MUSÉE DU LOUVRE ET UN LUPANAR

Quel rapport y a-t-il entre ces trois lieux ?

RÉPONSE : Tous les trois renvoient au nom du loup. *Lycée* vient du nom d'un quartier d'Athènes où se trouvait l'école philosophique d'Aristote, ancêtre de nos lycées modernes, autrefois hanté par les loups (en grec *lukos*), tout comme l'était sans doute le *Louvre* à Paris, et *lupanar* vient du nom de la louve (*lupa*) qui, en latin, désignait une prostituée.

Dérivations à partir du nom grec du loup

Comme on peut le constater dans le schéma ci-dessous en forme de rosace, la racine grecque *lukos* a aussi fourni en français un grand nombre de dérivés dont la plupart appartiennent au domaine scientifique:

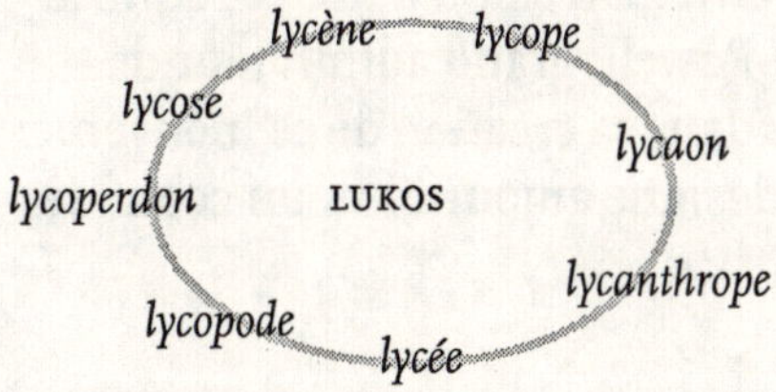

Le loup et la louve en dehors de la zoologie

C'est par analogie avec certaines caractéristiques de l'animal que le nom du loup a été attribué à divers objets, qui n'évoquent parfois l'animal que de fort loin.

Ainsi un *loup* peut être:

un demi-masque en velours, qui est censé donner à celui qui le porte l'apparence d'un loup ;
une forte tenaille pour arracher un clou : allusion à la puissante mâchoire du loup;
un appareil muni de pointes pour *louveter* la laine brute, c'est-à-dire pour la diviser : en référence aux dents pointues du loup ;
un filet de pêche tendu sur trois perches.

Enfin, une *tête-de-loup* est une brosse ronde au bout d'un long manche pour nettoyer les plafonds.

Sur un plan plus abstrait, le nom du loup s'emploie couramment en français d'aujourd'hui pour signifier un défaut, une malfaçon dans un ouvrage matériel ou intellectuel. Il est fort possible que cet emploi soit une référence à la mauvaise réputation de cet animal. Mais cela n'est pas sûr car il pourrait s'agir d'un rapprochement avec un autre nom, d'origine germanique, *loupe* «défaut, excroissance». Le même doute existe pour toute une famille de mots comme *louper* «manquer» et ses dérivés.[38]

D'autre part, une *louve* peut aussi être un engin spécial pour soulever une lourde pierre, sans doute une allusion à la force du loup. La *louve* comme engin de levage fut un instrument de base des bâtisseurs et l'un des outils emblématiques des francs-maçons, un peu comme l'équerre ou le compas.

Le loup et les rites de la franc-maçonnerie

À partir du XIXe siècle, le terme *louveteau* a été utilisé pour désigner un fils de franc-maçon. Rudyard Kipling, qui était un franc-maçon actif,[39] avait les rites de la franc-maçonnerie en tête lorsqu'il écrivait *Le Livre de la jungle* (1894), où il reprend le mythe de l'enfant-loup déjà présent dans la légende de Romulus et Remus, élevés par une louve. On sait d'autre part que le fondateur du mouvement scout, Baden-Powell, grand admirateur de Kipling, s'est inspiré du *Livre de la jungle* dans sa création de ce mouvement en 1907. En France, le terme *louveteau* désigne aujourd'hui un scout de moins de douze ans.[40]

Une rosace récapitulative

C'est surtout à partir du français *loup* qu'ont été dérivés un très grand nombre de noms, d'adjectifs, de verbes et de nombreuses formes composées, que l'on retrouvera autour de la rosace ci-après :

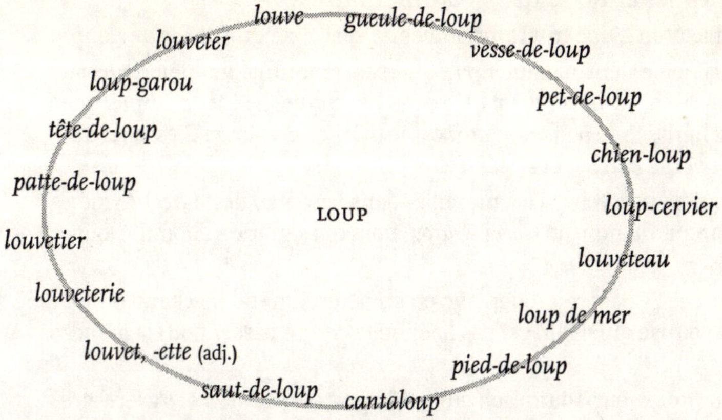

Toutes les formes figurant dans la rosace ci-dessus ont déjà été commentées, à quelques exceptions près:

louveter est le verbe qui signifie « mettre bas » pour la louve

louvet, louvette est un adjectif qui qualifie la robe d'un cheval en référence à la couleur du poil du loup (jaune mêlé de noir) ;

loup de mer est à la fois un type de bateau et un rude marin expérimenté. Pour ce dernier, en allemand, on ne se réfère pas au loup, mais à un « ours de mer», *Seebär;*

saut-de-loup est un large fossé qu'un loup aurait du mal à franchir ;

loup-cervier est un autre nom du lynx (cf. LE LYNX OU LOUP-CERVIER, p.133, et LE CERF, p.264).

Le loup en littérature

Sous des habits divers, le loup est aussi devenu un personnage de roman.

RÉCRÉATION

LOUP, Y ES-TU ?

En quoi le nom du loup est-il mêlé aux ouvrages suivants ?

1. *Le Dernier des Mohicans,* de James Fenimore Cooper
2. *La Herse rotative,* ouvrage de technique agricole de Fournas et Capdeville
3. *Le Passe-muraille,* de Marcel Aymé
4. *Le Petit Chaperon rouge,* de Charles Perrault
5. *Objectif lune* et *On a marché sur la lune,* deux albums de Tintin, par Hergé
6. *Histoire fidèle de la bête du Gévaudan,* d'Henri Pourrat
7. Le *Roman de Renart*

RÉPONSE : 1. *Mohican* = «loup» — 2. *herse* remonte au latin *hirpus* «loup» — 3. Le passe-muraille signe *Garou-Garou* — 4. Le personnage principal y est le loup — 5. L'un des personnages s'appelle *Wolff* — 6. On a longtemps pensé qu'il s'agissait d'un loup — 7. Le personnage le plus important, après le renard, y est le loup Ysengrin.

Ces réponses appellent quelques commentaires :

1. *Mohican* est le nom d'une tribu amérindienne, de l'algonquin *maïgan* «loup».
2. Le nom de la herse vient du latin *hirpex* «herse», emprunté lui-même à *hirpus* «loup», du sabin, autre langue parlée dans l'Antiquité à l'est de Rome, une herse étant hérissée de pointes, comme une mâchoire de loup. C'est de là que viennent le verbe *harceler* et ses dérivés.
3. L'homme qui passe à travers les murailles dans le roman de Marcel Aymé signe ses larcins du nom de *Garou-Garou*, nom qui signifie «l'homme loup» (deux fois).
4. Le conte du Petit Chaperon rouge met en scène un « grand méchant loup» qui, avec une ruse qui ne lui est pas habituelle, se fait passer pour la grand-mère.
5. L'adjoint du professeur Tournesol, qui participe à l'expédition et s'avère être un agent double, mais qui rejoint à la fin le camp des « bons», se nomme Frank *Wolff*.
6. Le Gévaudan est une région du Massif central où une série de meurtres restés mystérieux au XVIIIe siècle[41] a longtemps été attribuée à une énorme bête que l'on a pensé être un loup de grande taille ou un loup-cervier, autre nom du lynx. Les dernières recherches semblent pencher pour l'hypothèse d'un chien dressé à tuer, et guidé par un fou sadique.[42]
7. Le nom *Ysengrin* vient très probablement de *eisen* «fer» et *grim* «grimace menaçante».

Le loup dans les noms propres

La meilleure preuve de la séculaire familiarité entre le loup et l'homme peut être déduite de l'examen des noms propres.

RÉCRÉATION

MINISTRE, ÉCRIVAIN, MUSICIEN, THÉOLOGIEN...

On peut retrouver le nom du *loup* dans les noms :

1. d'un ministre de la guerre de Louis XIV (1639-1691), qui réorganisa l'armée française et créa l'Hôtel des Invalides
2. d'un écrivain et poète dramatique espagnol (1562-1635), qui exerça une grande influence en France, en particulier sur Corneille et Molière
3. d'un compositeur de musique brésilien (1887-1959), qui fit de longs séjours à Paris
4. du fondateur basque d'un ordre religieux (1491-1556)
5. d'un héros scandinave connu grâce à un long poème épique écrit en vieil-anglais

Qui sont ces cinq personnages ?

RÉPONSE : 1. **Louvois** • 2. **Lope de Vega** («le loup de la plaine fertile»[43]) • 3. **Villalobos** («village des loups») • 4. Ignace **López de Loyola**, qui avait dans ses armes deux loups face à face sur fond d'argent • 5. **Beowulf**, le héros du poème qui est l'une des plus anciennes attestations du vieil-anglais et la première grande œuvre de littérature européenne.

En français, le loup apparaît dans de très nombreux noms de famille et de lieux, qui remontent soit au latin *lupus*, soit au germanique *wolf*, mais avec des modifications phonétiques qui nous empêchent parfois de les identifier, comme on peut le voir dans les illustrations qui suivent.

Des formes d'origine latine

Comme nom de baptême, le nom simple du loup, sans qualificatif, fut souvent adopté en ancien français, mais on n'ose plus beaucoup s'appeler *Loup* tout court, et seul *Jean-Loup* (qui n'est pas le diminutif de *Jean-Louis)* est resté très usité de nos jours. L'évolution de *lupus* avait abouti à *leu*, comme on peut encore le constater dans certains noms de lieux comme *Saint-Leu-la-Forêt* (Val-d'Oise) ainsi que dans l'expression *à la queue leu leu*, rappelant que les loups marchent l'un derrière l'autre, chacun mettant ses pattes dans les traces de celui qui le précède.

Pour les noms de famille actuels, on trouve donc, soit la forme ancienne *Leleu*, soit la forme évoluée *Leloup* (ou *Lelu*, en Normandie), soit encore des formes dérivées :

Loupot, Loupiac, Loupias, Lubin, Louvet, Louvel...

On remarquera le maintien du /p/ du latin *lupus* dans les premiers noms *(Loupot)*, son évolution en /b/ dans *Lubin*, qui est une forme méridionale, et son évolution ultérieure en /v/ dans les deux derniers *(Louvet, Louvel* sont des formes d'oïl).

UN LOUP QUI CHANTE ?

Dans *Cantaloup* (Hérault), *Canteloup* (Calvados, Manche), *Chanteloup* (Seine-et-Marne, Eure, Ille-et-Vilaine, Cher, Mayenne, Maine-et-Loire, Yvelines, Loir-et-Cher), *Chanteleu* (Oise, Val-d'Oise), on serait tenté de voir la première partie de ces noms comme une sorte d'euphémisme ou d'ironie envers cet animal qui inspire la terreur, et qui hurle mais qui ne chante pas. En fait, la racine pré-indo-européenne ***canto-*** « pierre, hauteur » semble une hypothèse beaucoup plus plausible. Ces noms correspondraient donc à « pierre du loup » ou « montagne du loup ».

C'est dans la petite ville de *Cantalupo*, située dans le Latium, qu'était cultivé le melon connu aujourd'hui sous le nom de *cantaloup*. Ce légume-fruit avait été introduit en France par Charles VIII en 1495, au retour de ses campagnes d'Italie.[44]

Il existe par ailleurs des formes composées (qui peuvent être aussi des noms de lieux), comme *Tuloup* «qui tue le loup», *Chasseloup* «qui chasse le loup», *Dupanloup* «d'un lieu où l'on pend le loup», *Pasdeloup* «d'un lieu de passage du loup», *Virelouvet* ou *Vireloubet* «lieu où tournent les loups».

De nombreux autres noms de lieux gardent le souvenir des loups qui les ont si souvent hantés: *Vireloup* (Loire-Atlantique), *Loubières* (Ariège), *Louvières* (Haute-Marne), *Louviers* (Eure), *Louvres* (Val-d'Oise)... et aussi le *Louvre* à Paris.

RÉCRÉATION

LE PAPE ET LE LOUP

Sous le nom de la résidence d'été du pape, se cache encore un *loup*.

Quel est ce nom ?

RÉPONSE : *Castel Gandolfo*, toponyme d'origine germanique où *gand-* remonte en dernière analyse à *wandan* «tourner» et *-olfo* à *wulf* «loup».

Des formes d'origine germanique

Dans les pays de langue allemande, anglaise ou néerlandaise, le nom simple, *Wolf*, est courant dans les noms propres, avec des variantes graphiques (*Wulf, Wolfe, Wolff* ou *Woolf*, comme pour *Virginia Woolf*, la célèbre romancière anglaise).

On peut aussi rappeler le nom de l'évêque des Goths, *Wulfila*, qui, au IVe siècle, traduisit le Nouveau Testament en langue gotique. Cette traduction est d'une importance capitale dans l'histoire des langues germaniques car elle représente la plus ancienne trace écrite d'une langue germanique.

W, SYMBOLE CHIMIQUE DU TUNGSTÈNE

Pourquoi W? Parce que *Wolfram*, où l'on reconnaît *Wolf* «le loup», est le premier nom du tungstène, ce métal à très haut point de fusion qui est principalement utilisé pour la fabrication des filaments d'ampoules électriques. Au XVIIIe siècle, c'est le nom suédois *tungsten* «lourde pierre» qui s'était répandu en anglais et dans les langues romanes, tandis que l'allemand et les langues slaves conservaient pour ce métal l'appellation primitive allemande *Wolfram* «bave du loup» (où *-ram* est apparenté à l'all. *Rhame* «écume»). Ce nom rappelle à son tour le latin *lupi spuma*, nom du minerai de tungstène au XVIe siècle. Un grand minéralogiste de cette époque explique ce nom en disant que ce minerai « dévore [l'étain] comme un loup dévore un mouton ».[45]

Parmi les prénoms composés évoquant le loup, le plus intéressant est sans doute *Wolfgang*, «à la démarche de loup», rendu célèbre grâce à Wolfgang Amadeus Mozart. D'autre part, le prénom *Wolfram*, formé de *Wolf* «loup» et du germanique *hram* «corbeau», a sans doute influencé le nom du tungstène *Wolfram*.

Des noms français d'origine germanique

On trouve aussi *wulf* en France, le plus souvent en composition, mais l'évolution a souvent brouillé les pistes, car le /w/ germanique a été rendu en français par un /g/. C'est ainsi que:

Wulf + *hard* «loup + fort» —> *Goffard, Gouffard, Gouffart...*
Wulf + *waldan* «loup + gouverner» —> *Gouffaud, Goffaud, Goffaux...*
Wulf + *hari* «loup + armée» —> *Goulfier, Goulfié, Golfier...*

Lorsque le nom du loup est en seconde position, il est encore beaucoup plus difficile à reconnaître en français sous ses nouvelles formes: *-olf, -ulf, -oul, -ou* (déjà rencontré dans *garou)* parfois avec des réfections orthographiques *(-olph, -olphe, -oult, -oul, -ould, -oud)*. Ces quelques exemples en font foi:

hrod «gloire» + *wulf* —> *Rodolphe, Rudolf...*
gari «lance» + *wulf* —> *Geroult, Groult, Giroud...*
arn «aigle» + *wulf* —> *Arnoulphe, Arnolphe, Arnoux...*
rad «conseil» + *wulf* —> *Radoux, Raoul...*
bard «géant» + *wulf* —> *Bardoul, Bardou...*

Le loup peut aussi être à la base du nom d'une marque d'outils de jardinage, les *outils Wolf*, comme on peut le voir dans le logo ci-contre.

RÉCRÉATION

LA PREMIÈRE MONTGOLFIÈRE

La première montgolfière est un ballon à air chaud présenté en 1783 à Versailles devant le roi et la Cour. Y avait-il un loup dans cet aérostat ?

RÉPONSE : non, il n'y avait pas de loup dans la nacelle mais un mouton, un canard et un coq. Pourtant, c'est bien le loup qui figure aujourd'hui encore dans le nom de cet aérostat. La montgolfière, inventée et réalisée par les frères Joseph et Étienne de Montgolfier, dissimule en effet le nom germanique du loup sous une forme francisée -golf-.

Ochoa et Farkas

Les langues indo-européennes n'ont pas le monopole des noms inspirés par le loup, puisqu'on le retrouve aussi bien en basque qu'en hongrois. En effet, au basque *otso* «loup» correspondent les patronymes *Ochoa* (petit loup), *Ochote, Osante* (grand loup). De même, en hongrois, le nom du loup *(farkas)* est aussi le patronyme *Farkas.* Il faut remarquer que *farkas* vient du hongrois *farok* «queue»: l'animal est donc désigné ainsi dans cette langue en raison de sa queue bien fournie. Nous verrons que cette étymologie se référant à la queue de l'animal, exceptionnelle pour le loup, se retrouve à plusieurs reprises pour les noms du renard.

Le grand méchant loup

Nous terminerons par ce qui caractérise le mieux le loup dans l'imaginaire des hommes: sa méchanceté. Le *Grand Méchant Loup* de Walt Disney s'appelle:

el Lobo Feroz en espagnol
Lobo Mau en portugais
Big Bad Wolf en anglais
Grosser Böser Wolf en allemand
Grote Boze Wolf en néerlandais

mais...

Ezechiele (lupo) en italien.

LE LYCAON

☞ *un chien sauvage*

it. *licaone*
esp. *licaón, perro salvaje*
angl. *wild dog, hunting dog*
all. *Wildhund, Hyänenhund*

lycaon
Lycaon pictus

Nous avons vu que la mythologie grecque a laissé le souvenir d'au moins trois *Lycaon,* dont le roi d'Arcadie qui eut une cinquantaine de fils.[46]

S'inspirant de cette mythologie, Pline évoque un animal qu'il appelle *lycaon*, et qui avait «une crinière sur le cou». Pour Cuvier, cet animal serait un guépard, et pour Buffon ce serait une hyène. En tout cas, il ne s'agit sûrement pas de l'animal appelé aujourd'hui *lycaon*, qui n'a pas de crinière. Les zoologistes ont adopté définitivement en 1820 le nom latin scientifique *lycaon* pour désigner cet animal, qui vit dans les savanes africaines au sud du Sahara, et qui fait penser à la fois à un chien sauvage et à une hyène (cf. LA HYÈNE, p.78), d'où ses autres noms, *chien-hyène*, *cynhyène*, et les appellations correspondantes: en allemand *Hyänenhund*, en danois *hyænehund*, en roumain *câine-hienă*.

En raison de son pelage bariolé, on l'appelle aussi *loup peint* en français, *lobo pintado* en espagnol. Son nom latin scientifique est d'ailleurs *Lycaon pictus* «lycaon peint».

Autour du chien

CARNIVORES (11 familles, 272 espèces)

canidés

- ▶ LE CHIEN
- ▶ LE DINGO
- ▶ LE CHACAL
- ▶ LE COYOTE
- ▶ L'OTOCYON OU CHIEN OREILLARD

(ordre) (famille) (▶ espèces...)

Très proche du loup sur le plan zoologique, le chien ressemble aussi par certains côtés au chacal, au coyote et à l'otocyon ou chien oreillard. On les retrouvera tous à la suite du chien et du dingo, son représentant australien. Il existe plus de 300 races de chiens, dont les plus connues seront présentées en dix groupes : les gardiens de troupeaux, les chiens d'attaque ou de garde, les terriers, les teckels, les spitz, les chiens courants, les chiens d'arrêt, les retrievers, les chiens de compagnie et les lévriers.

RÉCRÉATION

LES GRANDES DOMESTICATIONS

On peut relier les animaux domestiqués de la colonne de droite aux espèces sauvages de la colonne de gauche

ESPÈCE SAUVAGE D'ORIGINE	ANIMAL DOMESTIQUÉ
1. loup	A. bœuf
2. bouquetin	B. mouton
3. mouflon	C. porc
4. aurochs	D. chèvre
5. sanglier	E. furet
6. putois	F. chien

RÉPONSE : 1F – 2D – 3B – 4A – 5C – 6E

LE CHIEN

☞ *le meilleur ami de l'homme*

it.	*cane*
esp.	*perro*
angl.	*dog*
all.	*Hund*

Le chien et le loup sont considérés par la plupart des zoologistes comme appartenant à la même espèce, *Canis lupus*. Leur ancêtre commun a sans doute été un loup primitif originaire d'Asie. Pourtant leurs relations avec l'homme ont évolué de façons divergentes : le loup est resté sauvage et dangereux alors que le chien, le premier animal à être domestiqué entre 12 000 et 10 000 ans avant notre ère,[47] est devenu le meilleur ami de l'homme.

LES NOMS DU CHIEN

racine i.-e.	***k^{w}on-*** «chien»	ORIGINES DIVERSES	
gr.	*kuôn*	néogr.	*skulos*
lat.	*canis*	esp.	*perro*
fr.	*chien*	angl.	*dog*
it.	*cane*	tch.	*pes*
ptg.	*cão*	hong.	*kutya*
(interl.)	*can*	basq.	*txakur*
bret.	*ki*		
all.	*Hund*		
néerl.	*hond*		
dan.	*hund*		
(espér.)	*hundo*		

Un nom indo-européen largement répandu

Dans la plupart des langues de l'Europe, le nom du chien remonte à une même racine indo-européenne ***k^{w}on-, kun-***, sous des variantes différentes selon qu'il s'agit du grec *(kuôn)*, du latin *(canis)*, des langues germaniques (all. *Hund)* ou des langues slaves (russe *sobaka)*, et baltes (lituanien *šuo*, letton *suns)*.

On peut être surpris de la disparité des consonnes initiales de ces noms dans les langues citées. En fait, le nom du chien n'est pas le seul dans ce cas et la correspondance /k/, /h/, /s/ se retrouve dans de nombreux autres mots de ces mêmes langues. Ce sont justement ces correspondances régulières qui sont un argument pour justifier la parenté de langues comme le grec, le latin, les langues germaniques, les langues slaves, le sanskrit. L'existence de ces correspondances est l'un des fondements de la théorie indo-européenne.

L'ÉVOLUTION PHONÉTIQUE DU /k^w/ INDO-EUROPÉEN

Les noms du chien — *canis, Hund, sobaka...* — sont de bons exemples de l'évolution de /kw/, qui a abouti à k-, h-, ou s- dans les différentes langues indo-européennes.

Ces correspondances se retrouvent dans de nombreux mots comme, par exemple, ceux qui désignent le «*chien*», le nombre «*cent*» ou le «*cœur*»:

/k-/ (grec, latin, celtique)	**/h-/** (germanique)	**/s-/** (slave, balte)
«chien»:		
gr. *kuôn*	all. *Hund*	russe *sobaka*
lat. *canis*	angl. *hound* («chien de chasse»)	lett. *suns*
bret. *ki*	néerl. *hond*	lituanien *šuo*
«cent»:		
gr. *(he)katon*	all. *Hundert*	russe *sto*
lat. *centum*	angl. *hundred*	tch. *sto*
bret. *kant*	néerl. *honderd*	
«cœur»:		
gr. *kardia*	all. *Hertz*	russe *serdce*
lat. cor, *cordis*	angl. *heart*	tch. *srdce*
bret. *kalon*	néerl. *hart*	lett. *sirds*

La racine ***k^won-*** apparaît clairement en grec ancien *(kuôn, kunos* «chien»), langue qui connaissait aussi une autre forme, *skulax*, pour désigner le jeune chien. C'est cette dernière que l'on retrouve en grec moderne *(skulos)*. Ce deuxième nom, que l'on peut rapprocher du verbe *skullô* «déchirer, arracher» et d'un autre verbe signifiant «aboyer», est associé depuis l'Antiquité au nom du monstre marin pourvu de six têtes de chien, *Skulla* «Scylla».[48]

DE CHARYBDE EN SCYLLA

Selon la légende, la nymphe Scylla avait été changée en un monstre marin à six têtes de chiens qui, tapis au creux d'un récif, dévoraient les marins qui s'en approchaient. Ceux-ci, lorsqu'ils parvenaient à éviter d'être engloutis par les terribles tourbillons autour d'un autre rocher, nommé Charybde, risquaient donc ensuite de périr sous les crocs de Scylla : ils tombaient de *Charybde en Scylla*. C'est un danger auquel Ulysse a pu échapper au cours de sa longue Odyssée.[49]

Un consensus relatif

Le latin *canis* «chien» (d'où le nom de la famille des *canidés)* se relie à la racine ***k***^{w}***on-***, mais avec une évolution aboutissant à une forme réduite puisque l'élément /*w*/ de ***k***^{w}***on-*** disparaît dans la syllabe initiale de *canis*.

Du latin *canis* dérivent les noms du chien dans les langues romanes, chacune avec ses particularités:

en italien, *cane,* très proche du latin *canis;*

en portugais, *cão,* dont le tilde rappelle la présence ancienne de la consonne nasale /n/, du latin *canis*;

en catalan, *ca*, forme réduite à sa plus simple expression, usuelle en catalan roussillonnais, et non en catalan d'Espagne, qui lui préfère le terme *gos* «chien».[50]

En espagnol, *can* n'est plus utilisé, sauf en astronomie *(Can Mayor* «constellation du Grand Chien») et pour désigner le chien de fusil, tandis que c'est *perro* qui est le nom le plus courant du chien.

En français, le /k/ du latin *canis* a évolué en *chien* (avec *ch-)* tandis qu'en normand et en picard il s'est maintenu dans *quin, quien* (avec la prononciation [k]).

La même racine indo-européenne ***k***^{w}***on-*** se retrouve dans les langues germaniques sous une autre forme, où la consonne initiale est représentée par *h*: all. *Hund,* dan. *hund,* néerl. *hond* «chien».

Pour l'anglais, la situation est un peu différente: *hound* existe en anglais, mais ce terme désigne aujourd'hui le «chien de chasse» tandis que le nom courant du chien est *dog*, dont l'étymologie est inconnue.

Enfin, deux langues à vocation internationale ont fait des choix divergents: l'espéranto reprend la forme germanique de la racine en créant *hundo* «chien» et l'interlingua s'en tient à la racine latine avec *can*.

En examinant avec un peu de curiosité le tableau des noms du chien (p.38), on peut constater que la racine indo-européenne ***k***^{w}***on-*** y est largement représentée, mais que ce beau consensus ne s'est pas parfaitement prolongé dans les langues modernes. En effet, outre les cas du grec moderne *skulos* (qui n'a pas repris le grec ancien *kuôn)* et des formes slaves divergentes (en tchèque, mais aussi en russe, polonais, serbe, croate), il faut insister plus longuement sur trois cas aberrants: ceux de l'espagnol *perro*, de l'anglais *dog* et du catalan *gos*, qui ne remontent pas à la racine ***k***^{w}***on-***.

Trois exceptions : perro, dog, gos

Alors qu'en castillan ancien la forme *can* est bien attestée, aujourd'hui le nom courant du chien en espagnol est *perro*, un nom qui est tout à fait isolé dans les langues européennes. Pour expliquer la formation de ce nom, on en est reduit à faire des hypothèses et à envisager en désespoir de cause une origine onomatopéique, en imaginant le grognement du chien en colère: *prrrrrr*.

S'il est vrai que l'anglais fait aussi bande à part en préférant *dog*, ce qui devrait l'isoler tout autant, il faut remarquer qu'au contraire, ce nom a été emprunté par plusieurs autres langues pour désigner plus précisément un gros chien de garde, le *dogue*. C'est ainsi que l'on trouve, pour ce sens spécifique, sur le modèle de l'anglais *dog*:

esp. *dogo*, néerl. *dog*, fr. *dogue*, all. *Dogge*, ptg. *dogue*.

Attention cependant aux faux-amis ! Le mot français *dogue* ne se traduit pas par *dog* en anglais, mais par *mastiff*, un nom d'origine française, ultérieurement repris en français pour désigner une race de puissants chiens de garde et d'attaque. (cf. LES CHIENS D'ATTAQUE OU DE GARDE : DOGUES, MASTIFFS, MOLOSSES, p.52)

Enfin, pour désigner n'importe quel chien, il existe aussi une autre racine, attestée en gaulois et en latin, qui a abouti :

en provençal, à *gous* «chien», *gossa* «chienne» et *gousset, goussoun* «petit chien»;[51]

en catalan, à *gos* «chien», *gossa* «chienne»;

en ancien français, à *gous* «chien», *gouce* «chienne» et à *gosset, gossel* «petit chien».

Tous ces noms remontent sans doute[52] au latin *segusius*, emprunté au gaulois tardif pour désigner le chien employé pour la chasse au sanglier.

Le chien et son aboiement

D'après les dictionnaires étymologiques, plusieurs noms de chiens sont d'origine onomatopéique, comme *perro* en espagnol,[53] *kutya* en hongrois ou *cucciolo* «chiot, renardeau» en italien, *clabaud* et *roquet* en français. Le clabaud est un chien de chasse connu pour aboyer à tout propos et le roquet pour être un chien hargneux.

La chienne et ses petits

On trouve, en latin classique, le nom de la chienne sous la forme du diminutif *canicula*. Seule la forme féminine existait, *caniculus* n'étant pas attesté en latin.

Pour les petits, on a en latin *catulus*, qui, à l'origine, était un terme générique correspondant au petit de n'importe quel animal, terme que l'on retrouve dans l'espagnol *cachorro* «petit chien».[54]

Une autre forme latine, *catellus* «petit chien», a abouti en ancien français à *caiel*, puis *chael*, pl. *chiaux* et c'est de la forme de ce pluriel qu'est issu le mot *chiot*.[55]

Le latin populaire *catella* «petite chienne» a abouti au portugais *cadela* «chienne» et une forme populaire *cania* a évolué en *cagne* «chienne» en ancien français. À partir de *cagne*, on a formé l'adjectif *cagneux* «qui a les genoux en dedans» (comme une chienne).

UNE CHIENNE À L'ÉCOLE NORMALE SUPÉRIEURE

L'ancien français *cagne* «chienne» avait aussi acquis le sens de «paresse», et c'est sans doute ce sens qui a incité, au XIXe siècle, à nommer ironiquement *cagneux* les élèves des classes préparatoires littéraires à l'École normale supérieure, eux qui avaient au contraire la réputation d'être de grands «bûcheurs». C'est peut-être pour effacer cette étymologie désobligeante, et aussi pour plaisanter, que ces futurs normaliens ont adopté les formes écrites *khâgne, khâgneux, khâgneuse*, dont la docte apparence et l'orthographe alambiquée convenaient mieux au niveau élevé de leurs travaux.

On serait tenté de voir dans *cagnard*, qui désigne aujourd'hui le soleil brûlant dans les usages du Midi, un dérivé de *cagne*, mais on aurait tort car le *cagnard* était à l'origine un abri de roseaux dont le nom vient du latin *canna* «roseau», par l'intermédiaire de l'espagnol.[56]

Le chien et le vocabulaire savant

C'est le mot grec *kunêgetikos* «relatif à la chasse avec des chiens» qui est à l'origine du nom français *cynégétique*, qui est l'«art de la chasse (en général)», même si on la pratique sans chiens.

À partir du préfixe *cyn(o)-*, issu du génitif grec *kunos*, d'autres mots ont été créés en français, comme *cynodrome* «piste pour courses de chiens», forme que l'on comprend aisément si l'on pense à *aérodrome* ou à *vélodrome,* ou comme *cynophile* «amateur de chiens». En revanche, il faut vraiment être un linguiste, doublé d'un entomologiste, pour connaître le nom du *cynips* et pour s'étonner de la présence du nom du chien dans ce nom d'un petit insecte provoquant sur les feuilles de chêne des excroissances dont on extrait des produits utilisés dans le tannage du cuir.

Les botanistes, de leur côté, ont créé deux noms de plantes à partir du nom du chien:

la *cynoglosse (*de *kunos* «chien» + *glossa* «langue») plante dont les feuilles rappellent une langue de chien et dont le nom populaire est d'ailleurs *langue-de-chien;*

le *cynorhodon* (de *kunos* «chien» + *rhodon* «rose») est le nom savant du fruit de l'églantier également nommé *gratte-cul* — car il fournit le poil à gratter — et dont les baies roses étaient utilisées autrefois pour soigner les morsures de chien. D'ailleurs, Pline est affirmatif: «Quant à la morsure [par un chien ayant la rage], l'unique remède contre elle a été révélé récemment par un oracle: c'est la racine du rosier sauvage, qu'on appelle cynorhodon».[57]

ENTRE UN CHIEN ET UN CANARI...

À première vue, aucun rapport.

Et pourtant on peut dire qu'il y en a un, qui passe par l'histoire et la toponymie : le **canari** est un petit serin jaune originaire des îles Canaries. Selon Pline l'Ancien, le nom de ces îles leur a été donné parce qu'elles étaient autrefois peuplées de très grands chiens.[58]

Sirius et la constellation du Chien

C'est sur le latin *canis* qu'a été formé le diminutif *canicula,* qui signifie «petite chienne», mais qui est aussi à l'origine de *canicule* «période de forte chaleur». Pour comprendre cette dérive sémantique, il faut se placer dans un contexte astronomique, et en particulier rappeler l'existence de la constellation du Grand Chien. Dans cette dernière se trouve Sirius, l'étoile la plus brillante du ciel, bien visible en hiver dans les régions méditerranéennes, et que les Anciens ont vue dans le rôle de chien fidèle accompagnant le soleil. À l'époque de l'Égypte ancienne, *Sirius* se levait et se couchait avec le soleil au solstice d'été: *«le lever de Sirius annonçait à l'Égypte l'époque de la crue du Nil, et, comme un chien fidèle, avertissait les hommes.»*[59] C'était une bonne étoile, qui revenait régulièrement, comme un chien affectueux, à la saison chaude. Voilà sans doute pourquoi les Grecs ont appelé cette étoile *seirios kuôn* «chien brûlant».[60]

Sirius et la canicule

D'abord considéré comme une bonne étoile, l'astre Sirius a ensuite progressivement perdu sa bonne réputation du fait du décalage continuel de la voûte céleste d'un mois tous les 2000 ans: l'apparition de Sirius en même temps que le soleil, qui marquait le solstice d'été vers le 21 juin dans l'Égypte ancienne, annonçait le début des très fortes chaleurs à l'époque de l'Empire romain, vers le 20 juillet. La constellation du Chien, que les Romains nommaient *Canicula,* fut alors accusée de maligne influence car on pensait qu'elle donnait la fièvre aux hommes et la rage aux chiens. C'est sans doute ainsi qu'est né le deuxième sens «période de fortes chaleurs» de *canicula,* qui se retrouve dans le français *canicule.*

Mythologie et dessins animés

Dans la mythologie grecque figure un chien aux caractéristiques physiques impressionnantes car il peut avoir cinquante ou cent têtes, bien qu'il soit le plus souvent représenté avec trois têtes.[61] Il s'agit de Cerbère, gardien de la porte des Enfers, le royaume de Pluton.

RÉCRÉATION

UN DIEU ÉGYPTIEN CYNOCÉPHALE

Il existait en Égypte un dieu cynocéphale, dont la tête était celle d'un mammifère.

1. Que signifie **cynocéphale**?
2. Quel est le **nom** de ce dieu égyptien?
3. Quels animaux se nomment encore de nos jours des **cynocéphales**?

RÉPONSE : 1. « à tête de chien », de *kunos* « chien » et *kephalê* « tête » 2. le dieu Anubis, qui introduisait les morts dans l'autre monde, et qui était souvent représenté avec une tête de chien. 3. les cynocéphales sont des singes, dont la tête rappelle effectivement celle d'un chien (cf. LE BABOUIN OU CYNOCÉPHALE OU PAPION, p.425).

Dans les dessins animés de Walt Disney, on fait la connaissance du chien *Pluto,* créé en 1930, l'année de la découverte de la planète Pluton (en anglais *Pluto)* dont le nom évoque Pluton, le maître des Enfers, mais dont l'apparence est tellement plus rassurante.

Pluto
© Walt Disney

Christophe Colomb aux Caraïbes

De nombreux siècles après l'époque romaine, le nom du chien apparaît à nouveau, mais cette fois dans un domaine inattendu.

Au XVe siècle, dans son ouvrage *Imago mundi*, le théologien Pierre d'Ailly (1350-1420) affirmait l'existence sur terre d'hommes à tête de chien et mangeurs de chair humaine. Plus tard, lorsque Christophe Colomb aborda aux Bahamas le 12 octobre 1492, il avait entendu les Indiens Arawaks appeler les peuples de ces îles du nom de *caríba*, ou *caníba* (qui, dans la langue locale, signifiait simplement «homme hardi»). Cette appellation a été transcrite *caríbal*, puis *Caníbal* pour désigner ces peuples, dont le nom actuel est *Caríbe* en espagnol et *Caraïbe* en français.

L'évolution sémantique de *caníbal* peut être retracée grâce aux notes prises par Las Casas sur le journal de bord de Christophe Colomb, où l'on apprend que celui-ci avait entendu dire (c'est noté à la date du 4 novembre 1492) que dans ces contrées «il y avait des hommes avec un seul œil et d'autres avec des museaux de chiens, qui mangeaient les êtres humains». Il est possible que *caníbal* lui ait alors fait penser au nom latin du chien, donc à «homme à tête de chien» (d'autant plus qu'il connaissait bien les ouvrages de Pierre d'Ailly). Il a donc pu extrapoler et penser qu'il s'agissait effectivement d'anthropophages. En même temps que «caraïbe», *caníbal* a donc pu très rapidement signifier «anthropophage» en espagnol. Dans le même journal de bord apparaît en tout cas à la date du vendredi 23 novembre 1492, le nom espagnol *caníbal* pour signifier «anthropophage». C'est le sens qu'il a finalement conservé.[62]

Dès lors, le nom a été repris par d'autres langues. Ainsi, un roman publié en français en 1788[63] parle encore de l'île des Cannibales pour désigner une île des Caraïbes. Dans les langues actuelles, le sens «anthropophage» l'a emporté partout mais, à l'exception des langues de la péninsule Ibérique (esp., ptg. et cat. *caníbal)*, toutes ont évité l'association d'idées avec le chien *(canis)*, en mettant deux *n* au mot *cannibale*: fr. *cannibale*, angl. *cannibal*, it. *cannibale*, all. *Kannibale*, néerl. *kannibaal*, et même le hongrois *kannibál*.

Le chien au centre d'une philosophie

Il nous faut maintenant remonter à l'Antiquité grecque pour retrouver le chien dans un domaine beaucoup plus abstrait.

Au sens propre, l'adjectif grec *kunikos*, dérivé de *kuôn*, signifie «canin, relatif au chien». Mais *kunikos* a aussi très tôt qualifié l'école cynique, école philosophique fondée à Athènes par Antisthène au IVe siècle av. J.-C.

Quel rapport avec le chien? Tout d'abord, le gymnase où les philosophes de cette école se réunissaient se trouvait à Cynosarges, dans un faubourg d'Athènes. Or, dans *Cynosarges*, on retrouve le nom du chien, *kunos*. De plus, ces philosophes, qui prêchaient le renoncement aux biens matériels et refusaient la civilisation, donnaient l'impression d'avoir la vigilance agressive d'un chien de garde. On les appelait les *cyniques*.

RÉCRÉATION

COMME UN CHIEN DANS SA NICHE

Quel est le nom du philosophe grec qui vivait dans un tonneau, comme un chien dans sa niche ?

RÉPONSE : *Diogène* (vers –410 / vers –323), qui était aussi le plus illustre représentant de l'École cynique

Les sens modernes de *cynique* sont plus généraux et ne se réfèrent plus que rarement à l'école fondée par Antisthène : le *cynisme* est aujourd'hui l'absence de scrupules et l'adjectif *cynique* qualifie une personne prête à tout pour arriver à ses fins et qui l'avoue avec insolence.

Le chien comme source de dérivés

Le nom du chien se retrouve à l'origine de nombreux dérivés, soit sous la forme grecque, soit sous la forme latine, soit sous la forme française.

À partir de la forme grecque *kuôn* :

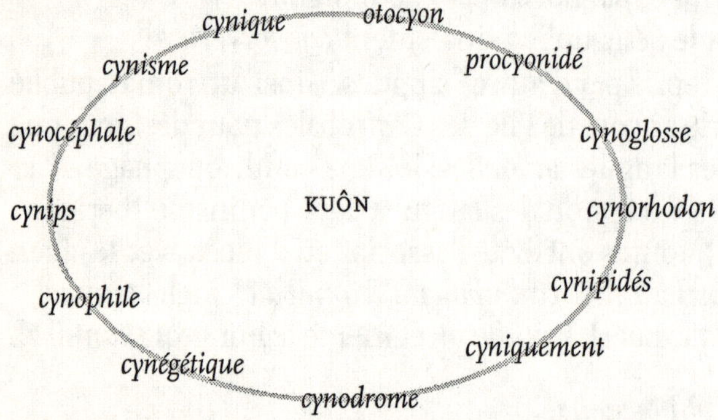

À partir de la forme française *chien* :

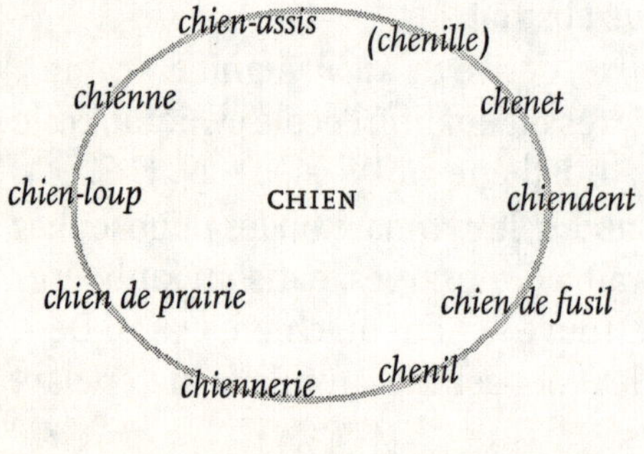

À partir de la forme latine *canis*:

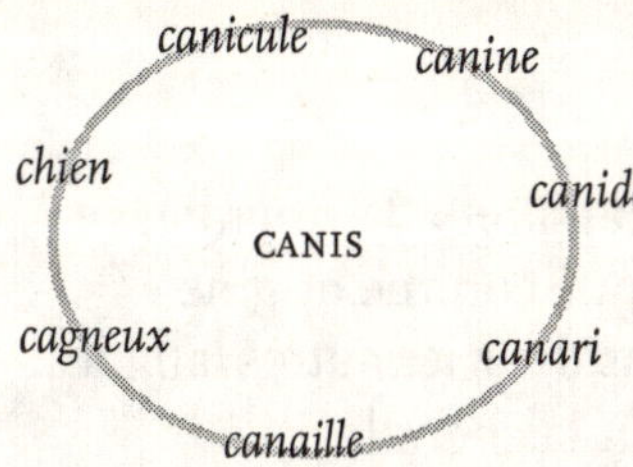

Certaines formes françaises dérivées à partir du nom du chien — *cagneux, canari, canicule, cynique, cynorhodon*... — ont déjà été commentées dans la partie consacrée aux formes savantes, et d'autres, *otocyon, procyonidé,* le seront à propos de l'otocyon (cf. L'OTOCYON OU CHIEN OREILLARD, p.59). Enfin, deux autres dérivés font l'objet de la «récréation» ci-dessous:

RÉCRÉATION

UNE LUCARNE ET UNE HERBE FOLLE

Le nom du chien se retrouve dans celui d'une ouverture dans un toit et dans celui d'une mauvaise herbe.

Quels sont ces noms?

RÉPONSE : **chien-assis** et **chiendent**

Parmi ceux qui restent, nous passerons rapidement sur *canaille,* emprunté à l'italien *canaglia,* sur *chiennerie,* terme péjoratif, et sur *chenil* «lieu d'élevage ou de garde des chiens» pour nous attarder plus longuement sur *canine, chenille* et *chenet.*

La canine, une dent pointue

Parce que la dent pointue des mammifères située entre les incisives et les prémolaires est particulièrement développée chez le chien, on l'appelle *canine* en français, *canino* en italien et en portugais, du latin *dens canina.*

D'autres langues romanes ne tirent pas le nom de la canine de celui du chien. Ainsi, l'espagnol dit *colmillo,* du latin *columella* «petite colonne», tandis que la plupart des langues germaniques parlent simplement d'une «dent en pointe»: all. *Eckzahn,* néerl. *hoektand,* dan. *hjørnetand,* suéd. *hörntand.* Seul l'anglais fait exception, avec *canine (tooth)* et avec *eyetooth,* mot à mot «dent de l'œil», cette dent se situant à la verticale de l'œil. Le catalan adopte la même image: *ullal*, où *ull* = «œil». Les Gascons sont plus originaux, ils disent *dent averoèra* «dent pour (casser les) noisettes».[64]

La chenille

Pour les appellations de la chenille «larve du papillon», la situation se complique car si le nom du chien est parfois évoqué comme origine possible du mot *chenille* en français,[65] il ne l'est pas dans les autres langues.

Même en ancien français la forme attestée pour la chenille est *chatepelose*, du latin *catta pilosa* «chatte poilue», forme qui est passée en anglais par l'anglo-normand *catyrpel*, d'où *caterpillar* «chenille».

En français, *chenille* «larve de papillon», qui a remplacé une ancienne forme issue du latin *eruca*, a une étymologie peu claire. Le mot français viendrait d'un bas-latin *canicula* «chenille», qui serait une métaphore à partir de *canicula* «petite chienne». Mais la ressemblance supposée entre la tête de la chenille et celle d'une petite chienne n'est pas vraiment convaincante.

On peut trouver une autre explication à cette dénomination. Selon une autre étymologie,[66] *canicula* «chenille» serait plutôt une altération du latin *calicula* «petit calice (de fleur)», diminutif de *calyx* «coquille» car la chenille s'entoure d'un cocon, comme d'une coquille protectrice.

Le terme *chenille* désigne aussi en français deux autres réalités, dans deux domaines aussi éloignés que ceux de la mercerie et des transports: les rubans d'une passementerie veloutée qui rappelle l'apparence pelucheuse de la larve du papillon et la bande de roulement d'un engin de travaux publics ou d'un char d'assaut dont le mouvement rappelle la reptation de l'animal.

Le chien et le chenet

Pour désigner les supports sur lesquels on pose les bûches dans une cheminée, on utilise des métaphores différentes selon les langues.

En français, on les nomme des *chenets* parce que leur forme rappelle celle d'un chien court sur pattes supportant les bûches du foyer, et sans doute aussi parce que les chenets pouvaient souvent être ornés d'une tête de chien.[67]

On retrouve cette appellation dans d'autres langues, comme le portugais *cão da chaminé* «chien de cheminée» ou l'anglais *firedog*, le suédois *eldhund* «chien du feu» et l'allemand *Feuerhund* (surtout dans l'ouest de l'Allemagne).

Mais certaines langues ont privilégié d'autres images et ont préféré la comparaison avec un bouc ou avec un taureau. Avec un bouc : le nom le plus courant dans l'ensemble de l'Allemagne est *Feuerbock*, où *Bock* « bouc » désigne un tréteau en général. La même idée de « bouc du feu » se retrouve en néerlandais *(vuurbok)* et en danois *(ildbuk)*. Avec un taureau : l'ancien français *andier* « grand chenet » vient du nom gaulois du taureau *(anderos)* puis, par agglutination de l'article, *l'andier* est devenu *landier*. Ce même mot d'origine gauloise se retrouve en anglais dans *andiron*, qui a le même sens que *firedog* « chenet ».

Enfin, en espagnol, « chenet » se dit couramment *morillo*, diminutif de *moro* « maure », parce que les chenets en Espagne étaient souvent ornés d'une tête de Maure.[68]

Le chien de fusil

En français, on nomme *chien*, dans les anciennes armes à feu, une pièce constituée d'un bras articulé muni à son extrémité d'une sorte de tête ressemblant d'assez loin à celle d'un chien. Pourtant, cette ressemblance a dû apparaître vraiment évidente aux peuples de langue latine car l'expression *chien (de fusil)* se retrouve dans la plupart des langues romanes : it. *cane*, esp. *can*, ptg. *cão*.

En revanche, dans les langues germaniques, on a sans doute eu l'impression que ce mécanisme ressemblait beaucoup plus à un coq qu'à un chien, d'où angl. *cock*, dan. *hane*, néerl. *haan*, suéd. *hane*, qui veulent tous dire à la fois « coq » et « chien (de fusil) ». Le hongrois nomme aussi le chien de fusil *kakus* « coq », de même que le basque *(oilar* « coq »). Le catalan a également favorisé cette ressemblance avec le coq puisque le chien (de fusil) se dit en catalan *gallet*, diminutif de *gall* « coq », lui-même formé sur le latin *gallus* « coq ».

Le chien des mers et le requin

En grec ancien, *kuôn* désignait le chien, mais ce nom pouvait également s'appliquer à divers squales, qui étaient donc considérés comme des chiens de mer. C'est aussi le cas de l'italien qui, pour le requin, dit *pescecane* « poisson-chien ».

Dans la même veine, en français, il se peut que le nom *requin* provienne du normand *quin* «chien», avec un préfixe *re-* exprimant un renforcement. Il ne s'agit cependant que d'une hypothèse parmi d'autres, dont la plus pittoresque est sans doute celle qui fait venir *requin* de *requiem*: quand un homme tombe à la mer au milieu de ces poissons voraces, il n'y a plus qu'à chanter un *Requiem* pour qu'il repose en paix. Ce raisonnement ne relève probablement que d'une étymologie populaire, mais qui a tout de même entraîné, pour *requin*, les graphies *requien, requiem,* temporairement utilisées aux XVIe et XVIIe siècles.

Les patronymes canins

Ils sont assez rares et représentent la plupart du temps des sobriquets sous des formes diverses: *Le Chien, Lechien, Chiennard, Chenaille,* ce dernier étant une forme ancienne de *canaille,* mot emprunté au XVIe siècle à l'italien.

Les patronymes formés sur le nom du chien apparaissent souvent avec un suffixe diminutif: *Cagnet, Cagnon, Cagnin,* ou bien *Cadet, Cadot, Cadoz, Cadinot, Cagnel* ou encore *Cagnotti, Cagnoni,* et parfois avec un suffixe péjoratif: *Cagnart, Cagnard, Cagnas.*[69]

On peut aussi rencontrer des formes originaires de Normandie ou de Picardie comme *Lequien, Lequin, Monquien* («mon chien») ou *Queneau,* qui rappellent qu'au *ch* du français correspond le son [k] en normand ou en picard.

RAYMOND QUENEAU, ÉTYMOLOGISTE

Grand amateur de mots et toujours curieux de leur origine, Raymond Queneau (1903-1976) ne pouvait que s'intéresser à son propre nom, témoin son roman autobiographique en vers de 1937, dont le titre évocateur, *Chêne et chien*, montre qu'il n'ignorait rien des étymologies hésitantes que suggérait son nom : dans *Queneau*, on peut voir en effet soit le gaulois *cassanos* «chêne», soit le latin *canis* «chien».

Roger Grenier raconte que *« dans son compte rendu en vers d'une psychanalyse, Queneau se veut à la fois chêne (la noblesse, la grandeur) et chien (animal qui dévore et qui nique (sic))».*[70]

On pourrait être tenté de voir dans *Chenet, Chenot, Chenard...* des dérivés de *chien,* mais *Chenet, Chenot* sont plutôt des diminutifs de *chêne* et *Chenard,* une forme péjorative de *chenu* «à cheveux blancs».

Enfin, certains patronymes de France proviennent aussi du nom du chien dans d'autres langues, comme par exemple en flamand, *Hondt*, ou encore *Dehondt*, francisé en *Dehon*.

Des centaines de races de chiens, réduites à dix groupes

Il y a plus de 300 races de chiens, et les noms qui leur ont été attribués ont été suggérés par leurs qualités, leurs activités ou leur lieu d'origine. Cela a permis de les classer en dix groupes. Ces noms sont parfois spécifiques d'une seule race, comme celui du dalmatien, dont le pelage blanc tacheté de noir est devenu familier grâce aux albums et aux films pour enfants. Mais ils sont parfois communs à un ensemble de races : le *dogue* allemand, le *dogue* de Bordeaux et le *dogue* anglais sont des races bien précises, mais le nom *dogue* désigne plus généralement un gros chien de garde, trapu, souvent à museau écrasé.

RÉCRÉATION

NOM D'UN CHIEN !

Chaque nom de chien a son histoire. On peut la retrouver grâce aux indications fournies (dans le désordre) dans la colonne de droite :

A. le **samoyède**	1. a servi de coursier dans les guerres balkaniques
B. le **saint-bernard**	2. descend sans doute d'un chien de chasse espagnol
C. l'**épagneul**	3. d'après le nom de l'éleveur allemand qui a créé sa race
D. le **carlin**	4. a été l'animal favori de Charles II d'Angleterre
E. le **chow-chow**	5. porte le nom d'une ville du Mexique
F. le **king-charles**	6. porte une sorte de masque, qui a pu rappeler celui de l'acteur Carlo Bertinazzi dans le rôle d'Arlequin
G. le **doberman**	7. est originaire des environs d'un col des Alpes
H. le **griffon**	8. porte le nom d'une tribu du nord de la Sibérie
J. le **husky**	9. a en français le nom d'un animal fabuleux
K. le **chihuahua**	10. a un nom qui vient d'un mot anglo-chinois
L. le **dalmatien**	11. dont le nom signifie «enroué» (en anglais).

carlin

RÉPONSE : A8 — B7 — C2 — D6 — E10 — F4 — G3 — H9 — J11 — K5 — L1.

Il serait tentant de commenter tous les noms des quelque trois cents races de chiens. On ne trouvera toutefois dans les pages qui suivent qu'une sélection d'entre elles.

Les gardiens de troupeau

Ce sont des *chiens de bouvier* (cf. LE BŒUF ET LA VACHE, p.182) ou des *chiens de berger* (cf. LE MOUTON, p.230). En 1920, une nouvelle race a été créée en croisant un berger allemand avec une louve: c'est le *chien-loup* (en anglais *wolfdog)*. Toutefois, le nom *chien-loup* s'emploie plus généralement pour désigner tous les chiens plus ou moins proches du berger allemand, qui ressemble réellement à un loup. Il y a une race de chien de berger nommé *collie* en anglais (probablement de *coal* «charbon» en raison de la couleur sombre que peut avoir son pelage. Ce nom a été repris en français sous la forme *colley*.

Les chiens d'attaque ou de garde: dogues, mastiffs, molosses

C'est à l'anglais *dog* qu'a été emprunté le terme *dogue* pour désigner ce type particulier de chiens, mais l'anglais dans ce cas emploie un autre terme: *mastiff*, dont l'étymologie crée la surprise car, par l'intermédiaire du français *mastin* (plus tard *mâtin)*, *mastiff* est issu du latin *mansuetus* «apprivoisé», qui est aussi à l'origine du français *mansuétude*.

Une autre surprise vient de l'étymologie du latin *mansuetus*, formé sur *manus* «main» et *suetus* «habitué», d'où le sens «apprivoisé».

Cave canem
«Attention au chien»
(dessin d'après
une mosaïque de Pompéi)

Comment a-t-on pu passer de ce sens aimable au nom d'un chien généralement agressif? Peut-être en considérant que si ce chien a été apprivoisé, c'est pour en faire un chien de défense. D'autre part, ces chiens de défense ayant été obtenus par croisement, le verbe *mâtiner* signifie d'abord «croiser des chiens de races diffé-rentes»: un chien *mâtiné* est devenu de ce fait un chien qui n'est pas de race pure. Derrière l'écriteau «chien méchant», l'on ne s'attend pas à trouver un petit chien, mais plutôt un *dogue*, un *mâtin* ou un *molosse*, bien que dans ce groupe, à côté des chiens très agressifs, on trouve aussi de bons gros chiens, pacifiques et amicaux, comme les *saint-bernards*, les *terre-neuve* ainsi que des chiens de traîneau, comme les *samoyèdes* et les *chiens esquimaux* ou *huskies*.

Les molosses des Alains

Arrivés en Europe accompagnés de puissants molosses utilisés comme chiens de guerre, les Alains étaient un peuple nomade d'origine iranienne, qui ont été chassés d'Asie Mineure à la fin du IVe siècle et ont erré en Europe, pour finalement disparaître au Ve siècle, sous la pression des Huns et des Wisigoths.

C'est le croisement entre les molosses des Alains et les lévriers irlandais qui a donné naissance au grand chien appelé aujourd'hui *dogue allemand*, ou *deutsche Dogge* en allemand, ou encore *dogue alemão* en portugais.[71]

L'ancien nom français de ce chien était *grand danois* car on le pensait originaire du Danemark, en particulier selon les indications de Buffon. Il est resté *great Dane* en anglais et *gran danés* en espagnol. Enfin, son nom italien *alano* rappelle qu'il est arrivé avec les Alains. Le terme existe en français littéraire *(chien) alain*, pour désigner un molosse redoutable.[72]

Les terriers

Dans ce groupe se trouvent des chiens habiles à débusquer les animaux dans leurs terriers, d'où leur nom. C'est la forme française *(terrier)* qui a été adoptée dans toutes les langues et en particulier en anglais. On remarquera le nom du *fox-terrier*, revenu en français sous sa forme anglaise *(fox* «renard» + *terrier)*.

Milou est un fox-terrier à poil dur

© Hergé/Moulinsart- 2003

Les teckels

LE HOT DOG ET LE TECKEL

À la fin du XIXe siècle, on vendait aux États-Unis des petits pains garnis d'une saucisse rouge chaude assaisonnée à la moutarde. On les nommait *red hot*. C'est alors qu'en 1903 un caricaturiste déclenche une polémique en publiant un dessin intitulé *hot dog:* il avait représenté un *teckel* allongé à la place de la saucisse, ce qui avait provoqué une chute des ventes. Mais dès 1908 les ventes avaient repris de plus belle, et aujourd'hui, malgré ce nom, on n'associe plus nécessairement le *hot dog* à un chien.[73]

Ce sont par excellence des chasseurs de blaireaux. Cela n'apparaît pas immédiatement en français parce que ce mot est emprunté à l'allemand *Teckel*, diminutif du nom allemand du blaireau, *Dachs* (cf. LE PÉKAN, p.375).

Les spitz

Ce groupe comprend une quarantaine de races, sous le terme générique *spitz*, de l'allemand *spitz* «pointu». Le *spitz nain* a aussi un autre nom, *loulou de Poméranie*.

LE LOULOU (DE POMÉRANIE)

Le nom de cet animal est bien un diminutif de *loup* (on a d'abord écrit *loup-loup*), mais ce nom est deux fois trompeur car :

1. Ce n'est pas un petit loup mais un chien d'agrément à l'ouïe très fine
2. Sa tête ne ressemble pas à celle d'un loup mais à celle d'un renard.

Un proche cousain du loulou, un petit spitz d'origine italienne, s'appelle d'ailleurs *volpino*, diminutif de *volpe* «renard». Mais il y a tout de même une variété de *spitz* appelée *spitz-loup*, qui a vraiment une tête de loup.

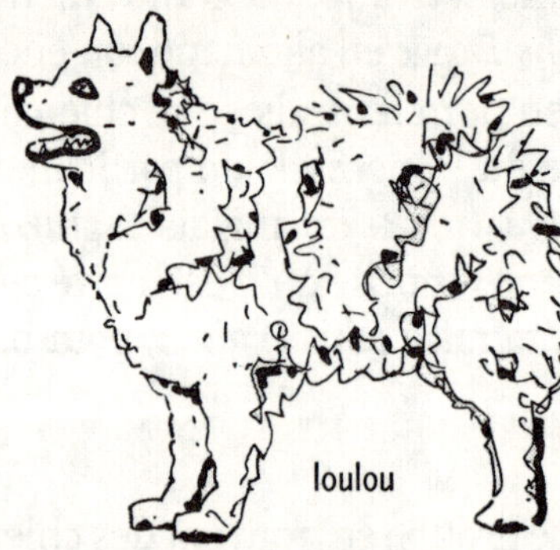

Les chiens courants

Ce sont, comme leur nom l'indique, les chiens de chasse à courre. Parmi eux, citons le *fox-hound* américain et le *basset*.

Les chiens d'arrêt

Ce sont des chiens de chasse qui s'immobilisent devant le gibier en exerçant sur lui une sorte de fascination. On trouve dans ce groupe des *épagneuls*, des *setters*, des *pointers* et des *braques*, parmi lesquels le *braque de Weimar*, à la robe gris argent. Le nom *braque* vient de l'ancien germanique **brakko* «chien de chasse», emprunté très tôt par les soldats romains stationnés en Germanie.

Dans le droit médiéval, le verbe *braconner* a eu le sens d'«exercer le droit du seigneur sur la jeune fille qui se marie», droit plus connu sous le nom de *droit de cuissage*. Aujourd'hui, ce verbe signifie simplement «chasser de façon illicite».

MARIVAUX ET LE BRAQUE

Le nom du *braque* a donné naissance à l'adjectif *braque* «un peu fou». Le premier à avoir employé ce mot a été Marivaux en 1736 dans l'expression «fou comme un braque» puis, plus loin dans le même texte : «Jusqu'à quand serez-vous toujours braque?».[74]

Les chiens rapporteurs et leveurs de gibier

Ce sont des chiens de chasse. Le rôle du *retriever* est de rapporter le gibier, *retriever* étant un terme anglais emprunté à l'ancien français *retreuver* «retrouver». En anglais, *cocker* désigne un chien habile à lever la bécasse (*woodcock* «bécasse»).

RÉCRÉATION

QUELQUES CHIENS CÉLÈBRES

On sait que *Milou* est le nom du chien de Tintin et *Cerbère* celui du chien à trois têtes (ou plus) de la mythologie grecque, mais comment s'appelaient :

1. la chienne de Spoutnik II	A. Argos?
2. le chien d'Ulysse	B. Rintintin?
3. le chien de Pavlov	C. Laïka?
4. un chien héros de nombreux films américains	D. Oussatch?

RÉPONSE : 1C — 2A — 3D — 4B.

Les chiens de compagnie

On en trouve de toutes sortes, du *caniche* apprécié pour son pelage bouclé au minuscule *chihuahua* à poil ras et au museau pointu, en passant par le *carlin* à la face aplatie, par le *dalmatien* à la robe blanche tachetée de noir et par le *bichon* (abréviation de *barbichon*) aux poils longs et soyeux.

LE NOM DU CANICHE VIENT-IL DU LATIN *CANIS*?

Non. Il vient du nom de la *cane*, car le caniche adore barboter dans l'eau, comme les canes et les canards. D'ailleurs, son nom dans les langues germaniques (angl. *poodle*, all. *Pudel*, dan., suéd. *pudel*, néerl. *poedel*) se relie à l'anglais *puddle* «flaque d'eau».

L'espagnol et le portugais ont adopté le nom français *caniche*, mais en italien on dit *barbone* «grande barbe» car le caniche est barbu.

Les lévriers

Le nom de ces chiens vient de celui du lièvre car, avant de participer à des courses dans les cynodromes, cette race de chien a été utilisée pour la chasse au lièvre. Mais toutes les langues ne se réfèrent pas au lièvre pour désigner ce chien (cf. LE LIÈVRE, p.320).

RÉCRÉATION

À CHACUN SA SPÉCIALITÉ

On trouvera dans la colonne de gauche les noms de quatre chiens qui permettent de savoir quel gibier (colonne de droite) chacun d'entre eux est apte à chasser :

A. fox-terrier	1. lièvre
B. lévrier	2. bécasse
C. teckel	3. renard
D. cocker	4. blaireau

RÉPONSE : A3 — B1 — C4 — D2

LE DINGO

☞ *à la fois sauvage et familier*

it. *dingo*
esp. *dingo*
angl. *dingo*
all. *Dingo*

Les hommes ont trouvé ce chien sauvage en Australie il y a 3000 ans, mais il y vivait sans doute depuis beaucoup plus longtemps.

Son nom, *dingo*, vient, par l'anglais, d'une langue d'Australie et a été repris tel quel dans presque toutes les langues d'Europe.

Dingo
© Walt Disney

En français, le mot *dingo* peut prêter à confusion puisqu'il y a dans cette langue deux *dingo*, le chien et l'adjectif *dingo* ou *dingue*, qui se rejoignent assez bien dans le personnage de Walt Disney *Dingo*, grand chien à la fois dégingandé, maladroit et un peu «dingue». L'adjectif *dingo* est formé sur le verbe *dinguer* «divaguer», lui-même issu d'un radical onomatopéique *din-*, *ding-* exprimant le son ou le balancement d'une cloche, d'où également le verbe *valdinguer*, formé sur *dinguer* avec le début de *valser*.

Le « dingo » de Walt Disney

C'est ce même sens qui se manifeste dans les dessins animés de Walt Disney, où le nom anglais du personnage dans le texte d'origine est *Goofy*, qui vient de l'anglais *goofy* «fou, toqué, niais», lui-même probablement emprunté à l'italien *goffo* «gauche, maladroit». Toutefois dans la version italienne, le nom de ce chien n'est ni *Dingo* ni *Goofy* mais *Pippo*, surnom de *Giuseppe* (Joseph). Dans les versions allemande et espagnole, c'est le nom *Dingo* qui a été retenu, alors que la traduction portugaise *Pateta* reprend l'adjectif *pateta* «benet».

LE CHACAL

☞ *chien hurleur*

it. *sciacallo*
esp. *chacal*
angl. *jackal*
all. *Schakal*

Il y a quatre espèces de chacals, appartenant toutes au genre *Canis*. Trois espèces vivent dans le sud et le centre de l'Afrique, jusqu'en Éthiopie. La quatrième espèce a un habitat qui, en dehors de l'île de Sri Lanka, s'étend de l'Égypte à la Turquie. Le nom savant de ce chacal est *Canis aureus*, ce qui rappelle à la fois son appartenance à la famille des canidés et la couleur de son pelage doré gris-jaunâtre.[75]

Toutes les langues modernes ont adopté le nom emprunté au turc, *çakal*, lui-même emprunté au persan *sikal*, qui à son tour venait d'un nom sanskrit signifiant «le hurleur».

En français, l'orthographe a beaucoup varié *(ciacale, schakal, iackal, chacale...)* avant de se stabiliser en *chacal* à la fin du XVIIe siècle.

Le dictionnaire étymologique d'Oxford fait remarquer que la forme anglaise *jackal* rappelle le prénom familier *Jack*. Il est fort possible en effet que le nom *jackal* ait été formé par attraction du prénom *Jack*, car on connaît en anglais plusieurs cas de noms d'animaux formés sur des prénoms familiers. On peut citer par exemple *jackass* «baudet» *(Jack + ass* «âne»), *jackdaw* «choucas», qui est une sorte de corneille, ou *jack rabbit* «gros lièvre américain».

CHACAL, CHIEN OU LOUP ?

Les chacals, tout comme les chiens errants, ont toujours rôdé dans les cimetières. C'est pourquoi les hommes ont constamment associé ces animaux à la mort, aux rites funéraires et à la couleur noire.

Chez les Égyptiens, Anubis, le dieu des morts et de l'embaumement, était représenté tantôt comme un chacal noir ou un chien noir, couché sur le ventre, tantôt comme un homme à tête de chacal ou de chien, toujours noir. Les Égyptiens semblaient donc ne pas distinguer le chien du chacal. De son côté, Ophoïs, dieu de la guerre, était représenté par un chacal ou par un loup dressé sur ses pattes. Pour les Égyptiens, la confusion était donc complète entre ces trois canidés : le chacal, le chien et le loup.

Les Grecs, eux, ont pris parti en appelant *Cynopolis* «ville du chien», la ville du principal temple d'Anubis et *Lycopolis* «ville du loup» celle du culte d'Ophoïs.

LE COYOTE

☞ *le chien aboyant des prairies d'Amérique*

it. *coiote*
esp. *coyote*
angl. *coyote*
all. *Kojote, Coyote*

Le nom de ce canidé vient, par l'intermédiaire de l'espagnol, d'une langue indienne encore parlée en Amérique centrale, le nahuatl, et qui était la langue des Aztèques.

Le nom nahuatl *coyotl* comportait une consonne finale difficile à prononcer en espagnol. On la trouvait aussi dans le nom du chocolat, de la tomate et de l'ocelot. Mais cette consonne n'a pas été adoptée dans les différentes langues de l'Europe, où seule l'articulation /t/ a été maintenue.

Le coyote, dont le nom scientifique est *Canis latrans* (mot à mot «chien aboyant») est aussi appelé *chacal aboyeur*, mais également *loup des prairies*.

Par ailleurs, parce que le coyote ne vit plus aujourd'hui qu'en Amérique, on l'appelle aussi *loup d'Amérique*.[76]

L'OTOCYON OU CHIEN OREILLARD

☞ *aux grandes oreilles*

it. *otocione*
esp. *zorro orejudo*
zorro de orejas de murciélago
angl. *otocyon*
bat-eared fox
all. *Löffelhund*
Löffelfuchs

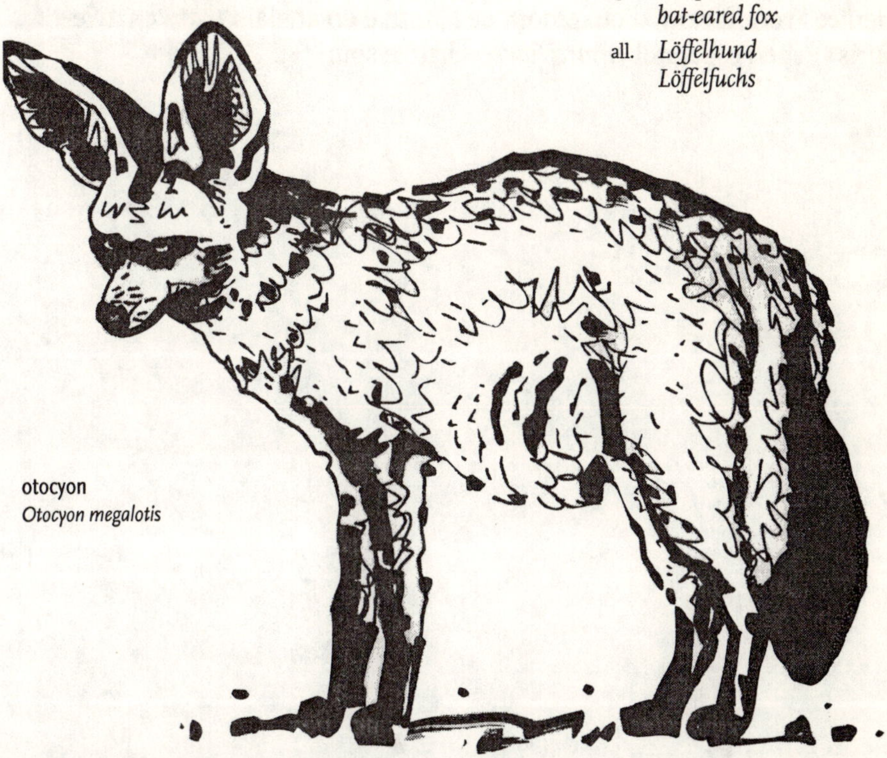

otocyon
Otocyon megalotis

Le nom *otocyon* est formé à partir du grec *otos* «oreille» + *kuôn* «chien». Ce nom signifie donc littéralement «chien à oreilles». En français, l'animal s'appelle d'ailleurs aussi *chien oreillard*.

Chien ou renard?

Pour nommer cet animal, en anglais on hésite entre le chien et le renard car, outre *otocyon* «chien à oreilles», on utilise aussi l'expression *bat-eared fox* «renard aux oreilles de chauve-souris».

Cette confusion entre le chien et le renard se retrouve en allemand avec *Löffelhund* «chien (aux oreilles en forme de) cuiller» et *Löffelfuchs* «renard (aux oreilles en forme de) cuiller».

En fait, l'otocyon appartient à un genre de canidé bien à part, qui n'est ni chien, ni renard. Ce genre ne comporte d'ailleurs qu'une seule espèce, *Otocyon megalotis,* où *megalotis* signifie, cette fois explicitement, «aux grandes oreilles». Ces oreilles rappellent celles des chauves-souris orientées vers l'avant, d'où le nom de l'animal en anglais *(bat* «chauve-souris») et en espagnol *(murciélago* «chauve-souris»).

Autour du renard

Le renard, figure centrale de centaines de fables et de contes, sera ici accompagné de ses cousins le fennec, familier des déserts, et l'isatis, qui préfère les régions polaires.

CARNIVORES (11 familles, 272 espèces)

canidés

- ▸ **LE RENARD**
- ▸ **LE FENNEC OU RENARD DES SABLES**
- ▸ **L'ISATIS OU RENARD BLEU**

(▸ espèces...)

(ordre) (famille)

LE RENARD

☞ *rusé et malfaisant mais célèbre*

it.	*volpe*
esp.	*zorro*
angl.	*fox*
all.	*Fuchs*

Les noms du renard sont assez diversifiés, comme on peut le constater dans le tableau ci-dessous.

LES NOMS DU RENARD

racine i.-e.	***wlp-*** «renard»	racine i.-e.	***puk-*** «queue»	ORIGINES DIVERSES	
gr.	*alôpêx*	angl.	*fox*	esp.	*zorro*
néogr.	*alepou*	all.	*Fuchs*	ptg.	*raposa*
lat.	*vulpes*	néerl.	*vos*	basq.	*azeri*
it.	*volpe*			fr.	*renard*
(espér.)	*vulpo*			dan.	*ræv*
(interl.)	*vulpe*			tch.	*lisu*
bret.	*louarn*			hong.	*róka*

Le nom du renard

Cet animal est devenu un héros de la littérature, mais il a dû très tôt être perçu comme un être nuisible et même méprisable. Son nom aurait été dès lors constamment évité, au point de ne plus être transmis de génération en génération.

La forme latine *vulpes* figure dans les dictionnaires de racines indo-européennes,[77] mais elle ne se retrouve que dans certaines langues issues du latin. Elle n'apparaît ni dans les langues germaniques, ni dans les langues slaves. En réalité, les noms du renard dans les langues germaniques (par exemple *fox* en anglais) se relient aussi à des racines indo-européennes, mais qui ne sont pas réservées au nom de l'animal (cf. ENCORE LA QUEUE DU RENARD, p.70).

En breton, «renard» se dit *louarn*, aboutissement du celtique *luerno, luperno*, une forme qui pourrait bien être reliée au grec *alôpêx*.

Le renard et les fables

Pourtant, en dépit d'un possible tabou linguistique, le renard occupe une place de premier ordre dans l'imaginaire des hommes, qui en ont fait depuis des siècles, voire des millénaires, le héros de multiples récits légendaires, et surtout le personnage central d'une multitude de fables. Les fables d'Ésope (VIIe siècle avant J.-C.) sont significatives à cet égard car le renard en est incontestablement la vedette, devant le lion, le chien, le loup et l'âne.

LE RENARD, N° 1 AU PALMARÈS

Sur les 257 fables d'Ésope qui mettent en scène des animaux, on peut constater que c'est le renard qui tient la première place :

le renard	est présent dans	42	fables
le lion		36	
le chien		29	
le loup		27	
l'âne		25	

Ésope et le renard (dessin d'après une terre cuite attique)

Ces cinq mammifères constituent le peloton de tête dans la participation animale à ces fables. Ils se classent loin devant tous les autres. À titre de comparaison, le chat et l'ours ne figurent que dans 3 fables, l'éléphant dans 2 et la panthère dans une seule. [78]

Chez La Fontaine, sur 147 fables où figurent des animaux, le renard et le lion restent en tête (respectivement 20 et 18), tandis que le chien (11) se situe après le loup (17) et l'âne (13), au même niveau que le chat (11), [79] devenu entre-temps un animal domestique au même titre que le chien.

À la fois rusé et malfaisant

Le renard est souvent présenté comme un animal extrêmement intelligent, mais également fourbe et cynique — si l'on peut dire, puisque l'adjectif *cynique* renvoie en fait au chien (cf. LE CHIEN AU CENTRE D'UNE PHILOSOPHIE, p.45). Cette mauvaise réputation a perduré : témoin par exemple le vilain renard appelé *Grand Coquin* dans la version française de *Pinocchio.*

Mais ce n'est pas tout. À cause de sa couleur rousse, associée à celle du feu, et donc à l'enfer, le renard a même été considéré comme un animal diabolique. Il devait donc être redouté au point que l'on n'osait pas vraiment l'appeler par son nom, d'où un sentiment de gêne aboutissant à ce que l'on appelle un tabou de vocabulaire. De là viendrait l'absence de nom indo-européen commun, compensée par la grande diversité des appellations du renard, une diversité qui est déjà manifeste à l'intérieur même du grec ancien.

Les bacchantes étaient vêtues de peaux de renard

On ne s'attardera pas sur les multiples noms du renard en grec ancien: *kidaphos, kidaphê, skidaphê, skindaphos,* qui sont probablement des variantes de *kiraphos,* et que l'on pourrait relier à *kirron* «couleur fauve».

Cette hypothèse semble plausible, mais cela reste une hypothèse.

En revanche, *bassara* est un autre nom du renard en grec ancien, dont on sait parfaitement qu'il a un lien direct avec le culte de Dionysos, autrement dit de Bacchus, le dieu du vin, originaire de Thrace. Selon la légende, les prêtresses vouées à Bacchus, les bacchantes, étaient vêtues de peaux de bêtes qui, en Thrace, étaient précisément des peaux de renard. Cette fois, le rapport entre le renard et le culte de Bacchus est clairement établi: *bassara* «renard» signifie d'ailleurs aussi «vêtement des bacchantes» et même «bacchante», et l'on trouve en grec à la fois le diminutif *bassarion* «renard» et le dérivé *bassaris* «bacchante».[80]

Mais l'appellation grecque la plus courante du renard était *alôpêx,* qui est justement le nom retenu par Aristote dans son *Histoire des animaux,* et qui a survécu en grec moderne sous la forme *alepou* «renard».

L'astuce du renard

Au sens figuré, *alôpêx* désignait également une personne rusée, en raison de l'allure chafouine de l'animal et de son comportement particulièrement astucieux. Ses aventures tiennent déjà la première place dans les *Fables* d'Ésope.

Le renard sera choisi au Moyen Âge pour personnifier cette ruse dans le *Roman de Renart,* qui est à l'origine du nom de l'animal en français (cf. DU GOUPIL AU RENARD, p.67). Et il tiendra au XVIIe siècle la première place dans les fables de La Fontaine, devant le lion, le chien, le loup et l'âne.

Le renard qui vole et le renard qui nage

Par ailleurs, c'est le nom grec du renard, *alôpêx,* qui a été donné par analogie à d'autres animaux. Aristote en particulier appelle *alôpêx* un type de chauve-souris. L'appellation *renard volant* pour certaines chauves-souris est encore en usage de nos jours (cf. LA ROUSSETTE OU RENARD VOLANT, p.339).

D'autre part, Aristote explique qu'il existe un requin — qu'il nomme *alôpêx*[81] — particulièrement astucieux qui, lorsqu'il a avalé un hameçon, est capable de remonter le long de la ligne pour la couper et ainsi se sauver. Il existe aussi en français un requin nommé *renard de mer* qui se caractérise par son immense nageoire caudale, autre point commun avec le renard, dont la queue est remarquablement développée.

Une fourrure à éclipses

La forme grecque est à la base du terme français *alopécie* «chute des cheveux» (déjà *alôpekia* en grec), par analogie avec la chute annuelle des poils du renard, qui tombent inexorablement par plaques au printemps, ce qui lui donne, à cette saison, un aspect assez miteux. Cette apparence misérable est particulièrement frappante pour un animal qui est recherché pour la grande qualité de sa fourrure dans les autres périodes de l'année.

RÉCRÉATION

CHARADE CAPILLAIRE

Mon premier est un article arabe
Mon second est l'interjection employée pour inviter à sauter
Mon troisième est une esperluette
Mon quatrième peut découper ou agacer
MON TOUT est une insuffisance capillaire

RÉPONSE : al + hop + & (= et) + scie = alopécie

Le renard en dehors de la zoologie

En français, *renard* a donné naissance à de nombreuses appellations métaphoriques, par exemple *vieux renard* «personne rusée, voire fourbe», comme le personnage de Volpone de Ben Jonson (cf. encadré VOLPONE, CE «VIEUX RENARD», p.66).

RÉCRÉATION

DES MÉTAPHORES MYSTÉRIEUSES

1. Un *renard* est un tableau récapitulant les noms et les fonctions des divers collaborateurs d'un journal. Vrai ou faux ?
2. Un *ours*, dans la Marine nationale, est le tableau où sont portés les noms des officiers avec, à chaque escale, l'indication «à bord» ou «à terre». Vrai ou faux ?

RÉPONSE : 1. Faux, c'est un ours qui est probablement l'anglais *ours* «les nôtres» — 2. Faux, c'est un renard.

On a pu en outre appeler *renard* un espion, comme c'était le cas au XIXe siècle (mais on disait aussi un *mouton*), ou encore un ouvrier qui refuse de faire grève (aujourd'hui, on dit plutôt un *jaune*).

Ce nom peut également se rapporter à un objet évoquant la queue ou le terrier du renard, par exemple une fissure par où s'écoule l'eau d'un barrage ou par où se remplit la coque d'un bateau. C'est sans doute la forme de la fente, souvent divisée en fissures arborescentes, qui a suggéré ce nom, par analogie avec la queue touffue du renard.[82]

Le nom latin et ses métamorphoses romanes

Directement issu de la forme latine *volpes*, le nom italien du renard est *volpe*, accompagné de diminutifs, comme *volpacchiotto* «renardeau», ou d'augmentatifs, comme *volpone*. Ce dernier nom a un peu perdu le sens propre de «grand renard» au profit du sens figuré de «filou», celui-là même que l'on retrouve dans l'expression française *un vieux renard*.

VOLPONE, CE «VIEUX RENARD»

Célèbre pièce de Ben Jonson, *Volpone* (1606) met en scène un riche vieillard, Volpone qui, rusé comme un renard, feint d'être mourant pour se faire couvrir de cadeaux par des amis de circonstance, et qui arrive à ses fins en promettant à chacun d'en faire son héritier. Le nom de ce personnage est une subtile allusion au comportement du renard des fables qui feint d'être mort pour attraper ses proies[83] ou pour se tirer d'un mauvais pas, comme dans le *Roman de Renart*.[84]

Le nom latin du renard ne s'est pas maintenu partout dans les langues romanes. En effet, alors que l'italien *volpe* et le roumain *vulpe* l'ont conservé presque intact, le français lui a fait des infidélités car *goupil*, qui était en français le nom du renard jusqu'au Moyen Âge, est aujourd'hui totalement abandonné au profit de *renard*.

LE *GOUPIL*: UN PETIT RENARD

Goupil est le nom du renard en ancien français, et cette forme remonte à *vulpiculus*, diminutif du latin *vulpes*. L'évolution phonétique est la suivante : le *v* de *vulpes* se prononçait [w] en latin, et s'est plus tard durci en [g], tandis que le *l*, qui était alors articulé à l'arrière de la bouche (un peu comme en portugais, ou dans l'anglais *bell*), a très naturellement évolué de *oul* en *ou*. Enfin, le suffixe *-iculus* s'est simplifié en *-il*, d'où la forme de l'ancien français *goupil* «petit renard». En résumé, *vulpiculus* a ainsi abouti à *goupil*:

v	*-ul*	*-piculus*
|	|	|
g	*-ou*	*-pil*

Le goupil et la goupille

En français, *goupil* a plus tard donné naissance à une petite famille de mots dont l'évolution sémantique n'était pas prévisible : *goupille, goupiller* et *dégoupiller*.

En ancien français existait déjà le verbe *goupiller* «ruser comme le fait un renard», du latin *vulpinari* «ruser, faire le renard», plus tard en concurrence avec *renarder*, dans le sens ancien de «ruser».

C'est ultérieurement que le nom de la femelle du renard, *goupille*, a été repris pour désigner une sorte de tige d'assemblage, sans doute par analogie de forme avec la queue du renard, et peut-être aussi sous l'influence de *goupiller* «ruser», la *goupille* étant considérée comme un dispositif astucieux.

Du goupil au renard

Pour comprendre comment on a pu passer de *goupil* à *renard*, il faut se rappeler qu'au Moyen Âge, et depuis l'Antiquité, cet animal était connu pour être très rusé. En effet, un poème en vers latins du XIIe siècle, *Ysengrimus*, attribué au clerc flamand Nivardus (Nivard de Gand), met en scène un loup cruel, Ysengrimus, et un goupil malin, appelé *Reinardus*. Ce nom, *Reinardus*, d'origine germanique, était sans doute encore transparent au Moyen Âge,[85] surtout pour des populations de langue flamande, et ce n'est probablement pas un hasard s'il avait été choisi pour désigner un animal rusé : il est en effet formé sur *ragin* «conseil» + *hard* «fort», ce qui signifie «fort en conseil» et donc «futé, astucieux».

Ce personnage qui, sous l'apparence d'un animal, est doué des qualités et des défauts d'un homme, est par la suite devenu si populaire que son nom s'est «délatinisé» progressivement (de *Reinardus*) en *Renarz, Renart, Renard*. Il est alors devenu le héros principal du grand roman anonyme à épisodes de la littérature française des XIIe et XIIIe siècles que fut le *Roman de Renart*. Si bien qu'en français *Renart le goupil* a été remplacé par *Renart* le... renard (la graphie avec *-d* est plus tardive). C'est un peu comme si les anglophones, en l'honneur de Mickey Mouse, finissaient par appeler la souris... *mickey*.

LES NOMS DE QUELQUES MAMMIFÈRES DANS LE *ROMAN DE RENART*

Dans le *Roman de Renart*, les animaux parlent et agissent comme des êtres humains et, comme eux, ils ont des noms.

Le goupil: **Renart** — Sa femme: **Hermeline**
Ses fils: **Percehaie, Malebranche, Rove**

L'âne: **Bernard**	Le loup: **Ysengrin**
Le blaireau: **Grimbert**	La louve: dame **Hersent**
Le cerf: **Brichemer**	Le lynx: dame **Once**
Le chameau: **Musart**	La marmotte: dame **More**
Le chat: **Tibert**	Le mâtin: **Roonel**
Le cheval: **Ferrant**	Le mouton: **Belin**
L'écureuil: **Rousseau**	L'ours: **Brun**
Le hérisson: **Épinard**	Le putois: **Foinet**
L'hermine: **Blanche**	Le rat: dom **Pelé**
La jument: **Rainsant**	Le sanglier: **Baucent**
Le lièvre: **Couart**	Le singe: **Cointereau**
Le lion: **Noble**	La souris: **Chauve**
La lionne: dame **Fière**	Le taureau: **Bruyant**

Mais les choses n'en restent pas là car, alors qu'au Moyen Âge, *Renart* ne pouvait être que le nom d'un goupil, la situation se retourne de nos jours, lorsque des auteurs n'hésitent pas à donner à leur personnage, un renard, le nom de *Goupil.*[86]

Ainsi, contre toute attente, *Renart (le goupil)* a, dans sa descendance littéraire française, *Goupil (le renard)*. Cette situation ne risque pas de se produire en anglais ou en allemand, où les titres correspondant au *Roman de Renart (Reynard the fox, Reineke Fuchs)* ne permettent pas la même inversion car *Reynard* en anglais ou *Reineke* en allemand ne peuvent être que des noms propres.

Goupil le renard, d'après Benjamin Rabier

À partir de renard, d'autres formes en français

Comme on peut le voir autour de la rosace ci-après, sur *renard* ont été formés des dérivés qui s'expliquent aisément, comme: *renarde*, la femelle du renard, *renardeau*, le petit du renard, *renardière*, le terrier du renard.

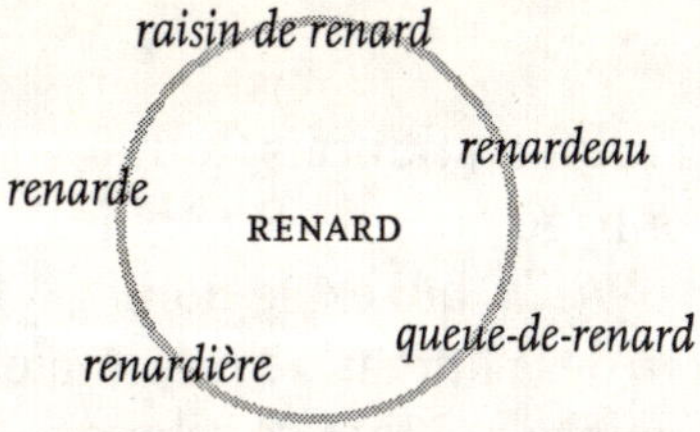

La *queue-de-renard* désigne, par analogie de forme, un outil de perçage à deux biseaux. C'est le même terme que l'on emploie en botanique pour nommer la prolifération volumineuse de racines qu'une plante terrestre connaît lorsqu'elle se développe accidentellement dans l'eau. D'autre part, *queue-de-renard* est aussi le nom familier d'une sorte d'amarante, qui est une plante ornementale aux fleurs rouges en grappe.

Enfin, le *raisin de renard*, ou *parisette*, est une plante aux baies bleuâtres, que l'on trouve dans les bois et les prairies humides. Cette relation entre le renard et le raisin n'est pas évidente. Elle est pourtant ancienne puisque le grec connaissait, à côté du mot *alôpêx*[87] «renard», la forme dérivée *alôpekis* «grappe de raisin», peut-être à cause de sa couleur tirant parfois sur le roux.

LE RENARD ET LES RAISINS

« Un renard affamé,
voyant les grappes de raisin pendre à une treille,
voulut les attraper :
mais ne pouvant y parvenir, il s'éloigna en se disant à lui-même :
"C'est du verjus."
Pareillement certains hommes,
ne pouvant mener à bien leurs affaires à cause de leur incapacité,
en accusent les circonstances. »[88]
Ésope, *Fables.*

Sur la base latine, un terme savant

Il existe enfin une graminée dont les inflorescences ressemblent à une queue de renard, le *vulpin*. On retrouve ici la racine latine *vulpes* de *goupil*, ce qui permet de relier le renard au loup car, sur le plan linguistique, le *vulpin* est au renard ce qu'une autre plante, le *lupin*, est au loup.
(cf. récréation UN PEU DE SCIENCES NATURELLES, p.24).

Le renard en catalan

Le cas du catalan *guilla, guineu* ressemble à celui du français : tout comme *renard* qui, en français, vient du personnage nommé *Renart*, le catalan *guilla* «renard» vient probablement de *Wisila*, qui est le nom d'origine germanique d'un personnage féminin de la littérature médiévale. De même, l'autre nom du renard en catalan, *guineu*, remonte à celui de *Winihilde* (avec une fois de plus l'évolution [w] —>[g]). À noter qu'en roussillonnais, variété du catalan parlé en France, *guillat* signifie «malin, rusé» (comme un renard, bien sûr).[89]

Encore la queue du renard

Dans les langues germaniques de l'Ouest, c'est à nouveau la queue de l'animal qui s'impose comme le point de départ de son nom. En effet, «renard» se dit *fox* en anglais, *Fuchs* en allemand et *vos* en néerlandais. Ces trois noms remontent à la même racine germanique **fuhs-*, qui elle-même se relie vraisemblablement à une racine indo-européenne ***puk-***, base également supposée du sanskrit *púcchas* «queue».[90]

On en vient ainsi à penser que la queue touffue du renard, partie remarquable de sa fourrure, aurait été dans certains pays de langue germanique l'élément déterminant pour caractériser l'animal. C'était là une façon détournée mais parfaitement motivée de faire allusion à l'animal tout en évitant de prononcer son vrai nom, qui, depuis, a été perdu.

La couleur rousse du renard

Ce n'est pas la queue, mais la couleur rousse de son pelage qui a été déterminante pour l'appellation du renard dans les langues scandinaves.

En suédois, «renard» se dit *räv* et, en danois, *ræv*. Les deux noms remontent à une même racine, elle-même en rapport avec la couleur brun-rouge, la plus typique du renard.[91]

Par ailleurs, en allemand et en néerlandais, l'idée d'une comparaison avec la couleur du renard est explicite pour la couleur d'un autre animal, le cheval alezan : all. *fuchsrot* («renard» + «rouge») et néerl. *voskleurig* («renard» + «couleur»), (cf. LE CHEVAL ALEZAN, p.164).

POIL DE CAROTTE ET JULES RENARD

On peut être surpris de constater un grand absent dans les *Histoires naturelles* de Jules Renard (1864-1910) qui, mettant en scène cinquante-neuf espèces d'animaux, ne parle pas du *renard*, qui est pourtant le numéro un des fables d'Ésope et de La Fontaine.

Pourquoi cette absence inattendue ? Jules Renard ne s'en explique pas, mais on peut penser à un bel acte manqué car le romancier était roux comme le renard et comme le héros de son roman *Poil de carotte*. Il disait lui-même qu'il souffrait encore à l'âge de 32 ans, de se faire appeler *Poil de carotte* par sa femme et ses enfants.[92]

Le nom anglais du renard, fox, en français

Le nom du renard apparaît également en français sous sa forme anglaise, *fox*, dans de nombreux termes empruntés :

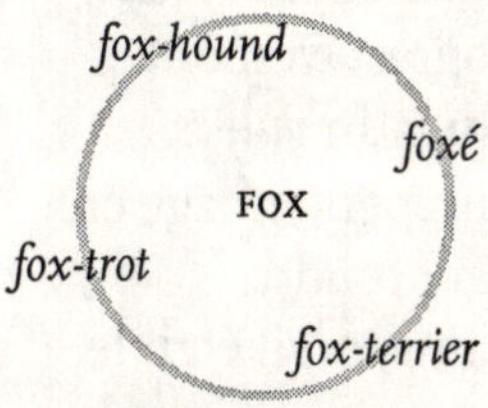

Ce sont :

- des noms de chiens habiles à débusquer le renard (cf. LES TERRIERS, p.53) : *fox-hound (fox* «renard» + *hound* «chien de chasse»), qui est un chien courant de grande taille, *fox-terrier (fox* «renard» + *terrier)*
- une danse qui rappelle l'allure hésitante du renard : *fox-trot (fox* «renard» + *trot* «trot»), qui est une danse glissée, avec des pas en avant, des pas en arrière et des pas sur le côté, pouvant rappeler l'allure apparemment hésitante du renard
- un vieux mot utilisé en viticulture : *foxé,* qui se dit de certains cépages américains (angl. *foxy)*.

Enfin, l'anglais *fox* continue sa progression dans la langue française : ainsi, encore récemment, au Québec, on a pu observer que l'ancienne expression *faire le renard* «faire l'école buissonnière» avait parfois tendance à être remplacée par *foxer*.[93]

Le nom du renard dans la péninsule Ibérique

En espagnol, le nom courant du renard est *zorro* (très souvent au féminin *zorra)* et, plus rarement, *raposo,* dont le féminin *raposa* est au contraire le nom courant du renard en portugais. L'étymologie de ce nom, *raposa,* fait appel à la même hypothèse que pour les langues germaniques de l'Ouest, celle qui relie ce nom à celui de la queue de l'animal: c'est du latin *rapum* «rave, navet» qu'est issu le nom portugais de la rave *(rábano, rábão, rabanete),* d'où *rabo* «queue d'un quadrupède», la forme de celle-ci rappelant celle d'un navet. Autrement dit, le nom portugais du renard *raposa* suggère que cet animal possède une queue fournie.

Zorro est arrivé… en se traînant

C'est par un ancien verbe *zorrar* «traîner» qu'on en est venu au portugais *zorro* «traînard», sans doute à cause du comportement maraudeur de l'animal. C'est aussi le sens qu'a eu *zorro* en espagnol, avant de désigner le «renard», dont le nom en ancien castillan était *vulpeja.* De ce fait, tout comme *renard* en français a éliminé *goupil, zorro*[94] a progressivement éliminé l'ancien castillan *vulpeja* «renard», diminutif du latin *vulpes.*

Et — finalement — *Zorro* est arrivé! C'était le nom d'un personnage créé en 1919 par le romancier américain Johnston McCulley et rendu mondialement célèbre dès 1920 dans des films américains, où il était le symbole du héros rusé et invincible, avec une allusion au renard dans le générique. *Zorro,* personnage culte du cinéma, venait ainsi de prendre sa place aux côtés de *Volpone* et de *Renart,* autres personnages célèbres de la littérature mondiale.

On trouve la même racine dans le nom de la *zorille,* petit carnassier à fourrure marquée de bandes longitudinales et proche de la mouffette. Le nom de cet animal a été fixé par Buffon en 1765 à partir du nom espagnol du renardeau, *zorrillo* (cf. LE PÉKAN, p.375).

Des noms propres diversifiés

Le nom du renard sous ses différentes formes a été à l'origine de nombreux noms de famille. Le nom *Renard* est lui-même très fréquent et on peut aussi retrouver dans ces patronymes des formes archaïques conservées comme des fossiles au creux de la langue, mais délaissées dans l'usage quotidien, comme par exemple *Vorpil, Vurpès, Vulpian, Velpeau,* où l'on reconnaît le nom latin *vulpes.*

Alfred *Vulpian* était un grand médecin du XIXe siècle, réputé pour ses travaux sur la physiologie du système nerveux, et Alfred *Velpeau*, un chirurgien célèbre de la même époque. Ce dernier avait conçu et fait réaliser la bande Velpeau, dont l'élasticité permettait de maintenir en place les pansements tout en facilitant les mouvements.

D'autres patronymes, comme *Goupil, Goupillet, Goupillon* sont des vestiges qui ont survécu à la disparition de *goupil.*

REMBRANDT, RIMBAUD, RENAULT ET RAYMOND

Il existe un rapport caché entre ces noms et celui du *renard*: la première syllabe de *renard* et celle de ces quatre noms représentent en effet les différentes formes prises par l'évolution phonétique d'un mot germanique *ragin* «conseil».
À ce premier élément s'ajoutent:

hard	«fort»	dans *renard*
brand	«épée»	dans *Rembrandt*
bald	«audacieux»	dans *Rimbaud*
mund	«protection»	dans *Raymond*
waldan	«gouverner»	dans *Renault, Renaud...*

On a aussi le choix entre des noms de famille d'origine italienne *(Volpe)*, espagnole *(Zorilla)*, allemande *(Fuchs)*, anglaise *(Fox)*, écossaise *(Todd)* et même néerlandaise *(Vos, Devos)* ou bretonne *(Louarn)*.

Le nom du renard sous le fuchsia

Le nom germanique du renard est présent à la fois dans celui d'une plante, d'un colorant et d'un adjectif réservé à une équation mathématique: *fuchsia, fuchsine, fuchsien.*

C'est en l'honneur du botaniste et médecin bavarois Leonhart *Fuchs* (1501-1566) qu'une plante à fleurs rouges a été baptisée *fuchsia* en 1693.

Un siècle et demi plus tard, l'ingénieur chimiste français Verguin a mis au point à Lyon en 1859 un colorant de synthèse rouge auquel il a donné, dans son brevet d'invention, le nom de *fuchsine,* «à cause de sa ressemblance avec la couleur de la fleur du fuchsia». Par la même occasion, Verguin honorait aussi ses patrons, des teinturiers lyonnais qui, par une heureuse coïncidence, s'appelaient *Renard.*

Enfin, c'est en l'honneur d'un autre Fuchs, le mathématicien *Lazarus Fuchs* (1833-1902) qu'Henri Poincaré (1854-1912) a créé l'adjectif *fuchsien, fuchsienne* qui s'applique à certaines équations mathématiques.[95]

RÉCRÉATION

LE RENARD PLUS OU MOINS CACHÉ DANS DES NOMS DE FAMILLE

Malgré des origines diverses, on reconnaît le nom du *renard* dans des noms d'hommes célèbres :

1. dans le nom d'un romancier français qui raconte les mésaventures d'un jeune garçon aux cheveux roux, surnommé *Poil de carotte*
2. dans celui d'un grand chirurgien, inventeur d'une bande élastique servant à maintenir les pansements
3. dans celui d'un grand guitariste de jazz d'origine tsigane
4. dans celui d'un botaniste dont le nom a été donné à un arbuste aux fleurs pendantes d'un rose violacé
5. dans celui du fondateur d'une très grande société cinématographique américaine.

Quels sont les noms de ces personnages ?

RÉPONSE : 1. Jules **Renard** (1864-1910), — 2. Alfred **Velpeau** (1795-1867), dont le nom a pour étymologie le latin **vulpes**, avec un suffixe diminutif (= « petit renard ») — 3. le guitariste Django **Reinhardt** (1910-1953), dont le nom est la forme allemande de **Renard** — 4. Leonhart **Fuchs**, botaniste allemand (1501-1566) — 5. William **Fox**, dont le nom est la forme anglaise désignant le renard. Il s'appelait en fait Wilhelm Fried, mais on lui donna ce surnom en raison de son sens aigu des affaires. Il créa en 1912 la société Fox Films, qui devait devenir en 1929 la Twentieth Century Fox.[96]

Quelques noms de lieux

De leur côté, les noms de lieux gardent souvent le souvenir d'un terrier de renard, comme par exemple *La Verpillière*, près de Grenoble, ou *Volpajola*, en Corse. Mais c'est le souvenir du renard lui-même qui survit peut-être à Paris, dans la rue du *Renard* (IVe arr.), qui était au XVIe siècle la rue du *Renard-qui-prêche*.[97]

De ce renard prêcheur — et un peu comédien — on peut penser qu'il reste encore une autre trace symbolique, le *Théâtre du Renard*, créé à Paris en 1994, au n°12 de cette même rue.

THEATRE DU RENARD

LE FENNEC

☞ *ou renard des sables*

it. *fennec*
esp. *fenec*
angl. *fennec*
all. *Fennek*

fennec
Vulpes zerda

Le fennec est un très petit renard qui vit dans les déserts africains.

Si *fennec* est un emprunt à l'arabe *fanak*, nom de ce petit animal, les autres noms de cet animal renvoient, non pas à la forme du mot, mais à son sens, en évoquant, dans différentes langues, le «sable», le «désert» ou, plus précisément, le «Sahara».

L'ISATIS OU RENARD BLEU

☞ *un renard polaire, blanc ou bleuté en hiver*

it. *volpe polare, volpe azzurra*
esp. *zorro azul, zorro polar*
angl. *isatis, blue fox, polar fox*
all. *Eisfuchs, Blaufuchs, Polarfuchs*

Selon les variétés, le *renard polaire* peut être brun-grisâtre l'été et blanc l'hiver (en allemand *Weissfuchs)* ou, plus rarement, gris-brun toute l'année, avec une coloration tirant sur le bleu en hiver. C'est cette couleur insolite qui a été la plus recherchée pour la fourrure de ce renard, d'où l'autre nom de cet animal: *renard bleu.*

Au XVIIIe siècle, on a donné à ce renard le nom savant *isatis* qui reproduit le nom grec du pastel, une plante qui a fourni depuis l'Antiquité un colorant bleu d'une grande importance économique.

Le nom latin scientifique de l'isatis est *Alopex lagopus*, qui vient du grec *alôpêx* «renard» + *lagos* «lièvre» + *pous* «pied, patte». L'isatis a en effet les pieds velus comme ceux d'un lièvre.

Le nom suédois de l'isatis *fjällräv* est formé à partir de *fjäll* «montagne» et de *räv* «renard». Les sacs à dos *Fjällräven* sont célèbres en Scandinavie et leur logo représente effectivement un renard des montagnes.

Autour de la hyène

Malgré leurs habitudes alimentaires très différentes, la hyène, dont il existe 3 espèces, et le protèle appartiennent à la même famille.

CARNIVORES (11 familles, 272 espèces) (ordre)

hyénidés (famille)

▶ **LA HYÈNE**

▶ **LE PROTÈLE**

(▶ espèces...)

LA HYÈNE

☞ *un charognard*

it.	*iena*
esp.	*hiena*
angl.	*hyena*
all.	*Hyäne*

Un nom gréco-latin

Le nom *hyène* vient, par le latin, du grec *huaina*, où l'on peut reconnaître le nom du porc *hus* suivi du suffixe *-aina* qui caractérise des noms féminins, comme dans *lukaina* «louve». La présence de ce suffixe péjoratif dans le nom de la hyène pourrait s'expliquer par le mépris dans lequel on tenait cet animal le plus souvent charognard.

Comme pour le français *hyène*, les langues de l'Europe ont adapté le nom grec *huaina*.

L'hyène ou la hyène?

En français, le *h* initial des mots d'origine grecque est en général «non aspiré», c'est-à-dire qu'il admet l'élision et la liaison: on dit *l'holocauste, l'hormone, l'hydrogène, l'hyperbole, l'hypothèse, l'hexagone* ou *l'hippopotame*, et il y a très peu d'exceptions comme *la hiérarchie*.

Ce nom *hyène* avec un *h* non aspiré est conforme à la norme recommandée par la plupart des dictionnaires, et en particulier par celui de l'Académie française. Il faudrait donc dire, comme le faisait Buffon, *l'hyène*.

Pourtant, il doit y avoir quelque chose qui gêne dans cette prescription car l'usage actuel tend à dire: *la hyène.*[98] Le dictionnaire Martinet-Walter de la prononciation française[99] montre une nette majorité de prononciations pour *la hyène* (13 *la hyène* contre 4 *l'hyène)*. Il faudra attendre quelques années pour savoir si cet usage se confirme et se trouve entériné par les dictionnaires normatifs. C'est cette norme d'usage qui sera appliquée dans cet ouvrage.

À la recherche du sexe de la hyène tachetée

Il y a trois espèces de hyènes, parmi lesquelles la hyène tachetée est la plus grande. Son nom scientifique, *Crocuta crocuta*, vient d'un nom latin déjà utilisé par Pline. Cette espèce présente une particularité rare: il est pratiquement impossible de distinguer les mâles des femelles car leurs organes génitaux ont la même apparence.

Cette observation a donné lieu à de multiples légendes sur le comportement amoureux de la hyène, dont Buffon se fait ironiquement l'écho: *Il y a peu d'animaux sur lesquels on ait fait autant d'histoires absurdes que sur celui-ci. Les anciens ont écrit gravement que l'hyène* [sic] *était mâle et femelle alternativement: que, quand elle portait, allaitait et élevait ses petits, elle demeurait femelle, pendant toute l'année: mais que, l'année suivante, elle reprenait les fonctions du mâle, et faisait subir à son compagnon le sort de la femelle.* [...] *On dit qu'elle savait imiter la voix humaine, retenir le nom des bergers, les appeler, les charmer, les arrêter, les rendre immobiles: faire en même temps courir les bergères, leur faire oublier leur troupeau, les rendre folles d'amour, etc... Tout cela peut arriver sans hyène: et je finis pour qu'on ne me fasse pas le reproche que je vais faire à Pline, qui paraît avoir pris plaisir à compiler et raconter ces fables.*[100]

LE PROTÈLE

à la «main» parfaite

it. *protele*
esp. *lobo de tierra*
angl. *aardwolf*
all. *Erdwolf*

protèle
Proteles cristatus

Le protèle fait partie de la famille des hyénidés. Il a l'aspect d'une hyène mais en plus petit. Toutefois, contrairement aux hyènes, qui se nourrissent de charognes, le protèle est insectivore, amateur surtout de termites. En outre, alors que les hyènes n'ont que quatre doigts à chacune de leurs pattes, le protèle en a cinq à ses pattes antérieures. C'est à cette caractéristique qu'il doit son nom, forgé par Geoffroy Saint-Hilaire, en 1824, sur le grec *pro* «avant, devant» + *telêeis* «complet, achevé».

Le nom du protèle se retrouve sous des formes très proches dans les langues voisines. En français, on le nomme aussi *loup fouisseur*.

LE PROTÈLE ET L'ATÈLE

Face au *protèle*, dont la main avec ses cinq doigts apparaît comme parfaite, il existe un singe qui se signale par l'absence de pouce, ce qui lui donne en apparence une main incomplète, d'où son nom *atèle* *(a-tèle* «in-complet»), (cf. L'ATÈLE OU SINGE-ARAIGNÉE, p.419).

Le protèle est abondant en Afrique du Sud où on le nomme *aardwolf*, mot néerlandais signifiant «loup de terre», qui a été emprunté tel quel par l'anglais *(aardwolf)* et adapté par l'allemand *(Erdwolf)*.

On vient de voir que le protèle est plus petit que la hyène, ce qui justifie son nom danois *dwærghyæne*, c'est-à-dire «hyène naine».

Autour de l'ours

Chassé par les hommes mais adoré des enfants, qui en font leur peluche favorite, l'ours appartient à une famille très sympathique puisque, malgré la présence du grizzly « l'ours horrible », elle comprend aussi les pandas : le petit panda au pelage roux et surtout le grand panda, au pelage noir et blanc, célèbre pour être devenu un animal fétiche, symbolique des espèces à protéger.

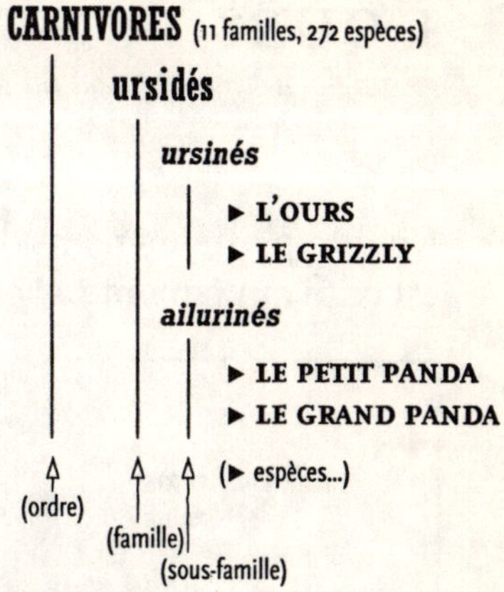

L'OURS

☞ *roi des animaux jusqu'au Moyen Âge*

it.	*orso*
esp.	*oso*
angl.	*bear*
all.	*Bär*

L'ours a plusieurs noms d'origine indo-européenne, dont le plus répandu est celui qui remonte à la racine ***rktos-***.

LES NOMS DE L'OURS

racine i.-e.	***rktos-*** «ours»	racine i.-e.	***bher(n)-*** «brun»	racine i.-e.	***medhwed-*** «mangeur de miel»
gr.	*arktos*	angl	*bear*	tch.	*medvěd*
néogr.	*arkouda*	all.	*Bär*	hong.	*medve*
lat.	*ursus*	néerl.	*beer*		
fr.	*ours*	dan.	*bjørn*		
it.	*orso*				
esp.	*oso*				
ptg.	*urso*				
(espér.)	*urso*				
(interl.)	*urso*				
bret.	*arz, ourz*				
basq.	*hartz*				

Cette racine ***rktos-*** apparaît clairement dans le nom de l'ours en grec *(arktos)* ou dans les langues celtiques (irl. *art*, bret. littéraire *arz)*. On l'identifie sous une forme évoluée dans le latin *ursus*, d'où, dans les langues romanes: fr. *ours*, ptg. *urso*, roum. *urs*, it. *orso*, esp. *oso*, cat. *ós*. Le breton connaît aussi, outre la forme littéraire *arz*, une forme populaire empruntée au français: *ourz*. Cette racine ne se retrouve pas dans les langues germaniques, qui ont toutefois des formes apparentées entre elles (angl. *bear*, all. *Bär*, etc.). En réalité, dans les langues germaniques, le nom de l'ours se relie à une autre racine indo-européenne, ***bher(n)***, qui signifie à la fois «brun» et «brillant».

C'est peut-être aussi parce que l'animal, qui prend facilement des attitudes humaines, a été vénéré, voire divinisé dans certaines contrées, redouté aussi sans doute dans d'autres, que le nom indo-européen correspondant à ***rktos-*** a fait l'objet d'un tabou dans les langues slaves et baltes: en russe, par exemple, l'ours se dit *miedvied* (de *miod* «miel» + *ied-* «manger») que l'on retrouve dans le patronyme russe *Medvedev* «fils d'ours». Il correspond à l'ukrainien *medvid*, au tchèque *medvěd* et au bulgare *medved*. Dans d'autres langues, surtout dans le nord de l'Europe, en Estonie par exemple, on nomme l'ours par diverses métaphores comme «la gloire de la forêt», «le mangeur de fourmis blanches», «le poilu», «le vieux»,[101] par ailleurs «le grand-père» chez les Indiens Cree est «l'oncle maternel» dans les cultures turques, mongoles, et lapones.[102]

Un animal au pelage brun

Comme on vient de le voir, le nom de l'ours dans les langues germaniques est issu de la même racine que l'adjectif signifiant «brun», un peu comme si l'ours était l'animal brun par excellence.

Cette racine indo-européenne ***bher(n)-*** «brun» se retrouve dans les langues germaniques actuelles sous deux formes, et avec des sens différents, «brun» d'un côté, et «ours» de l'autre:

«brun»: c'est le sens qu'ont les mots all. *braun*, néerl. *bruin*, angl. *brown*, suéd. *brun*, dan. *bryn*. Le français *brun* et l'italien *bruno* sont des emprunts au germanique par l'intermédiaire du bas-latin *brunus*. Le mot existe, pour désigner l'ours, en espagnol *(bruno)* et en portugais *(bruno)*, mais ces termes y sont fort peu usités. Il faut en outre remarquer qu'aucune autre langue romane n'a adopté cet adjectif pour nommer l'ours, sinon dans le *Roman de Renart*, où l'ours s'appelle bel et bien *Brun* (cf. encadré LES NOMS DE QUELQUES MAMMIFÈRES DANS LE ROMAN DE RENART, p.68). À noter que l'ours s'appelle *Brown* dans la version anglaise de cet ouvrage, et *Bruin* dans la version néerlandaise. Cette dernière forme est devenue un nom commun en anglais, *bruin*, pour désigner l'ours brun de façon poétique, à côté de *bear* «ours», qui est le nom générique.[103]

«ours»: ce sens apparaît dans all. *Bär*, néerl. *beer*, angl. *bear*, suéd. *björn*, dan. *bjørn*. Cette même racine se retrouve dans les appellations du sanglier, comme dans *(wild) boar* en anglais (cf. DE L'OURS AU SANGLIER, DANS LES LANGUES GERMANIQUES, p.258).

BRUN COMME UN OURS... OU COMME UN CASTOR

Si le nom de l'*ours* remonte dans les langues germaniques à la même racine que l'adjectif signifiant «brun», cet animal n'est pas le seul à être nommé selon sa couleur, comme on l'a vu par exemple pour le renard et la couleur rousse. (cf. LA COULEUR ROUSSE DU RENARD, p.70)

Le *castor* est aussi dans ce cas puisque l'on retrouve dans son nom la même racine indo-européenne mais redoublée ***bhebhrus-***, c'est-à-dire «brun-brun, doublement brun»: *Biber* en allemand, *beaver* en anglais et même *bièvre* en ancien français, encore attesté de nos jours dans le nom de la rue de *Bièvre*, à Paris (cf. L'AUTRE NOM EN LATIN ET DANS LES LANGUES GERMANIQUES, p.315).

À partir du nom de l'ours, d'autres formes

Comme on le verra sur les rosaces ci-après, les formes françaises dérivées à partir du nom de l'ours proviennent soit de la base grecque *arktos*, soit de la base latine *ursus*, soit de la base française *ours*.

Dérivés de la forme grecque *arktos:*

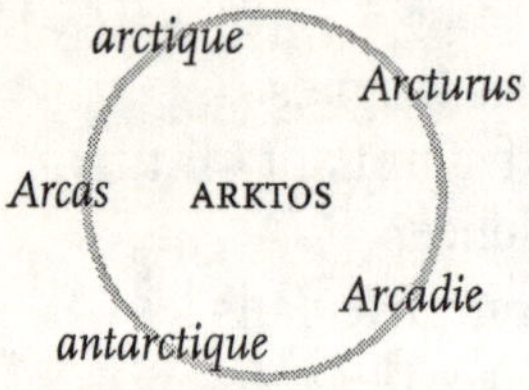

L'ours dans le ciel

Le nom grec *arktos* a pour premier sens «ours», mais il désigne aussi les constellations de la Grande et de la Petite Ourse et, par extension, le pôle Nord, autour duquel gravitent ces constellations. Le français a conservé ce dernier sens dans *arctique* «septentrional, boréal» et dans son opposé *antarctique* «méridional, austral».

RÉCRÉATION

UNE CONSTELLATION AUX ÉVOCATIONS VARIÉES

Une constellation[104] a été comparée à un chariot avec un timon ou à une casserole avec son manche. Elle ressemblait à :

une **cuisse de vache** pour les Babyloniens
un **hippopotame** pour les Égyptiens
un **sanglier** pour les Gaulois
une **charrue** pour les Anglais[105]
un **attelage de sept bœufs** pour les Romains
sept pleureuses pour les Arabes[106]
un **dieu à une seule jambe** pour les habitants d'Amérique centrale.[107]

Ajoutons que les Basques y ont vu *deux bœufs suivis de deux voleurs que surveillent le bouvier, son domestique et sa servante*.[108]
Quelle est cette constellation ?

RÉPONSE : la Grande Ourse.

Mais le rapport imaginaire entre une ourse, grande ou petite, et le dessin que forment sept étoiles dans le ciel reste assez énigmatique. D'ailleurs les Romains, attachés à l'agriculture et à l'élevage, y voyaient, selon une hypothèse assez largement répandue, sept bœufs labourant le ciel et avaient choisi de nommer cette constellation *septentriones:* du lat. *septem* «sept» et *trio, trionis* «bœuf de labour». (cf. QUELQUES ÉTYMOLOGIES BOVINES, p.185)

L'Arcadie, terre des ours

La mythologie et l'astronomie se trouvent souvent mêlées dans différentes légendes, comme celle d'*Arcas*, dont le nom a gardé la trace de la racine grecque *arktos* «ours». Arcas, qui était le fils de Zeus et de la nymphe Callisto, fut tué par le père de Callisto, Lycaon. Il fut ensuite ressuscité par Zeus, qui lui permit de régner sur une région de Grèce appelée *Arcadie* «terre des ours». Par la suite, Callisto ayant été métamorphosée en ourse, Zeus la transforma en une constellation: la *Grande Ourse*. Ne voulant pas la séparer de son fils, il changea aussi Arcas en ours, qui devint la *Petite Ourse.*[109]

Dans le prolongement de la Grande Ourse se trouve *Arcturus*, une étoile très brillante de la constellation du Bouvier et dont le nom est composé de *arktos* «ours» et *ouros* «gardien».

L'ours en latin scientifique

La forme latine *ursus* a produit peu de dérivés:

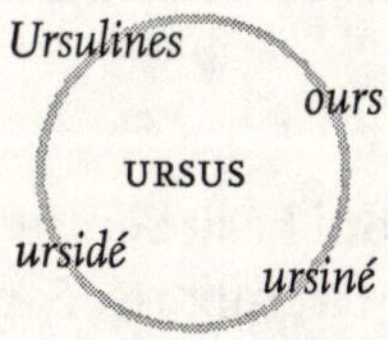

La famille des *ursidés*, qui se subdivise en deux sous-familles, les *ursinés* (les ours) et les *ailurinés* (les pandas), a pour genre principal le genre *Ursus*. L'ours brun, le plus commun, est appelé *Ursus arctos* en latin scientifique. Cet animal existe sous la forme de plusieurs variétés, dont le grizzly, qui semble avoir frappé d'horreur les observateurs puisque son nom est effectivement *Ursus arctos horribilis* (cf. LE GRIZZLY, p.92). De son côté, l'ours blanc, ou ours polaire, est nommé *Ursus maritimus*.

Les noms de l'ours dans la vie quotidienne

Enfin, la forme française *ours* a également produit une série de dérivés :

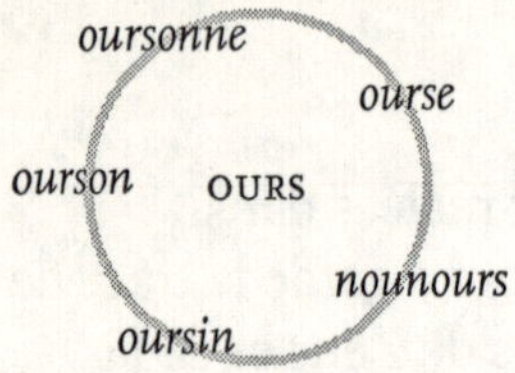

On ne s'étonnera pas de trouver ici le nom de la femelle *ourse* et ceux de sa progéniture, *ourson, oursonne,* auxquels il faut ajouter le *nounours,* déformation enfantine pour désigner l'ours en peluche.

L'OURS EN PELUCHE ET LE PRÉSIDENT DES ÉTATS-UNIS

Quel est le président des États-Unis qui a inspiré le nom anglais de l'animal en peluche que les petits Français nomment un *nounours* ?

RÉPONSE : Theodore Roosevelt, président des États-Unis de 1901 à 1909, et appelé familièrement **Teddy**, était grand amateur de chasse à l'ours. Après la publication, dans le *Washington Star* d'un cartoon mettant en scène un petit ourson nommé **Teddy**, un marchand de jouets eut l'idée de profiter de cette publicité en appelant **teddy bears** ses petits ours en peluche.[110] Depuis, un **nounours** est en anglais un **teddy bear.**

L'ourson (sur terre) et l'oursin (en mer)

Pour désigner le petit de l'ours, l'ancien français a d'abord hésité entre deux diminutifs, *oursin* et *ourson,* puis cette dernière forme l'a emporté. Par ailleurs, c'est *oursin* qui a été adopté pour désigner, par analogie, le petit animal marin en forme de boule brune hérissée de longs piquants, apprécié en gastronomie. Cette analogie n'est pourtant pas tellement évidente et sa ressemblance avec le hérisson est en tout cas beaucoup plus frappante.

En fait, le nom *oursin* n'est sans doute pas sans rapport avec celui du hérisson. En effet, d'après une publication récente[111], *oursin* remonterait au provençal *erissoun* «hérisson». Le nom se serait progressivement éloigné de sa référence au hérisson et aurait été finalement attiré par l'ours.

RÉCRÉATION

UNE ESPÈCE D'OURSON POUR TENIR CHAUD

L'*ourson* était naguère le nom d'une pièce d'habillement militaire. S'agit-il:

1. d'une capote matelassée?
2. d'une écharpe en fourrure?
3. d'un bonnet à poils?

RÉPONSE : 3. C'est le bonnet à poils des grenadiers de la garde, qui s'est appelé d'abord oursin, puis ourson.

L'ours dans les noms propres celtiques

La forme bretonne *arz* pour «ours» est présente dans de nombreux patronymes et elle est certainement à l'origine du vieux breton *Arzhur*, d'où *Arthur*, le nom du roi celtique à demi légendaire dont on situe le règne vers la fin du Ve siècle, à l'époque des invasions anglo-saxonnes.

Arthur, à la fois prénom et patronyme, existe en France sous différentes variantes: *Arthus, Artus, Arthuys*, avec des diminutifs comme *Arthurel, Arthureau, Arthuron* ou encore, après aphérèse (c'est-à-dire après suppression de la première syllabe), *Thurel, Thureau, Thuron*. Aux États-Unis, le prénom *Arthur* devient familièrement *Art* ou *Artie*.

De *arz* «ours » et de *mael* «prince», vient *Armel* «prince ours», un prénom typiquement breton, dont le féminin est *Armelle*.

LE ROI ARTHUR, PRÉCURSEUR DE NOS «TABLES RONDES»

C'est dans les romans bretons du Moyen Âge que le roi Arthur devient le héros mythique autour de qui se déroulent les aventures de ses compagnons, et c'est dans les écrits du poète anglo-normand Wace (au XIIe siècle) que, pour la première fois, on trouve mentionnée la Table ronde autour de laquelle les chevaliers se réunissaient une fois par an, à la cour du roi Arthur. La particularité de ces réunions: chacun des participants y avait sa place marquée, sans qu'aucun d'entre eux ait un quelconque privilège.

La coutume instaurée par le roi Arthur a traversé les siècles puisque, de nos jours, tous les congressistes qui participent à une « table ronde» ont — en principe — le même temps de parole, sans hiérarchie ni préséance.

L'ours dans l'anthroponymie de base latine

Dès le latin, *Ursus, Ursa* sont des surnoms d'hommes et de femmes, comme le sont leurs diminutifs *Ursulus, Ursula, Ursilla*.

Le prénom français *Ours* a existé jusqu'au début du XIXe siècle et l'on trouve par exemple un certain Ours Pierre Armand Petit-Dufrenoy, entré à l'École polytechnique en 1811.[112] Ce prénom n'a plus la cote aujourd'hui alors que le prénom allemand *Urs* est resté courant, notamment en Suisse alémanique.

Dans les pays germaniques et scandinaves, tout comme en Grande-Bretagne et aux États-Unis, le prénom *Ursula*, quelquefois abrégé en *Ula* ou en *Ulla*, est resté d'un emploi courant. En revanche, le prénom français *Ursule* est tombé en désuétude tout en restant très familier grâce à l'ordre des *Ursulines*, dont un couvent existait encore à Paris, à la fin du XVIIIe siècle, à l'emplacement de l'actuelle rue des Ursulines, dans le Ve arrondissement.

Enfin, il existe en France des patronymes comme *Ours, Oursaire, Orsel, Orsini, Orsat, Orseau* ainsi que leurs variantes *Hours, Hourseau* ou même *Lours* (pour *l'ours)*. En outre, *Nours*, nom de famille typiquement breton, provient d'une agglutination partielle de l'article dans *an ourz* «l'ours»,[113] tout comme le patronyme *Noan* vient du breton *an oan* «l'agneau» et *Nestik*, de *an astic* «le rossignol».

L'ours dans la toponymie

Il existe quelques noms de lieux remontant au nom de l'ours, surtout dans les régions montagneuses des Alpes ou du Massif central: *Orcières* (Hautes-Alpes) «retraite de l'ours», *Lorcières* (Cantal) «la retraite de l'ours», *Orsonnette* (Puy-de-Dôme) «ensemble d'oursons», *Orceyrettes* (Cantal) et *Roussayrolles* (Tarn) «retraite d'un ours». Le nom du village de *Puéchourcy*, dans le Tarn, vient de *podio ursino* «colline aux ours».[114]

D'autres noms de lieux reposent sur des noms d'hommes formés sur *Ursus: Orcemont* (Yvelines) de *Ursi montem, Orcenais* (Cher) de *Ursenus* et *Orsinval* (Nord) de *Ursinevallis*.

À PARIS, LA RUE AUX OURS

Il y a une *rue aux Ours* à Paris, dans le IIIe arrondissement, mais son nom est trompeur. Au XIIIe siècle, elle s'appelait *rue aux Oues* et, en 1450, *rue aux Oes*, car on y rôtissait... des oies (en ancien français *oue, oe* = «oie»).

Plus tard les rôtisseries ont disparu mais, déjà en 1450, la rue était aussi habitée par des pelletiers, qui, entre autres, devaient travailler des peaux d'ours. Cela explique peut-être ce curieux dérapage phonétique et sémantique, qui va de *oie* à *ours*.[115]

Noms propres d'origine germanique

La racine germanique **ber*, **ber(e)n* «ours» intervient dans la formation de nombreux prénoms et patronymes, sous la forme simple, comme *Baer, Bers, Bern*, ou composée, comme dans *Adalbéron*, de *adal* «noble» + *ber* «ours», nom d'un archevêque de Reims du Xe siècle. Les patronymes actuels *Aubéron* et *Aubron* signifieraient donc «ours noble».

RÉCRÉATION

L'OURS BRUN ET LES CÉLÉBRITÉS

De nombreuses célébrités ont un nom évoquant l'ours et sa couleur brune. Leurs noms sont inscrits dans la colonne de gauche et l'une des raisons de leur célébrité, dans la colonne de droite, mais dans le désordre.
Remettez-les dans l'ordre.

1. Claude Bernard (1813-1878)	A. Paul et Virginie
2. Jacques Henri Bernardin de Saint-Pierre (1737-1814)	B. *Le Livre du trésor*, première encyclopédie poétique (1265)
3. Gian Lorenzo Bernini, dit Le Bernin (1598-1680)	C. Découverte du mouvement brownien
4. Giordano Bruno (1548-1600)	D. Première greffe du cœur, au Cap
5. Filippo Brunelleschi (1377-1446)	E. Pionnier de la médecine expérimentale
6. Brunetto Latini (1220-1295)	F. Colonnade de la place Saint-Pierre à Rome
7. Christiaan Barnard (1922-2001)	G. Décoration de la galerie des Glaces, à Versailles
8. Robert Brown (1773-1858)	H. Actrice de la Comédie-Française
9. Charles Le Brun (1619-1690)	J. Philosophe brûlé vif à Rome par l'Inquisition
10. Sarah Bernhardt (1844-1923)	K. La coupole du Duomo à Florence

RÉPONSE : 1E — 2A — 3F — 4J — 5K — 6B — 7D — 8C — 9G — 10H

Il existe un très grand nombre de formes où ***ber-***, cas-sujet, et ***beren***, cas-régime, se trouvent en première position:

CAS-SUJET	CAS-RÉGIME
hard «fort» —> *Bérard, Brard...*	*gari* «lance» —> *Bérenger...*
wardan «garder» —> *Berouard*	*waldan* «gouverner» —> *Bernaud...*
waldan «gouverner» —> *Bérau(l)t...*	*win* «ami» —> *Bernouin, Bernoin*
win «ami» —> *Bérouin...*	*heim* «maison» —> *Bernheim*
man «homme» —> *Baermann*	*helm* «casque» —> *Bernhelm*
land «pays» —> *Berland*	*hari* «armée» —> *Bernier...*

Mais la combinaison la plus prolifique se fait avec *hard* «fort» —> *Bernhard*, qui signifierait donc «fort comme un ours» et qui existe comme prénom et comme patronyme sous différentes formes allemandes:

Bernhard, Bernhart, ou néerlandaises : *Bernaert.* En France, on trouve *Bernard* et les variantes *Barnard, Bernat, Besnard, Bénard, Bénad, Béna, Bernardini.*

Bernard et ses variantes en français

Il y a eu en France des Bernard prestigieux :

saint Bernard de Menthon (923-1008) a fondé des hospices aux cols du Petit- et du Grand-Saint-Bernard. Des chiens y étaient dressés à retrouver les voyageurs perdus dans la montagne, et ils ont donné naissance à la race *saint-bernard* (cf. LES CHIENS D'ATTAQUE OU DE GARDE : DOGUES, MASTIFFS, MOLOSSES, p.52) ;

saint Bernard de Clairvaux (1091-1153) donne toute son ampleur à la réforme de l'ordre de Cîteaux et son nom se retrouve dans celui des religieux qui avaient fondé à Paris le collège des Bernardins, dont subsiste encore le réfectoire au 24 de la rue de Poissy, dans le Ve arrondissement.[116]

Cependant, avec une dérision dont parfois l'étymologie fait preuve, *Bernard,* dont le sens était à l'origine «fort comme un ours», a pris dans certains cas le sens péjoratif de «sot, niais». Ainsi, le nom de l'âne dans le *Roman de Renart* est *Bernard.*

Ce nom a d'autre part été adopté pour désigner différents animaux et en particulier le *bernard l'ermite,* ce crustacé à corps mou qui loge dans une coquille vide, comme un ermite dans sa cellule.

Enfin, un dénommé Auguste Bénard, tailleur au faubourg Saint-Antoine à Paris, a créé vers 1876 un style de pantalon «à la mode des voyous», serré au genou et large sur le pied, pantalon dit alors «à la Bénard». Telle est l'origine de l'argot *bénard* pour «pantalon».[117]

Signalons aussi le prénom féminin *Bernadette,* le nom de famille *Bernadotte* et un grand nombre de diminutifs sous différentes formes graphiques : *Bernardeau, Bernardaud, Bernardot, Bernardé.*

RÉCRÉATION

HUMPHREY BOGART ET LE PACIFIQUE

Il existe un rapport lointain mais réel, sur le plan de l'étymologie, entre le prénom de l'acteur de cinéma américain Humphrey Bogart et un courant marin froid qui remonte du pôle Sud le long des côtes du Chili et du Pérou et qui porte le nom d'un grand naturaliste allemand au savoir encyclopédique, Alexander von Humboldt. Qu'y a-t-il de commun entre les noms *Humphrey* et *Humboldt* ?

RÉPONSE : *Humphrey* et *Humboldt* ont en commun la même racine scandinave *hunn*[118], signifiant «ours». *Humphrey* vient du vieux-norrois *hunn* «ours» + *frid* «paix» et *Humboldt* du vieux-norrois *hunn* «ours» + *bald* «audacieux».

Le nom germanique de l'ours dans la toponymie française

Divers noms de villes et de villages de France tiennent leur origine des noms d'hommes germaniques contenant la racine **ber, *ber(e)n*. Ils sont surtout situés dans la moitié nord du pays :

Bron (Rhône, Allier, Maine-et-Loire), *Bromont* (Puy-de-Dôme), *Broncourt* (Haute-Marne), *Brouville* (Meurthe-et-Moselle), *Brouviller* (Moselle), à partir du nom propre *Bero* ;

Bernon (Aube), *Bernieulles* (Pas-de-Calais), *Bernis* (Gard), à partir du nom propre *Berno* ;

Bernières (Seine-Maritime, Calvados, Eure), *Bernerie* (Vendée, Loire-Atlantique), à partir du nom propre *Bernier* ;

Bernouville (Eure), *Bénouville* (Calvados, Seine-Maritime), *Besneville* (Manche), *Bernouil* (Yonne), *Bernolsheim* (Bas-Rhin), à partir du nom propre *Bernou* ;

Bernadets (Pyrénées-Atlantiques, Hautes-Pyrénées), *Le Bernard* (Vendée), *La Ferté-Bernard* (Sarthe), *Bernardière* (Deux-Sèvres), *La Bernardière* (Vendée, Indre), *Les Bernadières* (Creuse, Indre-et-Loire), *Bernaville* (Somme), *Bernardswiller* (Bas-Rhin), à partir du nom propre *Bernard*.

Le nom de l'ours est bien caché sous tous ces noms de lieux, mais il est plus visible dans des noms de villes allemandes comme *Bernburg* (« bourg de l'ours ») ou *Berndorf* (« village de l'ours »).

Deux cas particuliers : Berne et Berlin

blason de la ville de Berne

Malgré les apparences, il n'est pas du tout sûr que l'ours soit à l'origine du nom de la capitale de la Suisse, *Berne*, même s'il est vrai que les Helvètes adoraient une déesse-ourse. Il faut cependant remarquer qu'en dialecte bernois, « ours » ne se dit pas *Bär* mais *Mutz*, qui est resté le nom du petit gâteau en forme d'ourson célèbre à Berne.

blason de la ville de Berlin

De son côté, depuis 1253, les armoiries de la ville de Berlin, capitale de l'Allemagne, comportent aussi un ours. En fait, l'origine du nom de Berlin est inconnue, mais il a été rapproché, par étymologie populaire, de l'allemand *Bärlein* « petit ours ». Mais c'est du nom de cette ville que vient le mot *berline* « voiture découverte à quatre roues », car ce type de véhicule a bien été mis à la mode à Berlin, à la la fin du XVIIe siècle.

LE GRIZZLY

«horribile visu»

it. *grizzly*
esp. *grizzli, oso gris*
angl. *grizzly*
all. *Grizzly(bär)*

Des ours de couleur grise vivent dans les montagnes Rocheuses, en Amérique du Nord. On les nomme *grizzly* (ou *grizzli)* en langage courant, mais de façon beaucoup moins amène en latin scientifique: *Ursus arctos horribilis.* Ces deux dénominations méritent des commentaires.

À en juger par la forme du nom en langage courant, on pense immédiatement que *grizzly* vient de *gris,* ce qui peut se justifier étant donné que le mot *gris* est un adjectif d'origine germanique qui s'est d'abord appliqué au poil gris des animaux, puis progressivement aux tissus, et seulement plus tard à tout objet de couleur grise.

Par ailleurs, en suédois et en danois, *gris* désigne un autre animal, le porc, et on se souvient que les porcs sauvages étaient brun-gris. L'étymologie de ce nom dans les langues scandinaves reste toutefois douteuse, mais on peut penser que la couleur des poils de ces porcs a pu évoquer celle des cheveux gris des personnes âgées, d'autant plus qu'il existe en allemand un substantif *Greis* signifiant «vieillard».

Le rapport avec un ours effrayant reste en tout cas difficile à établir si l'on ne rappelle pas qu'à côté de *grizzly,* nom de l'ours des Rocheuses, il existe en anglais un adjectif de consonance identique mais écrit différemment, l'adjectif *grisly,* qui signifie «horrible, effroyable» et qui a une origine germanique *(grisan* «terrifier, faire trembler d'effroi»).[119]

Ajoutons qu'en ancien français:

- le nom *gris* désignait la fourrure de l'écureuil gris, appelé ultérieurement *petit-gris* (cf. LE PETIT-GRIS, p.310);
- *grisart* ou *grisard* désignait le blaireau (cf. LE PÉKAN, p.375) tandis que *grisle* qualifiait la couleur grise d'un cheval;
- *grisel* signifiait «gris» ou «cheval gris». C'est ce mot qui a été emprunté par l'anglais *grizzly (bear)* pour désigner «l'ours gris des Rocheuses».[120]

LE PETIT PANDA

☞ *aux allures de gros chat*

it.	*panda minore*
esp.	*panda menor*
angl.	*lesser panda*
all.	*kleiner Panda*

petit panda
Ailurus fulgens

On peut s'étonner que le même nom, *panda*, s'applique à deux animaux en apparence tellement différents : le *petit panda*, qui ressemble à un gros chat roux et le *grand panda*, qui ressemble à un petit ours noir et blanc.

Le nom *panda* vient du népalais *nigalya ponya* où *nigalya* signifie «bambou».[121]

Le petit panda, qui vit dans l'ouest de la Chine et jusque dans l'Himalaya, ressemble à plusieurs autres animaux. Il a l'allure d'un gros chat qui, bien que classé dans l'ordre des carnivores, se nourrit principalement de bambou. Sa façon de se déplacer peut aussi faire penser à un petit ours, d'où son ancienne appellation *chat-ours*, mais son nom en chinois signifie «renard de feu». Sa queue est importante et colorée, d'où le nom du genre *Ailurus*, forgé sur le grec *aiolos* «tacheté» + *oura* «queue», auquel il appartient et qui a aussi donné *ailouros* «chat» en grec (cf. LE CHAT, p.126).

Le petit panda n'est pas non plus sans ressembler un peu à un raton laveur, et de ce fait il a longtemps été considéré comme appartenant à la même famille, celle des procyonidés (cf. LE VRAI NOM SAVANT DU RATON LAVEUR : PROCYON, p.102). Enfin, ce qui est très remarquable chez le petit panda, c'est qu'il a une sorte de sixième doigt qui lui permet de récolter plus facilement sa nourriture, ce qui le rapproche cette fois du grand panda.

LE GRAND PANDA

☞ *star mondiale des WWF*

it. *panda gigante*
esp. *gran panda*
angl. *giant panda*
all. *grosser Panda*

C'est bien après le «petit» panda que le «grand» panda a été connu en Occident, où il a été aperçu pour la première fois en 1869 par le père Armand David (1826-1900), alors missionnaire en Chine. Dans l'écriture chinoise, son nom est composé de trois idéogrammes signifiant respectivement «grand», «ours» et «chat».

«grand» 大
\+
«ours» 熊
\+
«chat» 貓
= «grand panda»

Pour le nommer, le père David avait tout d'abord proposé le nom latin scientifique *Ursus melanoleucus* (forgé sur le grec *melanos* «noir» + *leucos* «blanc»). Mais les naturalistes français avaient estimé que le grand panda était trop différent des ours connus pour appartenir au genre *Ursus*, alors qu'ils lui avaient trouvé des analogies avec le petit panda, déjà bien étudié. Ils avaient alors fixé pour le grand panda le genre *Ailuropoda*, ce qui signifie «aux pattes semblables à celles du petit panda». Le grand panda a en effet la même excroissance au poignet en forme de sixième doigt que le petit panda, mais encore plus développée. Tout cela explique pourquoi les Occidentaux ont gardé le même nom *panda* pour deux animaux si différents.

De nos jours, les deux pandas sont considérés comme des ursidés, formant à eux deux la sous-famille des ailurinés, avec ses deux espèces:

> le *petit panda*, ou *Ailurus fulgens* (du latin *fulgere* «briller», car son pelage est d'un roux éclatant) et le *grand panda*, *Ailuropoda melanoleuca*.[122]

Seul le grand panda a acquis une position de véritable vedette dans le monde actuel: il est l'image vivante des nombreuses espèces animales aujourd'hui menacées d'extinction. En le choisissant comme logo immédiatement identifiable, l'association mondiale *WWF* (à l'origine *World Wildlife Fund*, puis *WorldWide Fund For Nature*), créée le 11 septembre 1961 pour la préservation de la nature et des animaux sauvages dans le but d'offrir aux prochaines générations une terre vivante, a fait du grand panda un symbole attendrissant. Cette décision a été prise au moment où le zoo de Londres recevait un grand panda et le choix de ce logo a certainement contribué à rendre cet animal sympathique et célèbre dans le monde entier

Autour du raton laveur

Avec ses cousins le coati et le kinkajou, le raton laveur fait partie des animaux typiquement américains, mais au cours des dernières décennies, des colonies de ratons laveurs ont été implantées en Europe.

CARNIVORES (11 familles, 272 espèces)

procyonidés

▶ **LE RATON LAVEUR**
▶ **LE KINKAJOU**
▶ **LE COATI**
(▶ espèces...)

(ordre)
(famille)

LE RATON LAVEUR

☞ *il passe son temps à se tremper les mains dans l'eau et à frotter tout ce qu'il mange*

it. *procione, orsetto lavatore*
esp. *mapache, oso lavador*
angl. *raccoon*
all. *Waschbär*

Le raton laveur
Procyon lotor

Le raton laveur a reçu une quantité de noms inspirés par son visage presque humain. Avec ses taches de fourrure noire autour des yeux qui lui font une sorte de masque à lunettes, il donne l'impression d'être un savant un peu magicien.

Pourquoi raton laveur?

Le raton laveur a en français une appellation un peu trompeuse car, sauf contexte particulier, *raton* tout court désigne le petit du rat. L'adjectif *laveur* vient de l'observation du comportement de l'animal, du moins lorsqu'il est en captivité. Dans cette situation en effet, il a presque toujours l'habitude de tremper ses «mains» dans l'eau et de frotter ses aliments, comme s'il les lavait avant de les porter à la bouche.

Donc, on peut comprendre *laveur*, mais pourquoi *raton*? L'animal ne ressemble pas du tout à un rat, et il est en outre nettement plus gros qu'un rat, ce qui n'incite pas à le comparer à un raton, c'est-à-dire à un petit rat.

C'est là qu'intervient une deuxième surprise: l'expression qui désigne l'animal dans de nombreuses langues n'est pas «raton laveur» mais le plus souvent «ours laveur», comme en espagnol, catalan, allemand, néerlandais, danois, suédois ou même hongrois. Nous verrons (cf. OÙ L'ON VOIT APPARAÎTRE LE NOM RATON, p.100) que cette double appellation résulte d'une divergence d'appréciation entre deux grands naturalistes nés la même année (1707), Buffon et Linné.

Enfin, les différentes espèces de ratons laveurs sont originaires du Nouveau Monde, où les Indiens d'Amérique leur ont donné leurs premiers noms, dont celui qui est resté en anglais : *raccoon*, et celui qui est resté en espagnol : *mapache*. Puis les Européens ont fait la connaissance des ratons laveurs lors des expéditions de Christophe Colomb, et nous verrons pourquoi ils ont eu du mal à bien les situer sur le plan zoologique.[123]

LE RATON LAVEUR ET LES INDIENS D'AMÉRIQUE

Il est très instructif de connaître le nom du raton laveur dans quelques langues amérindiennes comme le sioux, le nahuatl, le huron, le tupi ou l'algonquin car on y découvre certains aspects de son curieux comportement ou de son apparence de magicien.

Le raton laveur a été pris… pour un magicien (chez les Sioux)

Le raton laveur se caractérise tout d'abord par le pelage noir et blanc de sa figure, qui lui dessine comme un masque noir autour des yeux. Cela le fait ressembler à un petit lutin, à un être plus ou moins surnaturel. Au vu du comportement vif de l'animal, qui, de plus, est doté de mains presque humaines, les Indiens ont été conduits à lui donner des noms à connotation plus ou moins religieuse. Les Sioux l'ont appelé «celui qui est sacré», ou «celui qui pratique la magie» ou encore «celui qui est sacré, avec le visage peint».

…pour un familier des dieux (chez les Aztèques)

Les Aztèques, de leur côté, lui ont donné un nom qui signifie «celui qui parle avec les dieux», ou encore, pour désigner une femelle avec ses petits, «la petite vieille qui sait des choses». Les formes de ces mots amérindiens n'ont pas été empruntées par les langues de l'Europe, à l'exception de l'expression nahuatl *mapachitl* «ils prennent tout dans leurs mains», qui a été reprise par les conquérants espagnols du Mexique sous la forme *mapache*, et qui est encore de nos jours l'un des noms du raton laveur en espagnol.

…pour un félin (chez les Hurons)

D'autre part, les Hurons, qui vivaient au nord des Grands Lacs américains, voyaient avec admiration arriver les fourrures de ces animaux chassés dans le Sud. Ils appelaient ces fourrures des «grosses queues», la queue du raton laveur étant effectivement une belle pièce de fourrure, bien fournie. De ce fait, ces Hurons du Nord appelaient les peuples du Sud d'un nom signifiant «peuples des animaux qui ont une queue épaisse» puis l'animal lui-même. Ce terme huron a été rendu par *iri*, ou *eri*, devenu finalement *erie*, qui subsiste dans le nom du lac Érié.

En fait, les Français implantés dans cette région ont d'abord pris le raton laveur, qu'ils appelaient alors *iri*, pour le chat sauvage qu'ils connaissaient en Europe. Voilà pourquoi, encore aujourd'hui, *chat sauvage* est le nom commun du raton laveur au Canada.

D'ailleurs, une carte française de l'Amérique du Nord publiée en 1690 mentionne le *Lac Erie ou du Chat* ainsi que *Le Portage du Chat*. Cette carte, reproduite ci-dessous, mentionne également au sud du lac la *Nation du Chat* avec la précision *Nation detruite* (sic) *par les Iroquois.*[124]

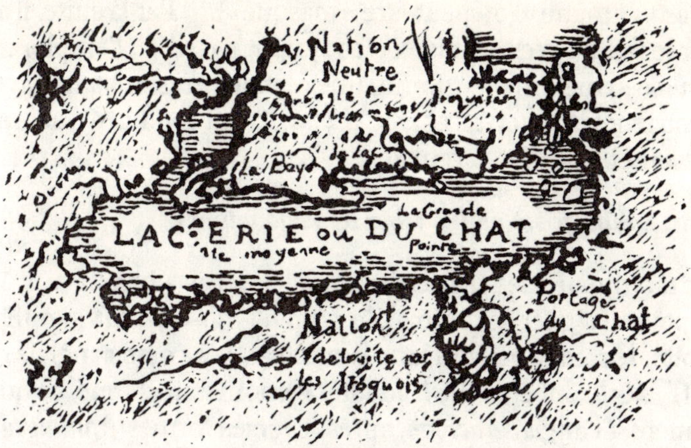

Dessin d'après une carte de 1690

...pour un chien (chez les Indiens Tupi)

Certaines tribus indiennes ont domestiqué des ratons laveurs, un peu comme elles le faisaient pour les chiens. Des Indiens des Bahamas ont d'ailleurs été jusqu'à assimiler les ratons laveurs à des chiens, avec le même nom *ah-on* pour les uns et les autres.

En Amérique du Sud, les Tupi du Brésil ont désigné les ratons laveurs, les chiens et tous les prédateurs sauvages par le terme générique *uara*, signifiant «bondissant». Ce terme *uara* se retrouve dans la terminaison des noms du couguar et du jaguar. Les chiens, renards et ratons laveurs étaient appelés *aguara*, c'est-à-dire «sorte de chien bondissant», et les ratons laveurs eux-mêmes *aguara-popay*, ce qui signifierait «sorte de chien bondissant sur les crabes et les écrevisses».

Le raton laveur et Christophe Colomb

Nous avons déjà eu l'occasion de citer Christophe Colomb (cf. CHRISTOPHE COLOMB AUX CARAÏBES, p.44), qui, après avoir abordé aux Bahamas le 12 octobre 1492, avait, à la date du 23 novembre, créé en quelque sorte le mot *cannibale* en pensant à des hommes à tête de chien. Or, parmi les découvertes de Christophe Colomb, il y avait aussi les ratons laveurs, qui étaient des animaux totalement inconnus des Européens à l'époque. C'est à la date du 17 octobre 1492 qu'il mentionne pour la première fois, dans le même journal de bord, ces animaux qu'il voyait jouer dans un village indien, et qu'il prenait pour des chiens : dans sa langue écrite habituelle, le castillan,[125] il avait écrit *perro mastín*, de l'espagnol *perro* «chien» et *mastín* «mâtin» (ou peut-être «masqué»).[126] Par la suite, il avait été frappé par le fait que ces animaux n'aboyaient pas, d'où l'emploi du terme *perro mudo* «chien muet». Enfin, une certaine ressemblance avec le blaireau, en espagnol *tejón* (cf. LE PÉKAN, p.375), l'avait conduit à écrire *perro tejón*, pour désigner le «raton laveur».

Le raton laveur, habile de ses mains (chez les Algonquins)

L'agilité extraordinaire des mains des ratons laveurs a inspiré aux Algonquins, pour désigner cet animal, le nom *ah-rah-koon-em*, signifiant «celui qui frotte, récure et gratte avec ses mains». Les colons anglais du début du XVIIe siècle ont cherché à adopter ce nom autochtone, ce qui a abouti finalement à l'anglais *raccoon*, après diverses formes *(rahaugcum, raugroughcum...)*, destinées à se simplifier, l'orthographe actuelle étant *racoon* ou *raccoon*.

Le raton laveur et le poisson

De leur côté, en observant un raton laveur manipulant dans le courant d'une rivière le poisson qu'il avait pris, des mineurs allemands travaillant au Venezuela lui auraient trouvé une ressemblance d'attitude avec celle d'un poissonnier écaillant un poisson pour son client. Comme une écaille se dit *Schuppe* en allemand, c'est le terme *Schupp* qui a été choisi pour l'un des noms de l'animal, un nom qui, de nos jours, est le plus souvent réservé à la peau de l'animal.[127]

On retrouve des formes analogues dans les langues scandinaves (suédois *sjubb*, danois *skjob*) et slaves (polonais *szop*). Le finnois *siupp* semble être un emprunt à l'une de ces langues.

Où l'on voit apparaître le nom **raton**

Vu la diversité des noms qui lui ont été donnés, il apparaît que tous les Européens ont eu du mal à situer le raton laveur par rapport aux animaux qu'ils connaissaient: les Français ont vu plutôt un chat, les Espagnols plutôt un chien, mais avec parfois une ressemblance avec le blaireau, ou encore avec le renard à cause de la queue de l'animal.

C'est à partir d'un premier dessin du raton laveur, publié en 1551, que des naturalistes ont cherché à donner un nom à cet animal, qu'ils ont appelé *Mus indicus* «rat indien» — *mus* s'appliquait aussi à l'époque aux animaux à fourrure comme la zibeline ou l'hermine (cf. L'HERMINE OU ROSELET (EN ÉTÉ), p.369). C'est peut-être à cause de cette dénomination que le nom anglais *raccoon*, lui-même venu de l'algonquin, s'est trouvé fréquemment déformé en *rattoon*, et c'est de ce mot que Buffon, dans son *Histoire naturelle*, a tiré le nom *raton* en français, nom qui a été complété plus tard en *raton laveur*.

Un animal difficile à classer

Dans l'édition de 1769 de son *Histoire naturelle*, Buffon explique, dans son chapitre intitulé *Raton* (tout court) : « *Le Raton, du mot anglois Rattoon ou Rackoon, nom que l'on a donné dans cette langue à cet animal : Mapach dans quelques endroits de l'Amérique* [...] ». Il ajoute : « *Quoique plusieurs auteurs aient indiqué sous le nom de coati l'animal dont il est ici question, nous avons cru devoir adopter le nom qu'on lui a donné en Angleterre, afin d'ôter toute équivoque, et de ne le pas confondre avec le vrai coati* [...] ». Buffon montre ensuite la difficulté qu'il y a à classer cet animal, qui a « *la forme d'un petit blaireau* [...] *la tête comme le renard mais les oreilles rondes & beaucoup plus courtes* [...] *les dents comme le chien* et [...] *il tient beaucoup de la nature du maki* [...] »[128]

Mais on n'en restera pas là car le grand rival de Buffon (1707-1788), son exact contemporain, le naturaliste suédois Linné (1707-1778), avait choisi de le classer parmi les ours. Finalement, peu de langues prendront modèle sur le français. On ne trouve guère qu'en portugais l'expression équivalente : *ratinho lavadeiro* « raton laveur ».

C'est un ours pour Linné

En 1747, le prince Frédéric de Suède offre un raton laveur vivant au naturaliste Linné, professeur à l'université d'Uppsala. De son étude, Linné conclut que l'animal appartient à la famille des ours et propose de lui donner le nom latin scientifique *Ursus lotor*, c'est-à-dire « ours laveur ». Dans les traités de zoologie, ce rattachement du raton laveur au même genre que l'ours a été abandonné à partir de 1780, mais beaucoup de langues avaient eu le temps d'assimiler l'expression « ours laveur » pour désigner l'animal, et en particulier les langues germaniques, suédois en tête : suéd. *tvättbjörn*, dan. *vaskebjørn*, all. *Waschbär*, néerl. *wasbeer*. Le hongrois *mosómedve* est un calque de l'allemand.

Certaines langues romanes ont suivi : it. *orsetto lavatore*, esp. *oso lavador*, cat. *ós rentador*, mais pas le français (qui ne pouvait que suivre les indications de Buffon). En grec moderne, le nom de cet animal, peu connu dans le grand public, est *brechtophagos* « celui qui mouille ce qu'il mange ».[129]

Le vrai nom savant du raton laveur: procyon

En définitive, il est apparu à la communauté scientifique que le raton laveur appartenait à une famille proche, mais distincte, de celle des ursidés.

C'est Storr, naturaliste contemporain de Buffon et de Linné, qui a finalement fixé pour le raton laveur le nom latin scientifique toujours en vigueur: il a retenu pour cela la ressemblance de comportement entre cet animal et le chien, reprenant ainsi les analogies remarquées par plusieurs tribus d'Amérique ainsi que par Christophe Colomb, d'où le nom savant *procyon*, avec le préfixe *pro-* dans le sens de «proche de, ressemblant à». Le nom latin scientifique complet du raton laveur est désormais: *Procyon lotor*.

De là, la famille des procyonidés. Seul l'italien *procione* a finalement adopté le nom scientifique comme appellation usuelle du raton laveur.

LE KINKAJOU

☞ *à la queue préhensile*

it. *kinkaju*
esp. *cuchumbi*
angl. *kinkajou*
all. *Wickelbär, Kinkajou*

kinkajou
Potos flavus

Le kinkajou, contrairement au coati, a le museau court comme le raton laveur et il a en outre une queue préhensile, d'où son appellation en allemand *Wickelbär* (de *wickeln* «enrouler» + *Bär* «ours») et en néerlandais *rolstaartbeer* (de *beer* «ours» + *staart* «queue» + *rollen* «rouler») «ours dont la queue s'enroule». Dans la plupart des autres langues, le nom *kinkajou* a été emprunté à une langue amérindienne d'Amérique du Sud.

LE COATI

☞ *au nez bizarre*

it. *coati*
esp. *coatí*
angl. *coati*
all. *Nasenbär*

coati
Nasua nasua

Le coati est très proche du raton laveur, mais Buffon, tout en reconnaissant leur ressemblance, a clairement distingué les deux animaux.[131] En effet, le coati n'a pas le masque noir sur les yeux qui caractérise le raton laveur et son museau est allongé en une sorte de courte trompe flexible. C'est de cette particularité qu'il tient son nom, venu, par le portugais, d'un mot tupi formé de *cua* «bande souple» et de *tim* «nez».[132]

Les zoologistes ont insisté sur le nez remarquable du coati dans les noms qu'ils ont attribués en latin scientifique aux trois espèces existantes : *Nasua nasua, Nasua narica* et *Nasuella olivacea*.

L'animal s'appelle *coati* dans pratiquement toutes les langues, avec toutefois, dans les langues germaniques, d'autres noms plus manifestement descriptifs, signifiant «ours à nez» : all. *Nasenbär*, danois *næsebjørn*.

Autour du lion

Roi des animaux dans les représentations du bestiaire occidental depuis l'époque féodale, le lion ne pouvait tenir que la première place dans ce chapitre relatif à la grande famille des félidés, qui se subdivise en trois sous-familles : les panthérinés autour du lion, les félinés autour du chat ainsi qu'une troisième sous-famille, constituée du seul guépard.

CARNIVORES (11 familles, 272 espèces)
félidés
panthérinés
▶ **LE LION**
▶ **LA PANTHÈRE**
▶ **LE LÉOPARD**
▶ **LE JAGUAR**
▶ **LE TIGRE**
▶ **L'ONCE OU PANTHÈRE DES NEIGES**

(ordre) (famille) (sous-famille) (▶ espèces...)

LE LION

à la crinière imposante

it.	*leone*
esp.	*león*
angl.	*lion*
all.	*Löwe*

Bien que l'on considère aujourd'hui le lion comme le roi des animaux, il n'en a pas toujours été ainsi. Pendant tout le haut Moyen Âge il y a encore deux rois des animaux, l'ours et le lion: dans les sociétés germaniques et celtiques régnait l'ours, alors que le lion tenait la première place dans la Bible et la culture gréco-romaine.[134]

LES NOMS DU LION

ORIGINE COMMUNE		AUTRE ORIGINE	
gr.	*leôn*	hong.	*oroszlán*
néogr.	*leôn*		
lat.	*leo*		
fr.	*lion*		
angl.	*lion*		
it.	*leone*		
esp.	*león*		
ptg.	*leão*		
bret.	*leon*		
(espér.)	*leono*		
(interl.)	*leon*		
all.	*Löwe*		
néerl.	*leeuw*		
dan.	*løve*		
tch.	*lev*		
basq.	*lehoi*		

C'est sans doute son port altier et son ascendant sur les autres animaux qui ont impressionné les hommes au point d'en avoir fait le roi des animaux: un titre de gloire qui s'exprime de façon récurrente dans de nombreuses fables et qui se manifeste aussi dans deux domaines assez inattendus, celui des hiéroglyphes et celui de l'héraldique.

Le lion et les hiéroglyphes

Les hiéroglyphes égyptiens, dans une sorte de bestiaire, font souvent appel à la représentation des animaux et, à côté du vautour, de la chouette, de la caille, du scarabée, du lézard ou du serpent, le lion y trouve sa place, mais plus tardivement.

Depuis que Jean-François Champollion a réussi à déchiffrer la pierre de Rosette,[135] on sait que l'écriture hiéroglyphique est un système mi-figuratif, mi-phonétique, c'est-à-dire qu'un hiéroglyphe renvoie parfois au sens d'un mot et parfois à sa prononciation.[136]

RÉCRÉATION

LA PIERRE DE ROSETTE, CLEF DES HIÉROGLYPHES

La pierre de Rosette, qui a permis de déchiffrer les hiéroglyphes égyptiens grâce à un même texte sous trois formes (en hiéroglyphes, en démotique et en grec) doit son nom à celui d'un petit port égyptien sur les bords du Nil, près d'Alexandrie.

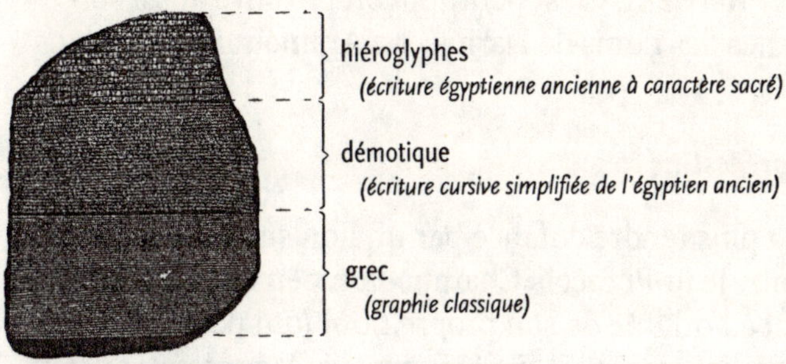

La pierre de Rosette

Est-il vrai ou faux que cette pierre de Rosette :

1. a été découverte par Jean-François Champollion ?
2. a été déchiffrée par Jean-François Champollion ?
3. est précieusement conservée au musée du Louvre, à Paris ?

RÉPONSE : 1. **faux**. Cet objet de fouilles a été découvert en 1799 par le lieutenant Pierre Bouchard, lors de l'occupation française par les troupes de Bonaparte — 2. **vrai**. Champollion est considéré comme le père fondateur de l'égyptologie (avec l'anglais Thomas Young)[137] — 3. **faux**. La pierre de Rosette est précieusement conservée, mais c'est au British Museum, à Londres.

Sur la célèbre pierre de Rosette, on distingue nettement un lion couché dans le cartouche représentant le nom de Ptolémée V, dit Épiphane, et qui régnait vers 200 ans av. J.-C.

La lecture de ce cartouche se fait de droite à gauche, de la façon suivante:

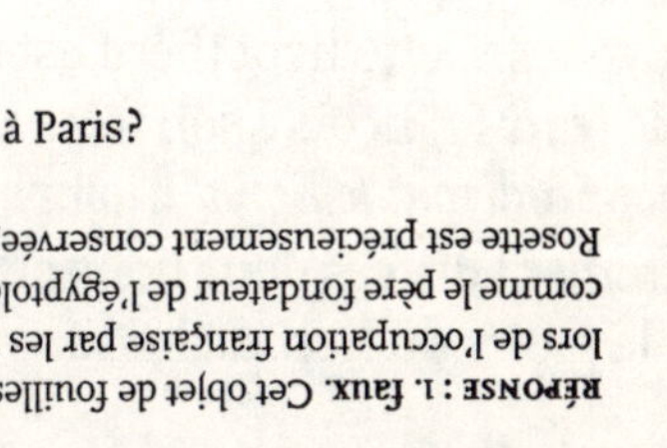

«Ptolémée», lu de droite à gauche

En appliquant la méthode mise au point par Champollion dans sa *Grammaire égyptienne*,[138] on constate par exemple que l'image du lion peut représenter, soit le nom du lion, soit la première lettre de ce nom. Ainsi, le lion couché dans le cartouche désignant le nom de Ptolémée (en quatrième position) correspond à la lettre L, première lettre de *laboï*, nom du lion en égyptien tardif.

On retrouve ce même lion dans d'autres inscriptions, en particulier dans le cartouche de Cléopâtre, cette fois en deuxième position *(kliopadra)*.[139]

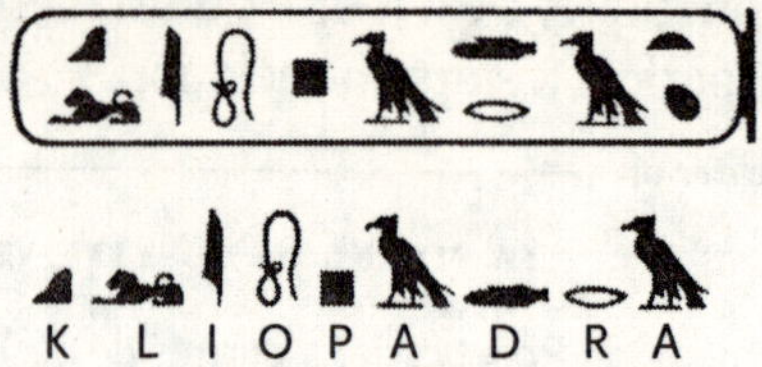

«Cléopâtre», lu de gauche à droite

Ajoutons qu'en égyptien ancien, le lion se disait *rou*. Un hiéroglyphe représentant le lion couché pouvait donc alors se prononcer *rou* ou *R*. C'est pourquoi on retrouve aussi son image dans les cartouches des noms de Darius et d'Arsinoé ainsi que dans celui du dieu Râ.[140]

Champollion, au nom prédestiné

Impressionné dès sa plus tendre enfance par un lion sculpté sur la cheminée de ses parents, Jean-François Champollion pensait aussi que le lion était probablement à l'origine de son propre nom (qui pourrait être *Champ au Léon*). Cela expliquerait qu'il ait été frappé par la présence du lion dans les cartouches de Ptolémée et de Cléopâtre et l'on peut même supposer que ce rapprochement a pu être déterminant pour déchiffrer les hiéroglyphes. Cette hypothèse est d'autant plus tentante qu'il existe une lettre de Jean-François à son frère aîné, où l'allusion est sans ambigüité: *Ces deux lions aideront le lion à triompher.*[141]

Autrement dit, ces deux lions des cartouches de Ptolémée et de Cléopâtre feront la gloire du lion caché sous le nom de Champollion.

Les noms du lion en Europe

On ne connaît pas de nom indo-européen pour le lion, on ne sait même pas s'il y en a eu un, qui serait perdu, ou s'il n'y en pas eu parce que l'animal était inconnu des peuples concernés. Il est toutefois troublant de constater la présence de plusieurs lionnes dessinées sur les parois de la grotte Chauvet il y a plus de 25000 ans.[142]

Ce que l'on sait en revanche, c'est que les noms du lion en Europe ont pratiquement tous été formés sur le modèle du latin *leo, leonis*, lui-même emprunté au grec *leôn, leontos*. On ne connaît pas l'origine de ce nom, dont on constate seulement qu'il commence par la consonne L, comme le nom du lion en égyptien tardif *(laboï)* et qu'une origine égyptienne n'est donc pas impossible, les lions importés en Europe pouvant provenir de ces contrées.

Parmi les langues indo-européennes, seul le sanskrit *sinha* ou *siṃhas* «lion» se distingue des autres langues.[143]

Sans doute les fondateurs de la ville de Singapour étaient-ils originaires de l'Inde car on reconnaît dans l'ancien nom de cette ville le sanskrit *simṃhapuram,* qui signifiait la «ville du lion». Il existe d'ailleurs une légende selon laquelle un animal géant, pris pour un lion, y aurait été aperçu au moment de la fondation de la ville.

LE THÉ DE CEYLAN, ÉVOCATEUR DU LION

Le nom du lion en sanskrit (**siṃhas**) semble bien se trouver à la base du nom de l'île de **Ceylan**, anciennement **siṃhaladvipas** «île des Simhala», où l'on reconnaît sans peine le nom du lion (**siṃhas**).[144] Cela explique pourquoi on peut voir la représentation d'un lion sur certaines boîtes de thé de Ceylan.

Parmi les langues non indo-européennes, le nom du lion en hongrois *(oroszlán)* vient d'une forme ancienne du turc *(arislan,* aujourd'hui *aslan)* mais le basque, avec *lehoi* «lion», est certainement un emprunt aux langues voisines.

La loi du plus fort

Dans la nature, on peut observer que le lion se sert toujours en premier et s'octroie la meilleure part du gibier, d'où l'expression «se réserver la part du lion» illustrée par de nombreuses fables remontant à l'Antiquité et reprises au cours des siècles.

Le thème est fréquent dans les fables d'Ésope: on y voit par exemple qu'après avoir scellé avec d'autres animaux un pacte pour partager équitablement le résultat d'une chasse, le lion non seulement s'octroie l'essentiel du butin, mais en profite presque toujours pour dévorer l'un ou l'autre de ses associés. Tel est le cas de la fable *Le lion, l'âne et le renard,* où le renard réussit à sauver sa peau, mais en donnant pratiquement toute sa part au lion. Le même schéma se déroule dans la fable *L'âne, le renard et le lion,*[145] où le renard est exceptionnellement parmi les perdants puisqu'il est finalement la proie du lion.

Ce thème récurrent, où le lion s'attribue ce qu'il y a de mieux, est repris dans la fable de Phèdre (Ier s. ap. J.-C.) *La vache, la chèvre, la brebis et le lion*, elle-même source d'une fable de La Fontaine, dont on trouvera un extrait ci-dessous.

LA PART DU LION

Dans cette fable de La Fontaine, le butin est divisé en quatre parts égales, mais chaque fois le lion, avec une mauvaise foi consommée, trouve une bonne raison de les prendre toutes :

«[Le lion]... *Prit pour lui la première en qualité de sire:*
"Elle doit être à moi, dit-il, et la raison
C'est que je m'appelle Lion:
À cela l'on n'a rien à dire.
La seconde par droit me doit échoir encor:
Ce droit, vous le savez, c'est le droit du plus fort.
Comme le plus vaillant je prétends la troisième.
Si quelqu'une de vous touche à la quatrième,
Je l'étranglerai tout d'abord."»[146]

La Fontaine, *La génisse, la chèvre et la brebis en société avec le lion*.

En latin juridique, on trouve un reflet de cette inique primauté de la force sur le droit dans l'expression *leonina societas*, devenue en français *société léonine*, puis marché ou contrat *léonin*, pour qualifier une situation trop nettement avantageuse pour l'une des parties.

RÉCRÉATION

DES RIMES VRAIMENT RICHES

Comment peut-on qualifier les figures de style présentes dans les vers suivants ?

Elles sont sans doute dues au souvenir d'un chanoine du XIIe siècle, Léon de Saint-Victor, qui était aussi poète à ses heures.

1. «*Car mon luth est de ceux dont les voix importunes*
Pleurent toutes les infortunes.»
Victor Hugo, *Odes et Ballades*, VI, La Liberté

2. «*Tu trahis mes bienfaits, je les veux redoubler*
Je t'en avais comblé, je t'en veux accabler.»
Corneille, *Cinna*, acte V, scène 3

RÉPONSE : 1. La rime porte sur plus d'une syllabe (**-ortunes**) : elle est dite **léonine**, c'est-à-dire extrêmement riche. — **2.** Le deuxième vers est dit **léonin** parce que la syllabe de la rime se retrouve aussi à l'hémistiche (**comblé/accabler**)

Nouvelles formations de base latine et de base française

Tous ces mots proviennent du gréco-latin *leôn* / *leo* et du français *lion*:

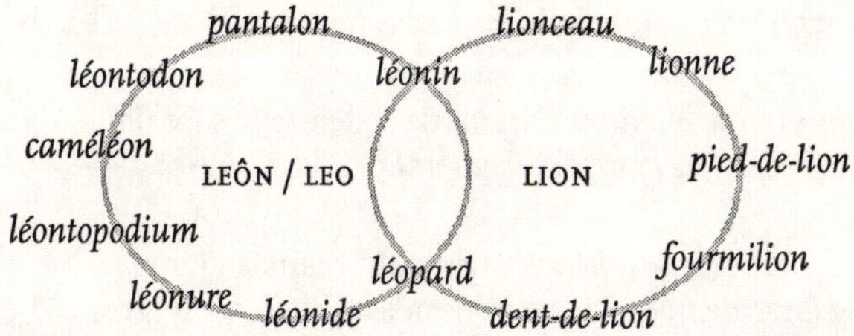

Si l'on reconnaît sans aucune peine, sous *lionne*, la femelle du lion et sous *lionceau* sa progéniture, on quitte le domaine zoologique avec les *léonides*, qui sont des étoiles filantes visibles à la mi-novembre et qui semblent provenir de la constellation du Lion. Les autres formes dérivées ne sont pas toujours explicites, comme on pourra le constater dans la récréation suivante, qui regroupe les plus énigmatiques.

RÉCRÉATION

LE LION DANS LA NATURE

Le lion a donné son nom aussi bien à des animaux qu'à des plantes. Il s'agit de redonner à chacun des noms (colonne de gauche) ci-dessous le sens (colonne de droite) qui lui convient.

1. le **léonure**	A. un insecte dont la larve vit enfouie dans le sable
2. le **fourmilion**	B. une plante appelée aussi *queue-de-lion*
3. la **dent-de-lion** (ou **léontodon**)	C. une sorte de pissenlit
4. le **léopard**	D. un autre nom de l'edelweiss
5. le **pied-de-lion** (ou **léontopodium**)	E. un reptile à couleur variable
6. le **caméléon**	F. une sorte de panthère

RÉPONSE : 1B — 2A — 3C — 4F — 5D — 6E

Les «bonnes» réponses de l'encadré ci-dessus méritent quelques explications:

1B. Le *léonure* est une plante à fleurs roses dont le nom familier est *queue-de-lion*, ce qui ne devrait pas surprendre les amateurs d'étymologie grecque puisque le nom savant *léonure* est formé à partir du grec *leôn* «lion» + *oura* «queue».

2A. Le *fourmilion* adulte ressemble à une libellule mais sa larve, enfouie dans le sable, se nourrit de fourmis. Le fourmilion serait donc comme un lion pour les fourmis.

3C. Les feuilles découpées du pissenlit rappellent vaguement une denture de lion, d'où son nom savant *léontodon*. Il existe d'ailleurs une ancienne forme française, *dent-de-lion*, qui a été empruntée par l'anglais *dandelion* «pissenlit». Remarquons en passant que le nom anglais garde toute la noblesse due au roi des animaux alors que celui qui a survécu en français rappelle de façon réaliste que cette plante a des vertus diurétiques.

4F. Le léopard doit son nom au grec, par le latin *leopardus* (cf. LA PANTHÈRE, p.118).

5D. *Pied-de-lion* et *léontopodium* sont deux appellations de l'edelweiss, sans doute parce que l'aspect velu de l'edelweiss rappelle vaguement celui d'une patte de lion.

6E. On pourrait être tenté de voir dans *caméléon* le nom du chameau (angl. *camel)*, ce qui serait une énorme méprise car ce nom est formé sur le grec *khamai* «à terre» + *leôn* «lion», et désignait déjà en grec «le lion à ras de terre ou lion nain».

Le lion dans les noms et les prénoms

Le nom du lion a été utilisé tel quel comme nom d'homme en grec *(Leôn)* et en latin *(Leo)*. Il en est encore ainsi dans plusieurs langues romanes: it. *Leone*, esp. *León*, cat. *Lleó*, ptg. *Leão*. Ceux qui parlent ces langues entendent d'ailleurs exactement le nom du lion lorsqu'on prononce ces prénoms. Dans d'autres langues, l'identité entre le nom du lion et le prénom n'est pas évidente, comme par exemple *Léon* en français. Le prénom anglais *Leo*, qui a été repris directement à partir du latin, se distingue parfaitement du nom de l'animal (angl. *lion)*, et la différence est encore plus nette en hongrois, qui a repris le prénom *Leó*, très éloigné du nom hongrois du «lion», qui est *oroszlán*.

RÉCRÉATION

DES PRÉNOMS ANIMALIERS

Voici quatre prénoms évoquant des animaux. Quel est celui qui repose sur le nom du lion?

1. Bernard • 2. Ariel • 3. Philippe • 4. Wolfgang

RÉPONSE : 2. Ariel vient de l'hébreu **ari** «lion» + **el** «dieu». Bernard évoque l'ours, Philippe, le cheval et Wolfgang, le loup.

Le nom du lion se manifeste aussi dans des formes dérivées telles que *Leontius* en latin, *Leonello* en italien, *Lionel* en français. Le nom de la lionne apparaît dans les prénoms français *Léone, Léonie, Léona*, et aussi dans *Léonce* et *Léontine*.

Le lion chez les grands hommes

Le nom grec *Leônidas*, où l'on reconnaît le grec *leôn* «lion», a été celui de nombreux personnages historiques, dont plusieurs rois de Sparte. Cette même forme est également visible dans le prénom russe *Leonid*.

Le nom du lion est très présent dans l'histoire de l'Église catholique, qui est allée jusqu'à donner ce nom à treize papes. Au IXe siècle, saint Léon IV fit entourer de remparts le Vatican, alors appelé *la cité léonine*.[147] Qui plus est, le lion a toujours été un symbole de l'Église, en face de l'aigle, représentant l'Empire.

Le nom propre *Léonard* est un composé hybride latino-germanique et signifie «fort comme un lion», *-ard* venant de l'adjectif germanique *hard* «fort».

RÉCRÉATION

DEUX «LEONARDO» CÉLÈBRES

Tous deux sont italiens et originaires de Toscane. L'un fut un grand savant et un très grand artiste de la Renaissance et l'autre, connu sous le nom de *Fibonacci*, un célèbre mathématicien du Moyen Âge, qui fit connaître aux Occidentaux les mathématiques arabes.[148]
De quelles villes italiennes sont-ils ?

RÉPONSE : 1. *Leonardo da Vinci* (1452-1519) est né à Vinci, près de Lucques. — 2. *Leonardo Fibonacci*, dit *Leonardo da Pisa* (1175-1250) est né à Pise.

Enfin, dans le nom *Napoléon* et dans toutes ses variantes, la présence du nom du lion paraît assez évidente. Cependant, la question de l'origine de ce nom n'est pas complètement élucidée et une autre hypothèse a été avancée: un rapport plus ou moins lointain avec le nom des *Nibelungen*, personnages du monde souterrain dans la mythologie germanique.[149]

Le lion au théâtre

Emprunté au grec *Leandros (leôn* «lion» + *andêr, andros* «homme»), le prénom français *Léandre* signifie donc «homme-lion» et on peut alors se demander pourquoi l'histoire littéraire a fait de *Léandre*, au théâtre, un personnage d'amoureux couvert de rubans et de dentelles, sans doute élégant mais aussi un peu ridicule.

Il existe de nombreux autres noms grecs formés sur *leôn*, comme par exemple *Pantaleôn* (formé sur le grec *panta* «en toutes choses» + *leôn* «lion») qui est le nom d'un des frères de Crésus à la richesse légendaire. Ce nom fut aussi celui d'un martyr du IVe siècle, qui était médecin, ce qui légitimerait une autre étymologie possible: *panta + leimon,* c'est-à-dire «compatissant pour tous». Par ailleurs, *Pantaleo* est le nom du saint patron de Venise où l'église S. Pantalon (forme vénitienne de *Pantaleo)* y existe depuis 1101.[150]

C'est enfin celui d'un personnage de la *Commedia dell'arte,* nommé *Pantalone,* qui portait un vêtement allant du cou au bas des jambes et qui est à l'origine du nom du pantalon.[151]

RÉCRÉATION

LION, OÙ ES-TU ?

Le nom du *lion* est-il lié à la formation de tous les noms propres suivants ?

A. Léopold D. Lyon
B. Lévenard E. León (Espagne)
C. Saint-Lunaire F. Léon (Bretagne)

RÉPONSE : A. Non: **Léopold** vient du germanique (**leut** «les gens» et **bald** «audacieux»). B. Oui: variante de **Léonard**, prénom germanique. C. Oui: du nom de l'évêque breton **Leonarius**, lui-même dérivé du latin **leo** «lion». D. Non: du gaulois **Lugdunum**. E. Non: l'origine en est le latin **Legio** (**septima**), la septième légion romaine, qui occupait cette région de l'Espagne actuelle. F. Non: viendrait du nom du dieu celtique **Lug**.

Le lion dans les noms de lieux

On doit distinguer deux origines différentes pour *lion* quand ce mot fait partie d'un nom de lieu. Le toponyme peut provenir:

du nom de l'animal, par exemple dans *Lion-devant-Dun* (Meuse), *Lion-sur-Mer* (Calvados) ou *Lyons-la-Forêt* (Normandie)

mais aussi parfois du substantif latin *legio,* en souvenir du cantonnement d'une légion romaine, comme dans *León,* en Espagne, ou dans *Léon,* région de Bretagne.[152]

Par ailleurs, et malgré le blason de la ville où figure un lion dressé sur ses pattes arrière, le nom de la ville de *Lyon* n'a rien à voir avec le lion. Sous *Lyon,* on peut reconnaître soit le nom du corbeau en celtique *(lougos)*, soit plus probablement celui du dieu gaulois *Lug,* l'ancien nom de la ville étant *Lugdunum.*

Blason de la ville de Lyon

Le lion, figure emblématique

Très tôt en Égypte, avec le sphinx, sorte de lion ailé à tête et buste d'être humain, puis dans la sculpture gréco-romaine et jusque dans les bas-reliefs des églises chrétiennes, l'image du lion a été constamment présente dans la vie des hommes. Mais c'est surtout à partir du XIIe siècle que sa présence est devenue franchement dominante en Europe. Il est alors de plus en plus souvent représenté dans les figures héraldiques qui servaient d'emblème aux familles, aux villes, aux territoires.

Pour la période qui va du XIIe au XVe siècle, on constate que le lion apparaît dans 15 % des blasons européens, soit pratiquement dans la moitié des blasons représentant des animaux: un taux relativement élevé puisque l'aigle, qui vient en second dans ces mêmes blasons, n'est présent que dans 2 % des cas. De plus, le lion, l'aigle et la fleur de lis sont les trois figures dites pré-héraldiques qui ont symbolisé l'Église (le lion), la Royauté (la fleur de lis) et l'Empire (l'aigle).[153]

Les représentations héraldiques du lion ont pris une telle importance qu'un vocabulaire tout à fait spécifique en est résulté. Ainsi, le même animal, qui est un lion sur le plan zoologique, peut, en héraldique, s'appeler *lion, léopard, léopard lionné,* ou *lion léopardé*: des termes qu'il ne faut pas confondre.

Des dénominations héraldiques qui intriguent

En héraldique, le terme *lion* désigne toujours un lion dressé sur ses pattes arrière, la tête de profil, avec les pattes avant placées comme s'il grimpait une côte. Dans cette attitude, un animal héraldique est dit *rampant,* ce qui pourrait paraître contradictoire avec l'attitude dressée de l'animal. En réalité, le premier sens de *ramper* a été «grimper».[154] Par la suite, et du fait que, lorsqu'on grimpe, on a tendance à «coller» à la pente, le verbe *ramper* a finalement pris le sens de «coller au terrain», même à l'horizontale. C'est donc le sens primitif de «grimper» qui est conservé dans le terme héraldique *rampant,* tout comme d'ailleurs dans le nom commun *rampe* puisque ce dernier conserve le sens initial de «pente».[155]

Le lion rampant

Le lion léopardé

Retenons seulement qu'en héraldique, le *lion,* sans qualificatif, est un «lion rampant». Le *lion léopardé* est un lion marchant de droite à gauche, sur trois pattes, avec une patte avant levée, la queue dirigée vers le haut et la tête de profil. On dit qu'il est *passant.* Le terme héraldique *léopard* désigne aussi un «lion passant», mais avec la tête de face.

Le léopard

Le léopard lionné

De même que le lion, sans précision, est un lion «rampant», on peut dire que le léopard, sans précision, est normalement «passant». Mais ne nous laissons pas abuser par les mots: le léopard héraldique est bien un lion, et non pas une variété de panthère. D'autre part, le terme héraldique *léopard lionné* désigne un lion rampant, c'est-à-dire dressé sur ses pattes, mais avec la tête de face, comme celle du léopard.

Tête de lion arrachée

Masque de léopard

En résumé, en termes d'héraldique, le *lion* a en général la tête de profil et le *léopard* la tête de face. Une tête de lion s'appelle d'ailleurs *tête de lion arrachée* si elle est de profil, et *masque de léopard* quand elle est de face.

En outre, si les griffes, les dents ou la langue sont d'une autre couleur que le corps, le lion est dit *armé* (à cause des griffes), *denté* (à cause des dents) ou *lampassé* (à cause de la langue). Mais si le lion est sans queue, on dit qu'il est *diffamé*, s'il est sans dents, qu'il est *morné* et, s'il est sans pénis, qu'il est *éviré*.[156]

DES LÉOPARDS DANS LES BLASONS D'ANGLETERRE

C'est Richard Cœur de Lion (1157-1199) — en anglais: Richard (the) Lionheart — qui introduisit le léopard dans les blasons de l'Angleterre et de ses dépendances d'alors: un seul dans celui de la Guyenne, deux dans celui de la Normandie et trois dans celui de l'Angleterre.

Mais à partir du XIVe siècle, en Angleterre, on ne les appelle plus des *léopards*, terme devenu péjoratif, mais des *lions passant guardant*.[157]

blason de la Guyenne

blason de la Normandie

blason de l'Angleterre

C'est peut-être de l'héraldique que sont issues des formes anglaises un peu familières comme *to lionize* «traiter comme une célébrité, stariser» et le substantif *lionization* «starisation».

De l'héraldique aux logos modernes

Le lion des automobiles Peugeot est l'un des exemples les plus remarquables de la survivance de l'héraldique dans les logos modernes.

La maison Peugeot, créée en 1812, a d'abord fabriqué des outils dont la qualité était certifiée par un poinçon représentant un lion, mais c'est seulement en 1858 que le premier véritable logo à silhouette de lion a été déposé officiellement au Conservatoire impérial des arts et métiers. Les usines Peugeot étant implantées à Sochaux, dans le Doubs, au cœur de la Franche-Comté, le choix d'un lion a peut-être été influencé par le lion des armes de cette ancienne province.

en 1858

en 1948

en 1965

en 1882

en 1950

en 1980

en 1927

en 1960

en 2000

Ce logo a ensuite évolué au cours du temps, souvent à l'occasion de la sortie d'un nouveau modèle de voiture. C'est seulement en 1948, à l'occasion de la sortie de la 203, que le lion de Peugeot évoque vraiment celui du blason de la Franche-Comté. Depuis, il a gardé son caractère héraldique, tout en se stylisant.

RÉCRÉATION

LE LION DE BELFORT ET LA STATUE DE LA LIBERTÉ

Quel rapport y a-t-il entre le Lion de Belfort et la statue de la Liberté éclairant le monde ?

RÉPONSE : Leur auteur: les deux statues sont l'œuvre de Frédéric Auguste Bartholdi. En 1880, il sculpta, à même le roc, à Belfort, un Lion monumental et il en fit ensuite une réplique en bronze pour la place Denfert-Rochereau à Paris. Il réalisa ensuite à New York la statue de la Liberté, formée de lames de bronze soutenues par une armature d'acier due à Gustave Eiffel.

LA PANTHÈRE

☞ *félidé à fourrure tachetée*

it. *pantera*
esp. *pantera*
angl. *panther*
all. *Panther*

Le nom *panthère* vient du grec *panthêr*, forme empruntée à une langue d'Extrême-Orient, qui correspond à date ancienne à un félidé indéterminé, peut-être à un guépard.[158]

Le nom grec *panthêr* a été repris par le latin *panthera*, puis pratiquement tel quel, dans toutes les langues actuelles de l'Europe, et même en finnois *(pantteri)*, tandis que le hongrois a adopté la forme *párduc* où l'on reconnaît le latin *pardus* «léopard».

Des panthères sur tous les continents

Le terme *panthère* n'est donc pas spécifique et s'applique à un ensemble de grands félidés à fourrure fauve tachetée de noir. La plus grande panthère de l'ancien monde est le léopard, qui vit en Afrique et en Asie, mais les peintures rupestres préhistoriques prouvent que l'homme a rencontré jadis des panthères également en Europe. On en reconnaît plusieurs dans la grotte Chauvet.[159]

La panthère d'Amérique est le jaguar tandis que l'once, ou panthère des neiges, vit dans les montagnes d'Asie (cf. L'ONCE, p.122).

Les panthères chez les savants

Les zoologistes ont conservé le terme latin *panthera* pour désigner le genre le plus spectaculaire de la famille des félidés, en y ajoutant une spécification permettant de ne pas confondre les quatre espèces que comporte ce genre:

Panthera leo, nom savant du lion
Panthera pardus, celui du léopard
Panthera onca, celui du jaguar
Panthera tigris, celui du tigre

Des panthères de toutes les couleurs

On a cru jadis que les panthères noires constituaient une espèce particulière, mais il n'en est rien. C'est en raison d'une singularité génétique, un excès de pigmentation noire, le *mélanisme*, que certains léopards et jaguars naissent parfois avec une fourrure entièrement noire. Le phénomène du mélanisme est particulièrement fréquent parmi les panthères des forêts tropicales indiennes, dont la plus célèbre est Bagheera, la panthère noire, qui est le maître à penser de Mowgli dans *Le Livre de la jungle* de Rudyard Kipling.

À l'extrême opposé, l'*albinisme* fait naître les mammifalbinos, comme c'est le cas pour les lions et les tigres blancs.

C'est une singularité encore plus grande — mais imaginaire, cette fois — qui est à l'origine de la Panthère rose (Pink Panther), apparue dans les bandes dessinées et dans les dessins animés aux États-Unis au début des années 1960.

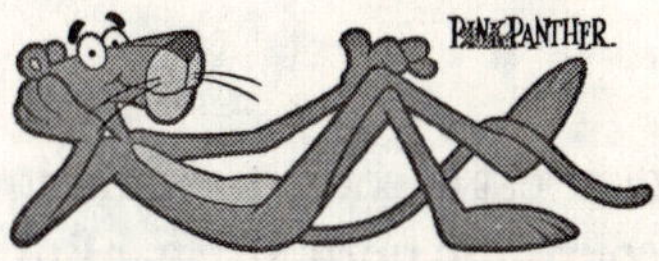

La Panthère rose, longiligne et futée[160]

The Pink Panther™ and © 2003
UNITED ARTISTS CORPORATION. All Rights Reserved. Avec l'aimable permission d'United Artists.

LE LÉOPARD

une panthère proche du lion

it.	*leopardo*
esp.	*leopardo*
angl.	*leopard*
all.	*Leopard*

Le nom du léopard en grec ancien est *pardalis*, et c'est probablement un emprunt à l'indo-iranien. Ce nom a été repris en latin *(pardalis* ou *pardus)* avec le sens de «panthère» dans son acception générique. Plus tard, le nom du lion y est associé dans le terme grec *leopardos* et dans les formes latines *leopardalis* ou *leopardus*.

En ancien français, le nom du léopard était *pard*, à côté de *chat-pard*, qui est l'ancien nom de la panthère. Sur le modèle du nom grec de la girafe *kamêlopardalis* (cf. LA GIRAFE, p.282), l'ancien français avait aussi formé *chameau-pard* pour désigner la girafe, une appellation qui était encore attestée en 1814.

Le léopard dans d'autres domaines

Sous forme d'adjectif invariable, le substantif *léopard* est aujourd'hui employé dans l'armée française pour désigner une tenue de camouflage, tandis que l'adjectif *léopardé* ne subsiste qu'en héraldique, toujours accompagné de *lion*, et dans le sens particulier de «lion passant» (cf. DES DÉNOMINATIONS HÉRALDIQUES QUI INTRIGUENT, p.115).

Il existe aussi un *léopard de mer*, qui est un grand phoque des mers australes, à la fourrure tachetée.

Enfin, le léopard est présent dans le nom du grand poète et écrivain italien Giacomo *Leopardi* (1798-1837).

LE JAGUAR

☞ *toujours prêt à bondir*

it. *giaguaro*
esp. *jaguar*
angl. *jaguar*
all. *Jaguar*

Le jaguar est le cousin d'Amérique du léopard, auquel il ressemble beaucoup. Son nom, fixé par Buffon en 1754, vient du tupi *ia-uara* «l'animal bondissant», avec la terminaison *uara* «bondissant» (cf. LE RATON LAVEUR, p.96), que l'on retrouve aussi dans le nom du couguar.[161]

UNE VOITURE NOMMÉE JAGUAR

C'est en 1935 qu'un certain William Lyons a créé les automobiles Jaguar. Remarquable par l'élégance de sa ligne allongée et la puissance de son moteur, le prestige de la jaguar (ou *jague*, ou même *jag)* ne s'est pas démenti au cours des années, et en particulier celui du modèle XJ12L de 1976, dont le capot était orné d'un petit jaguar bondissant.[162]
Mais pourquoi ce nom ?

La légende veut qu'à partir d'une liste de possibilités proposée par un publicitaire londonien, William Lyons aurait choisi lui-même ce nom, peut-être parce qu'il évoquait un peu son propre nom de félin.

La plupart des langues ont adopté le terme *jaguar* presque tel quel, mais il faut se rappeler qu'à leur arrivée en Amérique, les Espagnols avaient souvent commencé par nommer certains animaux inconnus du nom d'un animal qu'ils connaissaient déjà : ainsi en avait-il été pour le jaguar, qu'ils avaient d'abord appelé *tigre*, et pour le puma, qu'ils avaient d'abord nommé *león*.[163]

LE TIGRE

☞ *le plus grand des félins*

it.	*tigre* (f.)
esp.	*tigre* (m.)
angl.	*tiger*
all.	*Tigre* (m.)

Le nom du tigre remonte à une origine iranienne, par l'intermédiaire du grec *tigris*, puis du latin *tigris*. Le rapprochement avec le nom du fleuve du même nom semble relever d'une étymologie populaire.[164]

La plupart des langues de l'Europe ont adopté ce nom, qui prend des formes très voisines dans les langues romanes, germaniques et même en hongrois *(tigris)* ou en finnois *(tiikeri)*.

Le tigre, source de dérivés

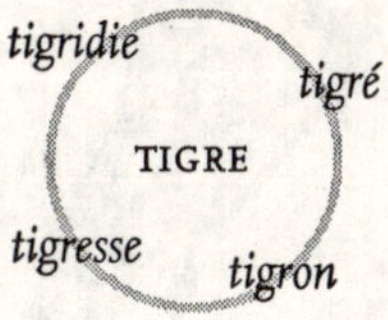

En français, les dérivés à partir de *tigre* ne sont pas nombreux:

tigresse, femelle du tigre

tigron (ou *tiglon*), hybride du tigre et de la lionne, ou du lion et de la tigresse[165]

tigré, auquel correspondait l'ancien mot *tigrure*.

À partir du XVIIe siècle, époque où l'on appelait *tigre* n'importe quel félin tacheté, *tigré* signifiait seulement «tacheté, moucheté». On dit encore de nos jours d'une banane qu'elle est *tigrée*. Ce n'est qu'à partir du XIXe siècle que *tigré* représente vraiment les rayures irrégulières du tigre.

Dans un tout autre domaine, la *tigridie* est le nom d'une plante dont les sépales sont d'un violet moucheté de jaune et de rouge. On l'appelle aussi *œil-de-paon*.

LE CHEVAL TIGRÉ

Le cheval tigré est-il tacheté comme une banane tigrée, ou rayé comme un chat tigré?

RÉPONSE : Il est tacheté... sinon, ce serait un zèbre!

L'ONCE

☞ *ou panthère des neiges, ou léopard des neiges*

it. *lonza, leopardo delle nevi*
esp. *onza, leopardo de las nieves*
angl. *ounce, snow leopard*
all. *Unze, Schneeleopard*

l'once ou
panthère des neiges
Uncia uncia

L'once et le lynx, qui sont deux animaux fort différents, ont néanmoins des noms apparentés sur le plan étymologique. Ils appartiennent tous deux à la famille des félidés, mais l'once — comme le léopard — fait partie de la sous-famille des panthérinés alors que le *lynx*, ou loup-cervier,[166] est — comme le chat — un membre de la sous-famille des félinés (cf. LE LYNX OU LOUP-CERVIER, p.133). Autrement dit, le lynx ressemble à un gros chat avec des oreilles pointues et prolongées par une touffe de poils, tandis que l'once ressemble à un léopard, mais un peu plus petit et au pelage plus clair.

Leur cousinage étymologique repose sur le fait que c'est au latin classique *lynx* qu'a été repris *lynx* en français, et que *once* vient du bas-latin *luncea*,[167] déformation tardive du latin *lynx*.

Cette forme *luncea* a évolué ultérieurement en *lonce*, où la consonne initiale a été par erreur prise pour l'article. On peut donc dire que *lynx* et *l'once* forment des doublets.

C'est de la forme *luncea* que vient le nom italien *lonza*, un nom rendu célèbre par sa présence tout au début de *La Divine Comédie*.[168]

LA LONZA DANS LA DIVINE COMÉDIE

Voici comment Dante décrit cet animal qui lui barre le chemin dans la « forêt obscure» et dont on ne sait s'il s'agit d'une panthère, d'un léopard ou d'un lynx bien réel, ou même d'une représentation symbolique.

Ed ecco, quasi al cominciar dell'erta	Et voici, presque au début de la montée
Una lonza leggiera e presta molto,	Une *lonza* légère et très agile,
Che di pel maculata era coperta.	Qui était couverte d'un pelage tacheté.

Dante, *La Divine Comédie, l'Enfer*, chant 1, v. 31-34

On aura peut-être remarqué que le nom de l'animal a gardé sa forme italienne *lonza* dans la traduction du passage de *La Divine Comédie* ci-dessus. Ce parti pris du traducteur correspond au désir de laisser indéterminée la nature de ce félidé qui, comme dans d'autres langues au Moyen Âge, pouvait être une panthère, un léopard ou un lynx.

L'once aujourd'hui

Ce terme italien *lonza* désigne aujourd'hui spécifiquement l'once, que l'on connaît aussi sous le nom de *pantera* (ou *leopardo*) *delle nevi.*

L'anglais *ounce* et l'allemand *Unze* ont tous deux été empruntés au français *once.*

En espagnol, *onza* est non seulement le nom de l'once, mais aussi le nom du guépard (en Amérique, ce nom peut aussi parfois correspondre à celui du jaguar). Le portugais *onça* désigne bien l'once, mais, dans cette langue, *onça pintada* «once peinte» est le nom du jaguar.

On voit que la confusion qui régnait au Moyen Âge risque de se prolonger de nos jours, la seule solution étant de s'en tenir, pour l'identification de l'once, à son nom latin scientifique *Uncia uncia.*

RÉCRÉATION

DES PANTHÈRES VENUES D'UN PEU PARTOUT

Les panthères ont souvent des noms rappelant certains de leurs lieux de vie :

1. la panthère des neiges, est-ce l'once?
2. la panthère d'Afrique, est-ce le jaguar?
3. la panthère d'Amérique, est-ce le léopard?

RÉPONSE : 1. Oui, la panthère des neiges est l'once, qui vit dans les montagnes d'Asie • 2. Non, le jaguar est la panthère d'Amérique • 3. Non, le léopard est la panthère d'Afrique.

Autour du chat

Ami des poètes et des écrivains, le chat, à la fois affectueux et indépendant, servira de point de ralliement à quelques autres membres de la sous-famille des félinés : le lynx, le caracal, le puma, l'ocelot, le margay et le serval. On y a joint le guépard, qui, à lui tout seul, constitue une autre sous-famille.

CARNIVORES (11 familles, 272 espèces)

félidés

félinés

- ▶ **LE CHAT**
- ▶ **LE LYNX OU LOUP-CERVIER**
- ▶ **LE CARACAL**
- ▶ **LE PUMA OU COUGUAR**
- ▶ **L'OCELOT**
- ▶ **LE MARGAY**
- ▶ **LE SERVAL**

acinonycinés

- ▶ **LE GUÉPARD**

(▶ espèces...)

(ordre) (famille) (sous-famille)

LE CHAT

it.	*gatto*
esp.	*gato*
angl.	*cat*
all.	*Katze*

☞ *les amoureux fervents et les savants austères*
Aiment également dans leur mûre saison
Les chats puissants et doux, orgueil de la maison,
Qui comme eux sont frileux et comme eux solitaires.
Charles Baudelaire, «Les chats» *Les Fleurs du mal*

Les Grecs de l'époque classique ne semblent pas avoir connu le chat domestique, venu sans doute assez tard d'Égypte, où sa présence s'était déjà manifestée depuis 2000 ans av. J.-C. En revanche, les Grecs ont connu le chat sauvage, qu'ils appelaient *ailouros*, un nom formé sur *aiolos* «qui se déplace rapidement» — *Aiolos* est le nom grec d'Éole, le dieu du vent — et sur *oura* «queue», sans doute parce que les mouvements de la queue de cet animal sont particulièrement vifs.

LES NOMS DU CHAT

ORIGINE COMMUNE		ORIGINES DIVERSES	
lat.	*cattus, gattus*	gr.	*ailouros*
néogr.	*gata*	hong.	*macska*
fr.	*chat*		
it.	*gatto*		
esp.	*gato*		
ptg.	*gato*		
bret.	*kaz*		
angl.	*cat*		
all.	*Katze*		
néerl.	*kat*		
dan.	*kat*		
tch.	*kočka*		
basq.	*catu, gatu*		
(espér.)	*kato*		
(interl.)	*catto*		

Cette forme *ailouros* avait d'abord servi à désigner d'autres petits animaux, comme la belette, le furet ou la martre chez Aristophane, mais nettement le chat domestique chez Aristote. Elle sera finalement détrônée

L'ANCÊTRE DU CHAT BOTTÉ ÉTAIT-IL GANTÉ ?

Depuis des millénaires, le chat a été vénéré. Il l'a été d'abord par les Égyptiens, qui l'ont même divinisé et en ont peut-être commencé la domestication. Par la suite, beaucoup de légendes ont été créées, mettant en scène des chats hors du commun, parmi lesquels *Le Chat botté* de Charles Perrault.

Les chats domestiques que nous connaissons sont probablement issus de deux sous-espèces du chat sauvage : le *chat sauvage d'Europe* et le *chat sauvage d'Afrique*. Ce dernier, qui se nomme aussi *chat ganté* en raison du bout de ses pattes de couleur plus claire, pourrait donc bien être à l'origine du *Chat botté*.

par *katta*, une forme qui ne sera attestée en grec qu'à partir du VIe siècle après J.-C.[169]

En latin : chat sauvage et chat domestique

Les Romains ont sans doute connu le chat domestique, mais ils utilisaient encore le furet pour chasser les souris. En fait, le latin a deux noms pour désigner le chat : *feles* et *cattus* (ou *gattus)*.

Le nom du latin classique *feles* était employé plutôt pour le chat sauvage, mâle ou femelle. Sur ce nom ont été formés en français les substantifs *félin*, *félidé* ou *féliné*. Les formes *feuler*, *feulement* « cri du tigre », sont d'origine inconnue, peut-être onomatopéique, mais elles pourraient bien être reliées au latin *feles* « chat sauvage ».

FÉLIX LE CHAT

Le chat a eu les honneurs de la littérature, et on lui a même donné un prénom dès le Moyen Âge, puisqu'il se nomme *Tibert* dans le *Roman de Renart*.

C'est un retour au latin qui a été opéré avec le personnage de bande dessinée *Félix le Chat*, créé en 1919 par l'australien Pat Sullivan. Ce nom se présente un peu comme un jeu de mots entre l'adjectif *felix* « heureux » et le nom du chat *felis*, en latin.

Le nom du latin tardif *cattus* (ou *gattus)* « chat » a tout d'abord été appliqué aux chats sauvages, puis, à partir du IVe siècle ap. J.-C., très précisément au chat domestique.[170]

Le nom du chat en Europe

Comme pour le lion, il n'y a pas de nom indo-européen du chat, et c'est à partir du latin, en l'occurrence de *cattus* ou de sa variante *gattus*, que se sont répandus la plupart des noms du chat en Europe:

Ce sont des formes semblables qui sont présentes en catalan *(gat)*, en irlandais *(catt)*, en suédois *(katt)*, en russe *(kot, koška)* et même en finnois *(katti)*.

Le roumain *pisică* est un diminutif à partir de *pis*, interjection que l'on utilise pour appeler le chat. Quelque chose de semblable existe aussi en danois *(pus)*, en néerlandais *(poes)*, en anglais *(puss, pussy, pussycat)*: une façon plus affectueuse de nommer ce félidé familier.

Le chat et les onomatopées

Le cri du chat est particulièrement caractéristique et facile à imiter, et, pour désigner ce cri, la forme *miaou* fait presque l'unanimité dans les langues de l'Europe. Ce cri semble bien être à l'origine du nom de l'animal dans deux langues très anciennement attestées sous forme écrite, en égyptien et en chinois:

miou «chat» en égyptien ancien

猫

māo «chat» en chinois

S'il est vrai que *māo* représente bien le nom du chat en chinois, il faut se garder de penser que le nom du «Grand Timonier» *Māo* se confonde avec celui-ci. Comme on sait, le chinois est une langue à tons, et ces derniers modifient le sens des mots selon le ton employé.

Ainsi, pour *māo* «chat», les deux syllabes sont proférées sur le même ton, tandis que pour *Māo* (l'homme d'État), la deuxième syllabe est prononcée sur une note plus élevée.[171]

Sur *miaou*, on a formé en français le verbe *miauler*, et ce type de dérivation verbale à partir de l'onomatopée se retrouve dans la plupart des autres langues:

	ONOMATOPÉE	VERBE
fr.	*miaou*	*miauler*
it.	*miao, miau*	*miagolare, gnaulare*
esp.	*miau*	*maullar*
angl.	*miaow*	*to mew, to miaow*
all.	*miau*	*miauen*
hong.	*miau*	*nyávogni*

Cette onomatopée généralisée mérite d'être soulignée car une telle homogénéité est loin d'exister pour tous les cris d'animaux, comme on peut le constater ci-après pour le chien :

fr.	*aboyer*
it.	*abbaiare, latrare*
esp.	*ladrar*
angl.	*to bark*
all.	*bellen*
hong.	*ugatni*

Le chat en famille

De vagues traces de l'onomatopée se reconnaissent aussi dans le nom populaire du chat dans de nombreux parlers gallo-romans, et ainsi que dans un mot de l'ancien français, *mine*, qui subsiste dans diverses appellations familières et affectueuses (voire érotiques) : *minet, minette, minou, mimi*, qui existent également en composition, dans *Raminagrobis* et dans *Grippeminaud.*

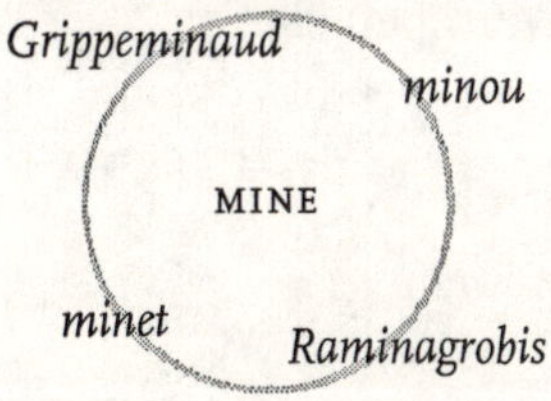

Le chat, de Rabelais à La Fontaine

Dans *Gargantua* et dans *Pantagruel*, Rabelais a mis en scène deux personnages très différents, *Raminagrobis* et *Grippeminaud*, dont les noms évoquent le chat, mais avec ses qualités d'un côté, ses défauts de l'autre.

Raminagrobis y est présenté comme un poète dont le nom insolite signifie «gros chat», car, en ancien français, l'adjectif *grobis* signifiait «important, imposant». Ce personnage est censé symboliser l'humaniste idéal, serein et amoureux du beau et du bien.

À l'opposé, *Grippeminaud* («griffer, attraper» + «chat») était le nom du chef suprême des gens de justice, à qui Rabelais attribuait au contraire l'hypocrisie des chats. Il le présente même comme *«le monstre le plus hideux qui fut jamais décrit»*.[172]

Un siècle plus tard, dans sa fable *Le chat, la belette et le petit lapin,* La Fontaine a repris ces deux noms contradictoires pour désigner un seul et même chat. (cf. récréation COMBIEN DE CHATS ?, p.132)

RÉCRÉATION

DÈS POTRON-MINET

L'expression *dès potron-minet* signifie: «dès le lever du jour». Sous *minet*, on reconnaît le chat, mais que veut dire *potron*?

RÉPONSE : **potron** est l'aboutissement du latin **posteriorem**, et l'expression signifie «dès que l'on voit le postérieur du chat».

Un autre nom pour la chatte

La forme *mite* existait en ancien français comme nom enfantin et populaire de la chatte. Cette forme a subsisté dans l'expression un peu vieillie *faire la chattemite* «simuler la douceur par calcul», comme une chatte qui ferait semblant de dormir alors qu'elle surveille sa proie.

À partir de *mite*, ont été dérivées plusieurs formes qui se sont perpétuées, et dont l'évolution sémantique reste souvent peu claire:

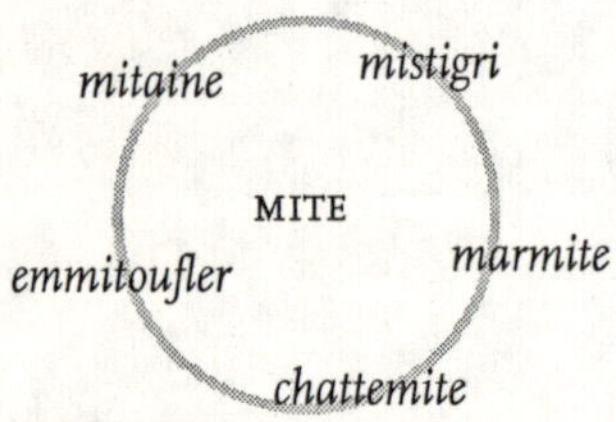

mitaine, qui a d'abord désigné une sorte de moufle, douce comme la fourrure du chat. Aujourd'hui, en France, une *mitaine* est un gant laissant découvert le bout des doigts, mais au Canada, c'est le premier sens de «moufle» qui s'est maintenu;

emmitoufler, formé à partir de *mitaine* et de *moufle*, ce verbe évoque le confort apprécié par les chats;

mistigri (vient peut-être de *mi(s)te + gris)*, nom familier du chat, aujourd'hui vieilli et devenu celui du valet de trèfle dans certains jeux de cartes. On retrouve la couleur grise dans l'anglais *grimalkin*, ancienne appellation du chat, formée sur *grey* «gris» + *malkin*, diminutif de *Mathilde*;[173]

marmite, dont l'étymologie reste obscure mais où l'on croit reconnaître *mite* «chatte». Le mot *marmite* a d'abord été employé comme adjectif signifiant «hypocrite» (comme le chat?), puis comme substantif pour désigner le récipient de cuisine où l'on fait la soupe. Le cheminement sémantique qui va de l'un à l'autre reste inexpliqué, à moins que l'on n'accepte de qualifier la marmite d'hypocrite, puisque son contenu est caché par le couvercle.

RÉCRÉATION

QUELQUES CHATS CÉLÈBRES

Ils sont présentés ci-dessous dans le désordre. Il faudrait les remettre dans l'ordre.

1. Lucifer	A. L'ennemi du petit oiseau Titi, dans un dessin animé français
2. Tibert	B. L'ennemi de la souris Jerry, dans un dessin animé américain
3. Gros Minet	C. Le chat de Cendrillon
4. Tom Cat	D. Le chat du *Roman de Renart*

RÉPONSE : 1C — 2D — 3A — 4B

Des noms, des verbes et des adjectifs

C'est le substantif *chat* qui a fourni le plus grand nombre de dérivés, dont le féminin *chatte* et le nom de sa progéniture, *chaton.* À son tour, ce dernier a été employé en botanique, le chaton du noisetier évoquant un peu la queue du chat (cf. aussi, avec le même sens, l'anglais *cattail,* mot à mot «queue de chat»). En revanche, le *chaton* d'une bague a une tout autre origine : il vient d'un mot germanique désignant le dessus d'une bague enchâssant une pierre.

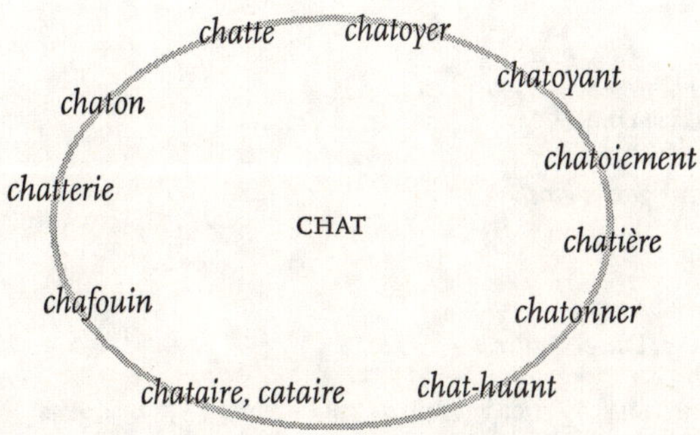

Si *chatière* rappelle sans effort qu'un chat peut se faufiler un peu partout, même par une ouverture très étroite, et si le verbe *chatonner* évoque pour tous la portée de chatons de la chatte, il faut en revanche avoir de bonnes connaissances en botanique pour savoir qu'une *chataire* (ou *cataire)* est une plante dont l'odeur puissante attire les chats, et qu'on appelle d'ailleurs *herbe aux chats.*

UN CHAT PEUT EN CACHER UN AUTRE

En français, tout comme en anglais, on ne voit plus que, sous *chattemite* et sous *pussycat*, le nom du chat figure dans chacun des mots sous deux formes différentes : *chatte* + *mite* et *pussy* + *cat*.

Les beaux yeux brillants du chat sont sans doute à l'origine de *chatoyer* et *chatoyant* tandis que ce sont ses manières à la fois souples et un peu sournoises ou hypocrites qui ont donné à *chatterie* son sens ambigu, que l'on retrouve de manière plus nette dans *chafouin* (de *chat* + *fouin*, ancien masculin de *fouine)*.

D'autre part, c'est parce que sa face rappelle celle d'un chat aux oreilles dressées qu'un rapace nocturne porte le nom de *chat-huant* (de l'ancien verbe *huer* «crier», en parlant des oiseaux de nuit).

RÉCRÉATION

COMBIEN DE CHATS ?

Dans sa fable *Le chat, la belette et le petit lapin,* La Fontaine a beaucoup parlé du chat. Combien de fois est-il évoqué, sous différentes formes, dans l'extrait ci-dessous ?

«[Dame Belette qui parle]
Rapportons-nous, dit-elle, à Raminagrobis.
C'était un chat vivant comme un dévot ermite,
Un chat faisant la chattemite
Un saint homme de chat, bien fourré, gros et gras,
Arbitre expert sur tous les cas...
[...] *Grippeminaud, le bon apôtre,*
Jetant des deux côtés la griffe en même temps
Mit les plaideurs d'accord en croquant l'un et l'autre.»

RÉPONSE : *Raminagrobis, chat, chat, chattemite, chat, Grippeminaud*, ce qui fait en tout 7 fois car dans *chattemite*, il y a *chatte* + *mite*, en quelque sorte deux fois *chatte*.

LE LYNX OU LOUP-CERVIER

✎ *à la vue perçante*

it. *lince* (f.)
esp. *lince* (m.)
angl. *lynx*
all. *Luchs* (m.)

lynx
Lynx lynx

Sur le plan zoologique, il n'y a aucune raison pour assimiler le lynx à un loup, comme le précise Buffon en 1769: «*Il n'a rien du loup qu'une espèce de hurlement qui, se faisant entendre de loin, a dû tromper les chasseurs et leur faire croire qu'ils entendaient un loup. Cela seul a peut-être suffi pour lui faire donner le nom de* loup, *auquel pour le distinguer du vrai loup, les chasseurs ont ajouté l'épithète de* cervier, *parce qu'il attaque les cerfs, ou plutôt parce que sa peau est variée de taches à peu près comme celle des jeunes cerfs.*»[174]

Les hommes ont très tôt remarqué la vue particulièrement perçante du lynx, du latin *lynx*, lui-même emprunté au grec *lunx*. Cette même racine est à l'origine de l'allemand *Luchs* «lynx». L'espagnol et le portugais ont adopté *lince*, le catalan *linx*, l'anglais *lynx* et le néerlandais *los*. Mais c'est le roumain qui innove vraiment en le nommant *râs* «rire».

LE LYNX, VU PAR LES ROUMAINS

Alors que le lynx est le plus souvent considéré comme un animal à la vue perçante, il apparaît comme un félin rieur aux yeux des Roumains, pour qui le nom du lynx est *râs*, c'est-à-dire «rire» (l'ancienne graphie était *rîs*).

Le nom de ce cousin du chat apparaît aussi dans la mythologie grecque, où *Lyncée*, dont la vue était aussi perçante que celle du lynx, est l'un des Argonautes.[175]

RÉCRÉATION

QUI ÉTAIENT LES ARGONAUTES ?

1. Des disciples du savant Argos qui, à Athènes, enseignait les subtilités de l'argumentation et dont le plus brillant s'appelait Lyncée.
2. Des membres d'une association de truands rendus célèbres dans l'Antiquité par leur langage secret, l'argot, inventé par Lyncée.
3. Des navigateurs embarqués sur le navire Argo sous la direction de Jason et parmi lesquels se trouvait Lyncée, dont on disait qu'il pouvait voir à travers une planche de chêne.

RÉPONSE : 3

Une académie aux yeux de lynx

La vue perçante de *Lyncée* (it. *Linceo)* a inspiré aux Italiens le nom de l'*Accademia dei Lincei,* créée à Rome en 1603[176] et qui réunissait un certain nombre de savants parmi lesquels Galilée dont le nom reste attaché à la lunette astronomique qui a permis de voir plus loin dans la voûte céleste. L'allusion au lynx, dont le nom italien est *lince,* pour désigner des hommes dont les vastes connaissances leur permettent de voir très loin, reste présente dans l'emblème héraldique de cette Académie.

LE CARACAL

☞ *sorte de lynx aux oreilles noires*

it.	*caracal*
esp.	*caracal*
angl.	*caracal, Persian lynx*
all.	*Karakal, Wüstenluchs*

caracal
Caracal caracal

Le nom du caracal vient, par l'intermédiaire de l'espagnol, du turc *qaraqâlaq* «oreille noire». Ce nom a généralement été adopté tel quel dans les langues de l'Europe, mais en anglais et en allemand il existe des dénominations rappelant que le caracal ressemble aussi au lynx: angl. *Persian lynx* «lynx de Perse», all. *Wüstenluchs* «lynx du désert». Cet animal se reconnaît à ses longues pattes élancées et à ses oreilles pourvues de touffes de poils raides et noirs.

LE PUMA OU COUGOUAR

☞ *le félin aux deux noms*

it. *puma, coguaro*
esp. *puma*
angl. *cougar*
all. *Puma, Silberlöwe*

Qu'on lui donne le nom de *puma*, venu du quéchua, ou celui de *coug(o)uar*, venu du tupi, il s'agit du même animal. En tupi, ce nom signifie «animal bondissant qui se camoufle sous les couleurs du cerf».[177] En effet, sa robe est souvent rougeâtre comme celle du cerf et on l'a aussi nommé *tigre rouge*.[178]

Le puma est aussi un mammifère bien présent dans les noms de marques et les logos: le nom du puma a été donné à une marque d'articles de sport.

L'OCELOT

☞ *chat-tigre américain*

it. *ocelot, ozelot*
esp. *ocelote*
angl. *ocelot*
all. *Ozelot*

Toutes les panthères ont une robe parsemée de taches plus ou moins arrondies, que l'on nomme des *ocelles* (du latin *ocellus*, diminutif de *oculus* «œil»). Comme l'ocelot a une fourrure assez semblable à celle des panthères, mais encore plus magnifiquement ocellée, on pourrait croire que c'est là l'origine de son nom, et on aurait tort: le nom d'*ocelot* a été donné à ce féliné en 1765 par Buffon,[179] qui est parti du nom de cet animal en nahuatl — la langue des Aztèques — et l'a transposé en français en l'abrégeant. Le nom de l'animal était *thallocelotl* (de *thalli* «champ» et *ocelotl* «sorte de jaguar»). Une fois simplifié en *ocelot*, ce nom a été adopté — et adapté — par les diverses langues de l'Europe.

LE MARGAY

☞ *chat-tigre acrobate*

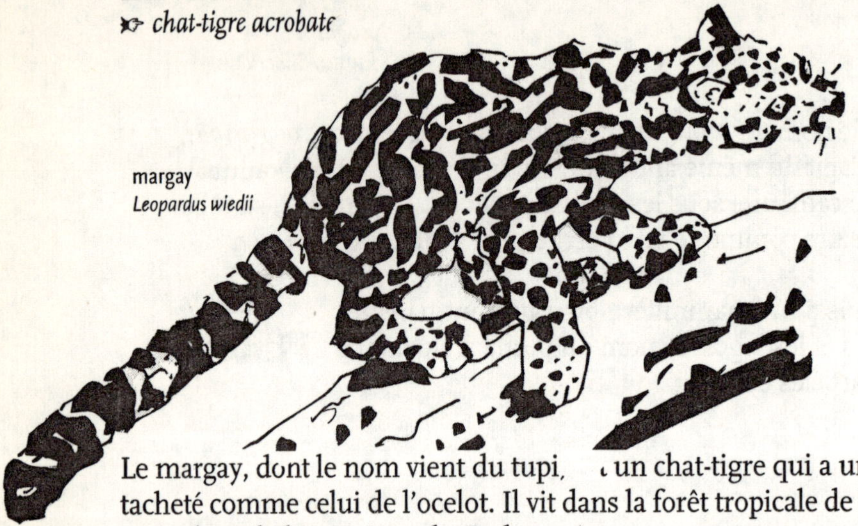

margay
Leopardus wiedii

it.	*margay*
esp.	*margay, tigrito*
angl.	*margay*
all.	*Margay, Langschwanzkatze*

Le margay, dont le nom vient du tupi, [illegible] un chat-tigre qui a un pelage tacheté comme celui de l'ocelot. Il vit dans la forêt tropicale de l'Amérique centrale et de l'Amérique du Sud.

LE SERVAL

☞ *chat-tigre africain*

it.	*servalo, serval*
esp.	*gato cerval, serval*
angl.	*serval*
all.	*Serval*

Dans le présent ouvrage consacré à l'origine et à l'étymologie des noms d'animaux, le nom *serval* — avec un *s* et non pas un *c* — a quelque chose d'inexplicable pour un nom formé à partir de *cervus* «cerf» et emprunté au portugais *cerval*.

C'est Buffon, naturaliste très savant et académicien, qui a décrit en 1761 ce chat-tigre, haut sur pattes, au pelage fauve tacheté de noir, sous le nom de *serval* — avec un *s* — en se basant sur un ouvrage italien de 1683.[180] Cette graphie fautive est restée en italien et a été reprise par la plupart des autres langues (français, espagnol, anglais, allemand, néerlandais).

LE GUÉPARD

le félin le plus véloce

it. *ghepardo*
esp. *guepardo*
angl. *cheetah*
all. *Gepard*

Réputé pour faire des pointes de vitesse à près de 100 km/h,[181] le guépard possède aussi la particularité, exceptionnelle chez les félidés, d'avoir des griffes non rétractiles, comme celles du chien (et non pas comme celles du chat). De là vient le nom latin de son genre: *Acinonyx,* du grec *akinêsia* «sans mouvement» et *onux* «griffe, ongle». Le genre comporte une seule espèce, *Acinonyx jubatus* (du latin *jubatus* «qui a une crinière»).

Cet animal est diversement nommé selon les langues de l'Europe, mais le nom le plus répandu est celui de *guépard,* que de nombreuses langues ont emprunté au français: espagnol *guepardo,* allemand *Gepard,* hongrois *gepárd,* finnois *gepardi,* et même italien *ghepardo.* En fait, le nom français *guépard* avait été à l'origine un emprunt à l'italien *gattopardo.* Par ailleurs, le guépard se nomme *lobotigre* «loup-tigre» en portugais mais *cheetah* en anglais. Ce dernier nom est un emprunt au hindi *chita* «panthère».

Le guépard du roman de Lampedusa

Si *guépard,* et surtout l'italien *gattopardo,* sont devenus des noms familiers, c'est à la suite de la publication d'un roman de Giuseppe Tomasi di Lampedusa, *Il Gattopardo,* porté ensuite à l'écran par Visconti avec un très grand succès.[182]

L'auteur racontait dans son roman l'histoire de la famille des princes de Lampedusa sur les armes desquels figurait un félin dressé sur ses pattes arrière.[183] Ce qui est étonnant, c'est que l'auteur du roman ait employé la forme ancienne *gattopardo* (une forme semblable a existé en ancien français, *chat-pard)* et non pas la forme actuelle en italien: *ghepardo.*

Autour de l'éléphant

Les éléphants sont les plus gros mammifères terrestres aujourd'hui en vie. Jusqu'à présent, on a distingué deux espèces : l'éléphant d'Afrique, aux grandes oreilles, et l'éléphant d'Asie, aux petites oreilles. Leur cousin, le mammouth†, chassé par les hommes préhistoriques, a graduellement disparu jusqu'à s'éteindre il y a environ 10 000 ans. Il y eut aussi un éléphant d'Amérique, le mastodonte†, qui a subi le même sort. Quant au dinothérium†, c'est un représentant, plus ancien encore, des proboscidiens fossiles.

PROBOSCIDIENS (1 famille, 2 espèces)

- **éléphantidés**
  - ▸ L'ÉLÉPHANT
  - ▸ LE MAMMOUTH†
- **mastodontidés†**
  - ▸ LE MASTODONTE†
- **dinothères†**
  - ▸ LE DINOTHÉRIUM†

(▸ espèces...)

(ordre) (famille)

L'ÉLÉPHANT

it.	*elefante*
esp.	*elefante*
angl.	*elephant*
all.	*Elefant*

☞ *les éléphants sont les seuls survivants actuels de l'ordre des proboscidiens (du gr.* proboskis *«trompe»), qui était fort bien représenté à l'époque préhistorique: on pense qu'il y a eu plus de 350 espèces de proboscidiens au cours des âges.*

Les caractéristiques les plus spectaculaires de l'éléphant, en dehors de sa grande taille, sont surtout sa trompe et ses défenses en ivoire, des incisives dont la croissance se prolonge tout au long de sa vie. La trompe est bien présente dans le nom savant qui désigne l'ordre des *proboscidiens*, et l'ivoire a suscité tant d'engouement dans l'Antiquité qu'il a pu devenir le symbole même de l'éléphant.

RÉCRÉATION

L'ÉLÉPHANT: UN PACHYDERME

Pourquoi dit-on de l'éléphant que c'est un *pachyderme*?

1. Parce qu'il la peau de couleur grise?
2. Parce que sa démarche royale lui donne un air de pacha?
3. Parce qu'il a la peau épaisse?

RÉPONSE : 3. Pachyderme est formé sur le grec *pakhus* «épais» et *derma* «peau».

Ivoire et éléphant

Dans différentes langues anciennes, le même terme désigne souvent à la fois l'éléphant et l'ivoire. Tel est le cas de l'égyptien ancien, qui représentait au moyen des mêmes hiéroglyphes les noms de l'éléphant et de l'ivoire: on les prononçait de la même façon, quelque chose comme *abou*.

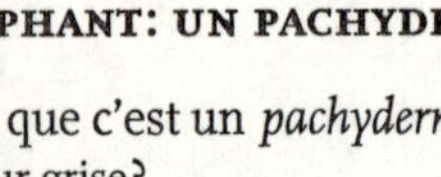

Hiéroglyphes (phonétiques) communs à l'ivoire et à l'éléphant

Afin de pouvoir les distinguer, on ajoutait un hiéroglyphe figuratif à la suite de ces signes: un dessin d'éléphant dans un cas, un dessin d'objet en ivoire dans l'autre.

«ivoire»

«éléphant»

Ce nom sera emprunté sous la forme *ebur* en latin avec le sens de «ivoire», et son dérivé *eburneus* «en ivoire» est à la base de l'adjectif français *éburnéen*, qui ne se rencontre que dans les textes poétiques. Il faut ajouter que les Romains ont connu l'ivoire bien avant de voir des éléphants et que le mot *elephantus* a été par la suite emprunté au grec pour désigner l'animal, mais parfois aussi l'ivoire.

Cela explique la confusion qui a pu exister dans les langues issues du latin. En ancien français, par exemple, il existait deux variantes, *elefant* (sic) et *olifant*, pour désigner à la fois l'animal et l'ivoire.

Vers le XIe siècle, *olifant* a aussi désigné un cor taillé dans une défense d'éléphant, dont la première attestation figure dans *La Chanson de Roland*. Ce mot *olifant* a été repris dans ce sens par la plupart des langues de l'Europe: it., esp., ptg. *olifante*, all. *Olifant*. Flaubert a utilisé, vers 1877, la graphie *oliphant* (avec < ph >) pour l'olifant (le cor), mais cela n'a pas eu de suite. Cette forme n'a survécu que dans le nom de famille *Oliphant*, qui est peut-être un surnom de joueur de cor ou de marchand d'ivoire.[184]

< ph > et < f >, ou les hésitations de l'orthographe française

On aura remarqué qu'aujourd'hui *olifant* s'écrit avec < f > et *éléphant* avec < ph > bien que les deux mots remontent au latin *elephantus* (avec < ph >). Plus généralement, en ce qui concerne la graphie < ph >, la norme n'a pas été fixée en français de façon uniforme et elle a mis du temps à s'établir.

Les textes anciens et les éditions successives du Dictionnaire de l'Académie française (Ac.) en portent témoignage, par exemple, pour:

fantôme	au XIIe s.	*fantosme*
	Ac. 1694 et 1718	*fantosme, phantosme*
	Ac. 1740	*fantôme, phantôme*
	Ac. 1762	*fantôme*
fantaisie	au XVIe s.	*fantasie*
	Ac. 1694	*fantaisie, phantaisie*
	Ac. 1935	*fantaisie*
limitrophe	au XVIe s.	*limitrofe*
	Ac. 1694	*limitrophe*

LE CHOIX DE < PH > OU DE < F > POUR *ÉLÉPHANT*

Des divergences se manifestent dans l'orthographe du nom de l'éléphant dans les diverses langues ayant perpétué le mot grec *elephas*, devenu *elephantas* en grec moderne. Comme on peut le remarquer ci-dessous, seuls le français, l'anglais et l'irlandais ont gardé le < ph > du latin pour transcrire le < φ > (phi) du grec :

	< ph >		< f >		< f >
fr.	*éléphant*	it. esp. ptg. basque	*elefante*	néerl.	*olifant*
angl.	*elephant*	roum. dan. suéd. cat.	*elefant*	bret.	*olifant*
irlandais	*elephant*	all.	*Elefant*		
		hongrois	*elefánt*		

nénuphar	Ac. 1694	*nénufar*
	Ac. 1935	*nénuphar*

Et l'on ne s'étonnera pas d'une contradiction proche de celle de *olifant* (avec < f >) — *éléphant* (avec < ph >), représentée par *flegme* avec < f > mais *phlegmon* avec < ph >, pourtant tous deux venus du grec *phlegma.*[185]

Il faut enfin faire remarquer qu'il n'y avait aucune raison d'écrire *nénuphar* avec < ph >, attendu que ce mot ne vient pas du grec mais du persan. Le retour à *nénufar*, plus conforme à l'étymologie, fait d'ailleurs partie des rectifications qui ont été proposées par la circulaire de 1990.[186]

Les noms de l'ivoire

Alors que le latin *ebur* est à l'origine du français *ivoire,* de l'italien *avorio* et de l'anglais *ivory,* il n'en est pas de même pour l'allemand et les langues de la péninsule Ibérique. L'allemand *Elfenbein* «ivoire» vient d'une ancienne forme *helfant* «éléphant» et de *bein* «os» (cf. l'allemand moderne *Bein* «jambe»). L'espagnol *marfil* et le portugais *marfim* sont des emprunts à l'arabe *azm al-fil* «os d'éléphant» (où *fil* signifie «éléphant»).

Le mot français *marfil* (devenu *morfil)*, désignant l'ivoire brut non encore travaillé, est à son tour un emprunt à l'espagnol et c'est cette même forme qui est à l'origine du nom de l'île de *Morfil,* sur le fleuve Sénégal, où se tenait un marché de l'ivoire.

L'éléphant, du grec au latin

En grec, le nom de l'éléphant est *elephas, elephantos.* Si l'on ne connaît aucune étymologie satisfaisante de ce mot, en revanche on constate qu'il a été à l'origine de tous les noms de l'éléphant dans les langues romanes, par

UNE GRANDE VICTOIRE, MAIS À QUEL PRIX!

C'est grâce à ses éléphants, qui terrorisèrent les légionnaires romains, que Pyrrhus remporta la victoire sur Rome à Héraclée en 280 av. J.-C. Une victoire qu'il devait payer très cher : ses propres pertes avaient été si considérables que cette victoire équivalait en fait à une sorte de défaite.

Premier exemple de ce qu'on appelle en français une *victoire à la Pyrrhus*, et en anglais *Pyrrhic victory*.

l'intermédiaire du latin *elephantus*, une forme populaire qui s'est sans doute répandue à la suite de la victoire que Pyrrhus, le roi d'Épire, avait remportée sur les Romains grâce à ses éléphants.

Les noms de l'éléphant

Si c'est le mot grec *elephas* qui s'est répandu dans les langues romanes et les langues germaniques, rien de tel dans les langues slaves et baltes, où le nom le plus généralement admis est *slon* (tchèque), *slom* (russe, pol., serbe), *slovis* (lituanien), *zilonis* (letton).[187] Il faut y voir un écho du slavon *sloniti* «pencher», ce qui fait penser à la caractéristique de l'éléphant décrite par Aristote[188] précisant que l'éléphant, pour se coucher, ne plie pas ses pattes avant, puis ses pattes arrière, comme les autres animaux, mais se penche sur le côté et se laisse tomber.

À noter que le lituanien désigne parfois l'éléphant par un autre terme très descriptif, *dramblys* «à la grosse bedaine», et que le gallois utilise le mot *cawrfil* «animal géant».

La descendance de l'éléphant en français

On remarquera, autour de la rosace ci-dessous, en dehors des quelques formes sans mystère *(éléphante, éléphanteau, éléphantin, éléphantesque)*, la présence d'un nom savant, *éléphantiasis*, et de son dérivé *éléphantiasique*.

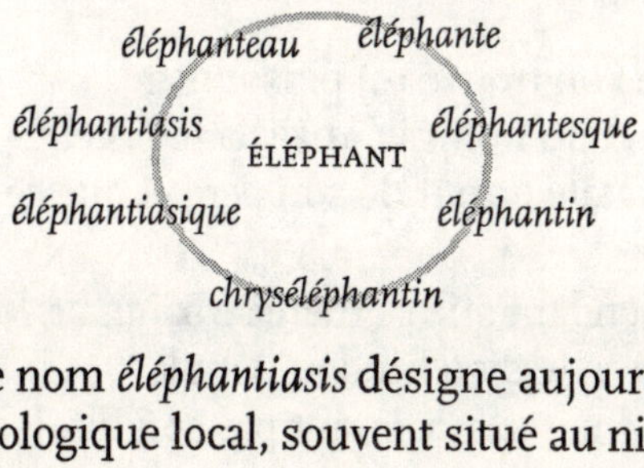

Le nom *éléphantiasis* désigne aujourd'hui un grossissement pathologique local, souvent situé au niveau des jambes, mais c'est avec ce même mot que l'on nommait une sorte de lèpre en grec, puis en latin, à cause de l'aspect rugueux pris par la peau du malade.

Le grec *elephantinos* et le latin *elephantinus* signifiaient indifféremment «relatif à l'éléphant» ou «relatif à l'ivoire», mais en français, l'adjectif *éléphantin* ne qualifie que ce qui se rapporte à l'éléphant. La restriction de sens à l'ivoire se retrouve cependant dans l'adjectif *chryséléphantin* «d'or et d'ivoire», qui est formé sur le grec *khrusos* «or» et *elephantinos* «en ivoire». Le grec avait même l'adjectif *khruselephantêlectros* «d'or, d'ivoire et de vermeil», où *êlektron* signifie à la fois «vermeil» et «ambre».

RÉCRÉATION

UNE MERVEILLE CHRYSÉLÉPHANTINE

Comme son nom l'indique, cette merveille était en or (gr. *khrusos* «or») et en ivoire (gr. *elephantinos* «en ivoire»).

De laquelle des sept Merveilles du monde peut-on dire qu'elle était *chryséléphantine*?

RÉPONSE : de la statue de Zeus, en or et en ivoire, par Phidias, qui se trouvait à Olympie.

Des éléphants célèbres

Outre les éléphants d'Hannibal, et ceux de Pyrrhus déjà rencontrés dans les pages précédentes, d'autres éléphants ont acquis une certaine célébrité dans des représentations mythologiques, dans des personnages de bande dessinée pour enfants ou dans le nom d'un avion gros porteur.

De nos jours, l'éléphant est surtout un personnage apprécié des enfants, qui ont deux vedettes préférées, *Babar* et *Dumbo.*[189]

Bien plus tard, le thème de l'éléphant qui vole a été repris en aéronautique avec le gros porteur Boeing 747, familièrement appelé *Jumbo Jet.*

Un dieu à tête d'éléphant

C'est dans la mythologie hindoue que l'on trouve un personnage, nommé Ganesha, dont le corps est celui d'un homme, mais la tête, celle d'un éléphant: une tête qu'il doit à une fatale erreur de son père et que ce dernier avait ensuite tenté de corriger.

Alors que Ganesha montait la garde pendant que sa mère se baignait, le père de celui-ci, qui n'était autre que Shiva, le dieu hindou dont la popularité rivalise avec celle de Vishnou, ne reconnaissant pas son fils, le fait décapiter. Afin de consoler la mère de Ganesha, éperdue de chagrin de voir son fils privé de tête, il promet alors de la remplacer par celle du premier animal qu'il rencontrerait.

Ce fut un éléphant.

LA CONSOLATION D'UNE MÈRE

Dessin d'après une statue du dieu hindou Ganesha, à tête d'éléphant

En prenant connaissance de l'histoire de Ganesha, dieu à tête d'éléphant de la mythologie hindoue, on peut être tenté d'évoquer celle de la naissance de la petite Ourse dans la mythologie grecque. Mythologie hindoue et mythologie grecque se trouvent en effet, par le hasard des circonstances, unies dans l'exaltation d'un même sentiment.
De même que Shiva donne à Ganesha une tête d'éléphant pour consoler la mère de ce dernier, de même c'est pour consoler la nymphe Callisto, séparée de son enfant en devenant la constellation de la Grande Ourse, que Zeus transforme cet enfant en Petite Ourse, aux côtés de sa mère (cf. L'OURS DANS LE CIEL, p.84).

Les noms savants de l'éléphant

Jusqu'à une époque récente, il était admis que la famille des *éléphantidés* se réduisait à deux espèces, mais appartenant chacune à un genre différent:

l'éléphant d'Asie, à petites oreilles, *Elephas maximus*

l'éléphant d'Afrique, à grandes oreilles, *Loxodonta africana*. Ce nom savant est formé sur le grec *loxos* «oblique» et *odontos* «dent» pour rappeler que la surface de ses molaires est striée de lignes obliques formant des losanges. On identifait cependant deux sous-sespèces d'éléphants d'Afrique, celle des savanes et celle des forêts.

Dessin d'après une monnaie punique d'Espagne représentant un éléphant de guerre carthaginois

La classification actuelle des éléphants vient d'être remise en question: des études récentes, basées sur des comparaisons d'ADN, tendent à démontrer que les deux éléphants d'Afrique, qui appartiennent bien au même genre, constituent en fait deux espèces distinctes.[190] Dans ce cas, le nom en latin scientifique de l'éléphant des forêts devient *Loxodonta cyclotis*.[191] Il y eut d'autres proboscidés dans le passé, connus grâce aux découvertes de nombreux fossiles, dont les deux plus célèbres sont le *mammouth* et le *mastodonte*.

RÉCRÉATION

HIPPOCAMPÉLÉPHANTOCAMÉLOS

Ce mot à rallonges figure dans *Cyrano de Bergerac*, pièce d'Edmond Rostand où il est dit, à l'acte I, scène 4:

> [...] *L'animal seul, Monsieur, qu'Aristophane*
> *Appelle* ***hippocampéléphantocamélos***
> *Dut avoir sous le front tant de chair sur tant d'os!*

Quelle est l'œuvre d'Aristophane évoquée par Cyrano?

RÉPONSE : aucune. Ce nom est une invention facétieuse d'Edmond Rostand

LE MAMMOUTH†

☞ *bien connu des hommes préhistoriques*

it. *mammut*
esp. *mamut*
angl. *mammoth*
all. *Mammut*

Le nom du mammouth vient d'une langue de Sibérie par l'intermédiaire du russe. On pense que les mammouths sont apparus sur terre il y a environ 12 millions d'années, qu'ils ont atteint l'Europe il y a 3 millions d'années,[192] et qu'ils ont progressivement disparu entre – 28 000 ans et – 10 000 ans environ.[193]

On peut encore retrouver des mammouths entiers, conservés dans les sols gelés de Sibérie, comme celui qui a été découvert par un habitant de la presqu'île de Taymir, et qui a été transporté en 1999, enveloppé d'un bloc de glace protecteur, pour être ultérieurement étudié dans une cave transformée en centre de recherche. Une équipe de savants tente actuellement d'y reconstituer son histoire et peut-être de comprendre les raisons de sa mort, il y a exactement 20 300 ans.[194]

Dessin d'après les peintures de la grotte de Rouffignac, Dordogne. (Époque magdalénienne, vers – 12 000)

Ces découvertes des mammouths avaient déjà fortement impressionné les Anciens, qui croyaient découvrir en eux de gigantesques animaux souterrains, comme le nom du mammouth l'indique: la forme *mamont* d'origine russe se relie à *mam(m)a* «terre».

LE MASTODONTE†

☞ *il a disparu, mais son nom demeure*

it. *mastodonte*
esp. *mastodonte*
angl. *mastodon*
all. *Mastodon*

Le mastodonte a été le plus grand proboscidien d'Amérique. Il s'est éteint à peu près en même temps que son cousin d'Eurasie, le mammouth.

On a d'abord voulu donner à cet animal le nom scientifique *Mastodon* (du grec *mastos* «mamelle» et *odontos* «dent») parce que la surface de ses molaires se présente comme un ensemble de petits mamelons. Celles-ci sont très différentes de celles des éléphants ou des mammouths, qui sont plates et striées. Malheureusement, ce nom de genre avait déjà été donné à un coléoptère. On a donc choisi de le nommer *Mammut americanum*, par analogie avec les mammouths de Sibérie.[195]

De nos jours, *mastodonte* n'est pas seulement le nom de ce très gros animal fossile. Il est aussi passé en français pour désigner toute personne ou tout objet de taille démesurée.

LE DINOTHÉRIUM†

☞ *un terrible cousin fossile de l'éléphant*

it. *dinoterio*
esp. *dinoterio*
angl. *dinotherium*
all. *Dinotherium*

Le dinothérium est un proboscidien fossile de l'ère quaternaire — il y a deux millions d'années — proche des mammouths et des mastodontes. Il se caractérisait par ses défenses implantées dans la mâchoire inférieure, et tournées vers le bas.

Le nom *dinothérium* vient du grec *deinos* «terrible» + *thêrion* «bête sauvage». Sur le plan linguistique, le dinothérium est aux mammifères ce que le *dinosaure* (du grec *deinos* «terrible» + *sauros* «lézard») est aux reptiles.

Autour du rhinocéros

PÉRISSODACTYLES (3 familles, 18 espèces)

rhinocérotidés

▶ **LE RHINOCÉROS**

tapiridés

▶ **LE TAPIR**

▶ **LE PALÉOTHÉRIUM†**

(▶ espèces...)

(ordre)

(famille)

Les rhinocéros sont d'énormes mammifères ongulés caractérisés par un nombre impair de doigts — ce sont des périssodactyles — tout comme les tapirs, qui appartiennent à une famille voisine. À ces mammifères vivants a été joint le paléothérium†, un animal préhistorique, disparu depuis longtemps et qui devait ressembler un peu à un tapir.[196]

LES PÉRISSODACTYLES

Quand les ongulés ont un nombre impair de doigts, comme le rhinocéros, qui en a trois, ou comme le cheval, qui n'en a qu'un, on leur donne le nom savant de *périssodactyles*: du grec *perissos* «impair» et *daktulos* «doigt».

Les périssodactyles ne comptent que trois familles : les équidés, les tapirs et les rhinocéros.[197]

LE RHINOCÉROS

☞ *avec une ou deux cornes sur le nez*

it. *rinoceronte*
esp. *rinoceronte*
angl. *rhinoceros, rhino*
all. *Nashorn, Rhinozeros*

Le nom *rhinocéros* remonte par le latin au grec *rhinokerôs*, du grec *rhis*, *rhinos* «nez» et *keras* «corne». Pratiquement toutes les langues ont repris ce nom, même le hongrois *(rinocerosz)*, et le basque *(errinozero)*.

D'autre part, comme pour quelques autres animaux, on a pour «rhinocéros» des noms composés en allemand *(Nashorn)*, en néerlandais *(neushoorn)*, qui sont des calques de *rhinokerôs*.

RHINOCÉROS, DE IONESCO

Dans la célèbre pièce d'Eugène Ionesco, créée en 1959, tout le monde devient progressivement «rhinocéros», symbole de la force aveugle et totalitaire. L'auteur a écrit de sa pièce qu'elle était *«sans doute une pièce antinazie, mais [...] aussi surtout une pièce contre les hystéries collectives»*, qu'il assimile à des *«maladies collectives»*, et qu'il qualifie finalement de *«rhinocérites»*.

Une question : *rhinocéros*, dans le titre, est-il au singulier ou au pluriel ? Ionesco répond : «Rhinocéros *est peut-être au singulier, peut-être au pluriel. Je joue sur l'équivoque orthographique. Finalement, à mon avis, ce devrait être plutôt au singulier : il s'agirait de la totalité rhinocérique. On dit* Rhinocéros, *évidemment et non le* Rhinocéros.»

Le nom *périssodactyle* a dû beaucoup plaire à Ionesco, qui l'utilise deux fois dans sa pièce : d'une part il qualifie un rhinocéros de *«quelconque périssodactyle»*, d'autre part il donne aux voisins de Bérenger, personnage important de la pièce, le nom de famille *Périssodactyle*.

Une ou deux cornes

Sur le plan zoologique, il y a cinq espèces de rhinocéros, deux en Afrique et trois en Asie. Les deux espèces africaines ont deux cornes : le *rhinocéros blanc* ou *camus* et le *rhinocéros noir*, dont le nom latin scientifique *Diceros bicornis* confirme doublement qu'il a deux cornes. Parmi les trois espèces asiatiques, seul le rhinocéros de Sumatra a deux cornes.

Le rhinocéros blanc n'est pas blanc

En fait, la couleur des deux rhinocéros d'Afrique est grisâtre. On a pu penser que ce qualificatif «blanc» proviendrait d'une erreur d'interprétation du nom néerlandais *wijd mond* «à la large bouche», où *wijd* aurait été pris pour *wit* «blanc». Une autre explication a été avancée: les premiers explorateurs européens ayant rencontré ces animaux en Afrique du Sud se seraient trouvés devant des rhinocéros qui s'étaient vautrés dans une boue riche en calcaire crayeux.[198]

La toute petite famille de rhinocéros

Grâce à Ionesco, on peut finalement établir une petite famille lexicale autour de *rhinocéros*: *rhinocérique, rhinocérite, rhinocéridé,* mais seul *rhinocéridé* a reçu l'aval des zoologistes.

LE TAPIR

☞ *trapu et timide*

it. *tapiro*
esp. *tapir*
angl. *tapir*
all. *Tapir*

C'est du tupi, langue du Brésil, que vient le nom du tapir, qui est un mammifère aux pattes courtes et dont le museau se termine par une sorte de trompe mobile.

Il y a quatre espèces de tapirs, trois en Amérique tropicale et une en Asie. Cette dernière, dont le nom en latin scientifique est *Tapirus indicus,* et en français *tapir à chabraque,* est la plus spectaculaire puisque ce tapir a l'air de porter sur le dos et les flancs un vêtement blanc, dont la couleur contraste nettement avec le reste de son corps, qui est presque noir.

RÉCRÉATION

LE TAPIR À CHABRAQUE

La grande tache blanche qui recouvre presque complètement le dos de cet animal a été comparée à une chabraque, mais qu'est-ce qu'une *chabraque*?

A. un drap de berceau?
B. un tapis de selle?
C. un châle de laine blanche?

tapir à chabraque
Tapirus indicus

RÉPONSE : B. La *chabraque* est un tapis de selle utilisé dans la cavalerie. Le mot est venu du turc, par l'intermédiaire du hongrois et de l'allemand.

Le tapir « normalisé »

En argot de l'École normale supérieure, on appelle *tapir* un élève qui prend des cours particuliers. L'origine de cette appellation pourrait être liée au comportement de l'animal, à la fois timide et docile.

Le verbe familier *taper*, dans le sens de «demander de l'argent», a également pu favoriser cet emploi métaphorique car, en *tapirisant*, les normaliens arrondissent leurs fins de mois.

LE PALÉOTHÉRIUM†

☞ *tridactyle parfait mais disparu*

it. *paleoterio*
esp. *paleoterio*
angl. *paleotherium*
all. *Paleotherium*

Proche de l'actuel tapir, le *paléothérium* (du grec *paleos* «ancien» + *thêrion* «bête sauvage») est un animal du début de l'ère tertiaire (qui commence il y a 65 millions d'années). Les ossements fossiles du paléothérium ont été découverts par Cuvier dans le gypse de Montmartre.[199]

Autour du cheval

PÉRISSODACTYLES (3 familles, 18 espèces)

équidés

▶ **LE CHEVAL & LA JUMENT, LE POULAIN**

▶ **LE ZÈBRE**

(▶ espèces...)

(ordre)

(famille)

Domestiqué à une époque tardive — vers le IVe millénaire avant notre ère — le cheval a tenu une place importante dans l'histoire de l'humanité, de ses mythes et de ses légendes. Avec le zèbre, il appartient à la famille des équidés, dont d'autres espèces seront présentées « autour de l'âne ».

LE CHEVAL

it.	*cavallo*
esp.	*caballo*
angl.	*horse*
all.	*Pferd*

☞ *«La plus noble conquête que l'homme ait jamais faite est celle de ce fier et fougueux animal qui partage avec lui les fatigues de la guerre et la gloire des combats; aussi intrépide que son maître, le cheval voit le péril et l'affronte.»*
Buffon, *Histoire naturelle.*

Telle est la manière dont Buffon[200] présente la rencontre de l'homme et du cheval: une «conquête» qui n'a pas dû être facile. En effet, c'est sans doute vers le IIIe millénaire av. J.-C. qu'a eu lieu la domestication du cheval,[201] à partir du cheval sauvage dit de Przewalski, représenté sur les peintures rupestres et dont il ne reste plus aujourd'hui que quelques représentants.

LES NOMS DU CHEVAL

lat. pop.	*caballus* «mauvais cheval»	racine i.-e.	***ek^{w}o*** «cheval»	ORIGINES DIVERSES	
fr.	*cheval*	gr.	*hippos*	néerl.	*paard*
it.	*cavallo*	lat.	*equus*	all.	*Pferd*
esp.	*caballo*			angl.	*horse*
ptg.	*cabalo*			néogr.	*alogo*
(interl.)	*cavallo*			bret.	*marc'h*
(espér.)	*cevalo*			hong.	*ló*
				tch.	*kůň*
				basq.	*zaldi*
				dan.	*hest*

Le cheval en indo-européen

Le cheval a été d'une importance incontestable dans la progression des populations porteuses des langues indo-européennes et il a connu diverses dénominations au cours des millénaires. La forme la plus ancienne semble avoir été celle qui survit dans l'anglais *mare* «jument», que l'on retrouve dans *maréchal*, à l'origine le nom du serviteur qui s'occupait des chevaux. (cf. LA JUMENT ET LE MARÉCHAL, p.167)

Mais le nom le plus commun a sans doute été une forme indo-européenne ***ek^{w}o-***, que l'on retrouve dans le latin *equus* et le grec *hippos*[202] ainsi que dans le celtique *epo*.

> **EPONA, DÉESSE GAULOISE**
>
> *Epona* est une des rares divinités gauloises dont le culte se soit répandu dans une grande partie de l'Empire romain. Sur les bas-reliefs et sous forme de statuettes, elle est toujours représentée à cheval ou entourée de poneys et d'équidés divers, ce qui illustre l'étymologie de son nom, formé sur *epo-* «cheval» en gaulois.

Le cheval en latin et en grec

Les noms du cheval — *equus* en latin et *hippos* en grec — si différents dans leur aboutissement, proviennent pourtant tous deux de la racine indo-européenne ***ek^{w}o-***. Si cette affirmation n'est pas pour surprendre un linguiste familier des caprices de l'évolution phonétique, le non-spécialiste peut avoir du mal à accepter sans explication complémentaire que /kw/ ait pu aboutir à /p/ en grec et en celtique, et à /kw/ en latin.

Un peu de phonétique articulatoire

Pour comprendre cette évolution,[203] il faut se rendre compte que sur le plan articulatoire, pour prononcer [kw] (comme dans le français *équateur*, l'italien *quaderno* ou l'espagnol *cuando)*, l'articulation se produit en deux points du canal vocal: au niveau du voile du palais, [k] (comme au début du français *cahier)* et au niveau des lèvres, qui s'arrondissent et se rapprochent, [w] (comme dans le français *oui)*. On conçoit dès lors que deux évolutions différentes aient pu se produire, une partie de la population ayant privilégié l'articulation vélaire [k] ou [kw] tandis que l'autre avait adopté l'articulation labiale [w]: si on accentue le rapprochement des lèvres, elles finissent par se toucher et on réalise un [p].

Cette évolution est confirmée par de nombreux autres exemples: à partir d'une autre racine indo-européenne, on trouve aussi pour désigner le chiffre *cinq*, à la fois le latin *quinque* (avec deux [kw]) et le breton *pemp* (avec deux [p]). Le grec se range du côté des langues à /p/ puisque *cinq* se dit *pente* en grec. On comprend bien dès lors comment la racine ***ek^{w}o-*** a pu aboutir d'un côté à un nom «en [kw]» comme le latin *equus* et par ailleurs à un nom «en [p]» comme le grec *hippos* ou le gaulois *epo-*.

À partir du nom du cheval en latin

Equus est le nom générique ancien du cheval en latin classique. C'est sur cette base qu'ont été forgés en français les dérivés qui figurent ci-dessous :

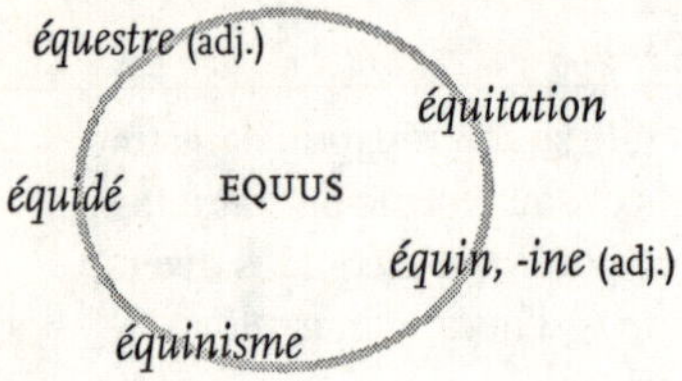

Tous sont des termes plutôt savants, comme on peut le constater tout d'abord pour le nom qui désigne la famille à laquelle appartient le cheval — celle des *équidés* — et pour l'adjectif *équin, équine*, qui qualifie de façon générale ce qui se rapporte au cheval. Une acception spécifique de ce terme est attachée en médecine à une déformation particulière du pied, l'*équinisme*, qui caractérise le pied bot quand il ne peut s'appuyer que sur la pointe (comme le fait le cheval).

Par ailleurs, *équitation* est le seul terme courant permettant de nommer l'art et l'action de monter à cheval, tandis que l'adjectif *équestre* est concurrencé, d'un côté par *hippique* (d'origine grecque) et de l'autre par *chevalin*, avec cependant quelques restrictions d'emploi : on dira une *statue équestre*, mais un *concours hippique* et une *boucherie chevaline* (cf. LA DESCENDANCE DE CHEVAL, p.160).

La trace de ce nom latin *equus* a pratiquement disparu de la plupart des désignations du cheval dans les langues modernes. On constate en effet que seules les langues romanes ibériques ont conservé un dérivé du latin *equa* pour désigner la jument (esp. *yegua*, ptg. *égua*). Mais, comme on va le voir, c'est un autre nom latin, *caballus*, désignant à l'origine un cheval de trait ou un mauvais cheval, qui s'est imposé largement dans les langues romanes, tandis que diverses autres racines sont à la source des noms du cheval dans les langues germaniques et slaves.

Le destin du grec hippos

Pour désigner le cheval, *hippos* ne subsiste plus en grec que dans quelques dialectes, ou alors pour désigner le cheval-vapeur. En effet, le nom usuel en grec moderne est *alogo*, nom qui signifiait en grec ancien « dénué de raison » (de *a-* privatif et de *logos* « raison, parole ») et désignait n'importe quel animal par opposition à l'homme.

En revanche, la descendance du grec *hippos* est particulièrement bien représentée dans la langue française, tout d'abord avec l'adjectif *hippique* déjà cité, et avec les substantifs *hippisme* et *hippodrome*, ce dernier formé de *hippos* «cheval» + *dromos* «course».

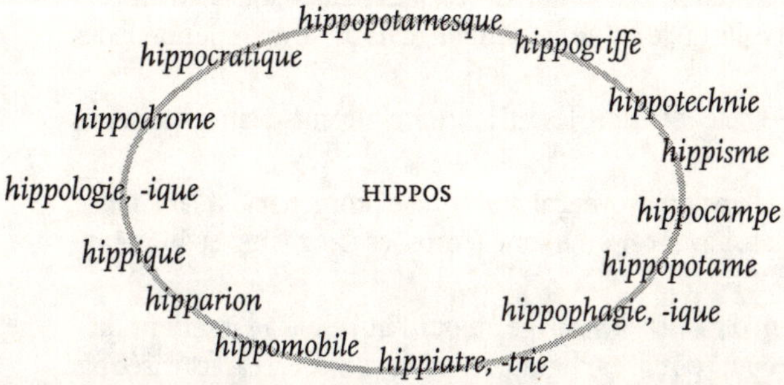

Grâce à des suffixes assez familiers car ils sont également utilisés ailleurs dans la langue française, on peut reconnaître que:

hippiatre est le nom du médecin des chevaux, comme *pédiatre* est celui des enfants;

hippologie est l'étude des chevaux, comme *minéralogie* est celle des minéraux;

hippotechnie est la technique de l'élevage des chevaux, comme la *pyrotechnie* est celle des feux d'artifice (de *pur, puros* «feu»);

hippophagie se réfère à la viande de cheval (de *phagein* «manger»);

hippomobile est un adjectif qualifiant un véhicule tiré par un ou plusieurs chevaux.

Par ailleurs, il existe de nombreux noms d'animaux formés à partir de *hippos*, parmi lesquels: *hippopotame* ou «cheval du fleuve» et *hippocampe*, petit poisson dont la tête rappelle celle d'un cheval, auxquels on peut ajouter un animal fossile, l'*hipparion*, étymologiquement «petit cheval», ainsi qu'un animal fabuleux, mi-cheval, mi-griffon, l'*hippogriffe*.

INTERMÈDE «HYPER-HIPPIQUE»

(Extrait d'un reportage imaginaire sur un champ de courses)
Le tirage au sort avant la course ne leur avait pas été favorable.

Philippe, à la calvitie **hippocratique** naissante, et **Hippolyte**, qui était bien plus jeune et fringant comme un **étalon**, souffraient tous deux d'être obligés **d'aller l'amble** sur des **haquenées**, que dis-je, sur des **haridelles** évoquant la **Rossinante** de Don Quichotte, eux dont le **dada** — autrement dit le **hobby** — était de montrer leurs prouesses **équestres** sur de fougueux **mustangs** dignes des meilleurs westerns.

Aide à la compréhension de l'intermède (avec une pensée particulière pour les «hippophiles»):

Philippe, du gr. *philo* «aimer» + *hippos* «cheval»

Hippolyte, du gr. *hippos* «cheval» + *lyto* «délier», et donc «*écuyer*»

Hippocrate, du gr. *hippos* «cheval» + *crates* «force, puissance», une calvitie hippocratique étant celle où le crâne est dénudé mais où se maintiennent des cheveux tout autour

étalon, du germanique **stall* «écurie», les mâles reproducteurs étant maintenus à l'écurie

amble, mot emprunté à l'ancien provençal *amblar* «se promener». *Aller l'amble*, c'est, pour les animaux, avancer en même temps les deux jambes du même côté

haquenée, probablement de *Hackney*, village aujourd'hui situé à l'intérieur de Londres, autrefois réputé pour ses chevaux. Une *haquenée* est caractérisée par son allure paisible et, généralement, elle va l'amble

haridelle (étymologie controversée), cheval maigre et efflanqué

Rossinante, nom du cheval de Don Quichotte, formé sur l'espagnol *rocín* «mauvais cheval»

dada, d'abord forme enfantine pour désigner le cheval, puis, par calque de l'anglais *hobby*, «petite manie, idée fixe», lui-même abréviation de *hobbyhorse*, qui était à l'origine un cheval de bois utilisé dans les danses folkloriques;[204]

équestre, du latin *equus* «cheval»

mustang, mot anglais d'origine espagnole *(mestengo)* désignant un cheval sauvage, dont le rôle est essentiel dans les rodéos

hippophile, du gr. *hippos* «cheval» + *philo* «aimer», néologisme signifiant «celui qui aime les chevaux» (tout comme Philippe).

Le succès de caballus

En latin, *equus*, sous sa forme masculine, a été le plus souvent remplacé par d'autres noms, dont principalement *caballus*, qui se manifeste sous des formes évoluées dans les diverses langues romanes (cf. encadré LES NOMS DU CHEVAL, p.154). En revanche, le féminin latin *equa* «jument» a subsisté plus longtemps pour désigner la femelle, par exemple en ancien français, en portugais, en catalan et en espagnol:

lat. *equa* —> a. fr. *eque*, puis *ive* «jument», sans descendance en français moderne

—> ptg. *égua*, cat. *egua*, esp. *yegua* «jument».

Dès le Ier siècle av. J.-C. apparaît donc le latin *caballus* (dont l'origine est discutée, peut-être grecque, peut-être gauloise?), tout d'abord pour désigner spécialement le cheval de trait, souvent châtré. En français, *caballus* a pris la forme évoluée *cheval*.

RÉCRÉATION

DE *CABALLUS* À *CHEVAL*, QUELLES INNOVATIONS ?

1. La prononciation chuintante ch.

Est-il vrai que cette prononciation n'existait pas en latin ?

2. L'évolution de la prononciation de [b] en [v].

La lettre < v > existait bien en latin, mais comment la prononçait-on ?

RÉPONSE : 1. Le latin ne connaissait que le son [k] pour la lettre < c >. Devant la voyelle a, le français a connu l'évolution en **ch.** • **2.** La lettre < v > existait en latin, mais elle se prononçait [w], comme dans le mot français **oie**. Ainsi, **vita** se prononçait [wita].

Le féminin *caballa* a aussi existé en bas-latin et a donc coexisté quelque temps avec *equa*, d'où : it. *cavalla* « jument », fr. *cavale* « jument (en poésie) », sans doute par l'italien. Dans les langues romanes ibériques, curieusement, ce nom féminin ne désigne pas la jument, mais un poisson, le maquereau : cat. *cavalla*, esp. *caballa*, ptg. *cavala*, selon une métaphore peut-être inspirée par la forme de la tête de ce poisson.

En français, en dehors des formes dérivées à partir de *hippos* et *equus* déjà présentées, il y en a d'autres qui le sont, soit à partir de *caballus*, souvent par l'intermédiaire de l'italien *(cavale, cavalcade...)*, soit à partir de *cheval*. Ainsi sont nés des doublets tels que *cavalier* « celui qui monte à cheval » et *chevalier*, à l'origine « seigneur féodal combattant à cheval », puis noble admis dans l'ordre de la *chevalerie*, qui est à son tour un terme honorifique alors que son propre doublet *cavalerie* reste du domaine militaire et désigne l'ensemble des troupes à cheval.

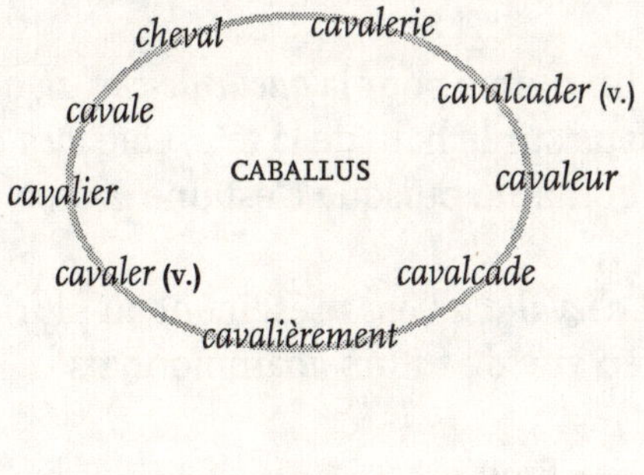

La descendance de cheval

Les formes issues de *cheval* ont parfois élargi leur champ lexical, comme on peut le voir ci-dessous :

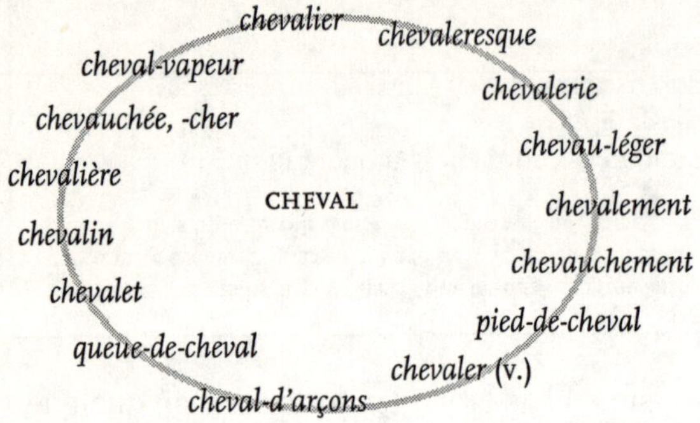

Alors que *chevaucher, chevauchée* et *chevauchement* ont des rapports directs avec le cheval, une *chevalière* n'a plus rien à voir avec cet animal (sinon son étymologie) puisque ce nom désigne aujourd'hui une bague où sont gravées des initiales ou des armoiries et autrefois portée par les *chevaliers*. Le *chevalement* et le verbe *chevaler* sont des termes d'architecture s'appliquant au soutènement d'un mur par un assemblage de madriers.

De même, un *chevalet* n'est plus un « petit cheval » et un dispositif destiné à supporter, par exemple un tableau ou une toile à peindre, et c'est aussi un support pour scier les bûches. Ce même emploi métaphorique se retrouve en italien, en espagnol et en portugais, ainsi qu'en anglais, qui a cependant deux mots : *sawhorse* (« scier » + « cheval ») et *sawbuck* (« scier » + « bouc ») pour désigner le chevalet de sciage, et un troisième pour le chevalet du peintre, *easel*, qui ne se réfère pas au cheval mais à l'âne (cf. L'ÂNE ET LE CHEVALET EN ANGLAIS, p.173).

On quitte provisoirement le cheval lui-même pour la *queue-de-cheval*, qui est une façon de nouer les longs cheveux sur le haut de la tête, et le *pied-de-cheval*, qui appartient à un tout autre domaine puisque c'est une grosse huître.

Enfin, *chevau-léger, cheval-vapeur* et *cheval-d'arçons* présentent au pluriel des curiosités dignes d'être retenues en vue de futurs championnats d'orthographe :

des *chevau-légers* (sans < x > et avec un < *s* > final)
des *chevaux-vapeur* (avec < x > mais sans < s > final)
des *cheval-d'arçons* ou des *chevaux-d'arçons* (au choix)[205]

DU CHEVAL À L'AUTOMOBILE

Le *cheval-vapeur* est une unité de puissance mécanique, aujourd'hui détrônée par le watt, mais toujours utilisée pour les voitures sous la forme < CV >. Ce qui s'écrit < une 2 CV > se lit «une deux-chevaux».

Cheval et rossinante

C'est une racine germanique **hersa-*, **hursa-* qui est à l'origine des formes poétiques: *coursier* en français, *Ross* en allemand, *ros* en néerlandais pour «cheval, coursier», et surtout de l'anglais *horse* «cheval», qui, dans cette langue, est le terme générique.

UN RAPPROCHEMENT INATTENDU: *HORSE* ET *COURSE*

Bien que l'hypothèse ne soit pas admise unanimement, il est probable que l'anglais *horse*, l'allemand *Ross* et le français *course* remontent à une même racine indo-européenne ***kur-***, une racine qui a connu une grande extension. On y rattache entre autres:

le verbe latin *currere* «courir»,
le substantif français *coursier* (forme littéraire pour désigner le cheval),
le substantif gaulois *carros*, emprunté par le latin,
le substantif latin *currus* «char»,
le français *char* et ses dérivés *charrette, charrue, chariot...*,
le substantif anglais *car*,
le verbe anglais to *carry*.[206]

Les dictionnaires courants considèrent que sont aussi des emprunts au germanique: it. *rozza, ronzino*, esp. *rocín*, ptg. *rocim*, cat. *rossi*, ainsi que le français *rosse* «mauvais cheval». Cette hypothèse de l'origine germanique du français *rosse* ne fait pas l'unanimité et on a pu relier le substantif *rosse* ainsi que le verbe *rosser* au bas-latin *ruptiare* «rompre».[207]

En français, l'évolution s'est encore poursuivie puisque *rosser* «rouer de coups» a donné *rossée* «action de rosser» et que *rosse* a en outre pris le sens figuré de «mauvais, méchant», d'où les dérivés *rossard* et *rosserie* selon une évolution tout à fait parallèle à celle de *vache*, qui a produit *vachard* et *vacherie*.

De son côté, Cervantès s'est inspiré de l'espagnol *rocín* pour appeler *Rocinante* la jument famélique qui accompagne le héros de son roman *Don Quichotte*, d'où, en espagnol, le nom commun *rocinante* «cheval famélique», qui a été repris en français sous la forme *rocinante*, puis *rossinante* «cheval maigre et efflanqué».

Cheval et palefroi

Les noms du cheval en allemand *(Pferd)* et en néerlandais *(paard)* ont encore une tout autre origine, purement latine cette fois, et selon un enchaînement un peu compliqué.

Le point de départ en est le latin *veredus* «cheval de poste». Ce nom provient d'une combinaison entre le latin *vehere* «tirer, transporter» et le latin *roeda*, *reda* «chariot», le nom latin *veredus* étant donc celui «qui tire le chariot». Pour désigner le cheval qui se tient à côté de celui qui tire le chariot, ou cheval de renfort, le latin a créé *paraveredus*, où *para* = «à côté de». En bas-latin, on trouve ensuite des formes évoluées comme *parafridus*, *parafredum*. Plus tard, l'évolution s'est faite dans deux directions:

dans les langues germaniques, *paraveredus* s'est finalement réduit à une seule syllabe: en allemand *Pferd* et en néerlandais *paard*, avec le sens de «cheval» (en général)

mais dans les langues romanes est apparu un nouveau sens : celui de «cheval d'apparat», qui est attesté en ancien français sous la forme *palefrei*, ultérieurement *palefroi*. On reconnaît dans l'anglais *palfrey* un emprunt à l'ancien français *palefrei*.

Le tableau ci-dessous reprend en les schématisant les différentes étapes de ce processus:

DU CHEVAL DE POSTE AU CHEVAL TOUT COURT

À partir du latin *paraveredus*, on aboutit d'un côté à l'allemand *Pferd* (ou au néerlandais *paard)* «cheval» et de l'autre au français *palefroi* «cheval de parade, d'apparat»:

lat. *vehere* «tirer» + *reda* «chariot»

para «à côté» + ***veredus*** «cheval de poste»

paraveredus «cheval de renfort»

all. ***Pferd*** «cheval»,
néerl. ***paard*** «cheval»

a. fr. *palefrei*

fr. ***palefroi*** «cheval de parade»

L'idée du cheval d'apparat s'exprime de façon beaucoup plus visible en allemand et en néerlandais : all. *Paradepferd,* néerl. *paradepaard,* mot à mot «cheval de parade».

En français, *palefroi* reste réservé au domaine littéraire mais la personne chargée des soins des chevaux s'appelle toujours un *palefrenier.*

RÉCRÉATION

QUELQUES CHEVAUX CÉLÈBRES

Il s'agit d'établir les liens entre ces quatre chevaux, réels ou imaginaires, et leurs heureux propriétaires :

1. Pégase	A. Les quatre fils Aymon
2. Bucéphale	B. Don Quichotte
3. Rossinante	C. Alexandre le Grand
4. Bayard	D. Zeus

RÉPONSE : 1D — 2C — 3B — 4A

Pourquoi ces chevaux sont-ils célèbres ?

Pégase est sans doute le cheval qui parle le plus à l'imagination car son corps de cheval et ses grandes ailes en font un être à part qui circule à sa guise parmi les dieux et qui devient d'ailleurs finalement le compagnon de Zeus.

Bucéphale, s'il a vraiment existé, n'est pas moins exceptionnel. Il est au centre de nombreuses légendes. Selon l'une d'entre elles, c'était un cheval difficile à monter car il avait peur de son ombre, mais il trouva son maître en Alexandre le Grand qui, à l'âge de quinze ans, eut l'idée de le placer face au soleil pour lui éviter de voir son ombre. Son nom *Bucéphale* est dû au fait qu'il avait une tête ressemblant à celle d'un bœuf (du gr. *bous* «bœuf» + *kephalê* «tête»).

La chétive *Rossinante,* maigre et efflanquée, était bien moins fringante mais elle était si bien assortie à son maître Don Quichotte qu'elle a gaillardement franchi le seuil de la postérité.

Quant à *Bayard,* c'est un cheval légendaire aux bonds fabuleux, une espèce de cheval-fée qui portait sur sa croupe les quatre fils Aymon, héros de la chanson de geste du Moyen Âge intitulée *Renaut de Montauban.*

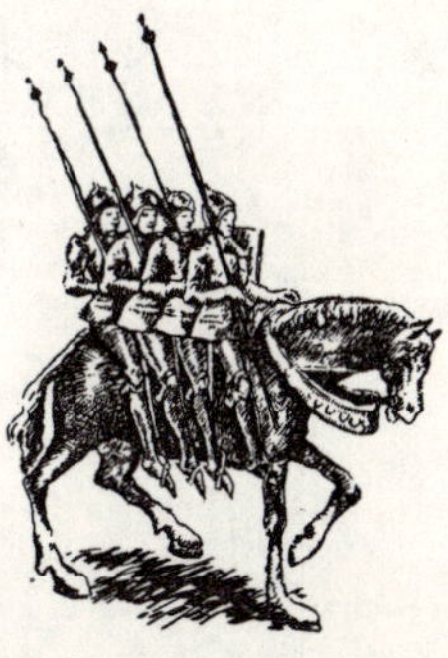

Bayard portant sur sa croupe les quatre fils Aymon

Le cheval alezan

Le mot *alezan* viendrait de l'arabe *al ḥiṣān* «cheval» par l'espagnol *alazán*[208] mais pour qualifier tout d'abord la robe fauve de certains chevaux, ou le cheval brun-roux lui-même. On le retrouve dans d'autres langues romanes, comme dans le portugais *alazão* ou encore dans le français *alezan*, qui apparaît chez Rabelais en 1534.

Une autre étymologie a été proposée : l'arabe *'az'âr* «de couleur fauve».[209] Cela rappelle que l'adjectif «alezan» se dit *fuchsrot* en allemand, «roux comme le renard».

Le cheval dans les noms de famille

Le nom de famille le plus célèbre dans ce domaine est certainement celui de Joseph Ferdinand Cheval, plus connu sous le nom du *facteur Cheval* qui, au début du XXe siècle, avait réalisé un «palais idéal» en utilisant les pierres et les coquillages qu'il ramassait au cours de ses tournées. On y voit

TOPONYMIE CHEVALINE

Sur cette carte ont été représentés des noms de lieux qui perpétuent le nom du cheval dans différentes langues régionales de la France : on peut y reconnaître le nom du cheval dans une langue celtique (breton *marc'h)*, dans une langue germanique *(Ross)*, dans les langues issues du latin *(caballus)*, avec évolution en *che-* dans une variété d'oïl *(cheval)*, et maintien de [k] en picard *(queval)*, en provençal *(cavalerie)*, ainsi qu'en corse *(cavallo)*.

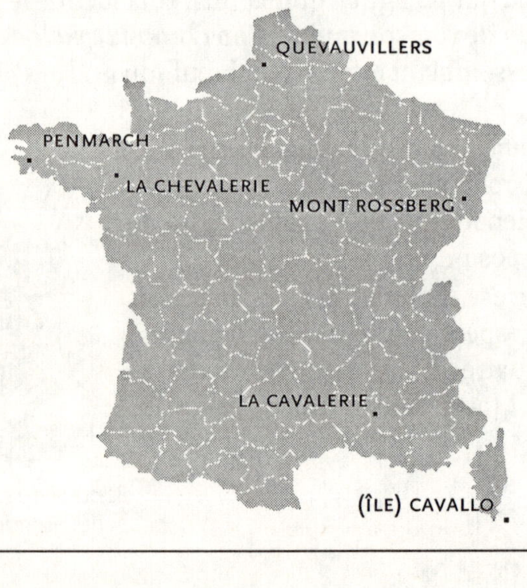

des animaux sculptés voisinant de façon extravagante avec des colonnes et des figures symboliques. *Cheval* n'est pas un nom de famille actuellement fréquent, contrairement à *Chevalier* ou *Chevallier*, qui est un patronyme représenté en France par près de 80000 personnes.[210]

LA JUMENT

☞ *ou, plus poétiquement, la cavale*

it.	*cavalla*
esp.	*yegua*
angl.	*mare*
all.	*Stute*

Pour désigner la femelle du cheval, toutes les langues de l'Europe n'ont pas suivi le même chemin, comme on peut le constater dans le tableau ci-après :

LES NOMS DE LA JUMENT

lat. pop.	***caballus*** «mauvais cheval»	racine i.-e.	***$ek^w o$-*** «cheval»	racine i.-e.	***yug-*** «joug»
it.	*cavalla*	gr.	*hippos*	fr.	*jument*
tch.	*kobyla*	lat.	*equa*		
(espér.)	*ĉevalino*	esp.	*yegua*		
(interl.)	*cavalla*	ptg.	*égua*		
racine i.-e.	***sta-*** «se tenir debout»			ORIGINES DIVERSES	
all.	*Stute*			angl.	*mare*
				néerl.	*merrie*
				basq.	*behor*
				bret.	*kazeg*
				dan.	*hoppe*
				hong.	*kanca*
				néogr.	*phorada*

La jument sous le joug

L'origine du nom de la jument en français moderne est sans aucun doute le plus inattendu car ce nom n'a rien à voir avec le nom du cheval. En fait, le mot français *jument* vient du latin *jumentum* et remonte à la racine indo-européenne ***yug-***, que l'on retrouve dans le latin *jugum* «joug». La forme latine *jumentum* a d'abord signifié «attelage», puis «bête de somme», enfin, plus tard, «femelle du cheval», probablement parce que les Romains employaient souvent la jument comme animal de trait.

DE LA *JUMENT* À LA *CONJUGAISON*... IL N'Y A QU'UN PAS

En effet, de même que *jumentum*, en latin, désigne l'attelage d'animaux reliés par le joug, la *conjugatio* (—> fr. *conjugaison)* est, à l'origine, la réunion sous un même «joug» de deux ou de plusieurs verbes pour en former un seul. Cela explique la diversité de la forme des temps du verbe *aller* en français, qui repose en fait sur trois verbes latins différents:

le verbe latin *eo, ire* «aller»
le verbe *vado, vadere* «passer à gué, s'avancer»
et un autre verbe, que l'on rattache à *ambulo, ambulare* «se promener».

Des traces de chacun de ces trois verbes apparaissent dans les divers temps de la conjugaison du verbe *aller* en français:

	ire		***vadere***
	(futur)	(condit.)	(présent)
je	*irai*	*irais*	*vais*
tu	*iras*	*irais*	*vas*
il	*ira*	*irait*	*va*
nous	*irons*	*irions*	
vous	*irez*	*iriez*	
ils	*iront*	*iraient*	*vont*

	ambulare						
	(imp.)	(p. simple)	(subj. pr.)	(subj. imp.)	(participes)	(infin.)	(présent)
je	*allais*	*allai*	*aille*	*allasse*	*allant*	*aller*	
tu	*allais*	*allas*	*ailles*	*allasses*	*allé*		
il	*allait*	*alla*	*aille*	*allât*			
nous	*allions*	*allâmes*	*allions*	*allassions*			*allons*
vous	*alliez*	*allâtes*	*alliez*	*allassiez*			*allez*
ils	*allaient*	*allèrent*	*aillent*	*allassent*[211]			

Le nom de la jument se rapproche alors de façon tout à fait surprenante de *conjuguer* ou de *conjugaison*, termes que l'on attendrait plutôt dans les livres de grammaire.

La jument, toujours debout

En allemand, le nom usuel de la jument est *Stute*, un terme qui désignait en germanique le cheval en général. *Stute* vient d'une racine indo-européenne ***sta-*** qui représente l'idée de se tenir debout et qui se relie à *stehen* «se tenir debout» et à *stellen* «poser debout» (cf. aussi le latin *stare* «se tenir debout» ou l'anglais *to stand)*. Cette appellation évoque peut-être l'habitude qu'ont les juments et les chevaux de dormir debout.

La jument et le maréchal

C'est une tout autre origine qui conduit aux noms de la jument dans d'autres langues germaniques, comme l'anglais *mare*, le néerlandais *merrie* et également l'allemand *Mähre* mais aussi dans les langues celtiques (gaélique *marc*, gallois *march*, breton *marc'h* «cheval» et son dérivé *marheg* «chevalier», d'où le patronyme breton *Marec)*.

Pour retracer l'origine de *maréchal* en français, il faut se reporter à la forme germanique *skalk-* «valet». Ce nom remonte au bas-latin *marescalcus*, lui-même emprunté au francique *marhskalk* «valet chargé de soigner de chevaux». De ce sens, on est passé au XIIe siècle à celui de personnage chargé du soin des chevaux dans l'armée, pour devenir au XVIIe siècle la plus haute dignité dans la hiérarchie militaire.[212]

En ancien français, la juridiction exercée par un maréchal ainsi que le corps de troupe chargé de sa sécurité se sont appelés *maresc(h)alcié*, puis *maréchaussée*, qui est aujourd'hui une appellation plaisante des gendarmes. Plus tard, sur *maréchal* ont été créés le féminin *maréchale*, d'abord «épouse du maréchal-ferrant», puis «épouse du maréchal», ainsi que *maréchalat* «dignité de maréchal». En tant que distinction militaire, la plupart des langues de l'Europe ont gardé des appellations semblables: par exemple *maresciallo* en italien, *mariscal* en espagnol, *marshal* en anglais et *Marschall* en allemand.

LE POULAIN

☞ *le «petit» par excellence*

it.	*puledro*
esp.	*potro*
angl.	*colt*
all.	*Fohlen*

Quel rapport les noms du cheval et de la jument ont-ils avec les noms de leurs petits, *poulain* ou *pouliche*? Étymologiquement, aucun.

En effet, les formes françaises *poulain* et *pouliche* remontent à une autre racine indo-européenne, ***pu-*** «petit d'animal», qui regroupe:

le grec *paidos* «enfant» (cf. aussi *pédiatre* «médecin pour enfants»),
l'anglais *poultry* «volaille»,
le latin *puer* «enfant», d'où le français *puéril*,
le latin *pullus* «petit d'un animal» et également «poulet»,
le latin *pullulus* «tout petit», d'où le latin *pullulare* «faire des petits» et aussi le verbe fr. *pulluler*.

À cette même racine sont reliées la forme allemande *Fohlen* «poulain» et la forme anglaise *foal* «petit d'un animal», et également «poulain». L'anglais *colt*, plus spécifique du petit de la jument et du cheval, est d'origine inconnue.

Le nom français *poulain* vient d'un dérivé du latin *pullus* «petit d'un animal», qui s'est spécialisé en bas-latin pour désigner le petit du cheval.

Un ancien diminutif *poulenet* «petit poulain» a connu un destin voyageur: il a été emprunté au XVIIIe siècle en écossais sous la forme *powny*, et il s'est ensuite répandu en anglais *(pony)*. Mais les voyages ne s'arrêtent pas là puisque *pony* a ensuite retraversé la Manche pour devenir *poney* en français.[213]

Sur *pullinus* «petit d'animal» a été formé le verbe *pouliner* «mettre bas (pour une jument)», d'où (jument) *poulinière*, ainsi que le féminin *pouline*, disparu au profit de *pouliche*, d'origine normande. En ancien français, la jeune jument se disait aussi *poutre*, du bas-latin **pullitra* «petit d'un animal». Ce sens n'a pas subsisté en français, mais *poutre* a servi depuis le XVIe siècle à désigner par métaphore une pièce de bois de charpente.

Par ailleurs, dans le domaine de la manutention, on appelle *poulain* l'assemblage de deux poutres permettant de charger et de décharger des tonneaux.

LE ZÈBRE

☞ *proche du cheval et de l'âne*

it. *zebra* (f.)
esp. *cebra* (f.)
angl. *zebra*
all. *Zebra*

L'étymologie de *zèbre* a longtemps été douteuse. On a pu penser qu'il était emprunté à une langue du Congo[214] ou d'Abyssinie,[215] ou encore qu'il venait d'un mot swahili signifiant «âne rayé»[216] mais les formes anciennement attestées en Espagne *(ezebra* en 1091) militent[217] en faveur d'une origine latine *equiferus (equus* «cheval» + *ferus* «sauvage») «cheval sauvage», d'où le latin vulgaire **eciferus*. Ce nom a été attribué par Pline à une sorte d'âne sauvage ibérique et c'est ce même nom qui aurait été emprunté dans les langues de la péninsule Ibérique pour désigner les équidés rayés d'Afrique.

Sur le nom de cet animal ont été formés *zébrer, zébré, zébrure*, et l'étrangeté du zèbre par rapport au cheval a fait naître l'usage familier de *zèbre* «individu bizarre», par exemple dans l'expression *drôle de zèbre*.

Les polytechniciens, dans leur argot estudiantin, ont longtemps appelé *zèbre* leur cheval, fort utilisé jadis dans les exercices militaires. Le mot argotique *zèbre* a ensuite évolué en *zoubre*, attesté dans le dictionnaire d'argot polytechnicien de 1936 et encore d'usage courant pour les élèves de la promotion 1938.

RÉCRÉATION

LE ZÈBRE DE GRÉVY

On connaît trois espèces de zèbres, dont le plus grand et le plus beau, avec ses fines rayures, est le zèbre de Grévy *(Equus grevyi)*.
Son nom vient-il de celui :

1. d'un grand naturaliste du XVIIIe siècle ?
2. d'un président de la République française de la fin du XIXe siècle ?
3. d'un grammairien réputé ?

RÉPONSE : Le zèbre de Grévy fut appelé ainsi en 1882 à partir du nom du président Jules Grévy à qui le négus Ménélik d'Éthiopie venait d'offrir un tel animal.[218]

Autour de l'âne

Aux côtés de l'âne, on ne peut manquer d'évoquer le mulet et le bardot, êtres hybrides mi-ânes, mi-chevaux, qui sont des animaux domestiques, ainsi que l'onagre et l'hémione, qui sont des équidés sauvages proches de l'âne.

PÉRISSODACTYLES (3 familles, 18 espèces)

équidés

- ▶ **L'ÂNE**
- ▶ **LE MULET ET LE BARDOT**
- ▶ **L'HÉMIONE**
- ▶ **L'ONAGRE**

(▶ espèces...)

(ordre)

(famille)

L'ÂNE

☞ *souvent mythifié mais parfois injustement méprisé, l'âne reste pour les enfants un animal très apprécié.*

it.	*asino*
esp.	*asno, burro*
angl.	*ass, donkey*
all.	*Esel*

Comme un certain nombre d'autres animaux venus d'ailleurs, l'âne, originaire d'Afrique, est un animal qui n'a pas de nom indo-européen. En grec ancien, on trouve cependant *onos*, dont l'étymologie est obscure, mais d'où dérivent *hêmionos* (cf. L'HÉMIONE, p.178) et *onagros* (cf. L'ONAGRE, p.179). Le grec moderne *gaidaros* est probablement d'origine asiatique.[219]

LES NOMS DE L'ÂNE

ORIGINE COMMUNE (PRÉ-I.-E.)		ORIGINES DIVERSES	
gr.	*onos*	ptg.	*burro*
lat.	*asinus*	esp.	*burro*
fr.	*âne*	angl.	*donkey*
it.	*asino*	basq.	*asto*
bret.	*azen*	hong.	*szamár*
all.	*Esel*	néogr.	*gaidaros*
néerl.	*ezel*		
dan.	*æsel*		
tch.	*osel*		
(espér.)	*azeno*		
(interl.)	*asino*		

L'âne en latin

Le nom de l'âne est *asinus* en latin, une dénomination qui a eu une grande fortune car il est à l'origine du nom — ou du moins de l'un des noms — de l'âne dans bon nombre de langues, comme on peut le constater dans le tableau ci-après:

On remarquera la forme de l'allemand *Esel*, avec < l >, consonne qui se retrouve dans plusieurs langues germaniques, mais également slaves (russe *osël*, polonais *osioł)* et baltes (lituanien *asilas*, letton *ezelis)*.

Les autres noms de l'âne

Pour désigner l'âne, pratiquement toutes les langues ont au moins un autre nom que celui issu du latin *asinus*.

En français, l'âne est aussi appelé *baudet*. Ce nom, emprunté au germanique, est formé sur la racine **bald-* «vif, hardi», d'où vient par exemple l'anglais *bold* «courageux». Cette même racine est à la base des noms de famille *Baud, Baudet, Baudelet, Baudon, Baudot, Baudel*. On peut la reconnaître aussi en composition avec une autre racine germanique : par exemple avec *win* «ami», comme dans le nom anglais *Baldwin* et sa forme française *Baudouin*. Après avoir signifié simplement «hardi» ou «joyeux», d'où «*s'esbaudir*, se réjouir», l'ancien français *bald* (ou *baud*) a pu être employé dans le sens de «impudique». Le patronyme *Baudet* peut donc fort bien être un sobriquet un peu moqueur qui, après avoir été donné aux hommes, a été attribué aux ânes, qu'on a traditionnellement considérés comme particulièrement impudiques.

Un autre nom de l'âne en français est *bourricot*, par emprunt à l'espagnol, qui dit *burro, burrico, borrico*, et l'ânesse est une *bourrique*. Tous ces noms remontent au latin *burricus* «petit cheval», qui est aussi à l'origine de *bourriquet* «petit âne» et de *bourrin* «mauvais cheval» (anciennement «âne» en Poitou, Vendée, Pays de la Loire).

En italien, l'âne se dit *asino*, mais aussi *ciuco* et *somaro*. Le nom *ciuco* est d'origine inconnue, mais *somaro*, lui-même formé sur *sagma* «bât, chargement», est d'origine grecque. Le hongrois *szamár* «âne»[220] est un emprunt à l'italien *somaro*. Puis *sagma* a évolué en *sauma* et on peut reconnaître *sauma* dans l'allemand *Saumtier* «bête de somme» ainsi que dans le français *(bête de) somme*. Mais c'est seulement en français que ce nom a servi à former un dérivé, *sommier*, conçu comme un élément de mobilier supportant le matelas, tout comme la bête de somme supporte le bât.

En anglais, à côté de *ass*, qui remonte au latin *asinus*, le nom courant de l'âne est depuis le XVIIIe siècle *donkey*, qui vient peut-être de *dun* «brun grisâtre», transformé en *donkey* par analogie avec *monkey* «singe».[221]

D'autres noms familiers de l'âne en anglais sont reliés à des prénoms. Ainsi: *dicky*, à Dick, surnom de *Richard*, *neddy*, à Ned, surnom d'*Edward*, *cuddy*, à *Cuthbert*.[222]

L'âne et le chevalet en anglais

Quand un peintre de langue française pose sa toile sur un chevalet, il n'a probablement pas toujours conscience que, sous *chevalet*, il y a le nom du cheval (cf. LA DESCENDANCE DE CHEVAL, p.160). En anglais, c'est l'âne qui se trouve caché sous le mot *easel* «chevalet». Ce mot anglais a été emprunté au néerlandais *ezel* «âne» et «chevalet», qui est de la même origine que *ass*. Il en résulte que *ass* et *easel* sont des doublets en anglais.

De l'asne à l'âne, en français

Toute la famille de mots attestés en ancien français à partir du nom de l'âne *(asne, asnesse, asnon)* a troqué, graphiquement, le < s > primitif pour l'accent circonflexe sur le < a > en français moderne : *âne, ânesse* et *ânon*, d'où *ânonner, ânonnement*. C'est à partir de la 3ᵉ édition du Dictionnaire de l'Académie (1740) que ce type de graphie a été adoptée officiellement.

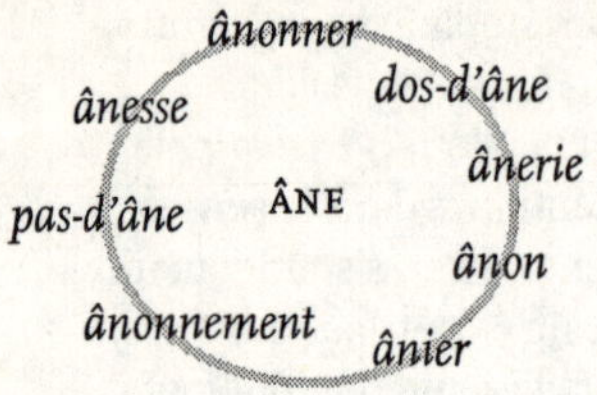

C'est pourquoi le gardien d'ânes, en ancien français *asnier*, du latin *asinarius*, s'écrit aujourd'hui *ânier*. En revanche, *asnerie* dans le sens d'« étable » n'existe plus en français moderne. Devenu *ânerie*, il n'a survécu qu'avec un notable changement de sens puisqu'on ne peut plus voir des ânes dans des âneries mais seulement *dire* ou *faire des âneries*.

Le *dos-d'âne* est une sorte de renflement transversal de la route et le *pas-d'âne* est à l'origine (1494) le « mors » (du cheval) et aujourd'hui un instrument dont se sert le vétérinaire pour maintenir ouverte la bouche d'un animal.[223]

Toponymes et patronymes français

Les toponymes français ont conservé le < s > de l'ancien français dans *Asnières* (il y a près d'une vingtaine d'*Asnières* en France, dont celui de la région parisienne)[224] et dans *Asnelles* (Calvados). Le nom de l'âne est moins apparent dans *Agnières* (Hautes-Alpes, Pas-de-Calais), *Anères* (Hautes-Pyrénées) ou *Arnières* (Eure) mais sa présence y est indubitable, tout comme dans les patronymes *Lasnier, Lasnet, Lasnon, Tulasne, Tulâne.*

Les prénoms donnés à l'âne

La familiarité des hommes avec l'âne les a parfois conduits à lui donner par dérision — ou par affection — des noms prestigieux : dans le *Roman de Renart*, l'âne s'appelle *Bernard* (de *ber* « ours » + *hard* « fort ») et il se nomme souvent *Martin* au Moyen Âge.

Un autre nom traditionnel de l'âne, *Aliboron*, reste un mystère car *aliboron* était à l'origine d'une part le nom de l'ellébore, une plante toxique censée guérir de la folie, et d'autre part celui du diable. En outre, un grand savant persan du XIᵉ siècle, *Al-Birouni*, était appelé *Maître Aliboron* et on ne peut que déplorer que *Maître Aliboron* soit le nom de l'âne dans la fable de La Fontaine « Les voleurs et l'âne » :[225]

Pour un âne enlevé, deux voleurs se battaient [...]
[...] *Arrive un troisième larron*
Qui saisit maître Aliboron.

RÉCRÉATION

LA VRAIE NATURE DE BORONALI

Au Salon des Indépendants de 1910, l'un des tableaux les plus remarqués avait été une toile intitulée: «Coucher de soleil sur l'Adriatique» d'un certain Joachim Raphaël Boronali. Les critiques y avaient trouvé «un tempérament confus mais doué d'une grande maîtrise».
Le nom de ce peintre de talent était-il:

1. le pseudonyme de Picabia?
2. l'anagramme d'**Aliboron**?
3. le nom d'un peintre italien méconnu?

RÉPONSE : 2. Boronali est bien l'anagramme d'**Aliboron**, un nom que l'on donnait autrefois à l'âne, et qui n'avait pas été choisi au hasard car cette toile avait effectivement été peinte par la queue d'un âne : fruit d'une plaisanterie imaginée par le directeur du cabaret parisien «Le lapin agile» avec ses amis Dorgelès et Mac Orlan.[226]

LE MULET ET LE BARDOT

entre cheval et âne

it.	*mulo*
esp.	*mulo*
angl.	*mule*
all.	*Maultier*

Depuis longtemps les hommes ont appris à tirer parti des possibilités d'hybridation entre les ânes et les chevaux. Dans son *Histoire des animaux*, Aristote explique déjà que le croisement entre ces animaux donne un petit de la taille de la femelle.

En français, on appelle *grand mulet* l'animal issu du croisement entre une jument et un âne, et *petit mulet* l'animal issu du croisement entre une ânesse et un cheval. L'hybride femelle s'appelle dans tous les cas une *mule*. Le petit mulet est aussi appelé *bardot* (plus rarement *bardeau*).

Les Grecs avaient un mot tout à fait transparent pour désigner tous ces animaux intermédiaires entre âne et cheval: ils disaient *hêmionos*, de *hêmi* «demi» et *onos* «âne», donc littéralement «demi-âne». Les zoologistes ont repris ce nom pour dénommer certaines espèces d'équidés sauvages (cf. L'HÉMIONE, p.178).

UN MULET QUI HENNIT EST UN BARDOT

C'est à sa voix que l'on reconnaît le père d'un mulet :

cheval + ânesse	**âne + jument**
|	|
(petit) mulet ou bardot	**(grand) mulet**
Le bardot **hennit** comme son père, le cheval	Le (grand) mulet **brait** comme son père, l'âne

Le mulet en latin

C'est le latin *mulus*, lui-même d'origine inconnue, qui est à la base de la plupart des noms du mulet et de la mule en Europe de l'Ouest: *mulus* en latin, *mulo* en italien, espagnol et portugais, *mul* en catalan, *mul* en breton, *mule* en anglais, *mulet* en français.

Le mulet et le métissage

L'espagnol et le portugais ont tiré de *mulo* «mulet» le mot *mulato* pour désigner une personne née de parents dont l'un est blanc et l'autre noir. De là viennent l'anglais *mulatto*, l'allemand *Mulatten*, le français *mulâtre, mulâtresse*, mais en français, ces deux derniers mots sont pratiquement sortis de l'usage au profit du terme plus général *métis, métisse* (étymologiquement «mélangé»).

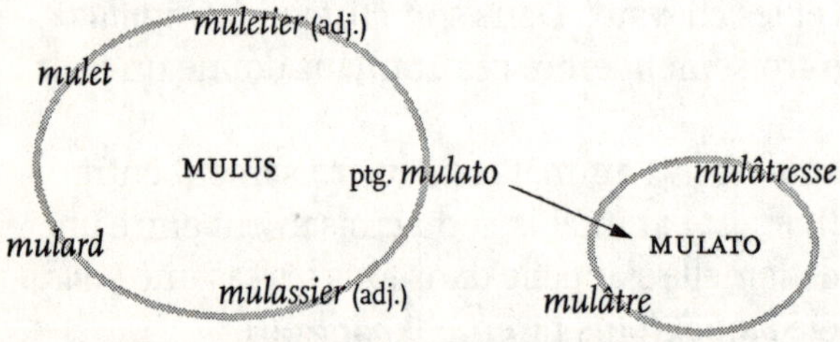

Le nom du mulet se retrouve dans le domaine des volatiles: un hybride entre un canard sauvage et un canard domestique s'est appelé *canard mulet*, puis *mulard*. L'adjectif *mulassier* s'applique à tout ce qui est relatif au mulet, et *muletier* peut être à la fois un nom signifiant «conducteur de mulets» et un adjectif, comme dans *chemin muletier*.

D'autre part, une machine textile capable à la fois de filer et de tisser le coton, et qui est donc une sorte d'hybride entre une machine à filer et un métier à tisser, s'est appelée en anglais *mule*, puis *mule jenny*, où *jenny* est le prénom féminin de la fille de l'inventeur de cette machine.

UNE PETITE MULE TRÈS PARTICULIÈRE : LA *MULETA*

En espagnol, *muleta* est d'abord le diminutif de *mula* «petite mule». Ce mot a ensuite pris le sens de support, béquille, bâton, ou de toute chose pouvant servir d'appui. Le nom *muleta* s'est ensuite spécialisé pour désigner le bâton sur lequel est fixée l'étoffe rouge du torero, et finalement, tout l'objet dont il se sert pour exciter le taureau. Ce mot *muleta* a été repris tel quel pratiquement dans toutes les langues de l'Europe.

Le petit mulet, ou bardot

Le bardot, hybride né d'un cheval et d'une ânesse, doit son nom à l'arabe *barda'a* «selle, bât». Ce nom est à l'origine de plusieurs autres mots français :

barda «bagage», terme d'argot militaire d'Afrique du Nord,

barde «armure d'un cheval»,

barder «couvrir d'une solide protection» (avec l'équivalent culinaire qu'est la barde d'un rôti).

Deux mulets et deux mules

En français, *mulet* peut désigner un mammifère, mais aussi un poisson, et *mule* à la fois la femelle du mulet et une pantoufle.

On pourrait imaginer que les deux mulets ont la même étymologie et que de leur côté les deux mules remontent à la même forme latine. Or, le nom du mammifère remonte au latin *mulus* et celui du rouget barbet remonte au latin *mullus* (avec deux *l)*, nom que l'on peut relier à l'adjectif *mulleus* «rouge». Curieusement, *mule* (la pantoufle) du latin *mulleus (calceus)* se relie également au même adjectif *mulleus* «rouge», les premières mules portées par des sénateurs ayant été de cette couleur.

En résumé :

mulet (mammifère)	vient de	*mulus*
mulet (rouget barbet)		*mullus*
mule (mammifère)		*mula*
mule (pantoufle)		*mulleus (calceus)* «chaussure rouge»

LA MULE DU PAPE

De quelle mule s'agit-il ?

Alphonse Daudet, dans *Les Lettres de mon moulin*, n'a pas hésité à entretenir la confusion. En effet, l'expression *mule du pape* fait immanquablement penser à la pantoufle papale, blanche et brodée d'une croix, que les fidèles en pèlerinage à Rome pouvaient baiser jadis. Or, dans la nouvelle de Daudet, il ne s'agit pas du tout d'une chaussure mais bel et bien d'une mule à quatre pattes. [227]

L'HÉMIONE

☞ *sorte d'équidé sauvage d'Asie*

it. *emione* (m.)
esp. *hemíono*
angl. *hemione*
all. *Halbesel*

L'âne domestique est originaire d'Afrique, où il existe encore à l'état sauvage. Mais on trouve en Asie, de l'Iran au Tibet, d'autres équidés sauvages qui ont une allure intermédiaire entre le cheval et l'âne, comme s'il s'agissait de chevaux à oreilles d'âne. Le nom de cet équidé sauvage, *hémione*, vient du grec *hêmionos* (de *hêmi* «demi» et *onos* «âne») qui désignait le mulet dans cette langue (cf. LE MULET ET LE BARDOT, p.175). Les zoologistes ont donné à l'hémione le nom scientifique *Equus hemionus* «cheval à moitié âne». Avec *Halbesel* «hémione», on retrouve en allemand la même analyse: *Halb* «demi» + *Esel* «âne».

La minuscule famille de onos

Le nom de l'âne en grec, *onos*, a été utilisé pour nommer deux animaux apparentés: il figure en effet à la fin du nom de l'*hémione* et au début du nom de l'*onagre*.

gr. *onos* — (un) hémione
gr. *onos* — (un) onagre

L'ONAGRE

☞ *une sorte d'hémione*

it. *onagro*
esp. *onagro*
angl. *onager*
all. *Onager*

Dans l'Antiquité, le substantif grec *onagros* (de *onos* «âne» + *agrios* «champêtre») désignait déjà une sorte d'équidé sauvage. Le nom de cet animal se retrouve en latin sous la forme *onager*.

De nos jours, certains appellent *onagre* une espèce particulière d'équidé sauvage *(Equus onager)* tandis que d'autres y voient une sous-espèce de l'hémione *(Equus hemionus onager)*[228] qui vit aux environs de la mer Caspienne.

En latin, le nom *onager* désigne par métaphore une machine de guerre en forme de catapulte qui projetait sur l'adversaire de lourdes pierres dans un mouvement rappelant la ruade de l'âne.

Enfin, en français, *onagre*, qui est un nom masculin, conserve les deux sens, animal et machine de guerre, et désigne en outre, mais au féminin (déjà *onagra* en grec), une plante aux grandes fleurs jaunes ou rougeâtres, appelée aussi *herbe aux ânes*.

Autour du bœuf

Pris comme point de ralliement de la grande famille des bovidés — qui comprend principalement les sous-familles des bovinés, des caprinés et des antilopinés — le bœuf sera accompagné de quelques autres membres de la sous-famille des bovinés, à laquelle il appartient.

ARTIODACTYLES (10 familles, 220 espèces)

bovidés

bovinés

- **LE BŒUF & LA VACHE, LE TAUREAU, LE VEAU**
- **L'AUROCHS**
- **LE ZÉBU**
- **L'ÉLAND**
- **LE YACK**
- **LE GAUR**
- **LE GAYAL**
- **LE BUFFLE**
- **LE BISON**
- **LE NILGAUT**

(ordre) (famille) (sous-famille) (► espèces...)

LES ARTIODACTYLES

Les ongulés qui marchent sur un nombre pair de doigts sont les *artiodactyles*, du grec *artios* «pair» et *daktulos* (doigt).

Les artiodactyles sont très nombreux (environ 200 espèces) et comprennent la grande famille des bovidés, mais également celles des suidés, des cervidés, des camélidés et des giraffidés.

LE BŒUF ET LA VACHE

☞ *au cœur de la vie rurale*

it.	*bue / vacca*
esp.	*buey / vaca*
angl.	*ox / cow*
all.	*Ochs / Kuh*

Le titre composite de ce chapitre peut surprendre, cependant il n'est pas le fruit du hasard. En effet, à observer les noms du bœuf et de la vache dans une grande partie des langues de l'Europe de l'Ouest, il apparaît qu'une seule et même racine a finalement abouti à désigner d'un côté la femelle et de l'autre le mâle, alors qu'à l'origine, les deux se confondaient sous une même dénomination.

LES NOMS DE LA VACHE

racine i.-e. ***ker-*** «corne»	racine i.-e. ***g^{w}ou-*** «bovin»			ORIGINES DIVERSES
	«vache»	«vache»	«vache»/«bœuf»	
tch. *kráva*	angl. *cow*	lat. *vacca*	gr. *bous* «bœuf, vache»	hong. *tehén*
	all. *Kuh*	esp. *vaca*	lat. *bos* «bœuf, vache»	néogr. *agelada*
	néerl. *koe*	ptg. *vaca*	bret. *buoh* «vache»	it. *mucca*
	dan. *ko*	fr. *vache*	(espér.) *bovino* «vache»	basq. *behi*
		(interl.) *vacca*		

LES NOMS DU BŒUF

racine i.-e. ***uksin-***	racine i.-e. ***g^{w}ou-*** «bovin»	ORIGINES DIVERSES
all. *Ochs*	gr. *bous* «bœuf, vache»	basq. *idi*
angl. *ox*	lat. *bos* «bœuf, vache»	tch. *vül*
dan. *okse*	néogr. *bodi* «bœuf»	hong. *ökör*
néerl. *os*	fr. *bœuf* «bœuf»	
bret. *ejenn*	it. *bue* «bœuf»	
	esp. *buey* «bœuf»	
	ptg. *boi* «bœuf»	
	(espér.) *bovo* «bœuf»	
	(interl.) *bove* «bœuf»	

Vache ou bœuf? Vache et bœuf?

Comment dès lors se faire à l'idée que des formes aussi différentes que le mot français *bœuf* et le mot anglais *cow* proviennent de la même racine indo-européenne ***g^{w}ou-*** «bovin»? Cela mérite, bien sûr, un petit détour explicatif du côté de l'évolution phonétique.

Mais le mystère ne s'arrête pas là, car on se demande aussi pourquoi *bœuf* désigne le mâle et *cow* la femelle, alors qu'à l'origine le terme désignait indistinctement le mâle ou la femelle. Enfin, comment se fait-il que les langues slaves, pourtant elles aussi indo-européennes, n'ont pas suivi le même chemin?

La phonétique au service de l'évolution lexicale

Si, dans le tableau ci-dessus, les noms de la vache et du bœuf ont été regroupés, c'est afin de mieux mettre en lumière le fait que, pour une grande partie des langues attestées, les uns et les autres remontent à la même racine indo-européenne ***g^{w}ou-***. De cette base commune découlent par exemple d'une part le grec *bous* ou le latin *bos, bovis* «bœuf ou vache», et d'autre part l'allemand *Kuh* «vache» ou l'anglais *cow* «vache». En ne tenant compte que des formes germaniques d'une part, et des formes grecques et latines de l'autre, on peut schématiser ainsi les deux évolutions divergentes.[229]

racine i.-e. ***g^{w}ou-*** «bovin» (mâle ou femelle)
- **/k-/** germ. **kouz* ——— all. *Kuh*, angl. *cow* «vache»...
- **/b-/** gr. *bous*, lat. *bos* ——— fr. *bœuf*, it. *bue* «bœuf»...

À cette racine ***g^{w}ou-*** se rattachent aussi les langues celtiques (par exemple irl. *bó)* ainsi que le latin *vacca* «vache», que l'on peut en outre rapprocher du sanskrit *vaça* «génisse».

Mais cette grande diversité de formes, avec /k/ d'un côté et /b/ de l'autre, reste mystérieuse si l'on n'accepte pas une modeste initiation à la phonétique articulatoire. (cf. UN PEU DE PHONÉTIQUE ARTICULATOIRE, p.155)

À nouveau un peu de phonétique articulatoire

Puisqu'on trouve la forme *bos, bovis* en latin (et non pas ***g^{w}os, g^{w}ovis)***, la question se pose ici de savoir comment on a pu passer de la consonne complexe [gw] (de l'indo-européen ***g^wou-)*** à la consonne b (du latin *bos, bovis)*. Il faut tout d'abord se rendre compte que la consonne [gw] s'articule sur deux points du canal vocal, en faisant suivre la consonne [g], prononcée du fond de la gorge, d'un arrondissement des lèvres [w]. L'évolution peut alors se faire dans deux directions différentes : si l'on prononce plus faiblement la première partie de cette consonne complexe (celle qui s'articule au niveau de la gorge, [g]), c'est la dernière partie (celle qui se produit au niveau des lèvres, [w]) qui dominera, comme on le constate dans le latin *vacca*, prononcé [wakka]. Et si les lèvres se rapprochent encore au point de se toucher, on réalisera un [b] : c'est ce qui s'est produit en latin dans les formes *bos, bovis* (avec *b)*, d'où les formes romanes : fr. *bœuf*, it. *bue*, cat. *bou*, roum. *bou*...

Les langues germaniques, de leur côté, ont opté pour l'autre solution : durcir la prononciation de l'articulation initiale en [k-] et adoucir jusqu'à éliminer au contraire la fin [w] de la consonne complexe [g^w], comme on peut le voir dans l'anglais *cow* et dans l'allemand *Kuh*.

LE LATIN *VACCA*, FORME POPULAIRE

Alors que *bos, bovis* « bovin » était un terme du latin classique, *vacca* « vache » était probablement un terme familier aux éleveurs, ce qui est confirmé par la présence de la consonne double (-cc-), cette gémination étant généralement la marque d'un usage expressif et populaire.[230]

L'évolution de g^w en *v* — prononcé [w] — n'est pas exceptionnelle en latin. Elle se retrouve aussi dans d'autres mots : la racine indo-européenne ***g^wen-, g^wem-***, par exemple, a en effet abouti au latin *venire* « venir » (avec *v* prononcé [w]) alors qu'elle évoluait vers /k/ dans l'allemand *kommen* et dans l'anglais *come*.[231]

La femelle au centre du troupeau

Il reste encore à comprendre pourquoi la forme germanique désigne la vache et non pas le bovin en général. Ce favoritisme à l'égard de la femelle pourrait s'expliquer par la composition des troupeaux, caractérisés par l'abondance de vaches, productrices de lait. Cette forme germanique ayant été réservée à la vache (anglais *cow*, allemand *Kuh*, néerlandais *koe)* c'est à partir d'une autre racine indo-européenne, ***uksin-***, que les langues germaniques désigneront le bœuf : all. *Ochs*, angl. *ox*, suéd. *oxe*, etc.

Dans les langues slaves, des « bêtes à cornes »

Les langues slaves n'ont pas retenu ce même nom indo-européen des bovins, car ces animaux semblent bien y avoir fait l'objet d'un tabou, sans doute lié à une vénération particulière, peut-être comparable à la sacralisation de la vache qui existe encore aujourd'hui en Inde.

Le nom de la vache dans la plupart des langues slaves se relie en effet à une autre racine indo-européenne, signifiant «corne». On trouve ici le même phénomène que pour l'ours: certaines langues slaves ont évité le nom indo-européen de l'ours, qu'elles appellent «mangeur de miel» (cf. L'OURS, p.82), tout comme elles ont évité celui de la vache, qu'elles nomment la «cornue».

Enfin, le nom du bœuf dans quelques autres langues slaves (russe *vol*, polonais *wól*, tchèque *vül)* est d'origine inconnue.[232]

RÉCRÉATION

DES NOMS D'INSPIRATION BOVINE

Parmi ces quatre mots, il y a un intrus, qui n'est pas d'inspiration bovine. Lequel ?
1. *septentrion* • 2. *bucolique* • 3. *poutre* • 4. *boustrophédon*

RÉPONSE : 3, car *poutre* est formé sur le nom du poulain (cf. LE POULAIN, p.167) et non pas, comme les trois autres, sur celui du bœuf.

Quelques étymologies bovines

La réponse à l'encadré ci-dessus a peut-être laissé le lecteur sur sa faim car on n'y découvre pas pourquoi *septentrion, bucolique* et *boustrophédon* ont un rapport avec le bœuf. C'est que *septentrion*, selon une étymologie assez généralement acceptée, correspond à «sept bœufs de labour» *(septem + triones —> septentriones)*, pour désigner les sept étoiles de la Grande Ourse, comme on l'a vu au chapitre sur l'ours. Le sens du second élément *(triones* «bœufs de labour») est ensuite devenu inintelligible en latin et seule la forme totale *septentrio* semble s'être maintenue pour désigner le nord, par opposition à *meridies* «midi», pour désigner le sud.[233] (cf. récréation UNE CONSTELLATION AUX ÉVOCATIONS VARIÉES, p.84)

Il faudrait aussi rappeler que sous *bucolique*, il y a *bos* «bœuf», et que l'adjectif latin *bucolicus* s'appliquait en priorité à tout ce qui concernait les bovins et leurs gardiens. Quant au terme *boustrophédon* (du grec *bous* + *strophein* «tourner»), c'est une manière d'écrire alternativement de gauche à droite puis de droite à gauche et de nouveau de gauche à droite, et ainsi de suite, ce qui évoque le mouvement des bœufs qui labourent en changeant de sens au bout de chaque sillon. Des inscriptions de ce type existent, pour les textes les plus anciens, en grec, en latin et en étrusque.

UN EXEMPLE DE BOUSTROPHÉDON EN ÉTRUSQUE[234]

La stèle de Lemnos porte une inscription en étrusque, dont un court passage est reproduit ci-dessous. Elle remonte à environ 700 ans av. J.-C.

Il s'agit d'une épitaphe évoquant la personnalité d'un certain Aker Tavarsio, qui fut magistrat pendant un an à Serona, où il vécut quarante ans. Elle se lit :

Dessin d'après
la stèle de Lemnos
(vue partielle)

tout d'abord de droite à gauche

marasm av(is)
«magistrat un an»

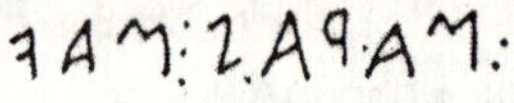

puis, de gauche à droite

sialχveis avis
«pendant quarante ans»

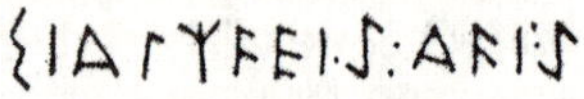

de nouveau, de droite à gauche

evisθo seronaiθ
«< ici > à Serona»

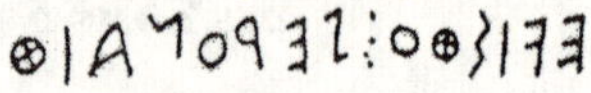

et enfin de gauche à droite

sivai
«vécut»

On remarquera que les lettres sont orientées tantôt d'un côté, tantôt de l'autre : par exemple < Ƨ > et < S > correspondent à < S > et < ꟻ > et < Ǝ > correspondent à < E >.

Les informaticiens ont récemment repris le terme *boustrophédon* pour désigner le mode de fonctionnement de certaines imprimantes d'ordinateur qui, pour éviter les inutiles allers et retours de chariot, impriment alternativement de gauche à droite, puis de droite à gauche.

RÉCRÉATION

UN BŒUF AU TRAVAIL

Quel est le nom de l'écrivain français (1627-1704), infatigable travailleur, qui avait pris pour devise *Bos suetus aratro* «le bœuf habitué à la charrue» ?

RÉPONSE : Jacques Bénigne Bossuet.

De la vache au vaccin

Pour désigner la femelle, le latin hésitait entre *bos* (tout court) «bovin», *bos femina* «bovin femelle» et *vacca*, forme sans doute due à l'usage familier des bouviers, et qui a fini par l'emporter. Dans le sillage de *vacca* se trouve l'adjectif *vaccinus*, qui qualifie tout ce qui se rapporte à la vache, et c'est tout naturellement qu'en latin médical on nomma plus tard *variola vaccina* la variole de la vache, nommée *vaccine* en français. Enfin, c'est à partir de *vaccine* qu'a été formé le nom du *vaccin*.

La rosace des dérivés de *vacca*, ci-dessous, montre que les dictionnaires courants comportent, en dehors de *vache*, d'un côté *vaccaire*, nom d'une plante appelée aussi *saponaire des vaches*, et de l'autre un nombre bien plus important de termes médicaux liés au vaccin, d'où la deuxième rosace, dont le centre de diffusion n'est pas *vache* mais *vaccin*.

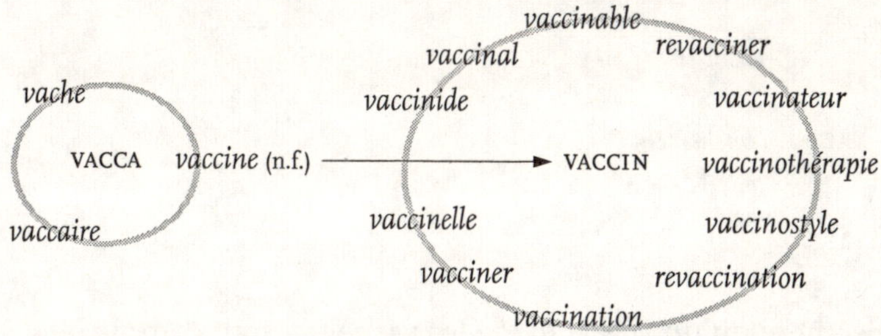

L'invention du vaccin

La crise de la «vache folle» de la fin du XXe siècle a bien montré qu'il pouvait y avoir une interaction entre la santé des vaches et celle des hommes. L'histoire du vaccin et son nom même en sont le vivant témoignage.

Tout avait commencé avec les travaux du médecin anglais Edward Jenner (1749-1823). Il avait observé dans les fermes que les vachers et tous ceux qui soignaient les bovins ne contractaient pas la variole humaine aux pustules redoutées. Il en avait déduit que ces personnes s'immunisaient au contact de vaches atteintes de la variole bovine. Cette maladie, appelée en anglais *cowpox* (où *pox* vient de *pocks* «pustules»), est proche de la variole humaine. Le génie de Jenner a été, en 1796, d'inoculer aux hommes un peu du contenu d'une pustule de vache malade, ce qui les a effectivement protégés de la variole humaine. Le concept de vaccin était né. Cette technique préventive s'est ensuite généralisée, notamment grâce aux travaux de Pasteur, et l'on considère aujourd'hui que la variole humaine a disparu à la fin du XXe siècle. C'est très précisément le 8 mai 1980 que, devant les représentants de tous les pays membres de l'Organisation mondiale de la santé (OMS), la variole a été déclarée totalement éradiquée de la surface de la planète.[235] Seul le mot *vaccin* conserve dans sa forme le souvenir du rôle qu'a joué la vache à l'origine de cette immense innovation pour l'humanité.

Pour la plupart, les termes dérivés de *vaccin* se comprennent facilement, sauf peut-être *vaccinide* «réaction cutanée après une vaccination antivariolique» et *vaccinelle,* qui est une légère *vaccinide.*

La vache et sa suite

Par ailleurs, la famille des dérivés de *vache* est toute simple:

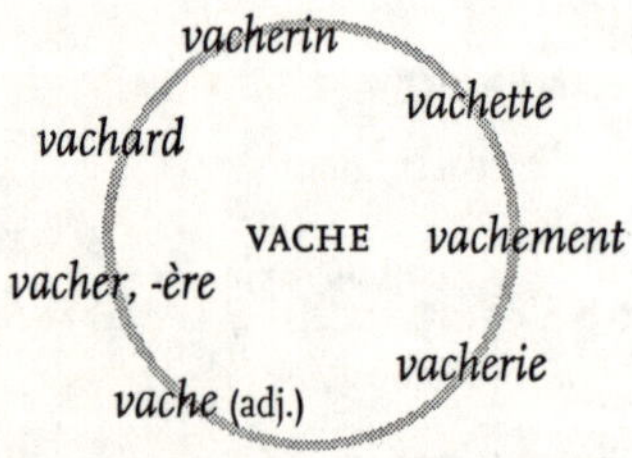

On devine aisément qu'un *vacher* garde les vaches — tout comme le *cowboy* — et l'on conçoit que *vachette* désigne à la fois la jeune vache et le cuir de cet animal. Mais *vacherie* a d'abord signifié «étable à vaches» ou «troupeau de vaches» en ancien français et, seulement plus tard, «méchanceté». On a déjà vu qu'il s'est produit une évolution sémantique tout à fait analogue pour *ânerie* (a. fr. *asnerie)* (cf. DE L'ASNE À L'ÂNE, EN FRANÇAIS, p.173) mais ce sens péjoratif devient, à propos de la vache, encore plus insistant dans l'adjectif *vachard,* tandis que l'adverbe familier *vachement* ne retient que le sens superlatif (par exemple: «Le vacherin, c'est vachement bon»).

Avec *vacherin,* on entre dans le domaine de l'alimentation, voire de la gastronomie car c'est à la fois un fromage franc-comtois (au lait de vache) et un gâteau fait de meringue, de glace et de crème chantilly, qui a été nommé ainsi pour sa ressemblance visuelle avec ce même fromage.[236]

Enfin, la tentation peut être grande de voir dans le verbe *avachir,* d'où *avachi, avachissement,* un rapport avec le nom de la vache: il provient en fait du francique **wajkjan* «amollir», mais on ne peut jamais exclure l'effet d'une attraction du mot *vache.*

RÉCRÉATION

LA VACHE HORS DE SON DOMAINE

Le nom de la vache peut servir à désigner :

1. une sorte de poisson de la Méditerranée. Vrai ou faux?
2. un sac d'écolier. Vrai ou faux?
3. un champignon comestible. Vrai ou faux?

RÉPONSE : 1. Vrai. Ce poisson est une raie, appelée aussi *raie cornue* ou *diable de mer*.
2. Vrai. Ce cartable d'écolier était à l'origine en cuir de boeuf.
3. Faux. Mais il existe un champignon comestible appelé *vachotte*, ou *vachette* car c'est un lactaire qui produit beaucoup de lait à la cassure.

Des noms de famille un peu partout

Il existe une grande quantité de patronymes liés aux vaches et à leur élevage: *Vache, Vacherie, Vachez* et leurs variantes normanno-picardes *Vaque, Vaquerie, Vaquez,* ainsi que *Vachette, Vachet, Vachon* (Midi), *Vachot, Vachoux, Vachey* (Bourgogne), *Vacherat* (Lyonnais), *Vacheret, Vacheron, Vacherot* (Champagne), *Tuvache* (surnom du boucher).

Les patronymes *Vacher* et *Vachier* n'ont pas eu le même destin: alors que *Vacher* fait encore partie des 520 noms de famille les plus portés en France (plus de 10 000 personnes), on constate que *Vachier* n'a pas pu se perpétuer aussi largement: l'éventualité d'un calembour grossier n'y est sans doute pas étrangère.[237]

Toutes les variantes picardes *Vacquier, Vaquier, Vaquié, Vaqué* se sont mieux maintenues, tout comme les variantes gasconnes *Baquer, Baqué,* où l'on reconnaît la prononciation [b] du < v > latin en gascon (latin *vacca* > gascon *baco*).[238]

Des toponymes diversifiés

En jetant un regard un peu insistant sur la carte suivante, on peut remarquer qu'en France, la plupart des noms de lieux ayant pour base le nom de la vache peuvent désigner:

soit les gardiennes de vaches: *Vacheresse* en Haute-Savoie et en Haute-Loire, *Lavacheresse* dans les Vosges, *Vacqueresse* et *Lavacqueresse* dans la Somme;

soit l'ensemble des vaches: *La Vacherie* (Eure), *La Vacquerie* (Calvados et Hérault), *Vacquerie* (Somme et Pas-de-Calais), *Lavacquerie* (Oise et Hérault), *Vacqueriette* (Pas-de-Calais);

soit l'étable à vaches: *Vacquières* (Hérault et Gard), *Vacqueyras,* (Vaucluse), *Vacquiers* (Haute-Garonne).[239]

LE NOM DE LA VACHE DANS LES TOPONYMES

La répartition de ces toponymes,[240] dont la base est le nom de la *vache*, illustre parfaitement l'évolution phonétique du *ca* latin (de *vacca)* selon les régions : la consonne prononcée [k] en latin est restée [k] dans la région normanno-picarde[241] et dans le domaine d'oc méridional, tandis qu'elle a finalement abouti à **ch** dans une vaste région centrale.

L'emplacement des toponymes respecte seulement leur localisation dans un département donné.

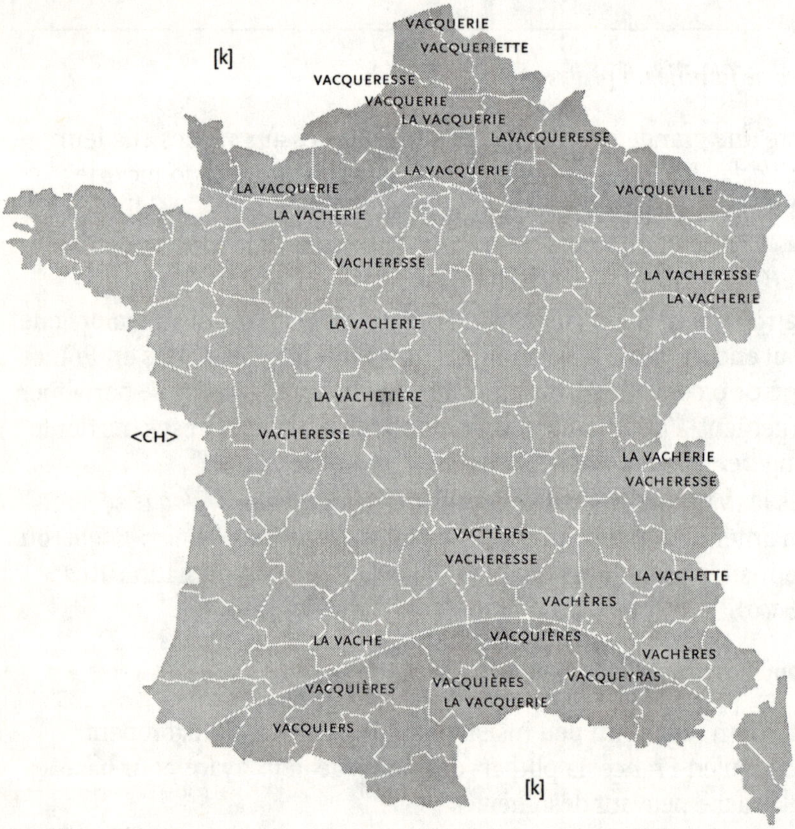

La présence remarquable des bovins dans le vocabulaire grec

L'importance généralisée de l'élevage des bovins dans les civilisations européennes a laissé de nombreuses traces dans les langues anciennes. Ainsi, l'élément *bou-* « bœuf » s'est maintenu au début de plus de cent mots du dictionnaire grec de Bailly. Certains d'entre eux ont subsisté en latin, puis en français :

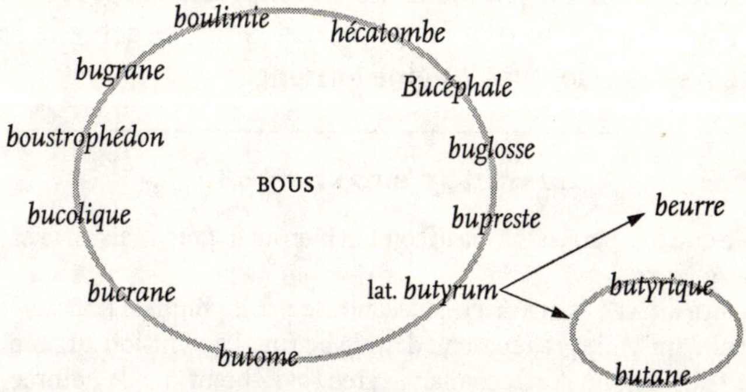

Nous avons déjà vu *boustrophédon* et *bucolique* (cf. QUELQUES ÉTYMOLOGIES BOVINES, p.185). Rappelons que *Bucéphale* (grec *bous* «bœuf» + *kephalê* «tête»), dont la tête ressemblait à celle d'un bœuf, était le nom du cheval d'Alexandre le Grand. Il existe en outre des noms savants de plantes et d'insectes formés sur des mots grecs mêlant le nom du bœuf à:

glossa «langue», d'où vient par exemple *glossaire,*

temnein «couper, découper», d'où vient *atome*, c'est-à-dire étymologiquement «qui ne peut pas être coupé»,

prêstikos «qui brûle, qui fait enfler».

Ces quelques informations sont autant d'indices permettant de trouver plus aisément la solution de l'énigme ci-dessous:

RÉCRÉATION

LES BOVINS DANS LA NATURE

Que signifient les trois noms suivants :

A. **bupreste**	1. plante appelée aussi langue-de-bœuf à cause de la forme de ses feuilles?
B. **butome**	2. plante aux feuilles en forme de lame coupante?
C. **buglosse**	3. insecte dont le nom évoque une intoxication provoquant l'enflure des bovins?

RÉPONSE : A-3, B-2, C-1

D'autre part, il faut rappeler que le grec *boukranion* (de *kranion* «crâne») signifie «tête de bœuf» et qu'il désigne aussi une plante dont les racines sont assez résistantes pour gêner la progression du bœuf au labour. Il en résulte en français les doublets *bugrane*, plante appelée aussi *arrête-bœuf*, et *bucrane*, motif architectural en forme de tête de bœuf.

C'est aussi à partir du grec *turos* «fromage» qu'a été formé le grec *bouturos,* étymologiquement «fromage de vache», puis «beurre». Le mot français *beurre* vient du latin *butyrum,* lui-même emprunté au grec *bouturos.* En ancien français, la forme du mot était *burre,* et la forme actuelle *beurre,* attestée depuis le XVIe siècle, est d'origine lorraine.

DU BŒUF AU BUTANE

Aussi incroyable que cela paraisse, le *bœuf* conduit bien au *butane,* mais en faisant un détour... par le *beurre.*

Tout commence au XIXe siècle avec la découverte par le chimiste français Eugène Chevreul d'un acide gras contenu dans le beurre. Par allusion au nom latin du beurre *(butyrum,* où l'on reconnaît le grec *bous* «bœuf»), il le nomme acide *butyrique,* dont la formule chimique est CH_3–CH_2–CH_2–COOH.

Comme cet *acide butyrique* comporte une chaîne de quatre atomes de carbone, les chimistes ont gardé la même racine *(but-)* pour désigner par analogie tous les composés de cette famille à 4 carbones : *butyrate, butyraldéhyde, butyle, butanol...* et également le *butane,* C_4H_{10}, nom du gaz combustible bien connu des campeurs.

Enfin *boulimie,* qui désigne une faim excessive d'origine pathologique, vient du grec *boulimia,* de même sens. Ce nom est formé de *bous* «bœuf» + *limos* «faim», ce qui ne s'interprète pas comme une envie de manger du bœuf, mais plutôt comme une énorme faim, grosse comme un bœuf. On évoque ici le bœuf tout comme on parle familièrement d'un «effet bœuf». D'ailleurs, les Romains, en voyant arriver vers 280 av. J.-C. les premiers éléphants de Pyrrhus, les nommèrent les «bœufs de Lucanie».

RÉCRÉATION

***HÉCATOMBE*: QUELLE EST LA BONNE ÉTYMOLOGIE ?**

1. *hécatombe* est une image inspirée par la tombe d'*Hécate,* divinité grecque infernale, à la sinistre réputation. Vrai ou faux ?
2. *hécatombe* correspond étymologiquement au sacrifice de cent *(hekaton)* bœufs *(bous).* Vrai ou faux ?
3. *hécatombe* vient du verbe *tomber* et d'un adverbe exprimant un grand désastre. Vrai ou faux ?

RÉPONSE : 2.

Le bœuf en latin

En dehors de ces noms venus du grec et qui sont pratiquement tous passés par le latin, il existe une autre série de mots français dérivés directement du latin *bos, bovis*. Et tout d'abord, le terme *bœuf* lui-même.

Les noms dérivés les plus savants sont peut-être ceux qui désignent, dans la grande famille des *bovidés*, la sous-famille des *bovinés*, ainsi que *ovibos*, nom d'un animal qui tient à la fois du mouton et du bœuf (cf. L'OVIBOS OU BŒUF MUSQUÉ, p.241).

Moins savants, mais dérivés de la même base latine, d'autres termes désignent le *bouvillon* «jeune bœuf châtré», le *bouvier* «gardien de bœufs» et la *bouverie* «étable à bœufs», tandis que le *bouvril* est le dernier lieu de résidence des bœufs puisqu'il s'agit de l'emplacement qui leur est réservé dans les abattoirs.

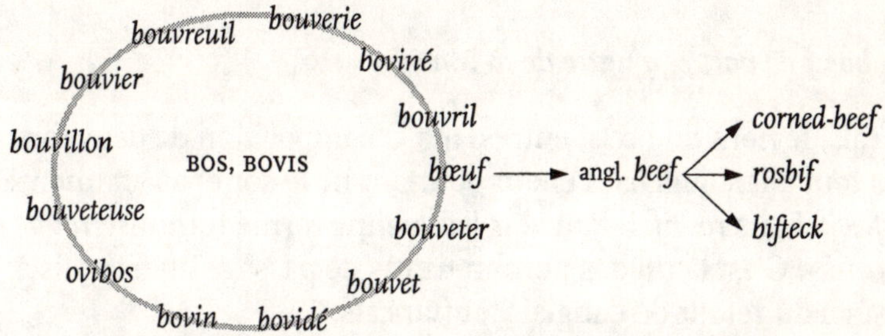

Les noms *bouvet* et *bouvreuil* demandent à être commentés plus longuement. Alors qu'en ancien français, *bouvet* signifiait «jeune bœuf», cette forme désigne aujourd'hui un rabot à rainurer le bois. Cet outil trace en effet des rainures bien parallèles, comme les sillons du bœuf qui laboure. L'évolution sémantique, du nom de l'animal à celui d'un objet, est analogue à celle déjà vue à propos de *chenet* (cf. LE CHIEN ET LE CHENET, p.48) et de *chevalet* (cf. LA DESCENDANCE DE CHEVAL, p.160). Au sens actuel de *bouvet* «sorte de rabot» correspondent le verbe *bouveter* «rainurer» et même *bouveteuse* «machine à rainurer».

Dans le cas de *bouvreuil*, la présence du nom du bœuf pour désigner un oiseau peut surprendre. Pourtant, l'allure trapue du bouvreuil lui a également valu le nom de *bœuf* dans le Morbihan, de *bouvard* en Anjou, de *bouvreux* en Basse-Normandie.[242]

RÉCRÉATION

LE BŒUF UN PEU PARTOUT

Le bœuf figure dans les noms de différents végétaux, animaux ou productions humaines. Faire les appariements qui s'imposent.

A. **nerf de bœuf**	1. fenêtre ronde ou ovale, dans un mur ou dans un comble
B. **arrête-bœuf**	2. champignon comestible, de couleur rouge foncé
C. **œil-de-bœuf**	3. sorte de grand héron qui accompagne les troupeaux de grands mammifères
D. **garde-bœuf**	4. matraque faite d'un ligament cervical (de bœuf) desséché
E. **pique-bœuf**	5. plante épineuse à fleurs roses ou blanches (*bugrane*)
F. **foie-de-bœuf**	6. petit oiseau qui se perche sur le dos des bœufs ou des buffles pour se nourrir de leurs parasites
G. **langue-de-bœuf**	7. plante également nommée *buglosse*

RÉPONSE : A4 — B5 — C1 — D3 — E6 — F2 — G7 et G2. On remarquera que le même champignon porte deux noms : *langue-de-bœuf* à cause de sa forme et *foie-de-bœuf* à cause de la consistance de sa chair.

Le nom du bœuf de part et d'autre de la Manche

En français, le nom du bœuf entre dans la composition de deux formes aux allures tout à fait anglaises et qui pourtant ne le sont pas vraiment: *rosbif* et *bifteck*. Sous *rosbif*, il faut voir l'ancienne forme française *rot de bif* «rôti de bœuf». C'est là un des nombreux cas de passage du français à l'anglais, suivi du retour de l'anglais au français.[243]

Pour *bifteck*, seule la première syllabe est une adaptation du français *bœuf*, la seconde correspondant à l'anglais *steak* «tranche de viande rôtie», d'origine scandinave.[244]

Mais c'est *corned-beef*, le nom du bœuf en conserve, qui réserve une surprise car on serait tenté d'y voir de la viande de bête à cornes, mais attendons la fin.

RÉCRÉATION

D'OÙ VIENT LE NOM *CORNED-BEEF* ?

Voici trois étymologies. Quelle est la bonne ?

1. Cette viande de conserve provenait à l'origine de bovidés aux cornes remarquables.
2. Sur la boîte de conserve figurait l'image humoristique d'un bœuf portant un bonnet en forme de cornette.
3. *Corned-beef* désigne de la viande de bœuf salée, car le mot anglais *corn*, qui signifie «grain, graine», généralement de céréales, s'applique également aux grains de poivre *(pepper corn)* ou de sel, d'où le sens de «bœuf conservé dans le sel».

RÉPONSE : 3[245]

Peut-être moins fréquemment cité, voici un autre cas d'«aller et retour» entre le français et l'anglais avec restriction de sens : la forme latine *buculus* «jeune bœuf», d'où en ancien français *bugle*, qui signifiait à la fois «jeune bœuf» et «cor fait d'une corne de buffle». Ce terme a été repris par l'anglais sous la forme *bugle(-horn)* «cor de chasse, clairon», qui est revenu en français, où le *bugle* désigne depuis lors une sorte de clairon, mais avec des pistons. On pourrait le définir comme un hybride entre la trompette et le clairon.

En ancien français, il existait aussi un verbe *bugler* «jouer du bugle», qui a disparu sous cette forme mais qui subsiste encore sous la forme *beugler*, *beuglement* pour désigner le cri de l'animal. Les synonymes *meugler*, *meuglement* sont plus onomatopéiques encore, pour un animal qui fait *meuh*. Le latin avait déjà *mugire*, également d'origine onomatopéique, qui s'est perpétué en français avec *mugir* et *mugissement*.

Une présence du bœuf plus problématique

Comme nous venons de le voir, le nom du bœuf intervient avec certitude dans un grand nombre de mots grecs, latins et français. D'autres cas sont moins sûrs, mais intéressants à signaler car ils éclairent le cheminement de la création des noms d'animaux. Ainsi, le latin *boa* ou *bova* désignait un très gros serpent, peut-être un python. D'après Pline l'Ancien, la présence de tels serpents est attestée en Italie, où l'on avait trouvé un enfant entier dans le ventre de l'un d'eux. Pline ajoute une précision justifiant l'étymologie de *boa* : *«ils se nourrissent d'abord du lait des vaches : c'est de là qu'ils tirent leur nom.»*[246] Le nom *boa* s'applique aujourd'hui à des serpents vivant dans le Nouveau Monde et dont le plus gros est le *boa constrictor*, qui s'enroule autour de ses proies pour les étouffer.

RÉCRÉATION

LE BŒUF EN GÉOGRAPHIE

Un seul de ces noms de lieux a un rapport certain avec le bœuf. Lequel ?

1. *Oxford*, ville d'Angleterre
2. *Bosphore*, détroit entre la mer Noire et la mer de Marmara
3. *Paimbœuf*, commune du pays nantais
4. *Elbeuf*, ville de Normandie

RÉPONSE : 1. *Oxford* «gué aux bœufs». Pour 2, 3, 4, voir les commentaires au paragraphe suivant.

Dans un tout autre domaine, le mot *bouée* du français pourrait, selon certains, être d'origine germanique (du francique **baukhan* «signe, signal») mais ce mot pourrait aussi bien venir du latin *boia* «courroie de cuir de bœuf», puis «toutes sortes de liens ou de chaînes», les bouées étant effectivement toujours fermement attachées par des cordages.[247]

Enfin, on retrouvera le bœuf, du grec *bous*, dans les noms du *buffle* (cf. LE BUFFLE, p.207) et du *bubale*, issus du grec *boubalos* (cf. LE BUBALE, p.246).

Le nom du bœuf et la géographie

De nombreux noms de lieux peuvent évoquer irrésistiblement le bœuf, mais c'est parfois trompeur, comme on a pu s'en rendre compte en se prêtant au petit jeu présenté ci-dessus.

Oxford, anciennement *Oxenford*, est clairement le «gué» *(ford)* des «bœufs» *(oxen)* et il existe, par exemple en Bavière, d'autres toponymes germaniques analogues, tels que *Ochsenfurt* «gué des bœufs» ou *Schweinfurt* «gué des cochons». Cela permet d'en déduire que les anciens Germains se servaient de la référence à un animal pour indiquer la profondeur d'un gué.

L'origine traditionnellement proposée pour le mot *Bosphore* serait le grec *Bosporos*, de *bous* «bovin» + *poros* «passage», ce qui rappellerait le franchissement de ce détroit par la prêtresse Io, courtisée par Zeus. Ce dernier, pour éviter la colère de son épouse Héra, avait transformé Io en une génisse blanche pour lui faire franchir le détroit. Mais cette étymologie est assez fragile, car ce détroit n'est pas un gué aisément franchissable. Plus vraisemblable serait peut-être la racine *bus-* (qui se retrouve dans le toponyme *Buzantion* «Byzance») avec le sens de «passage resserré». On connaît d'ailleurs d'autres exemples analogues, comme *Kimmerios Bosporos*, qui est le détroit de Kertch (Crimée).[248]

En observant que *Paimbœuf* est situé sur une hauteur dominant l'embouchure de la Loire, on peut en déduire que ce nom vient peut-être du breton *penn* «tête» + *bot* «élévation».[249]

Elbeuf, enfin, fait partie des nombreux toponymes normands qui se terminent en *-beuf*, francisation du vieux-norrois *budh* «chaumière», apporté par les Vikings. Quant à la première syllabe *El-*, on la fait remonter à l'anglo-saxon *wella* «fontaine, cours d'eau».[250]

Patronymes bovins

Parmi les noms de famille de France, on rencontre peu de *Bœuf* et de *Lebœuf*, sinon quelques *Beuf* en Auvergne et *Biou* dans le Midi, mais en revanche beaucoup de *Bouvier*, ainsi que quelques variantes comme *Bouyer*, *Boyer*, *Bouier*, *Boué* (dans le Poitou et la Gascogne), *Bouveron* (dans le Lyonnais), *Bouveras* (dans le Midi) et *Boeri*, *Boery* (en Corse).

On trouve aussi quelques sobriquets comme *Écorchebœuf* — qui est aussi le nom de localités (Eure-et-Loir, Isère, Seine-Maritime) — pour désigner l'écorcheur, et les noms de *Touchebœuf* et *Tournebœuf*[251] pour le bouvier, celui qui conduit les bœufs au labour, alors que *Tubœuf* et *Tubeuf* sont des surnoms de boucher.

LE TAUREAU

☞ *symbole de force et de virilité*

it.	*toro*
esp.	*toro*
angl.	*bull*
all.	*Stier*

En grec, *bous*, sans plus de précision, désignait le plus souvent la vache. Pour désigner le mâle, Homère déjà, dans *L'Iliade* et *L'Odyssée*, ajoutait quelquefois une épithète : *bous arsên* (gr. *arsên* «mâle») ou *tauros bous*.

LES NOMS DU TAUREAU

racine i.-e.	***(s)teuraz-*** «force»	racine i.-e.	***bhel-*** «gonfler»	ORIGINES DIVERSES	
gr.	*tauros*	angl.	*bull*	tch.	*byk*
néogr.	*tauros*			hong.	*bika*
lat.	*taurus*			basq.	*zezen*
fr.	*taureau*				
it.	*toro*				
esp.	*toro*				
ptg.	*touro*				
bret.	*taro*				
all.	*Stier*				
néerl.	*stier*				
dan.	*tyr*				
(espér.)	*taŭro*				
(interl.)	*tauro*				

Le nom *tauros*, qui était un terme employé par les éleveurs, se trouve également dans le latin *taurus* et dans la plupart des langues romanes, sauf en catalan, où le «taureau» est *brau*, c'est-à-dire «brave, combatif». En Espagne, dans les corridas, c'est à des *toros bravos* «taureaux de combat» que se mesurent les toreros.

La Crète et les taureaux

Les taureaux, qui étaient sans doute les grands aurochs de jadis, ont dû fasciner les Crétois. L'histoire de leur présence dans la mythologie crétoise commence avec l'enlèvement de la nymphe Europe par Zeus, qui s'était transformé en un doux taureau blanc pour la séduire.

Zeus emmena Europe en Crète, et de leur union naquit Minos, qui devint le roi légendaire de la Crète et qui eut pour femme Pasiphaé. Séduite à son tour par un taureau blanc, Pasiphaé donnera naissance à un monstre mi-homme mi-taureau, le *Minotaure*, dont le nom rappelle à la fois le taureau légendaire et le nom du roi Minos.

Le taureau et l'alphabet

Le taureau revêt une importance particulière dans un tout autre domaine, celui de l'alphabet. Il semble bien que le taureau ait représenté pour les Anciens l'énergie fondamentale, la force nécessaire au commencement de tout. On peut en voir la manifestation dans la première lettre de l'alphabet le plus primitif du monde occidental, qui représentait la tête d'un taureau, nommé *alpu* en akkadien et *aleph* en phénicien et en hébreu. C'est cette même lettre qui est aussi à l'origine du nom de la première lettre de l'alphabet grec, *alpha*.

ORIGINE BOVINE DE LA LETTRE A

La première lettre de l'alphabet phénicien avait pris la forme épurée d'une tête de taureau dont les cornes étaient tout naturellement dessinées dans la partie supérieure : .

Pour ce qui est du graphisme, après cette forme sémitique très ancienne, où tête de taureau l'on reconnaît parfaitement une tête de bovin avec ses cornes, on en retrouve la silhouette très simplifiée dans des écrits ultérieurs :  puis  dans des inscriptions phéniciennes du Xe siècle avant notre ère. Cette lettre a ensuite été orientée vers le bas en grec primitif  avant d'aboutir à la lettre *A* que nous utilisons aujourd'hui, les cornes se trouvant désormais dans la partie inférieure de la lettre.[252]

Du grec tauros au latin taurus

En français, la famille issue du grec *tauros* par le latin *taurus* se présente ainsi:

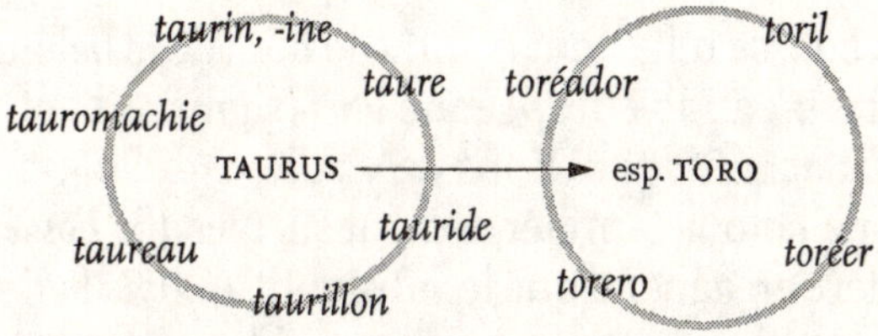

On y trouve tout d'abord *taurillon*, qui désigne un jeune taureau, *taure*, qui est une forme régionale pour «génisse», et *taurin*, qui est un adjectif se rapportant au taureau.

Avec les *taurides*, on quitte la terre pour rejoindre les étoiles filantes que l'on peut observer en novembre et qui semblent provenir de la constellation du Taureau, un peu comme les *léonides* qui, elles, s'observent dans la constellation du Lion (cf. NOUVELLES FORMATIONS DE BASE LATINE ET DE BASE FRANÇAISE, p.111).

D'autre part, le grec *taurobolos* (de *ballein* «lancer, frapper») subsiste en latin et également en français, où un *taurobole* est un sacrifice expiatoire au cours duquel le prêtre était arrosé du sang du taureau qu'il immolait.

Le taureau dans l'arène

Le terme *tauromachie*, formé sur le grec *makhê* «combat», désigne l'art de combattre les taureaux, particulièrement apprécié en Espagne et qui s'est aussi répandu en France où plusieurs mots ont été formés sur le mot espagnol *toro* «taureau de combat».

RÉCRÉATION

LA CHARADE DU LABYRINTHE

Mon premier est la moitié de *demi*
Mon second est une forme d'opéra au Japon
Mon troisième n'a pas raison
MON TOUT était l'habitant d'un célèbre labyrinthe

RÉPONSE : le *Minotaure* (*mi* + *nô* + *tort*)

À partir de *toro* «taureau», on comprend que *toréer*, c'est «combattre le taureau», *toril* «l'enceinte où l'on enferme les taureaux», *torero* «l'homme qui affronte le taureau». Ce dernier terme a remplacé le vieux mot espagnol *toreador* que l'on ne trouve plus guère que dans le roman *Carmen* de Mérimée (1845) ou dans le livret de l'opéra de Bizet qui en a été tiré.

Le taureau en germanique

Le nom anglais du taureau, *bull*, se relie, tout comme le nom de la baleine en français (cf. p.345), à une racine indo-européenne ***bhel-*** signifiant «gonfler». À cette racine se rattachent les notions de «balle», «bille», «boule», «bulle», d'où les appellations familières des testicules (fr. *boules*, angl. *balls*, it. *palle*). On considère en général que le substantif anglais *bull* se réfère très précisément aux testicules du taureau, bien visibles chez cet animal, par opposition au bœuf, qui est normalement châtré.

Du nom du taureau à celui d'un chien

L'anglais *bull* «taureau» apparaît dans un certain nombre de noms que le français a empruntés à l'anglais :

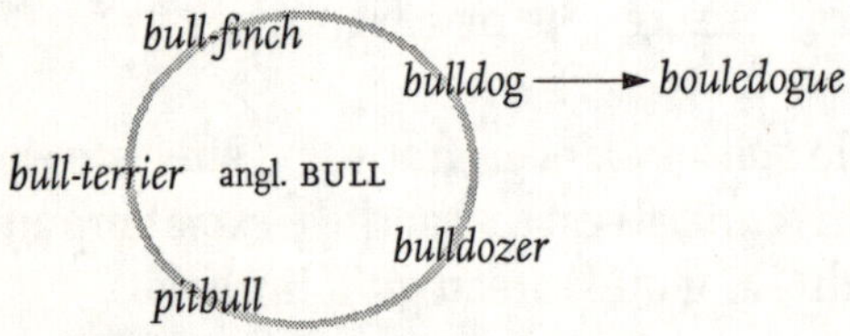

Les plus usuels sont des noms de races de chiens, par exemple *bouledogue*, de l'anglais *bulldog*, *bull-terrier*, de l'anglais *bull terrier* et *pitbull*, race de chiens de combat issue de croisements de terriers et de bouledogues. L'anglais *pit* désigne ici un enclos pour combat d'animaux.

Par ailleurs, pour les habitués des champs de courses, un *bull-finch* est un obstacle constitué d'un talus surmonté d'une haie. C'est un mot curieux, où *finch* ne s'explique que si l'on pense à une altération de l'anglais *fence* «haie, clôture». D'autre part, *finch* est en anglais le nom générique de divers petits oiseaux comme les pinsons, et *bull finch* est aussi le nom anglais du bouvreuil (cf. LE BŒUF EN LATIN, p.193).

L'anglais *bulldozer* est repris en français sous la même forme *bulldozer*. L'équivalent officiel français *bouteur* n'a pas eu beaucoup de succès. En fait, sur les chantiers, on dit un *bull*.

Enfin, l'argot boursier américain compare au taureau les marchés financiers orientés à la hausse *(bull market)* et à un ours *(bear market)*, ceux qui sont orientés à la baisse, d'où les adjectifs *bullish* «à la hausse» et

Merrill Lynch

bearish «à la baisse». On comprend dès lors que la banque d'investissement Merrill Lynch ait choisi un logo «à la hausse» représentant un taureau prêt à bondir.

Turin, la ville des taureaux?

Le nom de la ville de Turin, en italien *Torino*, était, à l'époque romaine, *Augusta Taurinorum*, où *Taurinorum* représente le génitif pluriel de *Taurini*, nom d'une population ligure ou celtique. Le nom de la tribu des Taurini garde tout son mystère, malgré sa ressemblance avec le celtique *tauro* «taureau».[253]

blason de la ville de Turin

Mais, faisant fi de l'incertitude étymologique, les habitants de Turin ont tenu à faire figurer un taureau dans les armes de leur ville.

RÉCRÉATION

TURIN, BERNE, BERLIN, LYON

Quel rapport entre ces noms de villes ?

RÉPONSE : Un rapport très incertain et quelque peu forcé entre le nom de ces villes et celui d'un mammifère: le **taureau** pour Turin, l'**ours** pour Berne et Berlin et le **lion** pour Lyon.

LE VEAU

☞ *petit bovin de moins d'un an*

it.	*vitello*
esp.	*ternero, becerro*
angl.	*calf*
all.	*Kalb*

Le tableau ci-dessus montre que l'homogénéité du nom du veau dans les langues germaniques et celtiques est tout aussi remarquable que celle qui existe dans les langues romanes, à l'exception de l'espagnol. En effet, l'espagnol a pour le veau deux noms très différents ne remontant à aucune des autres racines: *becerro*, qui se retrouve aussi en portugais (*bezerro*), du latin *ibex, ibicis* «bouquetin», et *ternero*, qui vient du latin *tener* «tendre» et qui se réfère à la qualité de la viande (la viande de veau se dit en espagnol *ternera*).

LES NOMS DU VEAU

racine i.-e.	***wet*** «année»	ORIGINES DIVERSES	
lat.	*vitellus*	all.	*Kalb*
fr.	*veau*	gr.	*moskhos*
it.	*vitello*	néogr.	*moskhari*
ptg.	*vitelo*	néerl.	*kalf*
(interl.)	*vitello*	dan.	*kalv*
		angl.	*calf*
		basq.	*aratxe*
		esp.	*ternero*
		bret.	*leue*
		tch.	*tele*
		(espér.)	*bovido*
		hong.	*borjú*

Le veau dans les langues romanes

Le latin *vitulus* «veau», qui est sans doute d'origine indo-européenne, désignait un petit de moins d'un an, mais c'est de son diminutif *vitellus* «petit veau» que découlent les noms du veau dans les langues romanes. Le français se distingue des autres langues par une évolution phonétique qui a conduit à la complète disparition des consonnes internes de *vitellus*.

RÉCRÉATION

AVEC *VEAU*, UN BON EXEMPLE D'ÉVOLUTION PHONÉTIQUE

En français, de même que le latin *vita* a finalement abouti à *vie* (sans *t*), *vitellus* a connu la même évolution du *-t-*, aujourd'hui absent de la forme *veau* [vo].

En prenant appui sur ces deux exemples, cherchez à retrouver la forme latine des mots français suivants:

père* • *mère* • *frère* • *roue (n.f.) • ***fée*** (n.f.) • ***mûr*** (adj. m.) • ***chaîne*** (n.f.) • ***pré***

RÉPONSE : *pater* • *mater* • *frater* • *rota* • *fata* • *maturus* • *catena* • *pratum*

Comme on pourra le constater sur la rosace ci-dessous, c'est à partir de la forme déjà évoluée — celle où le *t* de *vitellus*, devenu très faible en ancien français, avait abouti à *vedel*, puis à *veel* — qu'ont été formés tous les dérivés français. Ainsi, *veau* est fils de *veel*, petit-fils de *vedel*, arrière-petit-fils de *vitellus*, lui-même issu de *vitulus*.

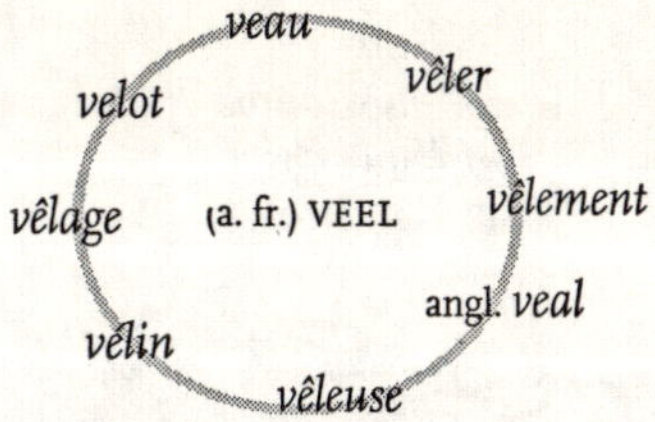

Parmi ces dérivés, il y a le verbe *vêler* « mettre bas » (pour une vache) et les substantifs *vêlage* et *vêlement* ainsi que *vêleuse* qui est un appareil destiné à faciliter le vêlage. On reconnaît bien, au suffixe *-ot*, que *velot* était anciennement un petit veau. Aujourd'hui, le terme désigne la peau d'un veau mort-né qui, tannée, donne un cuir très lisse, appelé *vélin*. L'évolution sémantique s'est alors prolongée puisque, à partir de la fin du XVIIIe siècle, on a commencé à fabriquer un papier de luxe imitant la blancheur et le poli de ce cuir, et que l'on a nommé du *vélin*.

RÉCRÉATION

QU'EST-CE QUE LE BOX-CALF ?

1. une boîte à gants ?
2. un cuir de veau rappelant le nom du célèbre bottier anglais Joseph Box ?
3. un emplacement réservé au veau, dans une étable ?

RÉPONSE : 2. *Box-calf* devint un nom de marque en Angleterre vers 1890 et a finalement subsisté en français comme nom commun.

La jeunesse de la génisse

Lorsque le veau grandit, si c'est un mâle, on le nomme *taurillon* ou *bouvillon*. Si c'est une femelle, on la nomme *génisse*, terme qui s'applique en principe à une jeune vache qui n'a pas encore vêlé, et qui est très usité alors que son synonyme *taure* est devenu rare.

Le nom *génisse* remonte au latin classique *juvenis* « jeune », d'où viennent aussi les adjectifs *juvénile* et *jeune*.[254]

Comme l'adjectif *novus* avait également le sens de « jeune » en latin, on ne sera pas étonné de voir que le bouvillon se dit *novello* en espagnol et *novilho* en portugais, et la génisse, respectivement *novilla* et *novilha*.

À noter qu'en français, dans la langue classique, pour éviter le mot *vache*, plutôt péjoratif, on évoquait plus facilement la *génisse*, notamment en poésie. Ainsi dira-t-on que la prêtresse Io a été transformée par Zeus en génisse, plutôt qu'en vache.

L'AUROCHS

bœuf sauvage primitif

it. *uro*
esp. *uro, auroc*
angl. *aurochs*
all. *Auerochse*

Aurochs : dessin d'après une peinture de la grotte de Lascaux (Dordogne)

L'*aurochs,* autrefois très répandu en Europe, est considéré comme l'ancêtre des bovins domestiques européens actuels. Il orne les parois des grottes préhistoriques comme celles de Lascaux et de Chauvet,[255] où on le reconnaît à ses longues cornes effilées et recourbées. Les aurochs, chassés sans discernement, ont pratiquement disparu depuis le XVIIe siècle, mais on considère généralement que ces bovidés primitifs appartiennent à la même espèce *(Bos taurus)* que les bovins domestiqués européens actuels, qui sont leurs descendants.

Le nom *aurochs* est d'origine germanique. Il est tentant de voir dans la première syllabe du nom *aurochs* et dans le nom de l'aurochs en allemand *(Auerockse, Ur)*[256] la racine que l'on retrouve dans *Ursprache* «langue primitive» ou dans *Urtext* «texte original», ce qui donnerait pour *aurochs*: *Ur + Ochs* «bœuf originel, ancestral, préhistorique», mais ce n'est là qu'une hypothèse parmi d'autres.

Blason d'Uri, canton de Suisse

C'est du germanique que provient le latin *urus,* qui, chez Jules César, désigne à la fois l'aurochs et le bison. Ce nom est devenu *ure* en français synonyme de *aurochs.*

Le canton suisse d'Uri fait figurer un aurochs sur son blason, peut-être en souvenir de la vénération dont aurait été l'objet cet animal dans ce canton.

LE ZÉBU

bossu et placide

it. *zebù*
esp. *cebú*
angl. *zebu*
all. *Zebu, Buckelochse*

Le zébu se caractérise par la bosse qu'il porte sur le garrot et qui lui donne, comme au chameau, une résistance particulière aux climats arides. Cette gibbosité lui sert de réserve de graisse que son métabolisme particulier lui permet de transformer en énergie et en eau.[257]

On pense que la domestication du zébu remonterait au Ve millénaire av. J.-C., avant celle du bœuf européen, mais qu'il appartiendrait à la même espèce que celui-ci.

Le nom *zébu* a été choisi par Buffon, qui avait précisé : *On le montrait à la foire à Paris en 1752 sous le nom de zébu. Nous avons adopté ce nom.* Celui-ci vient peut-être du tibétain *zeu, zeba* «bosse».

C'est au nom français *zébu* qu'ont été empruntés la plupart des noms de cet animal dans les langues d'Europe.

En allemand, le zébu se dit aussi *Buckelochse* (de *Buckel* «bosse» + *Ochs* «bœuf»), en néerlandais *bultrund* (de *bult* «bosse» + *rund* «bœuf»). Le portugais a un deuxième nom pour cet animal, *gebo*, du latin *gibbus* «bosse» (d'où vient aussi le français *gibbosité)*. La locution *bœuf à bosse* existe aussi en français, pour désigner, non pas le zébu, mais le bison.

L'ÉLAND

☞ *à ne pas confondre avec l'élan*

it. *eland*
esp. *antílope eland*
angl. *eland*
all. *Elenantilope*

éland du Cap
Taurotragus oryx

Le nom de cette lourde antilope d'Afrique peut devenir une source d'erreur en français car il existe aussi dans cette langue un *élan* (sans *d)* qui est un grand cerf d'Europe du Nord ou du Canada et qui est le plus grand cervidé vivant (cf. L'ÉLAN OU ORIGNAL, p.270).

Le nom *éland* vient de l'anglais *eland*, lui-même relié au nom indo-européen du cerf (cf. LE CERF, p.264). Les noms *élan* et *éland* sont donc des doublets.

La ressemblance de l'éland avec un bœuf apparaît dans le nom scientifique de son genre : *Taurotragus.*

LE YACK OU YAK

☞ *un bœuf grognon*

it. *yak*
esp. *yak*
angl. *yak*
all. *Yak, Grunzochse*

yack
Bos grunniens

Le yack est un grand mammifère ruminant des hauts plateaux du Tibet et son nom vient du tibétain *gyak*, cet animal étant largement domestiqué dans cette région. Les langues d'Europe reprennent ce nom, mais avec des orthographes légèrement différentes.

Le nom du yack en latin scientifique est *Bos grunniens*, du latin *grunnire* «grogner». Le grognement du yack est d'ailleurs à l'origine, en allemand, d'un autre nom: *Grunzochse*, de *grunzen* «grogner».

LE GAUR

☞ *bovin sauvage d'Asie*

it. *gaur*
esp. *gaur*
angl. *gaur*
all. *Gaur*

Le *gaur* est un bœuf sauvage de très grande taille, qui vit en Inde et en Malaisie.

Le nom français de cet animal, *gaur*, vient, par l'anglais, du hindi *gour*, qui remonte lui-même à la racine indo-européenne ***g****ʷ***ou-** «bovin». Ce nom a été repris par la plupart des langues de l'Europe. Le nom latin scientifique du gaur est *Bos frontalis*, ce qui attire l'attention sur son front touffu et de couleur grise.

LE GAYAL

☞ *un bovin qui a les honneurs de la grammaire*

it. *gayal*
esp. *gayal*
angl. *gayal*
all. *Gayal*

Le nom *gayal* vient également du hindi. Ce mammifère ressemble beaucoup au gaur, dont il est le cousin domestiqué. Il vit en Inde, dans une sorte de semi-domestication.

En français, le pluriel de *gayal* est irrégulier : un *gayal*, des *gayals*.

RÉCRÉATION

UN GAYAL, DES GAYALS

Parmi les exceptions à la règle des pluriels des noms en *-al*, les mammifères tiennent une place de choix. Sur les neuf noms suivants, trois seulement font leur pluriel en *-aux*.
Quels sont-ils ?

caracal • chacal • cheval • gayal • marsupial • narval • orignal • rorqual • serval

RÉPONSE : *chevaux, marsupiaux, orignaux*. En revanche : *caracals, chacals, gayals, narvals, rorquals, servals.*

LE BUFFLE

☞ *tantôt domestiqué, tantôt resté sauvage*

it. *bufalo*
esp. *búfalo*
angl. *buffalo*
all. *Büffel*

Le nom du buffle remonte au grec *boubalos*, qui est peut-être relié à *bous* « bovin », mais qui a d'abord désigné une sorte d'antilope, et seulement plus tard un buffle. Ces deux sens se retrouvent dans le latin *bubalus*, altéré en *bufalus*, d'où le français *buffle*.

En grec moderne, *boubalos* s'est maintenu, mais c'est la forme de l'italien *buffalo* (aujourd'hui *bufalo)* que l'on retrouve de façon presque identique en espagnol et en portugais *(búfalo)*, en catalan *(bufol)*, en roumain *(bivol)*, en allemand *(Büffel*, qui est un emprunt au français *buffle)* et jusque dans les langues non-indo-européennes, en basque *(bufalo)*, ou en hongrois *(bivaly)*. Mais l'anglais d'Amérique *buffalo* présente, depuis la fin du XVIIIe siècle, la particularité de désigner également le bison. (cf. LE BISON, p.209)

En français, le nom du buffle a donné naissance à de nombreuses dérivations :

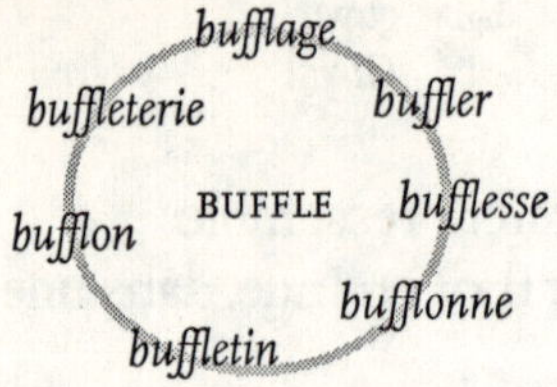

Si l'on reste dans le domaine zoologique, aux côtés du mâle, qui est le *buffle,* se trouvent la *bufflonne* ou *bufflesse (bufala* en italien) et les petits *bufflons* (parfois appelés *buffletins).*

RÉCRÉATION

LA *BUFFLONNE* PROMUE STAR

Quel est le fromage qui ne peut être considéré comme authentique que s'il est fait avec du lait de *bufflonne*?

RÉPONSE : la *mozzarella*, fromage d'Italie fabriqué à partir de lait de bufflonne d'origine asiatique, et que l'on associe souvent à la salade de tomates.

Mais *buffle* n'est pas seulement le nom de ce mammifère puissant aux cornes caractéristiques : il désigne aussi un instrument de polissage des métaux constitué de rondelles de cuir de buffle, d'où le verbe *buffler* et le substantif *bufflage.* Par ailleurs, dans le domaine militaire, on désigne sous le nom de *buffleterie* l'équipement en cuir de buffle servant à soutenir les armes.

Ne pas confondre

Sur le plan zoologique, il y a plusieurs espèces de buffles, et l'on doit distinguer entre des espèces asiatiques et une espèce qui ne se trouve qu'en Afrique. Seules les espèces asiatiques appartiennent au genre *Bubalus.* Elles sont fréquentes en Inde.

Le buffle d'Afrique, resté sauvage, n'appartient pas au genre *Bubalus* et son nom latin scientifique, *Syncerus caffer,* pique la curiosité par sa ressemblance avec le mot *sincère.* En fait, le nom de genre *Syncerus,* du grec *syn-* « ensemble » + *keras* « corne », rappelle seulement que ses cornes sont jointives ou presque jointives à la base et forment une sorte de casque. L'épithète *caffer* de son côté est une allusion à l'ancienne dénomination *buffle de Cafrerie,* du nom ancien des régions du sud de l'Afrique.

LE BISON

☞ *futé mais odorant*

it. *bisonte*
esp. *bisonte*
angl. *wisent*
all. *Wisent*

Une certaine confusion a régné autrefois pour nommer les taureaux sauvages. Alors qu'en latin, Jules César emploie le mot *urus*, c'est le terme *bison* qui est attesté chez Pline l'Ancien et chez Sénèque au Ier siècle après J.-C. pour désigner soit l'aurochs, aujourd'hui disparu, soit le bison, qui était abondant à l'époque en Europe.

Ce nom, *bison*, vient d'une racine germanique **wisund*, qui est à l'origine de l'allemand *Wisent* et de l'anglais *wisent*, pour désigner le bison d'Europe. Cette même racine se retrouve dans le latin populaire **vissio* «puanteur», que l'on retrouvera à propos du vison (cf. LE VISON, p.371). Les noms *bison* et *vison* auraient donc en commun le fait d'évoquer un animal à forte odeur.

Le nom *bison* est passé en français et dans la plupart des autres langues. Les zoologistes l'ont adopté pour désigner le genre *Bison*, qui comporte deux espèces:

Bison bison, qui est le bison d'Amérique et
Bison bonasus, le bison d'Europe.

Ce dernier nom remonte au grec *bonasos*, présent chez Aristote, qui précise que *«sa peau étendue couvre la surface d'un lit pour sept convives»*,[258] ce qui laisse supposer que ses proportions gigantesques avaient dû impressionner les Anciens. Chez Pline l'Ancien, *bonasus* désigne un *«animal à crinière de cheval, pour le reste ressemblant à un taureau»*.[259]

Bisons d'Europe et bisons d'Amérique

La plupart des langues ont approximativement le même nom pour désigner à la fois le bison d'Amérique et le bison d'Europe, par exemple:

fr. *bison*, ptg. *bisonte* ou *bisão*, it. & esp., basq. *bisonte*, néerl. *bizon*, cat. *bisó*

Mais les choses sont moins simples en allemand et en anglais, où il existe une distinction entre les deux sortes de bisons:

BISON D'AMÉRIQUE	BISON D'EUROPE
all. *Bison*	all. *Wisent*
angl. (GB) *bison*	angl. (GB) *bison* (parfois *wisent*)
angl. (EU) *buffalo*	angl. (EU) *bison*

Buffalo est aussi le nom d'une ville des États-Unis dans l'État de New York, près des chutes du Niagara, et se manifeste également dans le nom d'un personnage célèbre dans toute l'Amérique, *Buffalo Bill*.

RÉCRÉATION

D'OÙ VIENT LE NOM DE BUFFALO BILL ?

Il y a trois possibilités :

1. C'est le surnom d'un homme d'affaires américain un peu bluffeur.
2. C'est le nom d'un personnage imaginaire d'une comédie américaine du XIXe siècle dont l'allure trapue évoquait celle d'un buffle.
3. C'est le surnom d'un pionnier américain rendu célèbre par son habileté comme chasseur de bisons pendant la conquête de l'Ouest.

Quelle est la bonne solution ?

RÉPONSE : 3. Le vrai nom de Buffalo Bill était *William Frederick Cody* (1846-1917), *Bill* étant le diminutif habituel de *William*.

Le bison de Besançon

Besançon fait partie de ces villes dont les habitants ont un nom inattendu : un habitant de Besançon est un *Bisontin*.

Le nom latin ancien de Besançon est *Vesontio*, attesté par exemple dans *La Guerre des Gaules* de Jules César, et ses habitants s'appelaient alors *Vesontienses*. Mais au IVe siècle, le nom de la ville devient *Besontio* ou *Bisontion*, et celui de ses habitants *Bisontii*, qu'on trouve chez Ammien Marcellin.

CRISOPOLIS EST DEVENU BESANÇON

Le pourtraict icy d'une beste, laquelle en latin s'appelle Bison, en allemand Wisent, et en langue francoise bufle sauvage. De laquelle la cité de Besançon qui s'appelloit au paravant Crisopolis a prins sa moderne denomination...[260]

L'ancien nom *Bisontion* a finalement abouti à *Besançon*, devenu définitif en 1243. Plus tard, ceux qui se sont intéressés à l'histoire de la ville ont pensé pouvoir relier le nom ancien *Bisontion* à celui de *bison*, en latin *bison, bisontis*. Il existe en effet un texte de la seconde moitié du XVIe siècle, illustré par un magnifique dessin à la plume représentant un bison. Ce texte, reproduit ci-dessous, montre que cet animal était alors appelé *buffle sauvage* et qu'il était abondant dans les forêts autour de la ville.

Cette explication n'est pas confirmée par les historiens modernes, qui y voient plutôt un cas d'étymologie populaire. Néanmoins, les habitants de Besançon s'appellent toujours des *Bisontins* et des *Bisontines*.

L'herbe aux bisons

En Pologne vivent encore quelques bisons d'Europe qui se nourrissent d'une herbe odorante appelée *herbe aux bisons.* Cette herbe sert à aromatiser une vodka célèbre appelée *żubrówska,* à cause du nom de ce bison en polonais, *żubr.*

LE NILGAUT

☞ *ou bœuf bleu*

it. *nilgau, bocervo*
esp. *nilgó, toro azul*
angl. *nilgai*
all. *Nilgau, Blaubull, Nilgauantilope*

nilgaut (mâle)
Boselaphus tragocamelus

Le nilgaut vit en Inde. Alors que la femelle est sans cornes et avec une robe d'un fauve assez clair, le mâle porte de petites cornes et sa couleur générale est d'un gris fer sombre, ce qui lui a valu le nom de *bœuf bleu.* C'est d'ailleurs le sens du nom *nilgaut,* venu du hindi *nilgâu,* un nom lui-même emprunté au persan *nil* «bleu» et *goa* «bœuf». Cet animal, classé aujourd'hui dans les bovinés, a parfois été considéré comme une antilope. Tous ces éléments expliquent les trois appellations du nilgaut en allemand: *Nilgau, Blaubull* et *Nilgauantilope.*

L'allure un peu étrange du nilgaut se reflète aussi dans la forme composite de son nom en latin scientifique: *Boselaphus tragocamelus,* où l'on reconnaît les noms latins ou grecs de quatre animaux:

bos	le bœuf	*tragos*	le bouc
elaphos	le cerf	*camelus*	le chameau

En italien, on le nomme *nilgau* et également *bocervo,* où l'on retrouve le bœuf et le cerf.

Autour de la chèvre

Parce que l'on dit un troupeau de chèvres pour désigner un ensemble de chèvres et de boucs, c'est la chèvre qui a été choisie comme tête de file d'un petit groupe de la sous-famille des caprinés, qui appartient à la grande famille des bovidés : le bouc, qui est le mâle de la chèvre domestique, le bouquetin, qui est une sorte de chèvre sauvage, et les deux cousins que sont le chamois et l'isard.

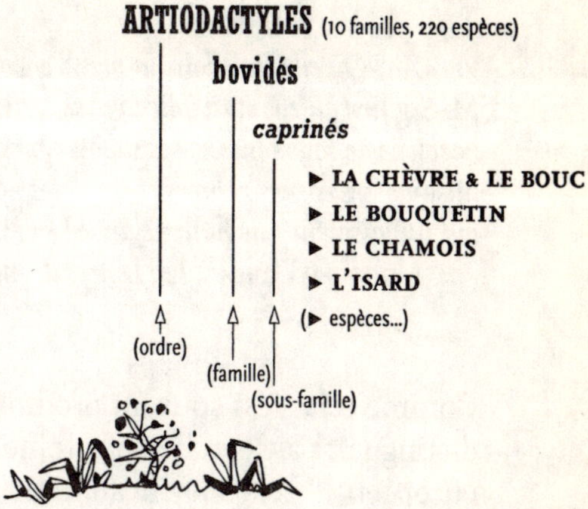

LA CHÈVRE

it.	*capra*
esp.	*cabra*
angl.	*goat*
all.	*Geiss, Ziege*

☞ *«Ah! Qu'elle était jolie la petite chèvre de M. Seguin! qu'elle était jolie avec ses yeux doux, sa barbiche de sous-officier, ses sabots noirs et luisants, ses cornes zébrées et ses longs poils blancs qui lui faisaient une houppelande!»*
Alphonse Daudet, *Les Lettres de mon moulin*

Comme cela s'est souvent produit pour les noms d'animaux, on ne distinguait pas le mâle de la femelle par des noms différents en indo-européen,[261] et la spécification ne s'est produite que plus tard, notamment pour les animaux domestiques et parfois de façon inattendue. Ainsi, dans les langues issues du latin, les formes venues de *caper* renvoient à la femelle, alors que le nom latin *caper* désignait à l'origine le bouc châtré.[262] Ce terme remonte peut-être à la racine indo-européenne ***kep-, kop-*** «couper», ce qui expliquerait le sens de «bouc châtré».

En grec, le premier nom du bouc *(kapros)* a ensuite été remplacé par *tragos* (cf. LE BOUC, p.222). Si le grec *kapros* n'a plus désigné le bouc, son équivalent latin *caper* a au contraire pris une importance considérable dans les langues romanes, surtout sous sa forme féminine *capra*, comme on peut le vérifier dans le tableau ci-après:

LES NOMS DE LA CHÈVRE

racine i.-e.	***kep-, kop-*** «couper», «gambader?»	racine i.-e.	***ghaid-***	ORIGINES DIVERSES	
lat.	*capra*	gr.	*aix*	basq.	*ahuntz*
it.	*capra*	néogr.	*gidi*	tch.	*koza*
esp.	*cabra*	angl.	*goat*	hong.	*kecske*
ptg.	*cabra*	all.	*Ziege*		
fr.	*chèvre*	néerl.	*geit*		
bret.	*gaor, givri*	dan.	*ged*		
(espér.)	*kapro*				
(interl.)	*capra*				

Il existe en outre un consensus remarquable, d'une part entre les langues slaves, qui utilisent le même terme *koza* en russe, en polonais et en tchèque, et de l'autre entre les langues germaniques, avec une particularité pour l'allemand, qui a deux noms, à la fois *Ziege* (dans le Nord), et *Geiss* (dans le Sud), proche des autres formes des langues germaniques (danois *ged*, ou suédois *get*, par exemple).

RÉCRÉATION

UNE VOILE NOIRE SUR LA MER ÉGÉE

Le roi Égée était le père de Thésée, un jeune Athénien qui avait réussi à tuer le Minotaure, au fond du Labyrinthe en Crète. Étant parvenu, grâce au fil d'Ariane, à trouver la sortie du Labyrinthe, Thésée s'embarque pour Athènes et c'est là que se place l'épisode de la voile noire. Que s'est-il passé ?

RÉPONSE : Thésée oublie de remplacer la voile noire de son vaisseau par une voile blanche, signe de sa victoire. Son père Égée, en voyant la voile noire, croit qu'il a perdu son fils et se précipite dans la mer, appelé depuis la mer Égée.[264]

En anglais, *goat* remonte au vieil-anglais *gāt*, qui, vers le XIVe siècle, était devenu le terme générique pour désigner la chèvre, comme on peut le déduire de l'apparition, à cette époque, de formes comme *she-goat* et *he-goat* pour la «chèvre» et le «bouc». Bien plus tard, naîtront d'autres appellations, comme *nanny-goat* pour la femelle au XVIIIe siècle, et *billy-goat* pour le mâle au XIXe siècle.[263]

La chèvre et Zeus

Le nom grec de la chèvre est *aix*, mais la plupart des formes passées dans les dérivés ne se reconnaissent qu'à partir du génitif *aigos*. Ce nom tient une place de choix dans la mythologie grecque car c'est une chèvre cachée dans une grotte sur le mont Ida en Crète qui aurait nourri Zeus enfant. Cette chèvre légendaire a finalement laissé diverses traces dans la culture occidentale:

- une de ses cornes, que Zeus a cassée en jouant, est devenue *la corne d'abondance*;
- dans la lutte contre les Titans, Zeus avait utilisé une peau de chèvre pour s'en faire un bouclier, appelé en grec *aigis*, *aigidos*, et c'est de là que vient l'expression *sous l'égide de* «sous la protection de»;
- enfin, le nom de ce bouclier est à l'origine de celui du roi légendaire d'Athènes, Égée, qui aurait donné son nom à la mer *Égée*.

La jeune chèvre et la Chimère

Pour désigner une très jeune chèvre, celle qui n'avait encore passé qu'un hiver, le grec avait un autre nom: *khimaira*, relié à *kheima* «hiver».

Ce nom est aussi celui d'un terrible monstre de la mythologie, *Khimaira*, connu sous le nom de *Chimère*, qui est toujours représenté comme une combinaison de plusieurs animaux, dont la chèvre :

dans *L'Iliade*, la Chimère est un monstre à tête de lion qui crache des flammes, avec un corps de chèvre et une queue de serpent ;

chez Hésiode, la Chimère est une bête à trois têtes, une de chèvre, une de lion et une de serpent ou de dragon.

Il est curieux de trouver la chèvre en pareille compagnie et de constater que c'est la jeune chèvre qui a donné son nom à ce monstre hybride crachant des flammes. On est très loin de la petite chèvre de Monsieur Seguin.

Mais cette petite chèvre est allée plus loin encore car le caractère composite de la Chimère mythologique invite à quitter le monde des réalités et à qualifier de « chimère » tout assemblage, imaginaire ou réel, d'êtres vivants ou de concepts, d'où les sens modernes de *chimère*, qui peut être :

un projet séduisant mais irréalisable. Ce nouveau sens a été introduit dans la langue française par Ronsard, pour qui *chimérique* est voisin de *utopique ;*

un assemblage de plantes différentes obtenu par greffage ;

un poisson à grosse tête et au corps effilé, ainsi appelé à cause de son apparence insolite et plutôt monstrueuse.

Le chevreau en grec et en latin

Le diminutif de *aix, aigos* « chèvre » est *aigidion* « chevreau » et c'est de ce dérivé que vient le grec moderne *gida* pour désigner la chèvre.

Ce nom est aussi celui *d'Ægidius*, saint du VIIIe siècle, réputé dans le midi de la France, et d'où viendrait le prénom *Gilles*. À cause d'un personnage tendre et naïf du théâtre populaire du XVIIIe siècle dénommé *Gilles*, un *gille* est encore aujourd'hui dans les dictionnaires une sorte de niais.

Par ailleurs, le chevreau se disait *hædus* en latin, ce nom étant apparenté aux formes germaniques[265] telles que *goat* en anglais.

La famille caprine

La rosace ci-dessous regroupe les mots issus des formes latines, soit à partir de l'élément *capr-* (du latin *capra*), soit à partir du français *chèvre*, soit à partir de *cabr-*, par l'intermédiaire du provençal.

Il est tentant de voir aussi la chèvre *(capra)* dans le mot *caprice*, qui vient de l'italien *capriccio* mais dont l'étymologie est loin d'être éclaircie.[267]

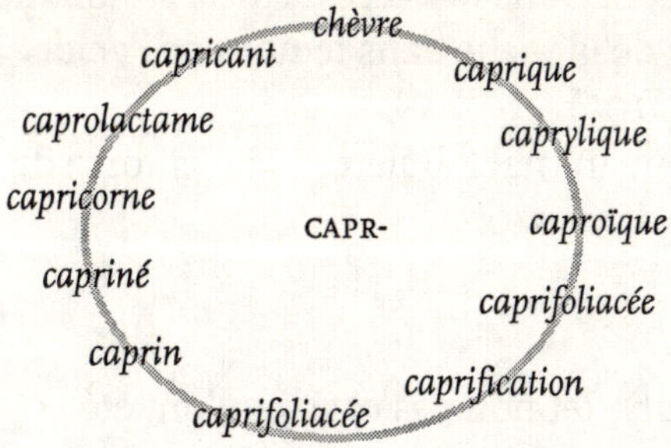

En revanche, *capricant* «qui procède par bonds saccadés», puis «fantasque», vient bien, comme l'adjectif *caprin* et le nom de la sous-famille des *caprinés,* du nom latin de la chèvre.

C'est directement au latin *caprificatio* que remonte *caprification,* terme qui témoigne des pratiques agricoles sophistiquées des Romains: ce nom vient du latin *caprificus,* qui est le nom du figuier sauvage, formé sur *ficus* «figuier» et *caper, capri* «bouc», car le bouc en est très friand. La caprification consiste à accélérer la pollinisation d'un figuier cultivé en y accrochant une branche de figuier sauvage qui lui apporte les insectes pollinisateurs.

DE LA CHÈVRE À LA CHIMIE

Tous les corps gras d'origine naturelle contiennent, en proportions diverses, des acides organiques appelés acides gras. On a vu que le nom de l'acide *butyrique,* acide gras à 4 carbones, vient du nom du bœuf par l'intermédiaire du latin *butyrum* «beurre».

De même, c'est du latin *capra* «chèvre» que viennent les noms des trois autres acides gras, respectivement:
acide caproïque (à 6 carbones),
acide caprylique (à 8 carbones)
acide caprique (à 10 carbones).

En effet, ces acides sont présents notamment dans le beurre de chèvre, dont l'odeur caractéristique est due principalement à l'acide caproïque, acide isolé en 1816 par le chimiste Chevreul, au nom prédestiné.

Le caprolactane, dont le nom dérive de celui de l'acide caproïque, est un intermédiaire dans la fabrication du nylon.

On ne s'étendra pas sur les termes chimiques *(caprique, caproïque, caprylique)* sinon pour rappeler que ce sont des adjectifs qualifiant des acides gras présents dans le beurre de chèvre, ni sur le *caprolactame,* qui joue un rôle dans la fabrication du nylon. Dans tous ces termes, le nom de la chèvre joue le même rôle que celui de la vache dans le nom de l'acide butyrique. (cf. DU BŒUF AU BUTANE, p.192)

Enfin *Capricorne* qui est le nom d'un animal fabuleux à tête et torse de chèvre mais qui se termine en queue de poisson.

La famille du cabri

C'est sur une forme méridionale *cabr-* (et non pas *capr-)* qu'ont été formés les dérivés de la rosace suivante :

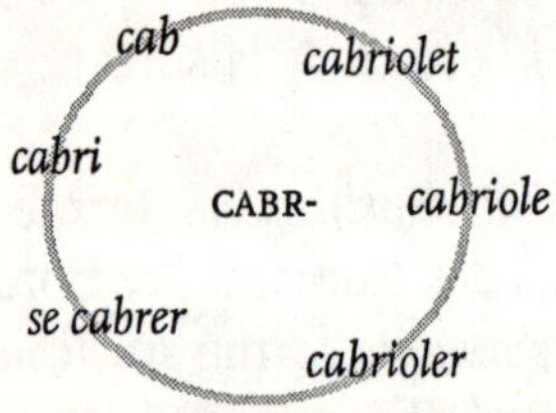

cabri est l'adaptation du nom provençal, *cabrit*, du chevreau ;[268]

cabriole est une forme empruntée à l'italien *capriola*, sans doute par suite d'un croisement avec *cabri*. Le même phénomène a dû se produire pour les verbes *se cabrer* (comme une chèvre), *cabrioler* « faire des cabrioles », et, pour *cabriolet*, ainsi nommé à cause des secousses de ces voitures à cheval mal suspendues et qui étaient le plus souvent à capote. Ce dernier élément explique le nom des cabriolets actuels, qui sont des voitures décapotables ou de formes semblables. Le mot est passé en anglais au XIXe siècle et y a été abrégé en *cab* pour désigner le fiacre.

La chèvre et ses fromages

Il existe des fromages dont le nom évoque la chèvre sans équivoque : le *chevrotin des Aravis* (Savoie et Haute-Savoie), le *chevrotin de Moulins* (Allier), le *chevroton de Mâcon* (Saône-et-Loire) ou *d'Ambert* (Puy-de-Dôme), le *chevret* (Ain), mais il y en a d'autres dont l'origine est moins évidente, comme le *chabichou* (Poitou, Limousin) et le *cabécou* (Lot). Les noms de ces derniers, contrairement aux précédents, comportent un /b/, signe de leur appartenance au domaine d'oc, où le /p/ du latin *capra* a évolué en /b/, tandis qu'en domaine d'oïl l'évolution s'est poursuivie jusqu'à /v/ : /p/ —> /b/ —> /v/.

RÉCRÉATION

FAIRE CHABROT (OU CHABROL)

Que signifie cette expression, formée sur le nom de la chèvre, dans le Limousin?

1. mettre une chabraque sur le dos d'un cheval?
2. gambader comme une chèvre sauvage?
3. arroser le reste de sa soupe avec du vin et l'avaler à même l'assiette, comme le ferait une chèvre?

RÉPONSE : 3. Grâce à la présence de -br- (et non pas -vr-), on identifie ici une forme partiellement d'oc.

La famille de chèvre

Voici enfin la nombreuse progéniture née de la forme française *chèvre*:

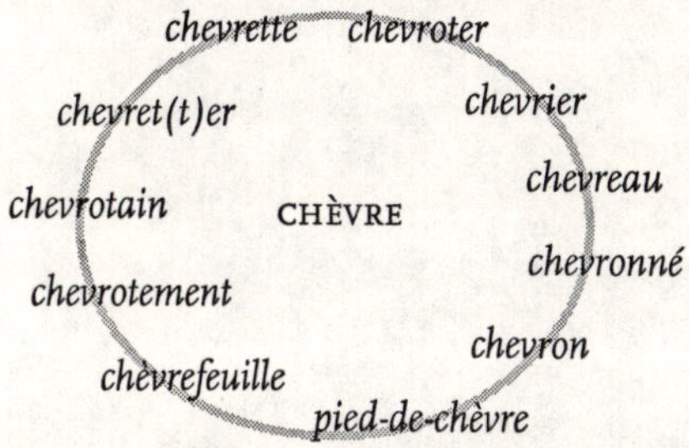

Le *chevrier* garde les chèvres, le *chevreau* est le petit de la chèvre, *chevret(t)er* est mettre bas pour une chèvre alors que *chevroter*, c'est parler d'une voix tremblotante, comme une chèvre. Le *chevrotin* peut être, soit un fromage de chèvre, soit du cuir de chevreau, ou encore le petit du chevreuil. Mais ce dernier est un cervidé que nous rencontrerons bientôt. C'est aussi sur le nom de la chèvre qu'a été forgé *chevrotain*, qui est le nom d'un autre animal, ni bovidé, ni cervidé. (cf. LE CHEVROTAIN, p.274).

Enfin *chèvrefeuille* doit son nom à son odeur, qui excite l'appétit des chèvres. Le nom qui lui a été donné en latin botanique est *caprifolium*, d'où le nom de la famille des *caprifoliacées*.

De la chèvre au chevron

Comme pour bien d'autres animaux — le cheval avec *chevalet* (cf. p.160), la pouliche avec *poutre* —, on utilise le nom de la chèvre pour désigner un dispositif mécanique. La *chèvre* est en effet depuis longtemps un appareil de levage s'appuyant, à la manière d'un trépied de photographe, sur trois ou

LE NOM DE LA CHÈVRE DANS LES TOPONYMES

Cette carte est à rapprocher de celle des toponymes chevalins (p.164) et surtout de celle de la vache (p.190), où l'on retrouve la même évolution phonétique du *k-* en *ch-* dans une vaste zone centrale et le maintien de *k-* au nord et au sud.

L'emplacement des toponymes respecte seulement leur localisation dans un département donné.

(*) Ce nom de lieu est peut-être le plus étonnant, mais la chèvre se dit bien *crabo* en gascon

quatre tiges enfoncées dans le sol et réunies à leur autre extrémité, rappelant ainsi les pattes d'une chèvre solidement campée sur le sol.

La *chevrette* n'est pas seulement une vraie petite chèvre bien vivante, c'est aussi un trépied métallique qui supporte les casseroles sur le feu.

C'est aussi de *capra,* mais par le latin vulgaire **caprione,* que vient le nom *chevron* pour désigner à l'origine une pièce de bois en forme de V utilisée dans les charpentes. Là encore, la position du chevron en V retourné rappelle les pattes de la chèvre. Ce nom — *chevron* — est largement utilisé en français pour désigner des objets comportant un dessin en V. Ainsi:

- sur un uniforme, le chevron est un galon en V placé sur la manche ou sur l'épaule. Comme le nombre des chevrons augmente avec l'expérience et l'ancienneté de la personne qui le porte, on dit de cette dernière qu'elle est *chevronnée*;
- dans le textile, un tissu à chevrons est un tissu dont les motifs sont en forme de V;
- enfin, le chevron est un motif fréquemment utilisé dans les blasons. Il fait partie des figures importantes de l'héraldique (pour les spécialistes, ce sont les «pièces honorables» qui couvrent au moins le tiers de l'écu).

Chevron est aussi le nom d'un grand groupe pétrolier américain dont le logo est d'origine héraldique.

ANDRÉ CITROËN ET LES CHEVRONS

André Citroën, encore élève de l'École polytechnique, achète en 1900 le brevet d'une machine à tailler les engrenages à chevrons. Puis il crée un petit atelier devenu en 1905 «Citroën, Histin & Cie», société spécialisée dans les «engrenages à chevrons taillés». Ce n'est qu'en 1908 que cette société s'engage dans la fabrication d'automobiles. [266]

Malgré l'évolution de la technique, les chevrons de ses débuts resteront hautement symboliques pour André Citroën, qui en fera l'emblème de sa marque, retrouvant ainsi en quelque sorte un usage héraldique du chevron.

La chèvre et la crevette

À la fin de ce chapitre sur la chèvre, on se doit d'évoquer la crevette car, en ancien français, *chevrette* servait à désigner non seulement la petite chèvre mais aussi la crevette (encore chez Rabelais, et même dans le *Petit Larousse* 1958). Mais pourquoi dit-on aujourd'hui *crevette* pour le crustacé? Il s'agit d'un emprunt à des formes normandes ou picardes, où la chèvre se dit *quèvre* ou *quièvre*, comme on a pu le remarquer sur la carte LE NOM DE LA CHÈVRE DANS LES TOPONYMES, p.220.

La ressemblance entre une crevette et une petite chèvre semble tenir à ce qu'elles ont toutes deux une petite barbiche et qu'elles avancent en sautillant. Nous verrons dans le chapitre suivant que la même association d'idées a conduit à appeler les très grosses crevettes des *bouquets*, à partir de *bouc*. (cf. LA PETITE FAMILLE DE BOUC, p.224)

LE BOUC

it.	*capro*
esp.	*cabrón*
angl.	*buck*
all.	*Bock*

☞ *chargé de tous les péchés d'Israël mais divinisé en Inde, symbole sexuel dans la mythologie grecque, transformé en diable dans l'imaginaire chrétien, le bouc a laissé dans les langues occidentales l'idée du bouc émissaire sur qui l'on fait retomber la responsabilité de tous les malheurs des autres.*

En grec, le premier nom du bouc était *kapros*, abandonné à l'époque classique au profit de *tragos*, un nom que l'on relie généralement au verbe *trôgein*, qui signifie «manger (en parlant des animaux)», peut-être parce que le bouc est toujours prêt à brouter. D'autre part, *tragos* prend plusieurs sens analogiques: il désigne non seulement la mauvaise odeur du bouc mais aussi un poisson, une sorte d'éponge et diverses plantes.

En anatomie humaine, on nomme *tragus* la petite saillie de chair triangulaire située en avant de l'orifice de l'oreille, peut-être parce qu'elle est parfois poilue comme le menton du bouc.

Mais c'est surtout l'adjectif grec *tragukos* «relatif au bouc» qui est allé le plus loin, puisqu'on le retrouve dans l'adjectif français *tragique*, de sens

LES NOMS DU BOUC

racine i.-e.	***buk-*** «bouc», «couper»	racine i.-e.	***kep-, kop-*** «gambader»
all.	*Bock*	lat.	*caper* «bouc châtré»
néerl.	*bok*	it.	*capro*
bret.	*bouc'h*	esp.	*cabrón*
fr.	*bouc*	(espér.)	*virkapro*
it.	*becco*	(interl.)	*capro*
dan.	*buk*		
racine i.-e.	***ghaid-***	ORIGINES DIVERSES	
angl.	*billy-goat*	gr.	*tragos*
		néogr.	*tragos*
		tch.	*kosel*
		ptg.	*bode*
		basq.	*aker*
		hong.	*kecskebak*
		lat.	*hircus*

bien différent. Il est possible que le grec *tragôdia*, d'où vient *tragédie*, soit une combinaison de *tragos* «bouc» et de *ôdê* «chant, ode», car le sacrifice rituel d'un bouc était sans doute organisé à l'occasion de représentations théâtrales primitives. Il est d'ailleurs attesté que le grec *tragukos* a aussi signifié «relatif à la tragédie» et finalement «tragique». La liaison entre le bouc et la tragédie, qui était probablement encore assez transparente en grec, n'est plus perceptible en français moderne, un peu comme ce qui s'est produit pour l'adjectif *cynique*, où l'on a du mal à reconnaître aujourd'hui le lien d'origine avec le nom du chien *(kuôn* en grec). (cf. LE CHIEN AU CENTRE D'UNE PHILOSOPHIE, p.45)

Les autres noms du bouc

Les dictionnaires français courants comportent l'adjectif un peu rare *hircin* «relatif au bouc», directement issu du latin *hircinus*, lui-même dérivé du latin classique *hircus* «bouc». Ce nom ancien du bouc a peut-être une origine commune avec le latin *hirpus*, nom primitif du loup, emprunté à une langue voisine, le sabin, et déjà rencontré à propos de cet animal. (cf. LE LOUP EN LITTÉRATURE, p.29)

Plus tard, le nom du bouc qui s'est imposé en latin a été *caper*, dont les traces dans les appellations romanes sont toutefois moins nombreuses que celles de son homologue féminin *capra* pour la chèvre. On trouve, pour le bouc, l'italien *capro*, l'espagnol *cabrón* ou le catalan *cabró*.

Mais un nombre beaucoup plus important de noms de l'animal ont une ressemblance avec la forme d'origine germanique **buk*, aussi bien dans les langues germaniques que dans les langues romanes (français *bouc*, catalan *boc)*. En anglais *buck* a pris un sens plus large et désigne aussi bien un lièvre mâle qu'un cervidé mâle, mais le bouc se dit plus précisément *billy-goat*.

RÉCRÉATION

LE «BILLET VERT»: UN *BUCK* AUX ÉTATS-UNIS

Aux États-Unis, pourquoi dit-on familièrement *buck* pour «dollar» ? Il y a trois possibilités:

1. **buck** est l'abréviation de **Buckeye State**, autre nom de l'Ohio, qui est le premier État à avoir adopté le dollar comme unité monétaire en 1793
2. **buck** est l'abréviation de **Buckingham**, du nom de l'introducteur du dollar aux E.U.
3. **buck** est l'abréviation de **buckskin** «peau de daim», car les premiers trocs avec les Indiens s'étaient faits contre des peaux de bêtes.

RÉPONSE : 3

Le hongrois *kecskebak* «bouc» associe *kecske* «chèvre» et *-bak*, emprunté au germanique *bok* «bouc».[269] On retrouve cette même construction dans le nom allemand *Geissbock* ou *Ziegenbock* et dans le nom néerlandais *geitebok*. Le roumain se distingue des autres langues romanes avec le nom *ţap*, qui semble ne se relier à rien jusqu'au moment où l'on apprend que *ţa ţa* est le cri des bergers pour appeler les boucs et les chèvres.[270]

Enfin, le russe *kozel*, le tchèque *kosel* et le polonais *kosiol* sont les masculins de *koza* «chèvre». Le basque *aker* est isolé, l'espéranto propose *virkapro* et l'interlingua, *capro*.

La petite famille de bouc

En français, *bouc* désigne non seulement l'animal mais aussi la petite barbiche au menton telle que la portait Napoléon III, et les dérivés de *bouc* ont presque tous des homonymes un peu trompeurs.

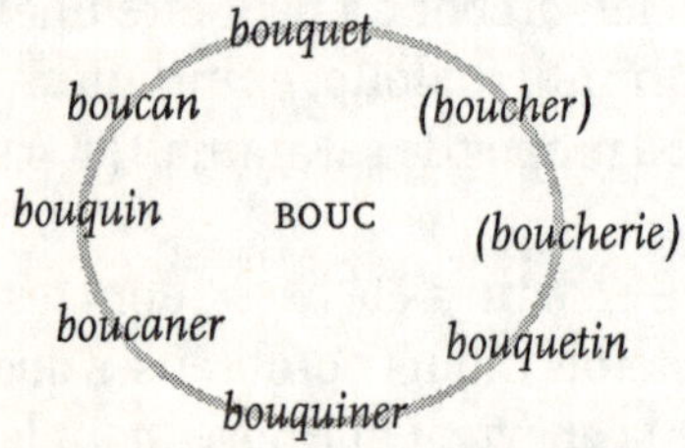

Ainsi:

bouquin, par exemple, peut effectivement désigner un « vieux bouc» ou un «lièvre ou lapin mâle», mais attention! ce *bouquin*-là n'a rien à voir avec l'autre *bouquin*, le livre, qui vient du néerlandais *boek* «livre», tout comme *bouquiner* «couvrir la femelle» ne doit pas être confondu avec *bouquiner* «lire»;

bouquet désigne bien une «grosse crevette» — qui ressemble à un petit bouc — mais ce *bouquet* a une tout autre origine que le *bouquet* (de fleurs), qui vient du normand *bosc* «bois»;

boucan «vacarme» vient peut-être du verbe *boucaner* «faire le bouc», bien attesté aux XVIe et XVIIe siècles.[271] Toutefois, ce *boucan* est tout à fait distinct d'un autre *boucan*, d'origine tupi et désignant la viande fumée en Amérique du Sud, aux Antilles et au Canada, où *boucaner* signifie «fumer (de la viande ou du poisson)»;[272]

pour le nom du *boucher*, on accepte souvent l'étymologie à partir de *bouc*, ce qui laisserait supposer un commerce assez important de cette viande alors qu'il semble bien que cela n'ait jamais été le cas. L'étymologie de *boucher* garde donc encore une part de mystère;

enfin, *bouquetin* désigne un autre genre de capriné, qui fait l'objet du prochain chapitre.

LE BOUQUETIN

☞ *sorte de chèvre sauvage aux très grandes cornes*

it. *stambecco*
esp. *íbice*
angl. *ibex*
all. *Steinbock*

On est tenté de voir dans *bouquetin* un simple diminutif de *bouc*, sur le modèle de *tableautin*, diminutif de *tableau*. Certes, un bouquetin ressemble à un bouc, mais il est plutôt plus grand qu'un bouc domestique. Il vit dans les rochers, ce qui apparaît dans une ancienne forme *stambouc* encore présente chez Rabelais, et où *stam* est un emprunt au germanique (cf. all. *Stein* «pierre»). La forme inversée *boc estaign* existait déjà en 1240 en francoprovençal et a finalement été adoptée en français, d'où *bouquetin* à partir de 1671.[273]

Le nom *bouquetin* n'est donc pas un diminutif de *bouc*, mais signifie «bouc des rochers».

Les bouquetins et les chèvres

On distingue en fait neuf espèces de bouquetins, très proches les unes des autres et classées dans le genre *Capra*. L'une d'entre elles est à l'origine la chèvre domestique, *Capra hircus*. Les autres sont restées des sortes de chèvres sauvages, parmi lesquelles le bouquetin des Alpes, qui était déjà bien connu des Romains et que Pline l'Ancien nomme *ibex*.[274] Les zoologistes l'ont nommé *Capra ibex*.

D'autre part, il existe deux familles de noms, l'une issue du latin classique, comme l'anglais *ibex* ou l'espagnol *íbice*, l'autre du germanique, comme le français *bouquetin*, l'italien *stambecco*, ou l'allemand *Steinbock*.

En français, le steinbock n'est pas un bouquetin

La situation se complique lorsqu'on s'aperçoit qu'en français ce même nom *steinbock* désigne, non pas une sorte de chèvre sauvage mais une petite antilope d'Afrique du Sud. En arrivant dans ce pays, les colons venus des Pays-Bas avaient en effet utilisé le nom néerlandais du bouquetin en Europe, *steenbok*, pour désigner cette antilope locale. Ce nom a été ensuite adopté par l'anglais *(steenbok)*, et par le français *(steinbock)*.

Le steinbock, qui a des courtes cornes droites, est en fait une petite antilope tout à fait distincte du bouquetin, qui est un capriné aux longues cornes recourbées.

Pour ajouter à la confusion, il faut signaler qu'en allemand, *Steinbock* désigne aussi la constellation du Capricorne.

Une chèvre sauvage dans le zodiaque

1er décan

Dans le zodiaque, le Capricorne (21 décembre - 19 janvier) est symbolisé par un être chimérique formé d'un avant de chèvre et d'une queue de poisson ou de dragon. Plus précisément, dans la symbolique médiévale, on trouve une représentation différente pour chacun des trois décans du Capricorne:

2e décan

Au premier décan, le Capricorne possède l'avant d'une chèvre et la queue d'un poisson; au deuxième décan, il est formé de l'avant d'une chèvre sauvage et d'une queue de serpent ou de dragon; au troisième décan, ce n'est plus un animal chimérique, mais un vrai bouquetin.[275]

3e décan

Cela explique sans doute pourquoi les représentations du Capricorne sont diverses, et aussi pourquoi le signe du Capricorne se dit en allemand *Steinbock* «bouquetin». (cf. encadré LES MAMMIFÈRES DU ZODIAQUE, p.238)

Le capricorne: un mammifère et un insecte

Mais le capricorne est aussi un animal bien réel. Comme *capricorne* veut simplement dire «qui a des cornes de chèvre», les zoologistes ont tout naturellement donné ce nom à un certain nombre d'antilopes ou de caprinés sauvages. Par exemple, l'ancien nom de l'impala était *capricorne à pieds noirs.* (cf. L'IMPALA, p.247)

LE CHAMOIS

☞ *dans les Alpes*

it.	*camoscio*
esp.	*gamuza, rebeco*
angl.	*chamois*
all.	*Gemse*

En latin, le chamois était appelé *rupicapra,* du latin *rupes* «rocher» et *capra* «chèvre», une appellation qui a donc la même signification étymologique que *steinbock* et *bouquetin,* déjà vus dans le chapitre sur le bouquetin. (cf. LE BOUQUETIN, p.225)

Les zoologistes ont d'ailleurs conservé le nom *Rupicapra* pour désigner le genre auquel appartiennent à la fois le chamois et son cousin pyrénéen, l'isard. Ce genre ne comprend que deux espèces: *Rupicapra rupicapra,* le

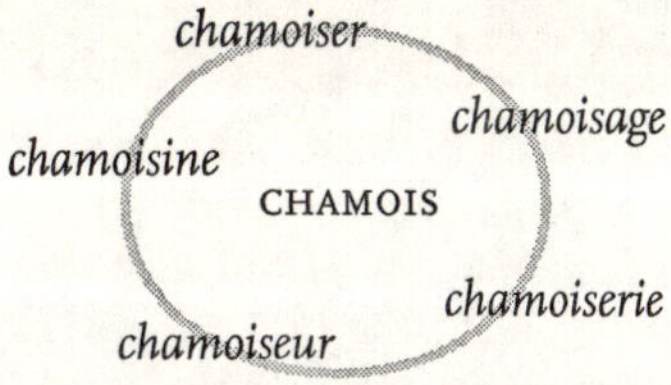

chamois des Alpes, et *Rupicapra pyrenaica*, l'isard, appelé parfois *chamois des Pyrénées.*

Quant au nom *chamois,* il vient d'un bas-latin *camox,* issu d'un nom pré-indo-européen, que le latin classique n'a pas adopté. L'anglais *chamois* est emprunté au français.

Les autres langues ont pour la plupart des noms dérivés de *camox,* par exemple :

> ptg. *camurça,* néerl. *gems,* cat. *camussa,* dan. *gemse,* esp. *gamuza.* En dehors de *gamuza,* l'espagnol a plusieurs autres noms : *rebeco* (d'origine inconnue), *bicerra* (issu de *ibex, ibicis).*

En français, le nom chamois a donné naissance à une petite famille lexicale liée au fait que la peau de chamois a des propriétés lustrantes remarquables, que l'on utilise en particulier pour faire briller les carrosseries de voiture. De ce fait est née toute une industrie du traitement de la peau de chamois, avec son vocabulaire particulier :

Toutefois, la *chamoisine* n'est pas forcément une peau de chamois mais une peau préparée de façon à lui faire acquérir la souplesse et le moelleux de la vraie peau de chamois. En anglais, on distingue entre *chamois,* pour désigner l'animal, et la forme familière *shammy,* qui a le sens de « peau de chamois ».

L'ISARD

☞ *dans les Pyrénées*

it. *camoscio dei Pirenei*
esp. *sarrio*
angl. *izard*
all. *Gemse (in den Pyrenäen)*

L'*isard* est, dans les Pyrénées, le cousin du *chamois* dans les Alpes. Le nom *isard* vient peut-être du basque *izar* « étoile », à cause de la tache blanche que les jeunes isards ont sur le front.

Autour du mouton

Comme la chèvre, le mouton fait partie de la grande famille des bovidés, et plus précisément de la sous-famille des caprinés, qui comprend aussi des animaux plus exotiques, comme le mouflon ou l'ovibos.

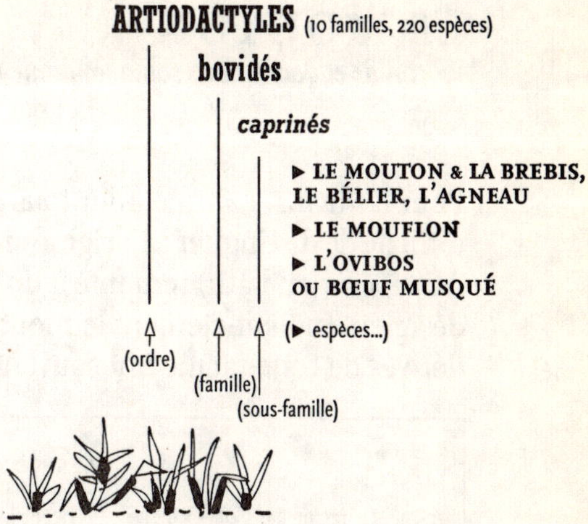

LE MOUTON

☞ *timide et docile, sous son abondante toison*

it. *pecora*
esp. *oveja*
angl. *sheep*
all. *Schaf*

Pour les ovins, comme pour tous les autres animaux domestiques, il est difficile de distinguer à l'origine entre le nom du mâle et celui de la femelle. Ainsi, *ovis*, en latin, remonte à une racine indo-européenne ***ow-*** qui désignait indistinctement le mouton ou la brebis. Plus tard, les noms dérivés de cette racine ont souvent désigné spécifiquement la brebis.

LES NOMS DU MOUTON

racine i.-e.	***ow-*** «ovin», «couper»	racine i.-e.	***(s)kep-*** «bétail», «couper»	racine i.-e.	***peku-***
gr.	*ois*	angl.	*sheep*	lat.	*pecus*
lat.	*ovis*	all.	*Schaf*	it.	*pecora*
esp.	*oveja*	néerl.	*schaap*	dan.	*får*
tch.	*ovce*	(espér.)	*ŝafo*		
(interl.)	*ove*				
racine i.-e.	***(s)ker-***			ORIGINES DIVERSES	
ptg.	*carneiro*			néogr.	*probato*
				bret.	*dañvad*
				basq.	*zikiro*
				hong.	*birka*
				fr.	*mouton*

Les moutons, un capital

En dehors de *ovis* «mouton» ou «brebis», le latin avait aussi un nom collectif, *pecus*, pour désigner le petit et le gros bétail composé d'animaux domestiques, surtout d'ovins et de bovins, par opposition à *ferae* «bêtes sauvages» (cf. l'adjectif *féroce*, de la même racine). Cette forme *pecus*, *pecoris* a pu ensuite désigner en particulier la brebis, comme par exemple dans l'italien *pecora*. De l'italien *pecora* vient le français *pécore*, qui a d'abord été une tête de bétail, puis, encore maintenant, une personne sottement prétentieuse. La Fontaine traite de «chétive pécore» la grenouille qui veut se faire aussi grosse que le bœuf. D'autre part, *pecus* a surtout représenté la «richesse en bétail» et de *pecus* a été dérivé *pecunia*, qui signifiait déjà «monnaie, argent» en latin. On voit donc comment on a pu passer du sens de richesse en bétail à celui de richesse tout court et finalement à celui de «monnaie» (cf. en français *pécule, pécuniaire*).

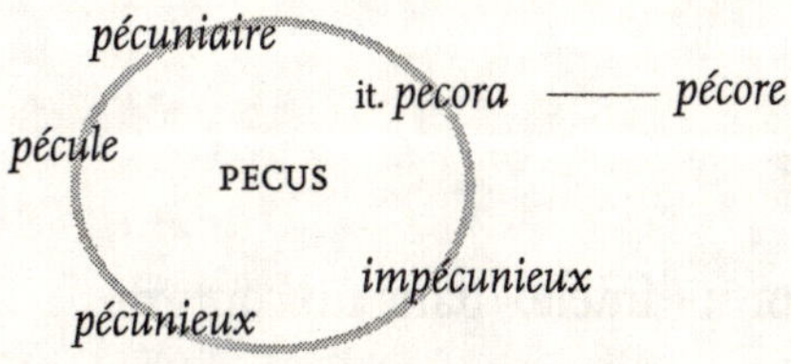

Cette même évolution sémantique se retrouve dans les langues germaniques, où une ancienne forme **fehu*, qui remonte à la même racine que *pecus*, a aussi désigné le bétail, puis la propriété et finalement l'argent. Sous sa forme évoluée *fee*, ce terme se maintient en anglais moderne pour nommer une somme d'argent que l'on doit pour un service rendu, pour des honoraires ou pour des émoluments.

Enfin, la richesse se mesurait alors au nombre de têtes de bétail possédées, d'où le concept de *capital*, issu de *capita* «têtes», pluriel de *caput* «tête».

RÉCRÉATION

LE POÈTE DES *MÉTAMORPHOSES*

Il est un poète latin du Ier siècle avant notre ère, dont le nom se devait de figurer dans ce chapitre. Qui est-ce ?

RÉPONSE : Ovide, nom sous lequel on peut reconnaître la racine **ovis** «brebis».

Les moutons sont des ovins

Alors que l'on trouve encore dans les dictionnaires usuels les termes *ovidé* (famille) et *oviné* (sous-famille), ces noms sont aujourd'hui abandonnés en zoologie. Actuellement, on considère en effet les ovins comme faisant partie de la sous-famille des *caprinés* et les termes *ovidé* et *oviné* n'ont plus qu'une valeur historique.[276]

On retrouvera ces deux termes anciens dans la rosace ci-dessous, en compagnie de quelques noms déjà commentés et du nom d'un ruminant des pays froids, l'*ovibos*, qui, comme son nom l'indique, semble tenir à la fois du mouton et du bœuf. (cf. L'OVIBOS OU BŒUF MUSQUÉ, p.241)

La racine indo-européenne ***ow-*** est représentée en français par le nom *ouaille*, ancien nom de la brebis, encore utilisé dans certaines régions, mais

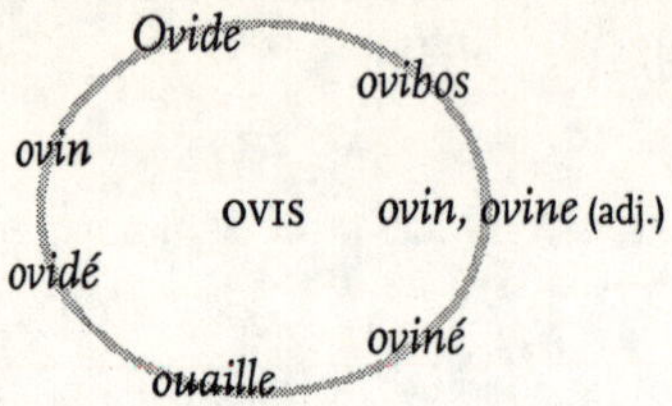

qui a pris essentiellement un sens figuré: «fidèle» dans un contexte religieux.

D'autre part, du latin *ovis* dérive l'adjectif *ovinus* «relatif au mouton», d'où l'adjectif *ovin, ovine* ainsi que le nom *ovin* désignant le mouton, la brebis ou le bélier.

Le nom générique du mouton

Dans de nombreuses langues, comme en italien *(pecora)*, le nom de la brebis sert aussi à désigner le mouton en général mais en français, c'est le nom du mâle châtré qui sert de nom générique.

Les langues germaniques, de leur côté, ont en général un nom générique particulier: par exemple, en anglais, *sheep* n'est ni la brebis *(ewe)*, ni le bélier *(ram)*, ni le mouton châtré *(wether)*. La même racine se retrouve dans le néerlandais *schaap* et l'allemand *Schaf* (cf. le toponyme de la Suisse alémanique *Schaffhouse)*: c'est à partir de cette même racine qu'a été forgé *ŝafo* en espéranto tandis que l'interlingua a choisi *ove.*

Blason de la ville de Schaffhouse (Suisse). On y voit un mouton fort peu traditionnel

« Revenons à nos moutons »

Il est grand temps de se poser la question de l'origine du nom *mouton* lui-même. Cette forme viendrait du gaulois **multo*, peut-être lié au latin *mutilus* «mutilé», qui se trouve aussi dans l'irlandais *molt* et le breton *maout* pour désigner le mouton châtré.

L'animal et la viande

Le nom du mouton en portugais *(carneiro)* évoque directement la viande de l'animal *(carne* «viande»).

Le néerlandais et l'allemand ajoutent le nom de l'animal à celui de la viande (néerl. *schapevlees* et all. *Schaffleisch)*. C'est le nom du bélier qui est retenu en italien *(montone)*, et celui du mouton châtré en français

RÉCRÉATION

MAIS REVENONS À CES MOUTONS...

Cette phrase, devenue expression courante en français, est la citation exacte de la phrase prononcée par un juge complètement perdu dans une histoire de moutons volés.
Est-elle tirée de :

A. Racine, *Les Plaideurs*?
B. *La farce de Maître Pathelin*, comédie anonyme du XVe siècle?
C. La Fontaine, *L'huître et les plaideurs*?

RÉPONSE : B

(mouton). En allemand, *Hammelfleisch* signifie mot à mot «viande de mouton». Le nom de l'agneau reste pourtant le plus favorisé dans toutes les langues car il est plus flatteur de servir de la viande d'agneau que de la viande de mouton. Mais c'est l'appellation anglaise qui est la plus intéressante car cette langue, qui dispose déjà de quatre noms pour l'animal *(sheep, ram, wether, ewe)*, en utilise un cinquième pour la viande: *mutton*. Ce nom est d'origine française et date de la période où tout ce qui était culturel, entre autres la gastronomie, s'exprimait en français à la cour anglaise.[277]

On a déjà vu cette particularité culinaire à propos du bœuf et du veau, et on la reverra à propos du porc. Le tableau ci-après rassemble une partie de ces éléments :

L'animal et sa laine

Au XVIe siècle, pour la première fois a été élaboré en Espagne un système de sélection des moutons pour favoriser la race *mérinos* dont la laine est particulièrement fine. Un privilège royal avait été accordé à une association de propriétaires, la *mesta*[278] (du latin *mixta*, abréviation de

HOMMAGE À LA GASTRONOMIE FRANÇAISE

En anglais, c'est le nom de la viande cuisinée qui est d'origine française tandis que celui de l'animal est germanique.

EN FRANÇAIS	EN ANGLAIS	
«la viande et l'animal»	«la viande»	«l'animal»
bœuf	*beef*	*ox, steer*
veau	*veal*	*calf*
mouton	*mutton*	*sheep*
porc	*pork*	*pig, swine*

animalia mixta «bétail mélangé»). Cette association était chargée de surveiller la transhumance des troupeaux.[279] C'est de *mesta* que vient *mustang*, nom du cheval sauvage d'Amérique. (cf. LE CHEVAL, p.154)

La grande famille de mouton

Le nom du mouton a donné naissance en français à une famille nombreuse:

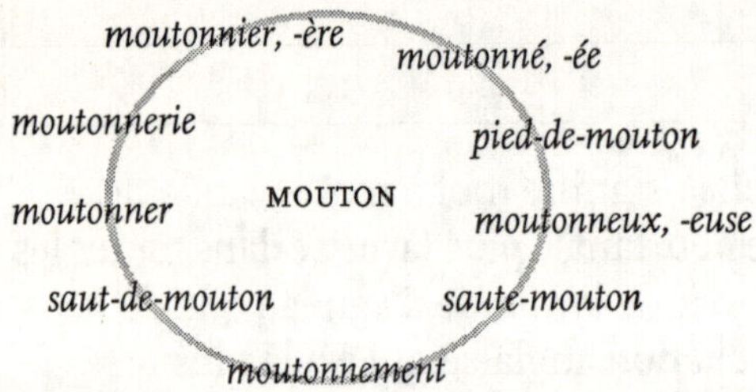

Le mouton n'est pas uniquement un ovin mais aussi, métaphoriquement, soit un «petit amas de poussière», soit «l'écume blanche qui se forme dans la mer sur les crêtes des vagues», d'où le verbe *moutonner*, le substantif *moutonnement* et l'adjectif *moutonneux*. On retrouve la même image dans l'expression italienne *pecorelle* tandis que l'expression espagnole *cabrillas* renvoie à des chèvres et l'expression britannique *white horses* à des chevaux.

D'un autre côté, *moutonnier* et *moutonnerie* évoquent plutôt la placidité du mouton, son sens grégaire et son esprit d'imitation, autrement dit les moutons de Panurge.

LES MOUTONS DE PANURGE ET LES MOUTONS DE PAGNOL

Il n'est pas question de les confondre, ils n'ont en effet aucun rapport : ceux de Panurge finissent tous par périr dans l'océan pour avoir stupidement suivi leur compagnon jeté à l'eau, tandis que ceux de Pagnol ont gagné leur célébrité grâce aux efforts de l'instituteur Topaze pour faire comprendre à ses élèves que *moutons* prend un *s* au pluriel en prononçant «des *moutonsse* [...]».[280]

Enfin, *mouton* peut par ailleurs désigner un engin de terrassement. Le plus curieux, c'est que ce type d'engin utilisé pour enfoncer les pavés s'appelle aussi une *dame* (d'où le verbe *damer* bien connu des skieurs) ou encore une *demoiselle*.

RÉCRÉATION

COMPTONS LES MOUTONS

Le nom du mouton se retrouve dans des noms composés :

A. **saut-de-mouton**
B. **saute-mouton**
C. **pied-de-mouton**

Quelle est la définition qui revient à chacun ?

1. une sorte de champignon dont le nom savant est **hydne.**
2. un jeu sportif qui demande d'avoir à la fois bon dos et bonne détente.
3. le passage d'une voie (ferrée) par-dessus une autre pour éviter un croisement.

RÉPONSE : A3 – B2 – C1

Du mouton au robinet

Autrefois, on a souvent donné des noms d'hommes à des animaux familiers, par exemple *Jacquot* au perroquet, ou *Robin* au mouton. Le diminutif *robinet* s'est ensuite appliqué aux têtes de mouton décorant les fontaines, d'où le sens actuel du mot *robinet.*[281]

LA BREBIS

☞ *souvent nommée dans les Écritures*

it.	*pecora*
esp.	*oveja*
angl.	*ewe*
all.	*Mutterschaf*

En latin, le nom *berbex* (avec ses variantes *verbex, vervex)* désignait le mouton châtré.

La famille de la brebis en français

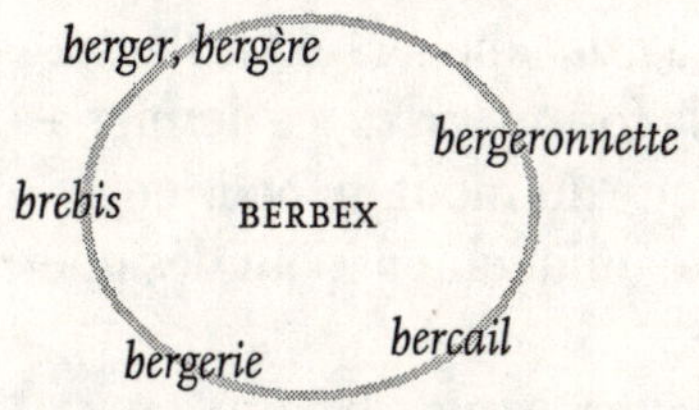

C'est du bas-latin *berbicarius* «gardien de moutons» que viennent les termes français *berger* et *bergerie* ainsi que *bergeron* «petit berger», en ancien français, dont le diminutif *bergeronnette* désigne un oiseau. Un autre dérivé, *verbicalis*, a évolué en *bercail*, dont le sens figuré évoque le pasteur toujours soucieux de ramener au logis la brebis égarée.

QUEL RAPPORT ENTRE UNE *BREBIS* ET UNE *BROUETTE*?

Aucun sur le plan sémantique, mais les deux mots présentent la même évolution phonétique par rapport à la forme latine, avec un déplacement de la consonne *r*:

latin *berbex* —> français *brebis*

latin *birota* —> français *brouette* (en passant par *berouette*).

Ce que l'on ne perçoit plus dans le français *brouette*, c'est le sens de *birota* «à deux roues» (tout comme dans *bicyclette*). Ce n'est qu'à partir du XVIIe siècle que *brouette* a désigné un véhicule à une seule roue.[282]

Le même phénomène phonétique s'est produit pour *fromage*, qui vient du latin *formaticum*, et où *forma-* est devenu *froma-*.

LE BÉLIER

le mouton à «clochettes»

it.	*montone*
esp.	*morueco*
angl.	*ram*
all.	*Wider*

Le bélier est le mâle non châtré de la brebis, une caractéristique qui le distingue du mouton.

La castration du mouton, comme celle du bœuf, pour obtenir une meilleure viande de boucherie, remonte très loin dans l'histoire de l'humanité et le grec avait des noms différents pour le bélier et pour le mouton châtré: *krios* désignait le bélier et, curieusement, ce nom désignait aussi le pois chiche qui, vu de près, ressemble un peu à une tête de bélier, alors que le mouton châtré se nommait *tomias*, dérivé du verbe *temnein* «couper».

De même, en latin classique, on a d'un côté *aries* «bélier» et de l'autre *vervex*, qui signifiait «mouton châtré». Sous la forme *berbex*, ce dernier a été généralement attesté comme nom générique du mouton, mais en français *(brebis)*, cette base *berbex* se manifeste uniquement pour désigner la femelle.

L'italien *montone* a la même origine que *mouton*, mais c'est un «faux ami» puisqu'il désigne le bélier et non pas le mouton châtré *(castrone)*. La formation de l'italien *montone* «bélier» est certainement due à l'influence du verbe *montare* «*monter*, couvrir (une femelle)».

Un dieu à tête et à cornes de bélier

Le dieu Ammon (en égyptien *Amun* «caché») est représenté sous l'aspect d'un homme, tantôt à tête de bélier, tantôt à tête humaine et portant des cornes de bélier. Il a été assimilé à Zeus par les Grecs, puis à Jupiter par les Latins, qui ont qualifié Jupiter Ammon de *Verveceus,* en quelque sorte le «dieu-bélier». Or, de manière inattendue, ce dieu est à l'origine de deux noms situés dans des univers fort éloignés: d'une part, *ammonite,* qui désigne les mollusques vivant il y a plus de cent millions d'années, aujourd'hui disparus mais dont subsistent les coquilles fossilisées, d'autre part *ammoniac,* le nom d'un produit chimique d'usage courant.

Pourquoi ce nom pour l'*ammonite*? Parce que la forme de ce fossile rappelle celle des cornes d'un bélier. Ces coquilles ont été associées au culte du dieu Ammon et à ses cornes de bélier, d'où leur nom en ancien français: *cornes d'Ammon,* et finalement *ammonites.* Pourquoi ce nom pour *l'ammoniac*? Parce que l'ammoniac a été tiré d'une résine trouvée près d'un important temple d'Ammon, situé aujourd'hui en Égypte. C'est à cause de ce temple que cette région s'appelait en grec *Ammônis,* d'où l'adjectif *ammôniakos,* et la résine *ammôniakon,* origine du nom du gaz *ammoniac* et de sa solution dans l'eau, l'*ammoniaque.*

Bélier, belin, bélière

Le nom *bélier* apparaît complètement isolé parmi toutes les appellations européennes des ovins. On peut le rapprocher du nom du mouton en ancien français *belin,* qui est d'aileurs le mouton du *Roman de Renart.*[283]

Toutefois, l'origine de *belin* reste obscure. On a pu penser au verbe *bêler,* déjà *belare* en latin, mais l'origine la plus probable serait le moyen néerlandais *belle* «cloche», lié à l'anglais *bell* «cloche», le bélier ayant été celui qui porte la cloche et conduit le troupeau.

La question est tout aussi peu tranchée pour l'origine de *bélière,* qui désignait jadis l'anneau de suspension d'un battant de cloche ou d'autres objets. Ce nom désigne aujourd'hui un anneau de suspension de montre ou de bijou, ou parfois, sous l'influence de *bélier,* la clochette du bélier.

Le bélier, engin de guerre

En français, *bélier* est le nom d'un engin de guerre destiné à enfoncer portes et murailles. C'est aussi le cas pour l'anglais ou le néerlandais *ram.* Dans d'autres langues, le nom de l'engin de guerre est différent de celui de l'animal: par exemple, en italien, en espagnol, en portugais ou en catalan, c'est la forme latine *(ariete)* qui a été retenue. En allemand, on utilise divers noms, dont *Sturmbock* «bélier mécanique», où l'on reconnaît le nom du bouc *(Bock)*, précédé de *Sturm* «tempête, assaut».

La constellation du Bélier

Le bélier figure parmi les grandes constellations mais, alors qu'en français, le nom de la constellation est le même que celui de l'animal, plusieurs langues romanes, ainsi que l'anglais, utilisent le nom latin *Aries* ou un dérivé pour la constellation.

Le bélier figure aussi dans les premières représentations du zodiaque, qui datent de l'époque babylonienne. Remarquons que le mot *zodiaque*, qui est formé sur le grec *zôon* «être vivant», a également servi à former le mot *zoo*, abréviation de *jardin* (ou *parc) zoologique*, où l'on peut voir des animaux sauvages dans un environnement reconstitué.

Le zodiaque est sans doute l'un des tout premiers bestiaires. En effet, les douze signes du zodiaque comprennent en majorité des animaux. En dehors des Poissons, du crabe (signe du Cancer) et du Scorpion, on y trouve trois mammifères (le Bélier, le Taureau et le Lion) et deux animaux mythologiques: le *Capricorne* (mi-chèvre, mi-poisson ou dragon) et le *Sagittaire*, qui est l'un des Centaures, mi-homme, mi-cheval.

LES MAMMIFÈRES DU ZODIAQUE

Parmi les 12 constellations du zodiaque, on trouve 3 mammifères réels : le bélier, le taureau et le lion, et 2 animaux mythiques : le sagittaire, mi-homme mi-cheval, et le capricorne, mi-chèvre mi-poisson. On remarquera qu'en anglais il existe deux formes pour chaque signe.

	BÉLIER (21 mars-20 avril)	TAUREAU (21 avril-21 mai)	LION (23 juillet-23 août)	SAGITTAIRE (23 novembre-21 décembre)	CAPRICORNE (22 décembre-20 janvier)
gr.	*Krios*	*Tauros*	*Leôn*	*Toksotês*	*Aigokerôs*
lat.	*Aries*	*Taurus*	*Leo*	*Sagittarius*	*Capricornus*
it.	*Ariete*	*Toro*	*Leone*	*Sagittario*	*Capricorno*
esp.	*Aries*	*Tauro*	*Leo, León*	*Sagitario*	*Capricornio*
ptg.	*Aries*	*Touro*	*Leão*	*Sagitário*	*Capricórnio*
angl.	*Aries*	*Taurus*	*Leo*	*Sagittarius*	*Capricorn*
angl.	*the Ram*	*the Bull*	*the Lion*	*the Archer*	*the Goat*
néerl.	*Ram*	*Stier*	*Leeuw*	*Boogschutter*	*Steenbok*
all.	*Widder*	*Stier*	*Löwe*	*Schütze*	*Steinbock*
(espér.)	*Arieso*	*Taŭro*	*Leono*	*Sagitario*	*Kaprikorno*
(interl.)	*Aries*	*Tauro*	*Leon*	*Sagittario*	*Capricorno*

L'AGNEAU

☞ *symbole de douceur et de pureté*

it. *agnello*
esp. *cordero*
angl. *lamb*
all. *Lamm*

Le nom grec de l'agneau est d'abord *arên*, chez Homère. Ce nom subsiste dans le grec moderne *arni, arnaki*, mais le nom le plus courant en grec ancien était *amnos*, qui se relie à la racine indo-européenne ***agw(h)no-***. Cette racine est perceptible dans le latin *agnus* tout comme dans les langues romanes : fr. *agneau*, it. *agnello*, cat. *anyell* ou, de façon moins transparente, *miel* en roumain. Les langues celtiques (par ex. *oan* en breton) et slaves (par ex. *jehn* en tchèque) se rattachent à la même racine que le latin *agnus*.

Signalons toutefois que l'espagnol *cordero* et le portugais *cordeiro* sont des dérivations à partir du latin *cordus* « né tardivement » et qu'en espagnol on désigne aussi un petit agneau de moins de deux ans par le terme *borrego*, formé sur *borra* « bourre de laine ».

Les langues germaniques ont toutes des formes semblables : par exemple *lamb* en anglais, *Lamm* en allemand, *lam* en danois.[284]

L'agneau sacrifié et le fœtus

À l'origine, le grec *amnos* a désigné plus particulièrement l'agneau de sacrifice âgé d'un an, et on trouve dans *L'Odyssée* le diminutif *amnion* « vase destiné à recueillir le sang des sacrifices ». Ce n'est que plus tard qu'une variante *(amnios)* a servi à désigner la « membrane qui enveloppe le fœtus ». C'est cette variante grecque qui se trouve à la base des mots français suivants :

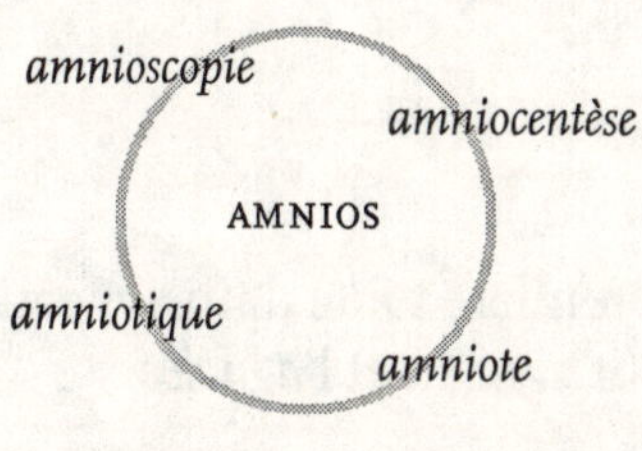

Dans les langues modernes, les biologistes ont retenu *amnios* pour le nom de la membrane qui entoure le fœtus, non seulement chez le mouton, mais plus généralement chez les mammifères, ainsi que chez les oiseaux et les reptiles. Pour cette raison, ces trois classes d'animaux constituent le groupe des *amniotes*. Enfin, l'amnios contient le liquide *amniotique*, qui peut faire l'objet, médicalement, d'un examen, l'*amnioscopie*, ou d'un prélèvement, l'*amniocentèse*.

L'agneau, symbole de pureté

C'est grâce à un rapprochement strictement formel avec l'adjectif grec *agnos* «sans tache, sans souillure» que l'agneau *(agnus* en latin) est devenu le symbole de la pureté, d'où la prière *Agnus Dei*: *Agnus Dei, qui tollis peccata mundi, miserere nobis* «Agneau de Dieu, qui enlèves les péchés du monde, prends pitié de nous».

Le prénom *Agnès*, qui remonte à ce même adjectif grec, évoque aussi la pureté, et sainte Agnès, martyre romaine du IVe siècle, en est un autre exemple, en préférant mourir plutôt que de perdre sa virginité. On la représente souvent avec un agneau dans les bras.

L'agneau et le veau

L'histoire du nom de l'agneau dans les langues romanes a quelques similitudes avec celle du nom du veau: de même que les noms du veau viennent du diminutif *vitellus*, de même ceux de l'agneau viennent du latin *agnellus* «petit agneau», diminutif du latin *agnus* «agneau»:

l'italien *vitello* reste proche du latin *vitellus*, comme l'italien *agnello* «agneau» reste proche du latin *agnellus*;

le catalan *anyell* «agneau» rappelle *vedell* «veau»;

l'ancien français *agnel* évolue en *agneau* comme *veel* en *veau*; de plus, la famille de *agneau* est en fait centrée sur l'ancien français *agnel*, comme celle de *veau* sur *veel*: l'analogie se poursuit avec *agneler*, *agnelage* qui sont les équivalents de *vêler*, *vêlage*, et surtout avec *agnelin*, qui désigne un cuir d'agneau, comme *vélin* désigne, à l'origine, un cuir de veau.

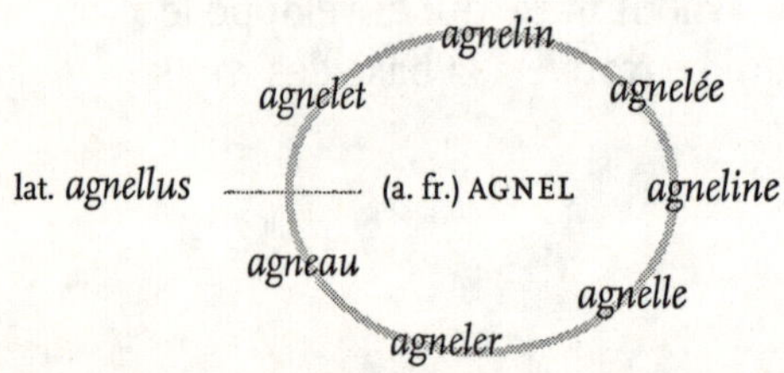

La *laine agneline*, ou *agneline*, est la laine de première tonte d'un agneau. L'*agnelle* est un agneau femelle, l'*agnelet* un petit agneau et l'*agnelée* l'ensemble des agneaux d'une même portée.

LE MOUFLON

☞ *l'ancêtre du mouton*

it. *muflone*
esp. *musmón, muflón*
angl. *muf(f)lon*
all. *Mufflon*

On compte six espèces de mouflons dans le genre *Ovis*. On admet généralement que le mouton provient de la domestication du mouflon européen, originaire de Corse et de Sardaigne, où il subsiste encore à l'état sauvage.

Mais d'où vient le nom *mouflon*? Il est emprunté au sarde *muvrone* ou au corse *mufrone, muvrone,* noms qui eux-mêmes remontent à un latin tardif *mufro, mufronis.* Le fait que le son de la consonne /r/ ait évolué en /l/ dans *mouflon* n'est pas étonnant: on constate le même phénomène dans *peregrinus,* devenu *pèlerin.*

Le mouflon se dit en grec *mousmôn,* dont l'équivalent latin est *musimo,* pratiquement synonyme de *mufro,* et qui est à l'origine de l'espagnol *musmón* «mouflon».

L'OVIBOS OU BŒUF MUSQUÉ

☞ *à tête de bœuf et toison de mouton*

it. *bue muschiato*
esp. *buey almizclero*
angl. *ovibos, musk ox*
all. *Moschusochse*

ovibos
Ovibos moschatus

Le nom *ovibos* combine le nom du mouton, en latin *ovis,* et celui du bœuf, en latin *bos.* Cette forme est donc particulièrement motivée, puisque ce ruminant est laineux comme un mouton, ce qui lui permet de vivre dans le Grand Nord (Groenland et Canada), et que sa tête ressemble à celle d'un bœuf.

À la saison du rut, l'ovibos sécrète une forte odeur musquée, d'où le nom scientifique *Ovibos moschatus*, du grec *moskhos* «musc».

MAMMIFÈRES ET NOMS D'OBJETS (RÉCAPITULATIF)

Les noms des neuf mammifères ci-dessous sont à l'origine de différents noms d'objets ou d'instruments :

LE CHIEN :	*chenet* (dans une cheminée, p.48)
LE MOUTON :	*robinet* (de fontaine, p.235)
	mouton (engin de tassement, p.234)
LA CHÈVRE :	*chèvre* (engin de levage, p.219)
	chevron (dans une charpente, p.220)
LE BÉLIER :	*bélier* (engin de guerre, p.237)
LE CHEVAL :	*chevalet* (de peintre p.160)
	cheval-d'arçons (voltige, p.160)
	chevalement (architecture p.160)
LE POULAIN :	*poulain* (pour transporter les tonneaux, p.168)
LA POULICHE :	*poutre* (pièce de bois de charpente, p.168)
L'ONAGRE :	*onagre* (catapulte, p.179)

Autour de l'antilope

À l'intérieur de la grande famille des bovidés, la sous-famille des antilopinés est représentée ici par l'antilope, la gazelle, le springbok, le steinbock et le saïga. Elle sera suivie par d'autres sous-familles proches des antilopes: d'une part, l'oryx, l'algazelle, d'autre part le gnou, le bubale, l'impala.

ARTIODACTYLES (10 familles, 220 espèces)

bovidés

antilopinés

- ▶ L'ANTILOPE
- ▶ LA GAZELLE
- ▶ LE SPRINGBOK
- ▶ LE STEINBOCK
- ▶ LE SAÏGA

hippotraginés

- ▶ L'ORYX
- ▶ L'ALGAZELLE

alcélaphinés

- ▶ LE GNOU
- ▶ LE BUBALE

aepycérotinés

- ▶ L'IMPALA

(ordre) (famille) (sous-famille) (▶ espèces...)

L'ANTILOPE

☞ *championne à la course*

it. *antilope*
esp. *antílope*
angl. *antelope*
all. *Antilope*

Le terme *antilope* ne désigne pas une seule espèce animale mais tout un ensemble de ruminants ayant, au moins chez le mâle, des cornes, souvent spiralées, et de hautes pattes plutôt grêles leur donnant une grande agilité à la course.

L'histoire du nom de l'antilope remonte à un nom grec *anthalops*, attesté tardivement (après le IVe siècle) dans un texte byzantin pour désigner un animal imaginaire. Le nom a pris ensuite diverses formes latines avant d'évoluer vers les langues modernes.[286]

La plupart des espèces d'antilopes sont réunies dans la sous-famille des *antilopinés*, qui comporte 38 espèces.

LA GAZELLE

☞ *gracieuse et bondissante*

it. *gazzella*
esp. *gacela*
angl. *gazelle*
all. *Gazelle*

Les gazelles sont les antilopes les plus agiles et les plus rapides.
Le nom *gazelle* vient de l'arabe classique *gazal*.

LE SPRINGBOK

☞ *fétiche du rugby sud-africain*

it. *antilope saltatrice, springbok*
esp. *springbok*
angl. *springbok, springbuck*
all. *Springbock*

Cette gazelle joliment colorée est capable de bondir une dizaine de fois d'affilée jusqu'à 3,5 mètres de haut. Même si la technique des rugbymen n'est pas exactement celle-ci, les joueurs de la grande équipe de rugby d'Afrique du Sud ont choisi de s'appeler les *Springboks*.

Le nom *springbok* est hollandais, de *springen* «bondir» et *bok* «bouc», et c'est Buffon qui a fixé en 1781 le nom *springbok* en français, repris ensuite par les autres langues.

Le nom latin scientifique de cette gazelle est *Antidorcas marsupialis*, où l'on peut reconnaître le grec *dorkas* «biche», et surtout le latin *marsupium* «sac». Il se trouve en effet que cette gazelle est pourvue d'une sorte de poche dorsale recouverte de poils blancs brillants, qui s'ouvre lorsque l'animal est effrayé et dont la vue provoque la fuite de ses poursuivants.[287]

LE STEINBOCK

☞ *l'antilope des rochers*

it. *steinbock, raficero*
esp. *antílope steenbok*
angl. *steinbok, steenbok*
all. *Steinböckchen*

Il s'agit bien ici d'une antilope, à laquelle les Afrikaners ont donné en Afrique du Sud le nom néerlandais désignant le bouquetin en Europe (cf. LE BOUQUETIN, p.225). Aujourd'hui, le nom de cette antilope est *steenantilope* en néerlandais.

LE SAÏGA

☞ *l'antilope russe*

it. *saiga* (f)
esp. *saiga*
angl. *saiga*
all. *Saiga*

Le nom *saïga* vient du russe. Cette antilope des steppes ne manque pas d'étrangeté, avec l'espèce de courte trompe qui prolonge son mufle.

L'ORYX

☞ *une antilope aux cornes démesurées*

it. *orice*
esp. *órix*
angl. *oryx*
all. *Oryxantilope*

Le nom latin *oryx* désigne déjà une gazelle chez Pline. Il vient du grec *orux* qui désigne d'abord une pioche, puis, par analogie, une antilope aux cornes particulièrement longues et effilées, en forme de pioche. Le nom *oryx* est resté dans les langues modernes. Les zoologistes regroupent dans le genre *Oryx* trois espèces, dont deux africaines et une troisième appelée *oryx d'Arabie*. Celle-ci est blanche, d'où son nom latin scientifique *Oryx leucoryx*, du grec *leukos* «blanc» et *orux* «pioche».

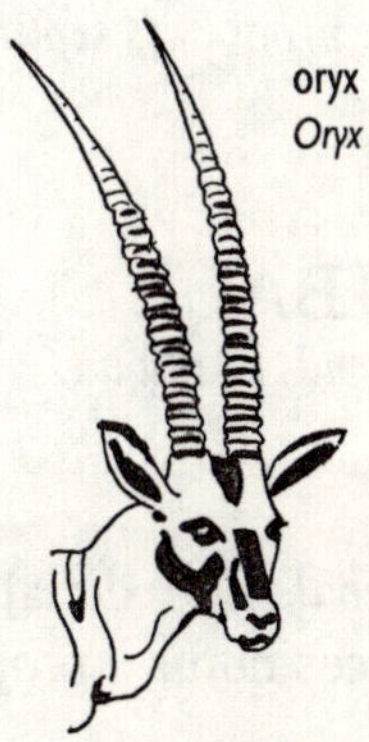

oryx
Oryx leucoryx

L'ALGAZELLE

☞ *au nom un peu désuet*

it. *algazella*
esp. *órix de cuernos de cimitarra*
angl. *algazel, scimitar-horned oryx*
all. *Säbelantilope*

Le nom de l'algazelle fait évidemment penser à *gazelle*, et l'on voit bien que les deux noms proviennent du même mot arabe *gazal*, à cette différence près que le mot *algazelle* comporte l'article défini *al*, alors que *gazelle* est sans l'article. Un bon nombre de mots français d'origine arabe gardent ainsi l'article agglutiné au début du mot: *algèbre, alcali, alcool* ou *alambic*. Il y a même un équivalent exact au couple *gazelle-algazelle*, qui est *chimie-alchimie*.

Le nom *algazelle* a été donné à une grande antilope claire d'Afrique, qui est considérée aujourd'hui comme une variété d'oryx. Tout en étant évocateur et encore présent dans les dictionnaires courants, le nom algazelle tend à devenir obsolète sur le plan zoologique. Son nom commun *scimitar-horned oryx* en anglais, ou *Säbelantilope* en allemand, évoque ses grandes cornes fines comme des lames de cimeterre ou de sabre.

LE GNOU

☞ *au milieu d'immenses troupeaux*

it. *gnu*
esp. *ñu, gnu*
angl. *gnu, wildebeest*
all. *Gnu*

Le nom *gnou* est d'origine hottentote. Il a été fixé par Buffon, qui ajoute: «*nous lui conserverons le nom de "gnou"(qui se prononce "niou") qu'il porte dans son pays natal.*»[288] En matière de prononciation, la recommandation de Buffon, pourtant académicien, n'a pas été suivie par l'usage, puisque la dernière édition du *Dictionnaire de l'Académie* précise que «*le* g *et le* n *doivent être prononcés séparément*».

LE BUBALE

☞ *connu depuis l'Antiquité*

it. *bubalo, alcefalo*
esp. *búbalo, alcéfalo*
angl. *hartebeest, bubal*
all. *Kuhantilope*

Le nom *bubale* vient du latin *bubalus*, lui-même du grec *boubalos*. On a déjà rencontré ces noms à propos du buffle, *bubale* et *buffle* étant des doublets.

Les zoologistes ayant conservé *Bubalus* pour désigner le genre des buffles d'Asie, ils ont forgé pour le bubale, l'antilope d'Afrique, un autre nom: *Alcelaphus buselaphus*, où l'on reconnaît les noms de l'élan *(alce)*, du cerf *(elaphos)* et du bœuf *(bos)*.

L'IMPALA

☞ *aux pieds noirs*

it. *impala*
esp. *impala*
angl. *impala*
all. *Impala*

impala (mâle et femelle)
Aepyceros melampus

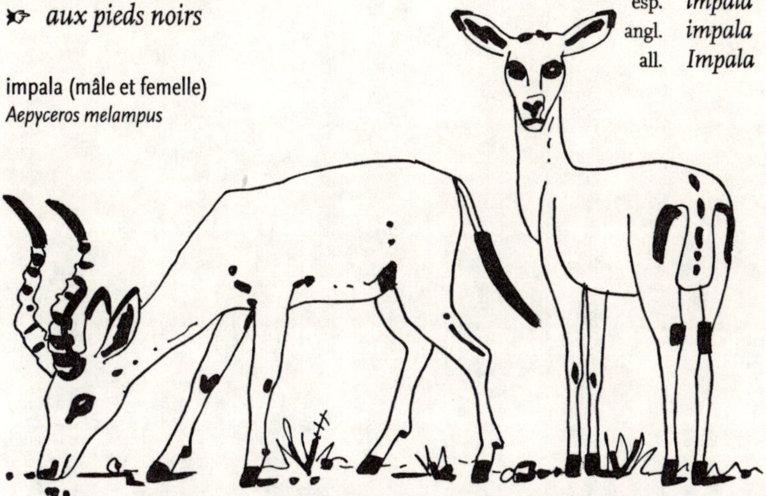

Le nom *impala* est un emprunt au zoulou *i-mpala*. C'est une antilope dont seul le mâle porte des cornes, qui sont en forme de lyre. Son nom latin scientifique est *Aepyceros melampus*, où *aepyceros* vient du grec *aipus* «haut» et *keras* «corne» et où *melampus* signifie «aux pieds noirs», du grec *melan* «noir» et *pous* «pied». L'ancien nom français de l'impala était d'ailleurs *capricorne à pieds noirs*. Un impala possède en effet sur le talon une touffe de poils noirs tout à fait caractéristique.

Autour du porc

Tout comme la domestication du chien, du bœuf et du cheval, celle du porc représente une étape importante dans l'histoire de la civilisation européenne. Il en est résulté un vaste vocabulaire issu des noms de cet animal, auquel s'ajoutera une distinction lexicale entre individus sauvages (sanglier, laie) et domestiques (porc, cochon, verrat). Cousins plus ou moins éloignés du porc dans la famille des suidés, des représentants d'autres espèces de la même famille ont des noms hauts en couleur: potamochère, phacochère, babiroussa. Dans des familles proches, on rencontre le pécari et l'hippopotame. Enfin, l'oryctérope, qui appartient à une famille très éloignée, trouve bien sa place non loin du porc car on le nomme aussi *cochon de terre.*

ARTIODACTYLES (10 familles, 220 espèces)
- **suidés**
  - ***suinés***
    - ▶ **LE PORC OU COCHON & LA TRUIE**
    - ▶ **LE SANGLIER**
    - ▶ **LE POTAMOCHÈRE**
  - ***babyrousinés***
    - ▶ **LE BABIROUSSA**
  - ***phacochérinés***
    - ▶ **LE PHACOCHÈRE**
- **tayassuidés**
  - ▶ **LE PÉCARI**
- **hippopotamidés**
  - ▶ **L'HIPPOPOTAME**

TUBULIDENTÉS (1 famille, 1 espèce)
- **oryctéropodidés**
  - ▶ **L'ORYCTÉROPE**

(ordre) (famille) (sous-famille) (▶ espèces...)

LE PORC OU COCHON

un sanglier domestique

it.	*suino, maiale*
esp.	*cerdo, puerco, cochino*
angl.	*swine, pig, hog*
all.	*Schwein*

En Europe, le porc provient de la domestication progressive du sanglier, mais il est resté, jusqu'au Moyen Âge, dans un état semi-sauvage, avec de fréquents croisements avec le sanglier. Cela explique sans doute qu'il n'y ait à l'origine qu'un seul nom en grec et en latin pour désigner à la fois les cochons domestiques et les cochons sauvages que sont les sangliers.

Une même racine sous deux formes

On attribue aux porcs et aux sangliers le même nom indo-européen, sous deux variantes ***su-*** et ***hu-***. Ainsi, pour désigner indistinctement le porc, la truie, le sanglier et la laie, on a le grec *sus* ou sa variante *hus*. La variante ***hu-*** a laissé peu de traces dans les appellations des porcins, en dehors de *houc'h* en breton (pour le porc) et de *hwch* en gallois (pour la truie). Toutefois, cette racine apparaît en français dans deux noms a priori inattendus, celui d'un autre mammifère, la hyène (cf. UN NOM GRÉCO-LATIN, p.78), et celui d'une plante, la jusquiame :

le nom de la *hyène* vient du grec *huaina*, peut-être parce que les Grecs lui ont trouvé l'allure d'une truie disgracieuse ; ce nom *huaina* est formé sur le modèle de *lukaina* «louve» ou *leaina* «lionne», où le suffixe *-aina* semble comporter une nuance péjorative ;

le nom de la *jusquiame*, plante vénéneuse dont on peut extraire une substance narcotique et hallucinogène, vient du grec *huoskuamos* (de *huos* «porc» + *kuamos* «fève»).

LES NOMS DU PORC

racine i.-e.	***su-, hu-*** «porc sauvage ou domestique»	racine i.-e.	***pork-*** «porc domestique»	ORIGINES DIVERSES	
gr.	*hus*	lat.	*porcus*	lat.	*maialis*
lat.	*sus*	(interl.)	*porco*	it.	*maiale*
ptg.	*suíno*	(espér.)	*porco*	esp.	*cerdo*
dan.	*svin*	fr.	*porc*	gr.	*choiros*
bret.	*houc'h*			angl.	*pig*
néerl.	*zwijn*			hong.	*sertés*
tch.	*svině*			néogr.	*gourouni*
all.	*Schwein*			basq.	*txerri, urde*

RÉCRÉATION

SACRIFICES

À Rome, on célébrait les *suovetaurilies* lors de cérémonies rituelles de purification au cours desquelles on sacrifiait trois animaux.

De quels animaux s'agissait-il ? Une suggestion : la solution est à chercher du côté des noms latins de ces animaux.

RÉPONSE : d'un porc (*sus*), d'une brebis (*ovis*) et d'un taureau (*taurus*)

La variante ***su-*** a été beaucoup plus productive. La forme grecque *sus* correspond au latin *sus, suis*, qui, comme en grec, désignait à la fois le porc, la truie, le sanglier et la laie, et se reconnaît aussi dans les langues germaniques et slaves : angl. *swine* «porc», *sow* «truie», all. *Schwein* «porc», suédois *svin* et russe *svin'je*. Du latin *sus* «porc» viennent quelques noms actuels du porc, comme en portugais *(suíno)* ou en italien *(suino)*. Les zoologistes ont adopté le nom latin scientifique *sus* pour désigner le genre auquel appartiennent le porc et le sanglier, d'où le nom de la famille des *suidés* et de la sous-famille des *suinés*.

Un autre nom pour le porc domestique

En fait, c'est une autre racine indo-européenne, ***pork-***, qui désigne spécifiquement le porc domestique. Cette racine a pris une grande importance en latin *(porcus)* et dans les langues romanes.

Avec la forme *pork*, l'anglais se rattache aussi aux langues romanes mais on sait que ce terme anglais d'origine française ne peut désigner que la viande du porc, et non pas l'animal.

La famille lexicale française issue de porcus

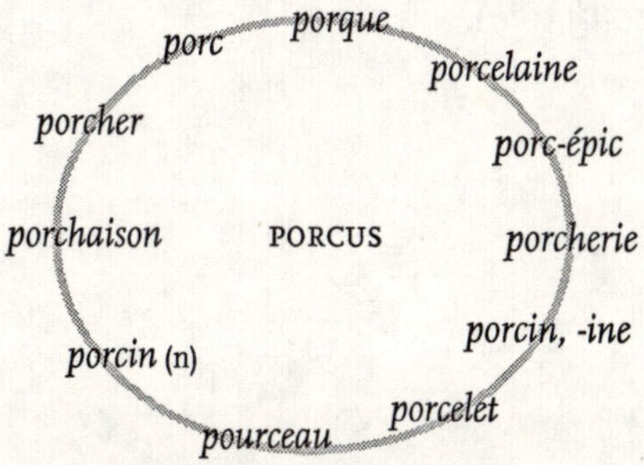

La plupart de ces noms n'ont pas besoin d'être longuement commentés : le *porcher* soigne les porcs, la *porcherie* est leur lieu d'habitation et le *porcelet* est le petit du porc.

D'autre part, le féminin *porque* existait encore au XIXe siècle[289] pour désigner la truie, mais ce terme désigne aujourd'hui uniquement une pièce de bois horizontale permettant de renforcer la carène d'un bateau, sans doute par analogie avec la forme d'une truie allongée. En italien *(porca)* et en allemand *(Kielschwein)* on a recours à la même métaphore. Ce n'est pas le cas en portugais, où *porca* désigne un écrou dans lequel on visse un boulon, l'écrou étant la partie femelle de l'assemblage écrou-boulon.

Porchaison est encore de nos jours un terme de chasse qui désigne la saison où le sanglier est gras et bon à manger. On voit ici le nom du porc figurer dans un terme qui concerne le sanglier, ce qui ne devrait pas surprendre car, entre initiés, on ne chasse pas le sanglier, *on chasse le cochon.*

En fait, le véritable étonnement que procure la rosace ci-dessus vient surtout de la présence de *porcelaine,* terme qui sera commenté un plus loin. (cf. LA TRUIE ET LA PORCELAINE, p.255)

Le cochon

Jusqu'ici, il n'a pas encore été question de *cochon,* nom typiquement français, mais également présent en espagnol sous la forme *cochino.*

L'étymologie de *cochon* est obscure. Elle partirait du cri utilisé pour appeler l'animal, quelque chose comme *coch,* qui lui-même exprimerait le grognement du cochon. Cette explication paraît un peu courte, mais à ce jour, il n'y a pas mieux.

En français, la famille de *cochon* est assez variée. Elle comporte les noms de la femelle *(cochonne),* de sa portée *(cochonnée),* de ses petits *(cochonnets),* ainsi qu'un terme de charcuterie *(cochonnaille).*

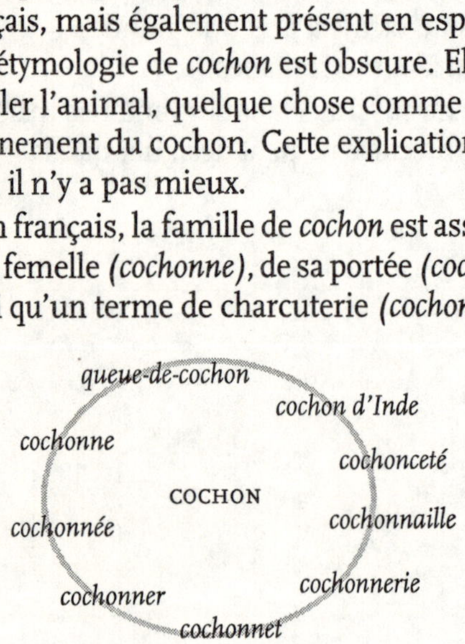

Avec *cochonner* et *cochonnerie,* on évoque la saleté dans laquelle se complaît le cochon, mais *cochonceté* est une création plaisante pour

LE JEU DU PETIT COCHONNET,
UNE PLAISANTERIE ENFANTINE QUI N'EN FINIT PAS.

Le jeu du petit cochonnet se joue à [trwa], non pas Troyes en Champagne, ni Troie en Asie Mineure, mais trois, un, deux, trois.
Le premier prend la lance et la boule, le second prend la boule et la lance.
Que fait le troisième ?
...
Ah ! Je vois que vous n'avez rien compris au jeu du petit cochonnet. Je recommence : le jeu du petit cochonnet se joue à [trwa], non pas...

désigner une obscénité. D'autre part, le *cochonnet* est à la fois un petit cochon et la petite boule servant de but dans le jeu de boules.

Grâce à ses traits d'union, *queue-de-cochon* ne peut pas se confondre avec une vraie queue de cochon et désigne une sorte de vrille métallique. Enfin, *cochon d'Inde* a inspiré la récréation suivante :

RÉCRÉATION

DES COCHONS DE PARTOUT

Le nom du cochon a été utilisé pour nommer bien d'autres mammifères en plus du porc. Afin de retrouver les correspondances entre les mots des deux listes ci-dessous, il est recommandé de laisser pour la fin l'oryctérope et le cabiai, que l'on découvrira par déduction.

1. **cochon d'Inde** A. porcelet
2. **cochon d'Amérique** B. oryctérope
3. **cochon d'eau** C. marsouin
4. **cochon de lait** D. pécari
5. **cochon de mer** E. cabiai
6. **cochon de terre** F. cobaye

RÉPONSE : 1F – 2D – 3E – 4A – 5C – 6B

Encore d'autres noms pour le porc

On a déjà rencontré toutes sortes de noms du porc, mais la liste est loin d'être épuisée.

En français, on peut appeler un jeune porc un *goret*, diminutif de *gore*, qui désignait la truie en ancien français, une forme qui subsiste encore, par exemple en Normandie. Ce nom, peut-être issu d'une onomatopée, reste d'origine controversée.

En espagnol : en plus de *puerco* et de *cochino*, il existe deux autres noms :

cerdo, cerda «porc, truie», du latin *cirrus* dans le sens de «touffe de crin, de poil d'animal», allusion aux soies raides du cochon;

marrano, marrana «porc, truie», de l'arabe *moharramah* «chose interdite par la religion», allusion au fait que la religion musulmane interdit de manger du porc.

En italien:

maiale «porc» est issu du latin *maialis* «porc châtré», probablement du nom de Maia, divinité du printemps, allusion au sacrifice rituel d'un porc à cette déesse.

En anglais:

hog «porc», peut-être d'origine celtique (cf. le gallois *hwch* «truie»);

pig, initialement, et encore aux États-Unis, «petit cochon», puis «porc»;

swine existe en anglais britannique et désigne généralement le porc aux États-Unis;

boar «porc reproducteur, sanglier», qui se relie aux noms germaniques de l'ours, par exemple à l'anglais *bear* «ours».

En basque:

urde «porc», *urdanga* «truie».

En grec:

khoiros «cochon» n'a pas laissé de trace dans les noms du cochon lui-même, mais on trouvera cette forme un peu plus loin dans les noms du *potamochère* et du *phacochère*. (cf. LE POTAMOCHÈRE, p.259 et LE PHACOCHÈRE, p.260)

Le verrat et les Verrines de Cicéron

Le porc reproducteur s'appelle en français *verrat*, nom issu de l'ancien français *ver* «porc reproducteur, sanglier», lui-même du latin *verres* de même sens, d'où également le nom du verrat dans les autres langues romanes: it. *verre*, roum. *vier*, cat. *verro*, ptg. *varão*, *varrasco*, esp. *verraco*.

Les plaidoiries de Cicéron contre Verrès (Caius Licinius Verres), magistrat romain, sont célèbres. Elles ont été baptisées les *Verrines* et Cicéron ne se prive pas d'y comparer Verrès… à un porc.[290]

LA TRUIE

☞ *grasse et prolifique*[291]

it.	*scrofa*
esp.	*cerda, marrana*
angl.	*sow*
all.	*Mutterschwein*

Les racines indo-européennes ***su-*** et ***pork-*** ont produit un certain nombre de noms de la truie dans les langues de l'Europe.

Mais avec des modifications au cours du temps :

racine i.-e.	***su-, hus-***	racine i.-e.	***pork-***
gr.	*hus*	it.	*porca*
angl.	*sow*	ptg.	*porca*
all.	*Sau*	cat.	*porca*
tch.	*svině*	roum.	*purcea*
pol.	*swinia*	a. fr.	*porque*
russe	*svin'ja*		
néerl.	*zeug*		
dan.	*so*		
suéd.	*sugga, so*		

En latin, la femelle du porc, après avoir été nommée *sus* (terme qui désignait la femelle aussi bien que le mâle), est appelée *porcus femina* chez Cicéron, mais *porca* chez Caton l'Ancien (dont le nom complet était d'ailleurs Marcus *Porcius* Cato), ainsi que *scrofa* comme terme de la langue rustique.

En latin tardif, la truie s'est appelée aussi *troia*, d'où l'italien *troia*, qui se relie au français moderne *truie* et au catalan *truja* «truie».

La truie et le cheval de Troie

Une hypothèse souvent avancée voit dans *troia* une référence gastronomique. On sait que les Romains étaient friands de porc farci. Or on trouve au Ve siècle l'expression *porcus Trojanus* pour désigner ce mets : ce porc était rempli de farce, comme le cheval de Troie avait été rempli de Grecs. De là viendrait *troia* «truie», mais cette explication, à laquelle on aimerait croire, est fortement contestée, et même rejetée par beaucoup, qui la considèrent comme une pure étymologie populaire. Un dictionnaire étymologique de catalan[292] présente une hypothèse plus directement linguistique, s'appuyant sur des formes celtiques et aboutissant à la conclusion que *troia* serait finalement le féminin de *porcus*. Mais aucune de ces deux hypothèses ne convainc complètement.

La truie et la porcelaine

On sait bien qu'un éléphant peut être imaginé par plaisanterie dans un magasin de porcelaine, mais cette fois, c'est la porcelaine qui se trouve de façon incongrue dans la porcherie, comme des perles jetées aux pourceaux, si l'on ose dire. Comment en est-on arrivé là ?

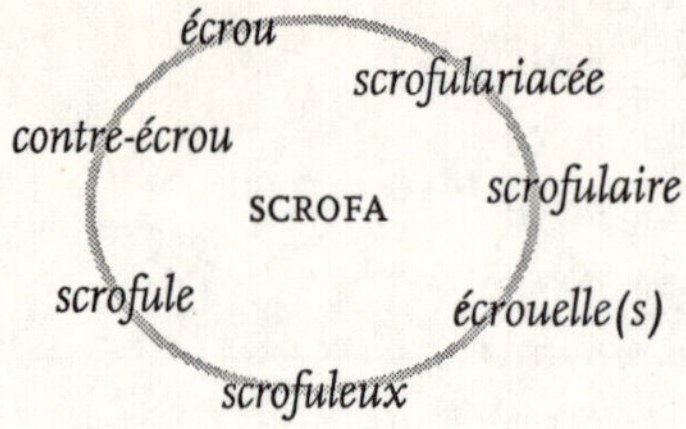

Le nom *porcelaine* désigne principalement un type de céramique fine et translucide, mais c'est aussi le nom d'un beau coquillage des mers chaudes. C'est en fait le coquillage qui a été nommé le premier, et qui a donné son nom à la porcelaine, dont l'aspect lisse et brillant rappelle celui du coquillage.

Mais d'où vient le nom du coquillage?

Le nom du coquillage a d'abord été forgé en italien *(porcellana)*, à partir de *porcella* «petite truie», peut-être parce que la fente étroite que présente le coquillage rappelle l'organe génital d'une truie.

En français, le nom *porcelaine* (anciennement *pourcelaine)* est attesté pour la première fois en 1298, dans le *Livre des merveilles* de Marco Polo, pour désigner à la fois le coquillage et la porcelaine, qui était seulement chinoise à l'époque. Cette origine chinoise apparaît clairement dans l'appellation la plus courante de la porcelaine en anglais: *china* (à côté de *porcelain)*. Toutes les autres langues ont emprunté le nom italien *porcellana* ou le nom français *porcelaine.*

Le lien entre le porc et la porcelaine est maintenant lointain en italien et en français, un peu plus lointain encore dans les autres langues romanes et carrément indécelable dans les langues non romanes car le nom du porc y est complètement différent.

La truie, l'écrou, la scrofule et les écrouelles

Avec *sus, porcus femina, porca* et *troia*, on compte déjà quatre appellations de la truie ayant existé en latin. On insistera à présent sur *scrofa*, qui a également laissé des traces dans la langue française.

La famille de *scrofa* en français est des plus étranges.

On y trouve d'une part *écrou* (et *contre-écrou)*, d'autre part les doublets *écrouelle* et *scrofule*, ainsi que deux dérivés de *scrofule.*

En français, *écrou* vient de *scrofa* par l'ancien français *escroue*, avec l'adjonction classique du /e/ initial, dont on parlera plus longuement dans le chapitre sur l'écureuil (cf. ÉCUREUIL, C'EST COMME ÉCOLE, p.307). Cet écrou n'est pas celui du *registre d'écrou* d'une prison où un détenu est écroué (qui vient du francique **skrodda* «petit morceau (de parchemin»), mais la contrepartie femelle de la pièce mâle qu'est un boulon ou une vis. Il s'agit ici de la même métaphore que celle déjà rencontrée en portugais pour *porca* «écrou». (cf. LA FAMILLE LEXICALE FRANÇAISE ISSUE DE PORCUS, p.251)

Par ailleurs, le nom *scrofule* vient d'un latin tardif *scrofula*, qui désigne des grosseurs ganglionnaires du porc, fréquentes chez cet animal, et qui se manifestent aussi chez l'homme, en particulier en cas de tuberculose. Les *scrofules* de l'homme s'appelaient jadis les *écrouelles*.

«LE ROI TE TOUCHE, DIEU TE GUÉRISSE»

Telle est, depuis le XIe siècle, la phrase prononcée par les rois de France et d'Angleterre qui, selon la tradition, avaient, le jour de leur sacre, le pouvoir de guérir miraculeusement les gens atteints de la maladie des écrouelles.

On pouvait traiter les écrouelles avec une plante dont les racines portent des tubercules rappelant la forme des scrofules, et appelée pour cela *scrofulaire* ou encore *herbe aux écrouelles*. En effet, selon la théorie alchimiste dite de la signature, une ressemblance entre une plante et le symptôme d'une maladie «signait» cette maladie, qui pouvait être guérie par la plante.

LE SANGLIER

☞ *solitaire et sauvage*

it. *cinghiale*
esp. *jabalí*
angl. *(wild) boar*
all. *Wildschwein, Eber*

Tout comme le latin *caper*, le grec *kapros* a d'abord signifié «bouc». Puis, le nom courant du bouc est devenu *tragos* en grec (cf. LE BOUC, p.222). C'est alors que *kapros* s'est trouvé disponible pour désigner le porc reproducteur ou le sanglier.

Le sanglier en grec et en latin

Le sanglier est d'abord *aper* en latin classique, mais en latin médiéval est apparue l'expression *porcus singularis* «porc solitaire», pour désigner le vieux mâle restant seul (qui se nomme d'ailleurs toujours un *solitaire* en français), puis n'importe quel sanglier. Et c'est l'adjectif *singularis*, par ailleurs à l'origine de *singulier*, qui a évolué en *sanglier*. Les mots *singulier* et *sanglier* sont donc en définitive des doublets et on retrouve des doublets équivalents en catalan : *singular* «singulier» et *senglar* «sanglier».

Ils existent aussi en italien : *singolare* «singulier» et *cinghiale* «sanglier». Le < c > de *cinghiale* peut surprendre. C'était anciennement *singhiale*, et la forme *cinghiale* est apparue sous l'influence de *cinghia* «ceinture», sans doute à cause du collier de poils que porte le mâle.

De l'ours au sanglier, dans les langues germaniques

L'anglais *boar* désigne le verrat ou le sanglier. Pour préciser qu'il s'agit du sanglier sans équivoque, on dira *wild boar*, c'est-à-dire «verrat sauvage». Or ce nom *boar* remonte à la même racine que *bear* «ours», le sanglier ayant un peu la couleur d'un ours brun. Cette identité est encore plus évidente avec le néerlandais *beer*, qui est à la fois «ours» et «verrat». Pour le sanglier proprement dit, le néerlandais a deux possibilités : *wild zwijn*, ou bien *ever*. En allemand, le sanglier peut aussi se dire *Wildschwein* ou *wilder Eber*, ou encore *Eber*.

Cette forme *eber* «sanglier» est relativement fréquente dans les patronymes et noms de lieux d'origine germanique : *Eberlin, Eberling, Eberlé*, et surtout *Eberhard (Eber* «sanglier» + *hard* «fort») dont il existe de multiples variantes, comme *Eberhart, Eberhardt, Ebrard, Evrard, Euvrard, Evrat* ou *Hébrard*, qui rappellent qu'on pouvait jadis être fier d'être fort comme un sanglier, de même que les *Léonard* étaient forts comme des lions et les *Bernard* forts comme des ours.

Le sanglier, montagnard et sauvage

On trouve ici un nouvel exemple de la présence de formes arabes en espagnol et en portugais : le sanglier se dit en arabe *hinzîr jabalî*, de *hinzîr* «porc» et *jabal* «montagne» (cf. le *djebel* d'Afrique du Nord), d'où l'espagnol *jabalí* et le portugais *javali* «sanglier». Le portugais dit aussi *porco-montês* pour le sanglier.

On retrouve en basque la simple idée de porc sauvage déjà rencontrée dans les langues germaniques : dans *basaurde*, on reconnaît *urde* «porc» et *basa* «sauvage».

La laie et le marcassin

Le sanglier incarne plutôt la force, voire la férocité, dans le monde germanique. C'est un animal sacré dans le monde celte. L'animal, et plus particulièrement la femelle, fut emblématique pour les Gaulois. En français, le nom spécifique de la femelle du sanglier, la *laie*, est d'origine francique.

Quant au petit, il se nomme *marcassin*, d'un vieux nom picard *marquesin*, peut-être parce que le marcassin porte sur le dos des marques en forme de rayures pendant ses cinq premiers mois d'existence.

LE POTAMOCHÈRE

☞ *le cochon des rivières*

it. *potamoc(h)ero*
esp. *potamoquero*
angl. *riverhog, bushpig*
all. *Pinselschwein*

Le nom *potamochère* a été forgé par les zoologistes sur le grec *potamos* «fleuve» (qui fait penser à *hippopotame* «cheval du fleuve») et *khoiros* «porc». Il s'agit en effet d'un animal proche du porc. Il en existe deux espèces, toutes deux africaines et toutes deux dotées de longs poils colorés, surtout sur la tête et les oreilles: d'où le nom en allemand *Pinselschwein* (*Pinsel* «brosse» + *Schwein* «cochon»). En anglais, on dit *riverhog* «cochon de rivière» ou *bushpig* «cochon des buissons».

LE BABIROUSSA

☞ *le cochon-cerf*

it. *babirussa* (m.)
esp. *babiroussa* (f.)
angl. *babirusa*
all. *Babirusa, Hirscheber*

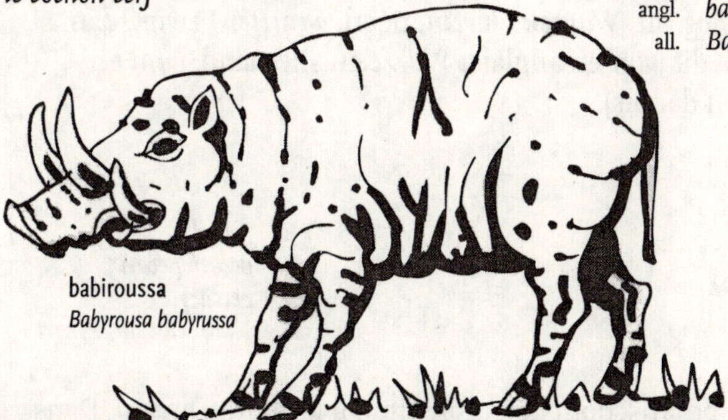

babiroussa
Babyrousa babyrussa

Le babiroussa est une sorte de sanglier de Malaisie dont les canines supérieures sortent de la tête comme des cornes de cervidé, d'où son nom en malais: *babi* «porc» + *rusa* «cerf». Cette particularité, qui le fait ressembler à la fois à un porc et à un cerf, se manifeste dans son nom en portugais, *porco veado (porco* «porc» + *veado* «cerf») et en néerlandais *hertzwijn (hertz* «cerf» + *zwijn* «porc»).

LE PHACOCHÈRE

☞ *le porc aux lentilles*

it. *facocero*
esp. *facoquero, jabalí verrugoso*
angl. *wart hog*
all. *Warzenschwein*

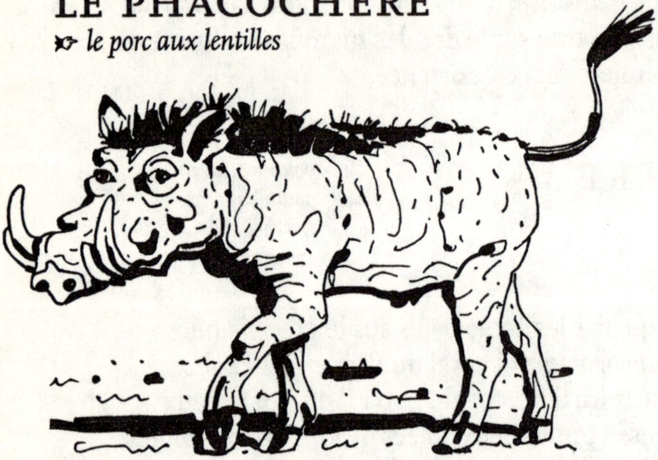

phacochère
Phacochoerus africanus

Le nom *phacochère* vient du grec *phakos* «lentille» et *khoiros* «porc». Cet animal, qui est chassé pour sa viande en Afrique, n'est pas particulièrement apte à fournir du petit salé pour accompagner les lentilles. Ce nom vient simplement du fait que le phacochère possède, disposées symétriquement de chaque côté de la tête, des excroissances en forme de lentille. Cela explique pourquoi les langues germaniques qualifient l'animal de «porc à verrues»: angl. *wart hog*, all. *Warzenschwein*, néerl. *wrat(ten) zwijn*, dan. *vortesvin* («verrue» se dit *wart* en anglais, *Warze* en allemand, *wrat* en néerlandais et *vorte* en danois).

LE PÉCARI

☞ *ou cochon d'Amérique*

it. *pecari*
esp. *pecarí, pécari*
angl. *peccary*
all. *Nabelschwein, Pekari*

Il y a trois espèces de pécaris, dont deux constituent le genre *Tayassu*. Dans la faune des Amériques, les pécaris sont un peu les équivalents des sangliers de l'Ancien Monde. À elles trois, elles constituent une famille proche, mais distincte, de celle des suidés: les *tayassuidés*.

Le nom *tayassu* signifie «pécari» en nahuatl, la langue des Aztèques,[293] tandis que *pécari* vient d'une langue caraïbe.

Si les zoologistes ont choisi le mot nahuatl, la plupart des langues ont adopté le terme *pécari* avec des orthographes variées, tandis que plusieurs langues germaniques utilisent aussi un deuxième nom, curieusement formé sur le mot «nombril» (all. *Nabel*, néerl. *navel*, dan. *navle...)* à cause de la glande à musc, en forme de nombril, que ces animaux ont en bas des reins, d'où all. *Nabelschwein*, néerl. *navelzwijn*, dan. *navlesvin*.

L'HIPPOPOTAME

☞ *le cheval du fleuve*

it. *ippopotamo*
esp. *hipopótamo*
angl. *hippopotamus, hippo*
all. *Nilpferd, Flusspferd*

La première description de cet animal massif remonte à Hérodote, qui précise que *c'est un quadrupède à pieds fourchus comme le bœuf et à la face aplatie, qui porte une crinière de cheval et des dents saillantes, et qui a la queue du cheval et son hennissement.*[294]

Malheureusement, cette description est étonnamment inexacte, l'hippopotame n'ayant que très peu de poils et certainement pas de crinière. Pourtant, Aristote, puis Pline, perpétuent cette erreur en reprenant fidèlement la référence à la crinière et au hennissement. Ce n'est que dix-sept siècles plus tard que Buffon corrigera toutes ces erreurs mais en reconnaissant toutefois que *sa voix est moyenne entre le mugissement du buffle et le hennissement du cheval.*[295]

Dans l'Antiquité, les hippopotames étaient abondants dans le Nil et les Égyptiens l'avaient divinisé. Les Grecs l'ont alors appelé *hippos ho Neilou* «cheval du Nil», puis *hippos ho potamios* «cheval du fleuve» et finalement *hippopotamos*.

Les langues germaniques gardent la trace de ces appellations anciennes : all. *Nilpferd*, néerl. *nijlpaard* «cheval du Nil» et all. *Flusspferd* «cheval du fleuve». D'autre part, le nom de l'hippopotame en hongrois, *vízilo*, est formé de *víz* «eau» + *ló* «cheval». La plupart des autres langues ont adopté le nom grec *hippopotamos*, devenu *hippopotamus* en latin. C'est la forme latine que l'on retrouve dans le nom d'une chaîne de restaurants créée en France le 1er juin 1968.[296]

logo
Hippopotamus

L'ORYCTÉROPE

☞ *le cochon de terre*

it. *oritteropo*
esp. *orictéropo, cerdohormiguero*
angl. *aardvark*
all. *Erdferkel*

oryctérope
Orycteropus afer

L'oryctérope est un animal d'Afrique du Sud qui ressemble un peu à un porc, mais qui vit dans un terrier, d'où son autre nom, *cochon de terre.*

Les Afrikaners l'ont appelé *aardvarken,* du néerl. *aard* «terre» + *varken* «porc», d'où l'anglais *aardvark* et l'adaptation *Erdferkel* en allemand.

Quant au nom *oryctérope,* il a été forgé par Geoffroy Saint-Hilaire, qui a établi ce nom à partir du grec *oruktêr* «fouisseur» (de *orux* «pioche») et *pous* «patte», d'où *orycteropus,* c'est-à-dire «aux pattes de fouisseur».

Les langues romanes ont presque toutes repris ce nom.

Autour du cerf

Le cerf n'a jamais été le roi des animaux, mais on le qualifie souvent de roi de la forêt. C'est aussi le gibier de la chasse à courre par excellence. La famille des cervidés comporte, outre le mégacéros†, un animal aujourd'hui disparu, le wapiti, le daim, le muntjac, l'élan, le chevreuil et le cariacou, ainsi qu'une espèce qui a été domestiquée par l'homme, le renne. Proches des cervidés, on trouve le porte-musc et le chevrotain dans deux autres familles.

ARTIODACTYLES (10 familles, 220 espèces)

cervidés

cervinés

- **LE CERF & LA BICHE**
- **LE MÉGACÉROS†**
- **LE WAPITI**
- **LE DAIM**

muntiacinés

- **LE MUNTJAC**

odocoilinés

- **L'ÉLAN OU ORIGNAL** (au Canada)
- **LE CHEVREUIL**
- **LE RENNE OU CARIBOU** (au Canada)
- **LE CARIACOU OU CERF DE VIRGINIE**

moschidés

- **LE PORTE-MUSC**

tragulidés

- **LE CHEVROTAIN**

(▶ espèces...)
(ordre)
(famille)
(sous-famille)

LE CERF

☞ *le cerf est un animal puissant, au port altier, avec une ramure impressionnante tandis que la biche symbolise la douceur fragile.*

it.	*cervo*
esp.	*ciervo*
angl.	*deer*
all.	*Hirsch*

Le cerf a un nom indo-européen, ***elen-***, qui se manifeste principalement dans les noms de cet animal en grec et dans les langues slaves et baltes. Le tableau ci-dessous montre que les formes romanes et celtiques, ainsi que les formes germaniques, reposent sur une autre racine.

On peut se demander si le nom du cerf n'a pas fait l'objet d'un tabou car il semble avoir été évité dans tout l'Ouest européen, où cet animal était nommé simplement le «cornu». La forme complète en grec classique était d'ailleurs *elaphos keraos* «cerf cornu». En hongrois aussi, la corne apparaît dans le nom du cerf: *szarvas*, formé sur *szar* «corne». De même, comme on le verra ci-dessous, les noms germaniques se relient à la même racine ***ker-*** que *cervus*.

Les surprises de l'évolution phonétique

Vu la différence des formes, on peut être surpris d'un rapprochement entre *cervus* «cerf» en latin et *Hirsch* «cerf» en allemand. En fait, on

LES NOMS DU CERF

racine i.-e.	***ker-*** «corne»	racine i.-e.	***eln-*** «petit d'animal»
lat.	*cervus*	gr.	*elaphos*
it.	*cervo*	néogr.	*elaphi*
esp.	*ciervo*	tch.	*jelen*
ptg.	*cervo*		
fr.	*cerf*		
bret.	*karo*		
(interl.)	*cervo*		
(espér.)	*cervo*		
all.	*Hirsch*		
néerl.	*hert*		
dan.	*hjort*		
racine i.-e.	***dheusóm-*** «qui respire»	ORIGINES DIVERSES	
angl.	*deer*	hong.	*szarvas*
		basq.	*orein*

retrouve ici une loi de phonétique historique déjà rencontrée à propos du chien, et qui mettait en correspondance les noms issus du latin *canem* (it. *cane*, fr. *chien)* et les noms germaniques (all. *Hund*, néerl. *hond)*. Le caractère systématique de l'évolution de la consonne /k/ de l'indo-européen, devenue /h/ dans les langues germaniques, apparaît très clairement dans les séries parallèles suivantes, toutes reliées à la même racine indo-européenne ***ker-***:

ITALIEN	FRANÇAIS	ALLEMAND	NÉERLANDAIS
cervo	*cerf*	*Hirsch*	*hert*
corno	*corne*	*Horn*	*hoorn*
cervello	*cerveau*	*Hirn*	*hersens*

Les bêtes cornues

C'est dans l'ensemble des langues germaniques, celtiques et romanes que le nom du cerf est le «cornu».

Rien de tel pour les langues slaves, qui ont qualifié de «cornus» non pas les cervidés mais les vaches. Si l'on reprend la liste des noms de la vache dans les différentes langues d'Europe (cf. encadré LES NOMS DE LA VACHE, p.182), on peut constater qu'il y a eu en fait une sorte de chassé-croisé entre les langues d'Europe occidentale et les langues slaves. Les unes ont retenu la racine ***ker-*** pour les cervidés *(cervus, cerf, Hirsch...)*, tandis que les langues slaves ont favorisé cette racine ***ker-*** pour les bovidés *(korova* en russe, *króva* en tchèque).

On pourrait avancer l'idée que la notion de bête à cornes par excellence[297] était restée celle du cerf uniquement dans les langues d'Europe occidentale.

En résumé, tout se passe comme si le bœuf et le cerf se partageaient le privilège de conserver dans leur nom leur caractéristique la plus évidente: les cornes.

La famille de cerf en français

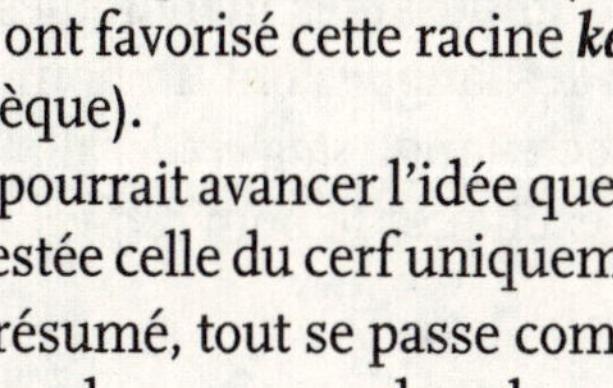

C'est sur le latin *cervus* «cerf» qu'a été forgé le nom de la famille des *cervidés*, ainsi que le terme *cervaison*, qui est la période où le cerf est gras, bon à chasser.

Tous les autres dérivés ne concernent pas directement le cerf car le *loup-cervier* est l'autre nom du *lynx* (cf. encadré LE LYNX OU LOUP-CERVIER, p.133) et le *serval* est un félidé dont la présence au milieu de la famille du cerf est surprenante. (cf. LE SERVAL, p.136)

UNE CORNE QUI SE DÉDOUBLE

La racine indo-européenne ***ker-*** «corne» a donné naissance aux noms de deux animaux «cornus» différents : d'un côté le *cerf*, dans les langues d'origine latine, celtique ou germanique, et de l'autre la *vache*, dans les langues slaves :

ker- «corne»

le nom désignant **le «cerf»** (lat. *cervus*, gallois *carw*, all. *Hirsch*)	le nom désignant **la «vache»** (russe *korova*, pol. *krowa*, tch. *kráva*)

Le cerf-volant : l'insecte et le jeu

Quant au *cerf-volant*, ce nom mérite qu'on s'y attarde quelque peu. Certes, le nom s'applique très logiquement au gros insecte appelé plus scientifiquement *lucane*, et dont le mâle porte d'imposantes mandibules rappelant les bois du cerf. D'ailleurs la plupart des langues ont un nom comportant celui du cerf pour désigner cet insecte (angl. *stag beetle*, all. *Hirschkäfer*, it. *cervo volante...)*. Mais comment expliquer le nom *cerf-volant* pour le jouet qu'on fait évoluer dans le vent?

Le « cerf» ne vole qu'en français

Le tour d'horizon des noms du cerf-volant (le jouet) dans diverses langues révèle que la plupart d'entre elles ont des noms beaucoup plus logiques pour désigner un objet qui vole, et en particulier des noms d'oiseaux:

angl. *kite* «le milan»
cat. *miloca* «la chouette»
cat. *grua* «la grue»
ptg. *papagaio* «le perroquet»
it. *aquilone* «l'aigle»

On trouve aussi des termes correspondant au verbe «voler» (néerl. *vlieger*, du verbe *vliegen* «voler», et pol. *latawiec*, formé sur *latac* «voler») et également des noms d'étoiles : esp. *cometa* «comète», cat. *estel* «étoile».

Mais c'est un dragon dans une grande quantité d'autres langues :

en allemand	*Drachen*	en suédois	*drake*
en norvégien	*drake*	en roumain	*zmeu*
en danois	*drage*	en hongrois	*sárkány*

tandis qu'en breton, c'est un serpent *(sarpent)*.

Le français semble faire exception avec son «cerf» volant. Peut-on trouver une explication à cette originalité française ?

L'ancienne tradition chinoise des cerfs-volants en forme de dragon et de serpent apporte peut-être une solution, grâce à un détour par l'ancien français. Le nom du serpent était *serpe* en ancien français, ce qui permet de faire l'hypothèse que l'objet que l'on nomme aujourd'hui un *cerf-volant* était à l'origine un serpent volant, la forme *serpe* ayant été influencée par celle de *cerf*.

Le mâle et le petit

En termes de chasse, tout gibier poursuivi est une *bête*. D'ailleurs, en anglais, le nom du cerf est *deer*, de la même origine que l'allemand *Tier* «bête» et le néerlandais *dier* «bête». L'anglais a aussi un autre nom, *stag* «cerf», qui désigne d'abord le «mâle (en général)», d'où la tradition du *stag dinner* «dîner entre hommes», qu'un jeune homme organise pour enterrer sa vie de garçon.

En français courant, un jeune cerf se nomme un *faon*, mot qui signifie à l'origine «petit d'animal». Ce nom vient en effet du latin *fetus* «enfantement», ce qui fait de *faon* un doublet de *fœtus*.

RÉCRÉATION

LES NOMS DU CERF SELON SON ÂGE[298]

Comment les chasseurs nomment-ils le *cerf* aux différents âges de sa vie ?

1. **daguet** (formé sur *dague*)	A. jusqu'à 6 mois
2. **faon**	B. de 6 mois à 1 an
3. **cerf royal**	C. à 1 an
4. **grand vieux cerf**	D. à 2 ans
5. **hère** (du néerlandais *hert* «cerf»)	E. à 7 ans
6. **dix-cors**	F. à 8 ans et plus
7. **brocard** (formé sur *broche*)	G. à 9 ans et plus

RÉPONSE : 1D – 2A - 3F – 4G – 5B – 6E – 7C

LA BICHE

☞ *la «bête» au front lisse*

it.	*cerva*
esp.	*cierva*
angl.	*hind*
all.	*Hindin*

Le nom français *biche* vient de l'ancien français *bisse*, lui-même probablement du latin *bestia* «bête». Les noms *biche* et *bête* apparaissent donc comme des doublets.

LES NOMS DE LA BICHE

racine i.-e.	***ker-*** «corne»	racine i.-e.	***kem-*** «sans corne»
latin	*cerva*	gr.	*kemas*
it.	*cerva*	néerl.	*hinde*
esp.	*cierva*	angl.	*hind*
ptg.	*cerva*	all.	*Hindin*
(espér.)	*cervino*	dan.	*hind*
(interl.)	*cerva*		

racine i.-e.	***eln-*** «petit d'animal»	ORIGINES DIVERSES	
néogr.	*elaphina*	tch.	*lăn*
basq.	*orein eme*	fr.	*biche*
bret.	*heizes*		
hong.	*suta*		

À l'exception du français, on voit que la plupart des langues romanes ont gardé la forme latine, reliée à la racine ***ker-*** «corne», pour nommer la biche, ce qui, au fond, n'est pas logique puisque la biche n'a pas de cornes. Les noms germaniques, par exemple l'anglais *hind* et le grec *kemas* «jeune biche», se relient d'ailleurs à une même racine signifiant «sans cornes».[299]

RÉCRÉATION

THÉÂTRE, MÉDECINE ET AUTOMOBILE

Biche et *chevreuil* sont évoqués dans trois noms célèbres :

1. celui d'un auteur comique français du XIXe siècle
2. celui d'un grand médecin français, fondateur de l'anatomie générale, mort en 1802
3. celui d'un industriel suisse, créateur en Amérique d'une société d'automobiles

RÉPONSE : 1. Eugène Labiche (1815-1888) • 2. Marie François Xavier Bichat (1771–1802) • 3. Louis Joseph Chevrolet (1878-1941)

LE MÉGACÉROS†

☞ *du grec mega «grand» et keras «corne»*

it. *megacero*
esp. *megaceros*
angl. *megaceros, Irish elk*
all. *Megazeros*

Remarquable par le développement de ses bois, qui pouvaient atteindre trois mètres d'envergure, le mégacéros est un ruminant fossile dont on trouve des squelettes dans les tourbières d'Irlande.[300]

LE WAPITI

☞ *un cerf bicolore*

it. *wapiti*
esp. *wapiti*
angl. *wapiti*
all. *Wapiti*

Ce grand cerf a le dos, les flancs et la queue blanchâtres alors que le reste de son pelage est grisâtre (notamment la tête et l'encolure). On nomme ce cervidé *wapiti* en Amérique du Nord[301] d'après le nom *wapitik* (en algonquin) qui signifie littéralement «croupe blanche».

Le wapiti est en fait une variété du cerf commun, que l'on nomme aussi *cerf rouge* en Europe, où il arbore une robe brun rougeâtre en été. Son nom latin scientifique est *Cervus elaphus*, d'où son appellation spécialisée *cerf élaphe*, ce qui fait renaître le nom grec *elaphos* «cerf».

LE DAIM

☞ *ornement des parcs et des châteaux*

it. *daino*
esp. *gamo*
angl. *fallow deer*
all. *Damhirsch*

Le nom de cet animal vient du latin *damma* (ou *dama*) «daim», lui-même peut-être d'origine celtique. Cette origine se retrouve en italien *(daino)*, en catalan *(daina)*, en breton *(dem)*, en allemand *(Damhirsch)*, en néerlandais *(damhert)*, et même en hongrois *(dámvad, dámszarvas)*, mais ni en espagnol *(gamo)*, ni en portugais *(gamo)*. Cette dernière forme remonte au latin tardif *gammus* résultant probablement du croisement du latin classique *damma* avec le latin alpin *camox* «chamois»[302]

L'anglais n'a pas de nom spécifique pour ce cervidé, qu'il désigne par la locution *fallow deer*. En anglais, l'adjectif *fallow*[303] «rougeâtre-jaune pâle» ne s'emploie plus que dans cette locution.

LE MUNTJAC

☞ *un petit cervidé aboyeur*

it.	*muntjac*
esp.	*muntiaco*
angl.	*muntjac, muntjak*
all.	*Muntjak*

Le nom de ce cervidé solitaire et nocturne vient d'une langue de Java. Les zoologistes n'ont pas hésité à latiniser ce nom exotique pour en faire le nom du genre *Muntiacus*, de la sous-famille des *muntiacinés*.

L'ÉLAN OU ORIGNAL

☞ *le plus grand des cervidés*

it.	*alce*
esp.	*alce, anta, ante*
angl.	*moose, elk*
all.	*Elch*

élan
Alces alces

L'origine du nom *élan* n'est pas claire. Peut-être s'agit-il d'un emprunt à une langue balte par l'intermédiaire de l'allemand *Elentier*. Mais la forme la plus usuelle est *Elch* en allemand, *elk* en anglais. De là semble venir le latin tardif *alce*, conservé tel quel en italien, espagnol et portugais. Notons que l'espagnol a aussi un autre nom, *ante, anta* «élan», qui vient de l'arabe *lamt*.

Enfin, l'élan du Canada se nomme *orignal*, un nom dont l'origine n'est pas amérindienne, comme on pourrait s'y attendre, mais basque: *orignac*, forme prise par le pluriel d'un mot basque s'appliquant à tous les cervidés et qui a été utilisé par les pêcheurs basques sur les côtes du Canada au début du XVIIe siècle.[304]

En français, le pluriel d'*orignal* suit la tradition des noms en *-al*: un *orignal*, des *orignaux*. (cf. récréation UN GAYAL, DES GAYALS, p.207)

En anglais, le nom de cet animal est *moose*, et vient de l'algonquin.

Mais, malgré ces noms différents, tous les élans du monde appartiennent à la même espèce, seule dans son genre: *Alces alces*.

LE CHEVREUIL

☞ *petit cerf des forêts*

it. *capriolo*
esp. *corzo*
angl. *roe deer*
all. *Reh*

Le nom *chevreuil* vient du latin *capreolus*, lui-même de *caprea*, dérivé de *capra* «chèvre». Pourtant, le chevreuil n'est pas un capriné, ni même un bovidé, mais un cervidé, une sorte de petit cerf.

Du latin *capreolus* viennent l'italien *capriolo*, le portugais *capréolo*, le catalan *cabirol*, le roumain *căprioară*. L'espagnol *corzo*, le portugais *corço* «chevreuil» viennent du latin *curtus* «écourté»: le chevreuil se singularise en effet par une quasi-absence de queue.

La petite famille française de chevreuil

La ressemblance entre le chevreuil et la chèvre se traduit par l'usage de dérivés de *chèvre* pour désigner la femelle du chevreuil, *chevrette* (ou même *chèvre*), et pour le petit chevreuil de moins de sept mois, *chevrotin*. Le petit de sept mois s'appelle *chevrillard*.[305] D'autre part, la *chevrotine*, est la balle de plomb utilisée pour la chasse au gros gibier, et en particulier au chevreuil.

RÉCRÉATION

LA DICTÉE DE MÉRIMÉE

L'un des nombreux pièges de la célèbre dictée dite de Mérimée, organisée en 1857 à la demande de l'impératrice Eugénie et à laquelle Napoléon III aurait fait quarante-cinq fautes,[306] est le suivant: quelle est celle de ces deux propositions qui est orthographiée correctement?

1. *les cuissots de veau et les cuisseaux de chevreuil...*
2. *les cuisseaux de veau et les cuissots de chevreuil...*

RÉPONSE : 2.

Le chevreuil dans les langues germaniques

Pour nommer le chevreuil, les langues germaniques partent d'une racine germanique qui conduit à l'anglais *roe (roe deer, roebuck)*, à l'allemand *Reh (Rehbock, Rehkalv)*, au néerlandais *ree (reebok, reekalf)*.

Le nom néerlandais du chevreuil a, de nos jours, franchi les frontières puisque *Reebok* est le nom d'une marque de chaussures de sport vendues dans le monde entier.

LE RENNE OU CARIBOU

☞ *domestiqué par l'homme dans le Grand Nord*

it. *renna* (f.)
esp. *reno*
angl. *reindeer*
all. *Rentier*

C'est une racine scandinave qui est à l'origine du nom de cet animal dans les langues de l'Europe: français *renne*, it. *renna*, esp. *reno*, ptg. *rena*, cat. *ren*, all. *Ren*, suédois et danois *ren*.

Les langues germaniques ont en outre des formes composées: all. *Ren(n)tier*, angl. *reindeer*, néerl. *rendier*, dan. *rensdyr* «renne». On sait par ailleurs que all. *Tier* et néerl. *dier* signifient «bête, animal» en général alors que angl. *deer* ne s'emploie que pour les cervidés.

Le hongrois dit *rénszarvas* ou *tarándszarvas* (où l'on retrouve le nom du cerf, *szarvas)*.

Le nom *caribou* vient de l'algonquin et plus précisément de la langue micmac, où il signifie «pelleteur» ou «gratteur» car cet animal a pour habitude de faire avec ses sabots des trous dans la neige pour atteindre le lichen, dont il est friand. Ce nom, *caribou*, désigne le renne d'Amérique du Nord. Il n'y a toutefois qu'une espèce de renne, seule dans son genre: *Rangifer tarandus*, du nom du renne en grec, *tarandos*.

LE CARIACOU OU CERF DE VIRGINIE

☞ *petit cerf à queue blanche*

it. *cervo di Virginia*
esp. *ciervo de Virginia*
angl. *Virginia deer*
all. *Virginiahirsch, Weisswedelhirsch*

Ce cervidé américain a ses bois recourbés vers l'avant et tient son nom *cariacou* de la langue tupi.

LE PORTE-MUSC

☞ *longtemps recherché par les parfumeurs*

it. *mosco*
esp. *ciervo almizclero*
angl. *musk deer*
all. *Moschustier*

porte-musc
Moschus chrysogaster

Il y a quelques mammifères dont les sécrétions sont utilisées depuis l'Antiquité en parfumerie : le cachalot, qui produit l'ambre gris, le castor, qui produit le castoréum, la civette, dont la sécrétion s'appelle aussi *civette*, et enfin le porte-musc qui, comme son nom l'indique, produit le musc.

Il existe quatre espèces de porte-musc, toutes du genre *Moschus*, du grec *moskhos* «musc», lui-même emprunté au persan *musca* «testicule», par l'intermédiaire de l'arabe *misk* «musc».[307]

Le porte-musc ressemble à un chevreuil, mais sans cornes. Le mâle est caractérisé par ses longues canines, qui dépassent comme celles d'un vampire de cinéma, et par la présence dans son bas-ventre d'une glande sécrétant le musc pendant la période du rut. Après avoir beaucoup souffert du trafic qui a existé de tout temps autour du musc, il est maintenant protégé.

RÉCRÉATION

MAMMIFÈRES À MUSC

Le musc, à l'origine, est la substance sécrétée par le cervidé asiatique appelé *porte-musc*. D'autres mammifères ont un nom évoquant cette odeur musquée.

Dans la liste ci-dessous, quel est l'intrus (qui n'a pas d'odeur musquée) ?

1. le bœuf musqué ou ovibos
2. le rat musqué ou ondatra
3. la taupe musquée ou desman de Russie
4. le muscardin ou loir casse-noisettes

RÉPONSE : 4 le *muscardin*, dont le nom est trompeur.

Dans la plupart des langues, le nom de l'animal se réfère au musc: par exemple it. *mosco*, angl. *musk deer*, all. *Moschustier*, néerl. *muskusdier*...

En espagnol *(almizclero)* et en portugais *(almiscareiro)*, le nom vient du nom du musc en arabe, *al misk*, avec un nouvel exemple où l'article *al* est resté dans le mot. (cf. L'ALGAZELLE, p.246)

LE CHEVROTAIN

☞ *au nom trompeur*

it. *tragulo*
esp. *antílope almizclero*
angl. *chevrotain*
all. *Hirschferkel*

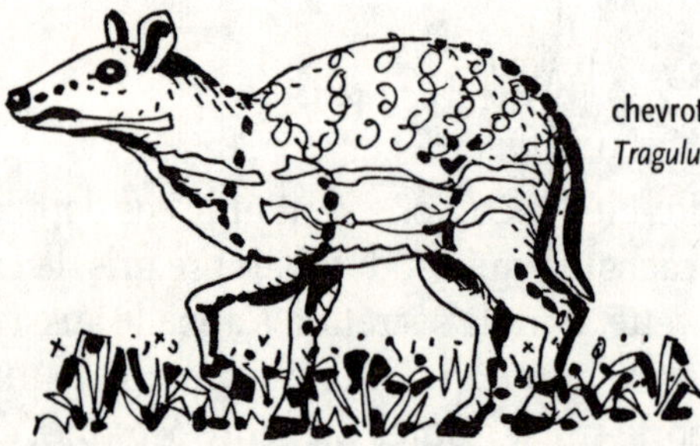

chevrotain
Tragulus javanicus

C'est un petit animal un peu étrange des régions tropicales d'Asie et d'Afrique: il a une allure de petit cervidé, mais sans cornes, une tête de souris, certains caractères anatomiques du porc et du chameau, mais il a sans doute fait penser à une petite chèvre ou à un petit chevreuil pour avoir été appelé *chevrotain*.

Autour du chameau

ARTIODACTYLES (10 familles, 220 espèces)

camélidés

- **LE CHAMEAU**
- **LE DROMADAIRE**
- **LE LAMA**
- **LE GUANACO**
- **L'ALPAGA**
- **LA VIGOGNE**

(▶ espèces...)

(ordre)

(famille)

En zoologie, on sait bien que le chameau a deux bosses et que le dromadaire n'en a qu'une, mais, dans la langue usuelle, un dromadaire domestiqué — ils le sont presque tous — s'appelle aussi un chameau. Ces deux mammifères sont de la famille des camélidés, qui est représentée dans le Nouveau Monde par le lama et le guanaco ainsi que par l'alpaga et la vigogne, des animaux réputés pour leur laine d'une douceur incomparable.

LE CHAMEAU

☞ *à deux bosses*

it. *cammello*
esp. *camello*
angl. *camel*
all. *Kamel, Trampeltier*

Considéré comme le plus primitif des ruminants, le chameau survit encore aujourd'hui à l'état sauvage dans le désert de Gobi.[308]

Le chameau et l'éléphant, primitivement confondus

Contre toute attente, le nom du chameau conduit à celui de l'éléphant. Ces deux animaux sont pourtant très éloignés sur le plan zoologique. L'éléphant, qui était connu depuis l'Antiquité dans le sud de l'Europe, ne l'était que par ouï-dire dans les pays du Nord. Il en était de même pour le chameau, autre grosse bête étrange, ce qui a pu provoquer des confusions entre les noms de ces deux animaux car, pour désigner le chameau, on trouve en vieil-anglais le terme *olfend* et en vieil-allemand *olbent*, qui rappellent *olifant* et donc le grec *elephas* «éléphant».[309]

La même confusion existait dans les langues slaves: en tchèque, le chameau se dit *velbloud* et en russe *verbljud*, étymologiquement «gros éléphant».

Un nom grec d'origine sémitique

Le nom du chameau vient du grec *kamêlos*, et Aristote présente ainsi l'animal: *Les chameaux* [*kamêloi* dans le texte grec] *présentent une particularité qui les distingue des autres quadrupèdes: c'est ce qu'on appelle la bosse qu'ils ont sur le dos. Mais les chameaux de Bactriane sont différents de ceux d'Arabie. Les premiers ont deux bosses, les seconds une seule.*[310] Le nom, en latin scientifique, du chameau (à deux bosses) est d'ailleurs *Camelus bactrianus*.

Repris par le latin *camel(l)us*, on retrouve ce nom dans les langues romanes (par exemple it. *cammello*, esp. *camello*, roum. *cămilă*) et dans les langues germaniques (all. *Kamel*, ou angl. *camel*).

Le nom grec *kamêlos* avait lui-même été emprunté à une langue sémitique, le phénicien, où son nom était *gamal*, un nom plein d'avenir car les populations de langue sémitique ont toujours tenu cet animal en haute estime, *Gamal* pouvant être aussi un prénom recherché. C'était par exemple celui de Gamal Abdel Nasser, ancien président de la République d'Égypte.

Le prestige du chameau se trouve encore rehaussé lorsqu'on découvre que son nom est peut-être aussi à l'origine d'une lettre de l'alphabet phénicien, ancêtre lointain de notre alphabet latin.

L'ALPHABET : UN RECUEIL D'IMAGES

L'alphabet latin est une adaptation de l'alphabet grec, qui est lui-même une modification de l'alphabet d'une langue sémitique, le phénicien. Dans cette langue, la forme des lettres est la représentation stylisée de dessins figuratifs plus anciens.[311] Ainsi :

A était à l'origine une tête de taureau renversée (cf. encadré LE TAUREAU ET L'ALPHABET, p.198)

B est l'initiale de bêt, «maison» en phénicien, et figurait à l'origine une maison (cette lettre s'appelle *bêta* en grec)

D est l'initiale de dalet, «porte» en phénicien, et représentait une porte au battant triangulaire, probablement comme la tenture qui fermait une tente (cette lettre s'appelle *delta* en grec)

M est l'initiale de ma, «eau» en phénicien, dont la forme ondulée évoque les vaguelettes à la surface de l'eau[312] (cette lettre s'appelle *mu* en grec).

Le chameau, une lettre de l'alphabet ?

Selon une hypothèse assez généralement acceptée,[313] la forme de la lettre Γ, nommée *gamma* en grec, évoquerait la bosse d'un chameau. Cette lettre se nomme d'ailleurs *gimel* en hébreu et en arabe, et le mot *gimel* s'écrit exactement comme *gamal*, le nom du chameau, car les voyelles ne sont pas notées dans les langues sémitiques : la succession des trois consonnes *gml* peut donc se lire aussi bien *gimel* «la lettre *g*» que *gamal* «le chameau».

Toutefois, certains spécialistes voient dans la forme de cette lettre celle d'une sorte de boomerang.[314]

La famille du chameau en français

En français moderne subsistent plusieurs formes dérivées à la fois à partir de *camel(l)us* et de *chameau* :

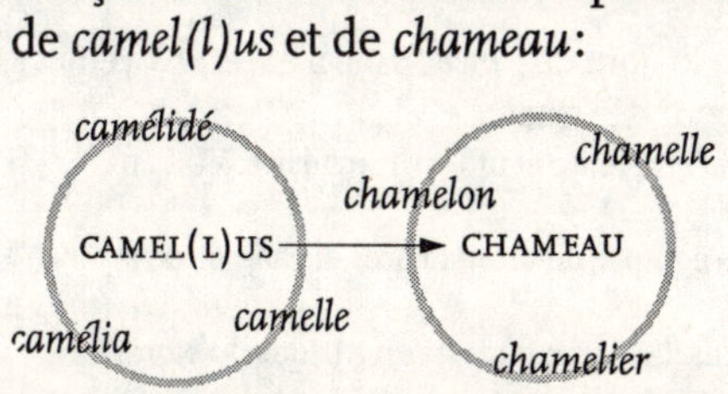

Le *chamelier* a la garde des *chameaux*, des *chamelles* et éventuellement des petits *chamelons*, tous ces animaux faisant partie de la famille des *camélidés*. D'autre part, on peut entendre dans le Midi de la France le mot technique *camelle* — venu du provençal *camello* «chamelle» — pour désigner les longs tas de sel qui s'étendent au bord des marais salants.

Le chameau et le camélia

Enfin, en forçant à peine la note, on peut dire que le chameau a aussi sa place dans la littérature grâce à *La Dame aux camélias* d'Alexandre Dumas fils. Le nom *camélia* avait été donné à cette fleur, appelée aussi *rose du Japon*, en l'honneur du père Georg Josep *Kamel*, dit *Camelli*, jésuite botaniste qui l'avait rapportée d'Asie au XVIIe siècle. Or, le nom propre *Kamel* (ou *Camelli)* est lui-même formé sur le nom du chameau.

LE DROMADAIRE

☞ *à une seule bosse*

it. *dromedario*
esp. *dromedario*
angl. *dromedary*
all. *Dromedar*

Pour distinguer le chameau du dromadaire, il existe un autre trait, celui qui se manifeste dans l'étymologie de *dromadaire*. Ce nom vient du latin de basse époque *dromedarius*,[315] où l'on reconnaît le grec *dromos* «course». Le dromadaire est donc le «coureur», par opposition au chameau, qui se déplace avec lenteur. Le nom du dromadaire en latin scientifique est *Camelus dromedarius*.

En Afrique du Nord, tous les camélidés sont des dromadaires, et pourtant tous les habitants les appellent des «chameaux».

RÉCRÉATION

LES DROMADAIRES CHEZ LES MÉHARISTES

C'est en rapport avec les dromadaires que le nom des *méharistes* a été employé dans la langue française à partir de 1891 pour désigner :

1. Les membres d'une secte religieuse dont l'emblème était un dromadaire. Vrai ou faux?
2. Les membres d'une compagnie militaire équipée de dromadaires et chargée de la police du désert. Vrai ou faux?
3. Des acrobates montés sur des dromadaires dans une fantasia en Afrique du Nord. Vrai ou faux?

RÉPONSE : 1. Faux. 2. Vrai: méhari est le nom d'un dromadaire d'Afrique du Nord. 3. Faux

Le méhari est une variété de dromadaires réputés pour leur rapidité à la course. Ce nom vient de l'arabe d'Algérie *mehri* et une course de méharis est une *méharée.*

LE LAMA

☞ *un chameau sans bosse*

it. *lama* (m.)
esp. *llama* (m.)
angl. *llama*
all. *Lama* (m.)

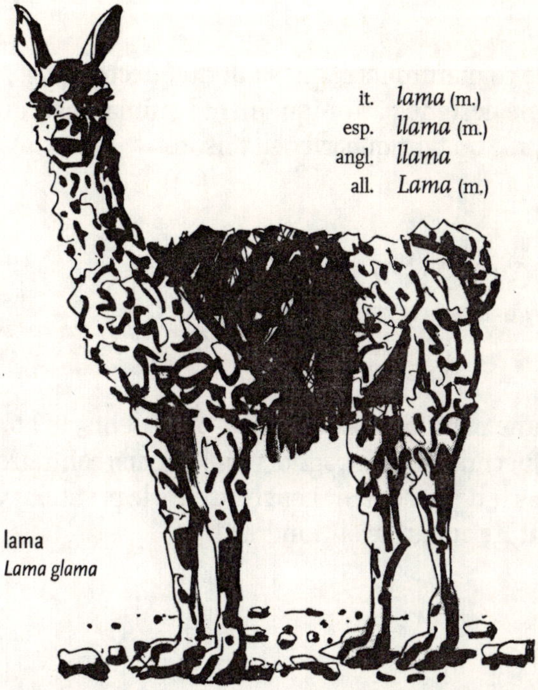

lama
Lama glama

Plus petit que le chameau, le lama doit son nom à une langue amérindienne du Pérou, le quechua.[316] En espagnol et en anglais, la forme est *llama,* mais *lama* en français et en italien.

Attention! Le nom de cet animal n'a rien à voir avec celui des moines bouddhistes du Tibet, qui vient du tibétain *blama* «maître spirituel».

LE GUANACO

☞ *il hante les hauteurs andines*

it. *guanaco*
esp. *guanaco*
angl. *guanaco*
all. *Guanako*

Appelé *guanaco* en français, cet animal doit son nom au quéchua *huanaco,* par l'intermédiaire de l'espagnol *guanaco.* Plus grand que le lama domestique, on pense qu'il est peut-être l'ancêtre de celui-ci.[317]

L'ALPAGA

☞ *un cousin du lama*

it. *alpaca* (m.)
esp. *alpaca* (f.)
angl. *alpaca*
all. *Alpaka* (n.)

Le nom de ce mammifère, qui vient du quechua *pago*, par l'espagnol *alpaca*,[318] ne désigne pas uniquement l'animal mais aussi le tissu de laine soyeuse que l'on fabrique avec sa toison.

LA VIGOGNE

☞ *un petit lama sauvage*

it. *vigogna*
esp. *vicuña*
angl. *vicuna*
all. *Vikunja*

Tout comme pour les trois animaux précédents, le nom de ce camélidé vient du quéchua, par l'espagnol *vicuña*, mais, contrairement aux lamas, on ne peut pas le domestiquer. Les chasseurs le prennent vivant et le relâchent dans la nature après l'avoir tondu.[319]

Autour de la girafe

Grâce à son long cou, la girafe est le plus grand des mammifères terrestres, le mâle pouvant atteindre jusqu'à six mètres de hauteur totale.*[320] *Avec son cousin l'okapi, elle forme la toute petite famille des giraffidés.

ARTIODACTYLES (9 familles, 220 espèces)

(ordre)

giraffidés

(famille)

▶ **LA GIRAFE**
▶ **L'OKAPI**

(▶ espèces...)

LA GIRAFE

☞ *va l'amble mais fuit au galop*

it. *giraffa*
esp. *jirafa*
angl. *giraffe*
all. *Giraffe*

En latin, le nom de la girafe était *camelopardalis* «chameau-panthère», l'animal étant apparu comme un animal fabuleux, une sorte de chameau à peau de léopard. Ce nom latin, emprunté au grec et qui est aussi attesté en ancien français sous la forme *caméléopard* ou *chameau-pard*, ne s'est pas maintenu dans l'usage à l'époque où ces animaux sont devenus plus familiers. On lui a alors préféré le mot *girafe,* emprunté à l'arabe *zarâfa*. En français, on trouve ce mot *girafe* pour la première fois à la fin du XIIIe siècle dans le *Livre des merveilles* de Marco Polo.

Le petit de la girafe est le *girafeau*, ou plutôt aujourd'hui le *girafon.*

RÉCRÉATION

LA GIRAFE VA L'AMBLE

Que signifie cette expression ?

1. se déplacer avec une extrême lenteur?
2. se déplacer en levant en même temps les deux jambes du même côté?
3. se déplacer en levant les jambes l'une après l'autre?

RÉPONSE : 2.

Pour désigner cet animal, toutes les langues ont à peu près le même nom, tantôt avec < ff >, comme en italien ou en anglais, tantôt avec < f >, comme en français. Le nom latin scientifique de la girafe est *Giraffa camelopardalis.*

RÉCRÉATION

LA GIRAFE A DONNÉ SON NOM À UNE CONSTELLATION

En dehors de celui de la *girafe*, les noms de plusieurs autres mammifères figurent parmi les 88 constellations. En voici une sélection de 6, parmi lesquels s'est glissé un intrus. Quel est-il ?

1. **le Petit Lion** (Leo Minor)
2. **le Lynx** (Lynx)
3. **la Baleine** (Cetus)
4. **le Mouton** (Ovis)
5. **les Chiens de chasse** (Canes)
6. **la Grande Ourse** (Ursa Major)

RÉPONSE : 4. Il n'existe pas de constellation du Mouton, mais une constellation du Bélier (Aries).

Au XXe siècle, le nom de la girafe, en français comme en italien (it. *giraffa*),[321] a été appliqué par dérision à un micro fixé au bout d'une perche et que l'on utilise pour les prises de son pendant le tournage des films.

L'OKAPI
☞ *aux membres zébrés*

it. *okapi*
esp. *okapi*
angl. *okapi*
all. *Okapi*

okapi
Okapia johnstoni

L'okapi, qui n'est connu du monde occidental que depuis le début du XXe siècle, doit son nom à une langue africaine, le bantou.

À cause des raies noires et blanches qui ornent ses membres, on a longtemps cru que l'okapi était une variété de zèbre, ce qui a été démenti lorsqu'on l'a comparé aux ancêtres fossiles de la girafe.[322]

En effet, si ses pattes évoquent le zèbre, sa tête fait penser à la girafe.

Autour de la souris

Souris, rats, mulots, campagnols sont de petits rongeurs dont la présence est familière à la campagne et parfois dans les maisons. D'autres, comme les gerbilles, le rat musqué, le lemming, sont plus exotiques. Tous appartiennent à l'immense famille des muridés, qui, avec plus de mille espèces, est l'une des plus nombreuses dans la classification des mammifères. Les noms de muridés présents dans les dictionnaires usuels sont cependant en nombre très limité.

RONGEURS (29 familles, 2014 espèces)

- **muridés**
  - ***murinés***
    - ▶ **LA SOURIS**
    - ▶ **LE RAT**
    - ▶ **LE MULOT**
    - ▶ **LE SURMULOT**
  - ***arvicolinés***
    - ▶ **LE CAMPAGNOL**
    - ▶ **LE LEMMING**
    - ▶ **L'ONDATRA OU RAT MUSQUÉ**
  - ***cricétinés***
    - ▶ **LE HAMSTER**
  - ***spalacinés***
    - ▶ **LE SPALAX OU RAT-TAUPE**
  - ***gerbillinés***
    - ▶ **LA GERBILLE**
- **dipodidés**
  - ▶ **LA GERBOISE**
- **myoxidés**
  - ▶ **LE LOIR**
  - ▶ **LE LÉROT**
  - ▶ **LE MUSCARDIN**
- **hystricidés**
  - ▶ **LE PORC-ÉPIC**
- **caviidés**
  - ▶ **LE COBAYE OU COCHON D'INDE**
- **hydrochaeridés**
  - ▶ **LE CABIAI OU COCHON D'EAU**
- **chinchillidés**
  - ▶ **LE CHINCHILLA**
  - ▶ **LA VISCACHE**
- **dasyproctidés**
  - ▶ **L'AGOUTI**

(ordre) (famille) (sous-famille) (▶ espèces...)

LA SOURIS

☞ *dans plusieurs langues, le nom de la souris est curieusement inséparable des noms de la moule et du muscle*

it.	*topo, sorcio*
esp.	*ratón*
angl.	*mouse*
all.	*Maus*

Le tableau qui suit montre tout d'abord que la souris a bien un nom indo-européen, ***mus-***, clairement représenté dans le grec ancien et le latin, et largement répandu dans les langues germaniques et slaves :

LES NOMS DE LA SOURIS

racine i.-e.	***mus-*** «souris, rat»	racine i.-e.	***swor-*** «souris»	ORIGINES DIVERSES	
gr.	*mus*	lat.	*sorex*	esp.	*ratón*
lat.	*mus*	fr.	*souris*	ptg.	*rato*
dan.	*mus*			néogr.	*pontiki*
all.	*Maus*			hong.	*egér*
néerl.	*muis*			basq.	*sagu*
angl.	*mouse*			it.	*topo*
tch.	*myš*				
(interl.)	*mus*				
(espér.)	*muso*				

Le même tableau fait cependant apparaître une certaine dispersion, par exemple parmi les langues romanes, qui n'ont pas suivi uniquement le latin *mus* pour désigner la souris, mais trois voies différentes :

soit le latin *sorex* (par exemple *souris* en français, *şoarece* en roumain),
soit un diminutif du nom du rat (par exemple *ratón* «souris» en espagnol),
soit le latin *talpa* «taupe» (d'où, par exemple l'italien *topo* «souris»).

Avec *pontiki*, le grec moderne apporte dans cette liste une pointe d'exotisme géographique. *Pontiki* est en effet l'abréviation de *mus pontikos* «souris du Pont», c'est-à-dire de la région située au sud du Pont-Euxin *(Pontos Euxinos)*, nom que les Grecs donnaient à la mer Noire. Un petit problème toutefois : en grec ancien, *mus pontikos* ne désignait pas la souris mais l'hermine, dont le nom en grec moderne est *erminia*, qui vient de *Armenia*, l'Arménie. En jetant un regard sur une carte géographique ancienne, on comprend la confusion qui a pu se produire entre les noms de deux animaux probablement venus de deux pays aussi voisins que le Pont et l'Arménie.

La triple signification de mus en grec

En grec ancien, *mus* est vraiment polyvalent : il peut désigner soit la *souris* (ou le mulot), soit la *moule*, soit le *muscle*.

La souris. De *mus* «souris» ont été dérivés, d'une part le nom d'une jolie fleur bleue, le *myosotis* (de *mus* «souris» + *otis* «oreille», à cause de la forme de ses feuilles), d'autre part celui de la *mygale* (de *mugaleê*, formé sur *mus* «souris» + *galeê* «belette», «fouine», «putois», «martre» ou «furet»). Plus tard, la base *mus*, avec le sens de «souris», a largement été utilisée en zoologie pour forger des noms savants d'animaux, comme par exemple *myopotame* ou *myocastor*, autres noms du ragondin.

La moule. Par analogie de forme, *mus* a aussi servi à désigner la «moule» en grec, comme on peut le vérifier chez Aristote, qui nomme la moule *mutilos*.

Le muscle. Enfin, et c'est le plus étonnant, en grec, *mus* a également pris le sens de «muscle». Ce passage du sens de «souris» à celui de «muscle» s'observe dans d'autres langues indo-européennes, une évolution sémantique que l'on explique généralement par la forme et le mouvement des muscles, et notamment du biceps. L'inverse s'est produit avec la « souris» du gigot, petit muscle charnu qui peut, à son tour, faire penser à une souris.

La souris, le muscle et la moule en latin

Tout comme en grec, le substantif latin *mus* désigne à la fois la souris, la moule et le muscle.

Cette triple signification se traduit par des correspondances systématiques dans les langues modernes :

fr.	*souris*	*moule*	*muscle*
all.	*Maus*	*Muschel*	*Muskel*
angl.	*mouse*	*mussel*	*muscle*
suéd.	*mus*	*mussla*	*muskel*

En anglais, l'analogie va jusqu'à aboutir à une même prononciation pour le muscle *(muscle)* et la moule *(mussel)*.

Parmi les langues germaniques, le néerlandais innove : s'il a bien *muis* pour la souris et *mossel* pour la moule, le muscle se dit de façon très différente : *spier*.

Comme on l'a vu au début de ce chapitre, les langues romanes partent d'autres racines pour le nom de la souris, mais elles ont toujours un dérivé de *mus*, qui est *musculus*, pour le muscle. Les noms de la moule sont plus variés, car ils peuvent être issus du latin *musculus* ou de *mitulus* (grec *mutilos*), ou avoir encore d'autres origines. Ainsi, l'italien a trois noms pour la moule : *muscolo* (qui signifie aussi «muscle») et *mitilo*, mais plus couramment *cozza*.

LA SOURIS ET SES DÉRIVÉS EN FRANÇAIS

La langue française, qui n'a pas hérité de la forme *mus* pour désigner la souris, a utilisé le préfixe *my(o)*-, directement issu du grec *mus*, dans les mêmes acceptions qu'en grec : la souris, la moule et le muscle, d'où des séries de mots correspondant à chacun de ces sens.

la souris	la moule	le muscle
mygale	*mytiliculteur*	*myocarde*
myosotis	*mytiliculture*	*myologie*
myopotame		*myogramme*
myocastor		*myopathie*

Des mots qui parlent de tout sauf de souris

Il existe un grand nombre de mots français formés à partir du grec *mus:*

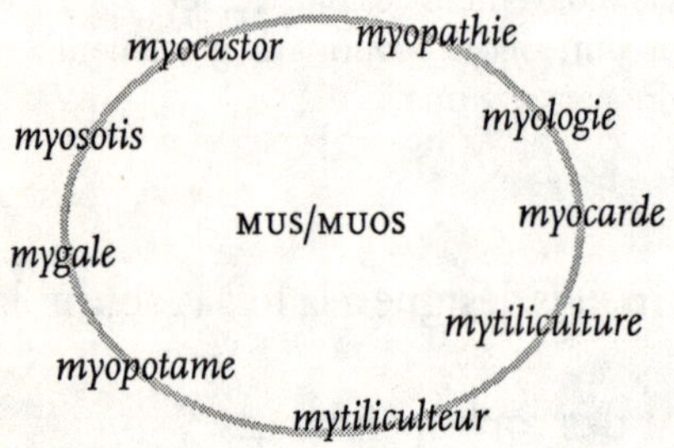

Autour de cette rosace, on peut identifier un nom de fleur, le *myosotis*, déjà commenté, ainsi que deux noms d'animaux, celui d'un mammifère, le *myopotame* (appelé aussi *myocastor)*, et celui d'une grosse araignée venimeuse, la *mygale*, dont le corps est velu comme celui d'une souris (cf. SOURIS, ARAIGNÉE, BELETTE, p.330, et DE LA BELETTE À LA GALÈRE, EN GREC, p.366). Il faut ajouter un grand nombre d'éléments anatomiques et surtout médicaux *(myocarde* «muscle du cœur», *myologie* «étude des muscles» ou *myopathie* «maladie musculaire», etc.) et des termes de la pêche aux moules *(mytiliculture* et *mytiliculteur*).

Deux familles à base latine

On retrouve une variété presque aussi grande dans les formes issues du latin *mus* et du latin *sorex.*

Du latin *mus*:

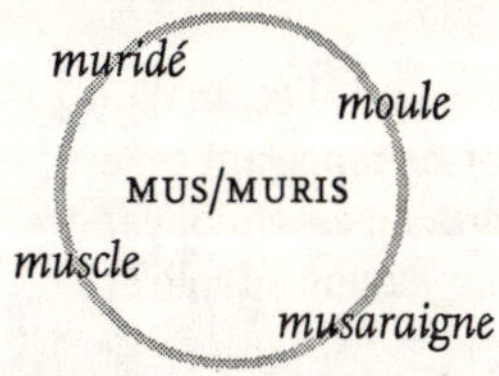

On identifie ici, en plus du nom de la famille des *muridés*, qui regroupe les 1350 espèces entourant la souris, le *muscle* et la *moule*, mais aussi la *musaraigne*, petit mammifère insectivore dont le nom est formé sur *mus* «souris» et *aranea* «araignée», mais qui n'appartient pas à la même famille que la souris. (cf. LA MUSARAIGNE, p.330)

On observera que *muscle*, en français, ne vient pas directement de *mus*, mais de son diminutif *musculus*. La forme latine d'origine, un peu dissimulée dans *muscle*, réapparaît clairement dans *musculaire*, *musculation*, etc.

Les zoologistes ont largement utilisé la racine grecque et la racine latine pour forger des noms latins scientifiques correspondant aux innombrables espèces de la famille des *muridés*, parmi lesquels la souris grise, *Mus musculus*, est la plus commune.

Du latin *sorex*:

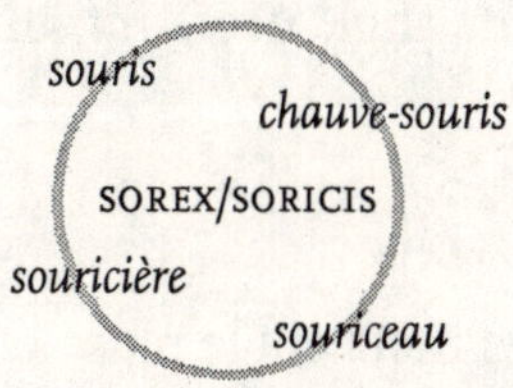

Cette fois, tous les dérivés concernent vraiment la souris, sa progéniture *(souriceau)* et le piège qu'on lui tend *(souricière)*, à l'exception de *chauve-souris*. (cf. LA CHAUVE-SOURIS, p.336)

Une souris qui a fait le tour du monde

La souris mondialement la plus célèbre est certainement *Mickey Mouse*, petit personnage de bande dessinée aux grandes oreilles, dont le nom est *Mickey* ou *Micky* dans la plupart des langues, à l'exception de l'italien, qui lui a préféré *Topolino*, diminutif de *topo* «souris».

LA SOURIS DE L'ORDINATEUR

Ce petit dispositif mobile permettant de pointer une zone précise de l'écran d'un ordinateur a été nommé *mouse* en anglais en raison de sa forme rappelant celle d'une petite souris. Ce nom a été traduit en français par *souris*, en espagnol par *ratón* et en allemand par *Maus*, tandis que l'italien a tout simplement adopté la forme anglaise *mouse*.

LE RAT

☞ *moins sympathique que la souris, le rat a proliféré en Europe à partir du Moyen Âge, en provenance d'Asie. En apportant la peste en Occident, il s'est assuré une solide mauvaise réputation.*

it. *ratto*
esp. *rata*
angl. *rat*
all. *Ratte*

Le rat proprement dit, par opposition à la souris, n'a pas de nom grec ni de nom latin, le rat n'étant pas répandu en Europe avant le Moyen Âge. Son nom est d'origine obscure, peut-être onomatopéique *(ratt-*, le bruit du rat qui grignote ?). Il porte à peu près le même nom dans les langues romanes et germaniques : it. *ratto*, esp. *rata*, ptg. *rato (preto)*, cat., angl., néerl. *rat*, all. *Ratte*.

Une bien triste famille en français

Dans la rosace entourant le rat, on constate que les mots ont le plus souvent des connotations négatives :

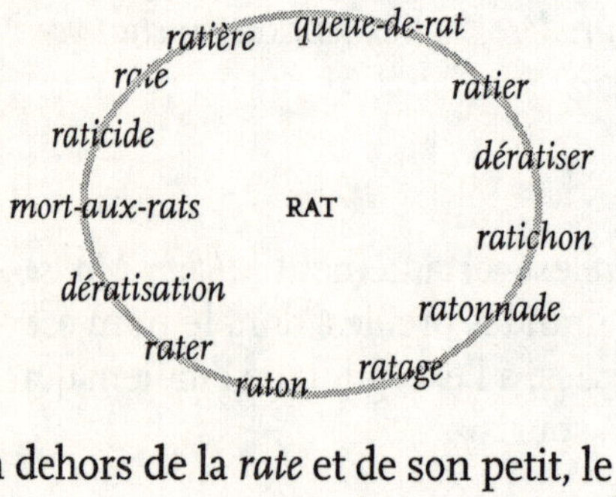

En dehors de la *rate* et de son petit, le *raton*, la plus grande partie de ces dérivés concerne surtout l'élimination du rat en pratiquant la *dératisation :*

pour *dératiser*, on peut poser des *ratières*, qui sont des pièges à rats, ou utiliser des *raticides* (qui sont des produits chimiques destinés à empoisonner les rats et dont le plus connu est la *mort-aux-rats)*. Enfin, on peut dresser des chiens, les *ratiers*, à chasser les rats.

Par métaphore, *ratichon* désigne un prêtre, mais uniquement parce que sa soutane a la couleur du rat. Une autre métaphore, vraiment malveillante cette fois, est à l'origine de *ratonnade*, terme qui a d'abord désigné une agression organisée contre les populations d'Afrique du Nord, puis n'importe quel acte d'agression raciste.

On retrouve par ailleurs le rat dans le nom d'un outil, la *queue-de-rat*, qui est une lime utilisée en particulier pour agrandir un trou dans un matériau.

Mais le plus surprenant est de découvrir que *rater* et *ratage* se rattachent aussi à *rat*. L'origine semble en être la vieille expression *prendre un rat*, qui s'employait quand une arme à feu ne marchait pas et qu'on manquait ainsi la proie visée : on la *ratait*.

RÉCRÉATION

DES RATS PARTOUT

Est-il facile de rendre à chacun de ces « rats » sa signification ?

1. rat de l'Opéra	A. lecteur passionné
2. rat de bibliothèque	B. danseuse
3. rat-de-cave	C. campagnol
4. rat d'hôtel	D. bougie longue et mince
5. rat des champs	E. mulot
6. rat des bois	F. cambrioleur
7. rat d'égout	G. surmulot

RÉPONSE : 1B – 2A – 3D – 4F – 5C – 6E – 7G

Le rat en zoologie

Les zoologistes ont forgé le nom latin scientifique *Rattus* pour désigner le genre auquel appartiennent 56 espèces distinctes.

L'une d'entre elles, *Rattus rattus*, est le *rat noir*, celui qui a apporté la peste en Europe au XIIIe siècle. Cette espèce a ensuite été largement supplantée par une autre, *Rattus norvegicus*, le *rat gris* ou *surmulot*. (cf. LE SURMULOT, p.292)

LE MULOT

☞ *la souris des champs*

it. *topo selvatico*
esp. *ratón campesino*
angl. *fieldmouse*
all. *Waldmaus*

Le nom *mulot* vient de l'ancien français *mulet*, cette forme résultant d'un emprunt à l'ancien néerlandais *mol*, mais qui désigne la «taupe», d'où vient le français *moleskine* (cf. LA TAUPE, p.333).

On ne doit pas s'étonner d'une confusion possible entre le mulot et la taupe, qui sont tous deux de petits mammifères à poil gris qui creusent des galeries, à condition de se rappeler que le mulot est un rongeur, zoologiquement éloigné de la taupe, qui, elle, est un insectivore.

Ce nom, *mulot*, n'a pas d'équivalent formel dans les autres langues, qui désignent en général l'animal par des expressions du type: «souris des champs» (angl. *fieldmouse*, esp. *ratón campesino)* ou «souris des bois» (all. *Waldmaus)*.

LE SURMULOT

☞ *le vilain rat d'égout*

it. *surmolotto*
esp. *rata común, rata parda*
angl. *sewer rat, brown rat, Norway rat*
all. *Wanderratte*

Le nom *surmulot*, avec son préfixe *sur-*, est une sorte d'augmentatif de *mulot:* il désigne en effet un gros rat gris, nettement plus gros qu'un mulot. Voici ce qu'en dit Buffon: *«Il doit avoir un nom particulier, surmulot, comme qui dirait* (sic) *gros, grand mulot, auquel il ressemble plus qu'au rat».*[323]

Cette notion superlative ne se retrouve pas dans le nom du surmulot dans les autres langues: en allemand, on dit *Wanderratte* «rat vagabond», en anglais *sewer rat* «rat d'égout». L'italien dit toutefois *surmolotto*, qui est un emprunt au français, mais *sur-* n'évoque pas un superlatif dans cette langue.

LE CAMPAGNOL

☞ *ou rat des champs*

it. *arvicola, campagnolo comune*
esp. *ratón de campo*
angl. *vole*
all. (pas de nom collectif)

Un campagnol, reconnaissable à sa queue vraiment courte, n'est ni une souris, ni un rat. Son nom a été fixé par Buffon en 1758 d'après l'adjectif italien *campagnolo* «de la campagne». Le campagnol est donc, sur le plan étymologique, le «rat des champs» cher à La Fontaine.

On retrouve la même allusion champêtre dans d'autres langues romanes : esp. *campañol,* ptg. *campanhol,* roum. *şoarece-de-câmp,* it. *topo campagnolo,* mais l'italien a aussi *arvicola,* du latin *arvum* «champ» et *-cola* «qui habite». Cela permet de comprendre pourquoi la sous-famille à laquelle appartiennent les campagnols est celle des *arvicolinés.*

Les langues germaniques ont des noms de formes très différentes mais dont l'étymologie renvoie également à la campagne et aux champs. L'anglais *vole,* anciennement *volemouse,* est d'origine scandinave : on peut y reconnaître une forme de vieux-norrois, *völlr* «champ», peut-être apparentée à l'allemand *Wald* «forêt».[324] En allemand, il n'y a pas de nom collectif pour les quelque 120 espèces de campagnols. On trouve en revanche des noms composés avec *-maus,* différents pour chaque espèce, comme, par exemple : *Feldmaus* pour le *campagnol des champs (Microtus arvalis), Schermaus* pour le *campagnol terrestre (Arvicola terrestris),* ou *Wühlmaus* pour le *campagnol nordique (Microtus oeconomus).*

LE LEMMING

☞ *un campagnol des régions arctiques*

it. *lemming*
esp. *lemming*
angl. *lemming*
all. *Lemming*

Le nom de ce petit rongeur, qui vient du norvégien *lemner,* a été repris par la plupart des langues. Le lemming est réputé pour ses migrations spectaculaires et imprévisibles, qui ont été souvent interprétées comme des suicides collectifs.

LE RAT MUSQUÉ OU ONDATRA

☞ *à la fourrure lustrée et aux pattes palmées*

it. *topo muschiato, ondatra*
esp. *rata almizclera*
angl. *muskrat*
all. *Bisamratte*

Ce rongeur, recherché pour sa fourrure au Canada, a un nom d'origine amérindienne, *ondatra,* repris tel quel dans plusieurs langues.

En français, on l'appelle aussi *rat musqué, castor du Canada*, ou encore *loutre d'Hudson.*[325]

En anglais, on dit *muskrat*, en néerlandais *muskusrat*, en allemand *Bisamratte* (sur *Bisam* «musc» et *Ratte* «rat»), en espagnol *rata almizclera* «rat musqué» (cf. LE LEMMING, p.293). Tous ces noms soulignent la caractéristique essentielle de cet animal: il sent le musc.

LE HAMSTER

☞ *ami des enfants*

it.	*criceto*
esp.	*hámster*
angl.	*hamster*
all.	*Hamster*

Le nom *hamster* a été choisi par Buffon en 1765 en prenant comme modèle l'allemand *Hamster*, lui-même emprunté au russe et qui désignait à l'origine le charançon. C'est leur même aptitude à faire des dégâts dans les réserves de grain qui a fait passer le nom du charançon à celui du hamster sauvage.

Pratiquement toutes les langues ont repris le nom *hamster*, mais l'italien favorise pour sa part *criceto*, emprunté au tchèque *křeček*, qui a d'ailleurs donné son nom au genre *Cricetus* et à la sous-famille des *cricétinés*, qui comporte une petite vingtaine d'espèces de hamsters. L'une d'entre elles, le *hamster doré*, est devenue de nos jours un animal familier.

LE SPALAX OU RAT-TAUPE

☞ *le rat des galeries souterraines*

it.	*ratto-talpa, spalace*
esp.	*rata topo*
angl.	*molerat*
all.	*Blindmaus*

C'est le nom de la taupe en grec, *spalax*, qui a été adopté par les zoologistes pour désigner une sorte de rat qui vit sous terre comme une taupe, d'où son nom familier: *rat-taupe.*

Certaines espèces constituent dans de profondes galeries des groupes organisés dont le comportement collectif rappelle celui des sociétés d'insectes.[326]

LA GERBILLE

☞ *petite souris à longues pattes*

it. *gerbillo*
esp. *jerbo*
angl. *gerbil*
all. *Rennmaus*

gerbille
Gerbillurus paeba

On trouve dans les zones désertiques d'Asie et d'Afrique de drôles de très petits rongeurs aux longues pattes postérieures. Ce sont les gerbilles, dont le nom vient du latin zoologique *gerbillus*, formé sur l'arabe *djerboû*, d'où vient aussi le nom de la gerboise. En allemand, le nom de la gerbille est *Rennmaus*, de *maus* «souris» et *rennen* «courir».

Il existait 60 espèces du genre *Gerbillus* à la date de 1993. Cependant, *Le Monde* du 26/27 mai 2002 rend compte d'un événement majeur chez les gerbilles : la reconnaissance officielle d'une nouvelle espèce, *Gerbillus rupicola* (la gerbille qui habite les rochers).

LA GERBOISE

☞ *la souris qui ressemble à un petit kangourou*

it. *gerboa*
esp. *jerbo*
angl. *jerboa*
all. *(Wüsten)springmaus*

gerboise
Allactaga major

Le nom *gerboise* (Buffon dit *gerboise* ou *gerbo*) a pour origine l'arabe *djerboû*, avec des formes équivalentes dans les autres langues : it. *gerboa*, ptg. *gerbo*, esp. *jerbo*, angl. *jerboa*.

LE LOIR FARCI : RECETTE ROMAINE

Apicius, né vers l'an 25 avant notre ère, a donné, dans son ouvrage *De re coquinaria*, une recette de loir farci, dont voici la traduction :

« Farcissez les loirs avec une quenelle de porc et la chair pilée de leurs membres accompagnés de poivre, de pignons, de laser et de garum.** Après les avoir recousus et placés sur une tuile, mettez-les au four ou bien, une fois farcis, cuisez-les au clibanus ».****

(*) sorte de résine aromatique
(**) sorte de saumure à base de poissons
(***) sorte de cloche à double paroi et chauffée par en dessous

Contrairement à la gerbille, qui court comme une petite souris, la gerboise se déplace par bonds, comme un kangourou, sur ses deux pattes arrière. De là vient le nom de sa famille, les *dipodidés*, qui signifie « (sur) deux pieds ».

Dans les langues germaniques, le nom de cet animal est «souris sauteuse» (néerl. *springmuis)* ou même «souris sauteuse du désert» (all. *(Wüsten)springmaus)*.

LE LOIR

☞ *dormeur invétéré*

it. *ghiro*
esp. *lirón*
angl. *dormouse*
all. *Siebenschläfer*

Pour le loir, on trouve chez Aristote le nom grec *eleios*, sans étymologie connue. En latin, *glis, gliris* est également d'origine incertaine, mais ce nom a été rapproché, par étymologie populaire, du latin *gliscere* «engraisser», car les loirs étaient engraissés à Rome pour être mangés. On trouve même une recette de loir dans le livre de cuisine d'Apicius (Ier siècle av. J.-C.)[327]

L'italien *ghiro* «loir» vient du latin *glis, gliris,* qui avait évolué en bas- latin en *lis, liris,* d'où la plupart des noms du loir dans les langues romanes: fr. *loir*, esp. *lirón*, cat. *liró*, ptg. *lirão, leirão.* Mais en roumain, *pârş* «loir» est d'origine slave.

Il y a une trentaine d'espèces de loirs. La principale a comme nom scientifique latin *Myoxus glis*, du grec *mus* «souris» et *oxus* «pointu», car le loir ressemble à une souris au nez pointu: cette espèce, le *loir gris* (angl. *fat dormouse)*, était celle que cuisinaient les Romains.

LE LOIR ET LA LÉGENDE DES «SEPT DORMANTS»

L'histoire remonte à l'époque des persécutions décidées par l'empereur romain Dèce contre les chrétiens (vers 250 après J.-C.). Sept jeunes chrétiens se seraient cachés près d'Éphèse dans une caverne dans laquelle ils auraient été emmurés. Les sept garçons se seraient alors endormis d'un sommeil miraculeux pendant... deux cents ans. À leur réveil, ils auraient témoigné du dogme de la résurrection des morts, avant de retomber dans le sommeil, éternel cette fois. [328]

Cette légende, qui mêle de façon inattendue les terribles persécutions de cet empereur romain et le profond sommeil du loir en hibernation, jette seulement un peu de lumière sur l'origine du curieux nom du loir en allemand: *Siebenschläfer* «les 7 dormeurs».

Une histoire à dormir debout

Les noms du loir en allemand *(Siebenschläfer)*, en néerlandais *(zevenslaper)*, en suédois *(sjusovare)* et en danois *(syvsover)* sont beaucoup plus mystérieux car ils signifient tous littéralement «sept dormeurs». On sait que les loirs aiment bien dormir, mais pourquoi sont-ils sept? Tout s'éclaire — ou presque — si l'on connaît la légende des «Sept Dormants» d'Éphèse.

Il existe encore aujourd'hui en Bretagne, dans les Côtes-d'Armor, une chapelle des Sept-Saints dans le petit village de Vieux-Marché (22420). Dans la crypte, sur l'autel, de chaque côté de la Vierge, sont disposées sept statues polychromes représentant *les sept dormants d'Éphèse*: Maximilien, Malch (Marc), Martinien, Denis, Jean, Sérapion (Séraphin) et Constantin.[329]

Le nom du loir en anglais est *dormouse*, d'origine inconnue, peut-être d'un verbe dialectal *to dorm* «dormir», mais on peut aussi penser à un emprunt direct au français *dormeuse*. Par ailleurs, l'attraction du nom anglais de la souris *(mouse)* a dû également être forte puisque le pluriel de *dormouse* est *dormice* (tout comme le pluriel de *mouse* est *mice)*.

LE LÉROT

☞ *le petit loir*

it. *ghiro quercino*
esp. *lirón careto*
angl. *garden dormouse*
all. *Gartenschläfer*

Le nom *lérot* est simplement un diminutif de *loir*. Il s'applique à des animaux de petite taille, de la famille du loir. Buffon précise: «*Le loir demeure dans les forêts, et semble fuir nos habitations; le lérot au contraire habite nos jardins, et se trouve quelquefois dans nos maisons.*»[330] Certaines langues qualifient d'ailleurs le lérot de «loir des jardins»: angl. *garden dormouse*, all. *Gartenschläfer*.

LE MUSCARDIN

☞ *un loir réputé, à tort, odorant*

it. *moscardino*
esp. *muscardino*
angl. *hazel dormouse*
all. *Haselmaus*

Le muscardin est une espèce de loir roux dont le ventre et la gorge sont blancs. Son nom vient de l'italien *moscardino*, d'une forme ancienne *moscado* «musc», qui fait penser à une odeur particulière. Pourtant, Buffon fait remarquer qu'il y a eu confusion, en Italie, entre cet animal et un autre qui, lui, est musqué, et il confirme: «*notre muscardin n'a point d'odeur, ni bonne, ni mauvaise.*»[331]

Le nom scientifique du muscardin est *Muscardinus avellanarius*, du latin *avellana* «aveline, grosse noisette», car cet animal adore ces fruits, d'où son autre nom: en français, *casse-noisettes*, en anglais *hazel dormouse*, en allemand *Haselmaus* et en danois *haselmus*.

LE PORC-ÉPIC

☞ *ne pas se fier à son nom*

it. *istrice*
esp. *puerco espín*
angl. *porcupine*
all. *Stachelschwein*

De nombreuses langues rappellent le nom du porc dans leurs appellations du porc-épic. Pourtant, d'un point de vue zoologique, le porc-épic est un rongeur et donc fort éloigné du porc, qui est un suidé. Dans son *Histoire naturelle*, Buffon explique: «*Il ne faut pas que le nom du Porc-épineux, qu'on a donné à cet animal dans la plupart des langues de l'Europe nous induise en erreur, et fasse imaginer que le porc-épic soit en effet un cochon chargé d'épines, car il ne ressemble au cochon que par le grognement ; pour tout le reste il en diffère tout autant qu'aucun autre animal.»*[332]

Le porc-épic et ses piquants

En grec, le nom du porc-épic était *hustrix*, mais ce nom pouvait aussi désigner le hérisson. Ce nom est formé de *hus* «sanglier, porc» et de *thrix* «poil», ce qui rappelle que cet animal est couvert de longs poils raides et piquants. Le latin *hystrix* «porc-épic», qui est directement emprunté au grec, aboutit à l'italien *istrice*, plus usuel que *porcospino*.

En grec, le porc-épic avait un autre nom, *akanthokhoiros* (de *akanthos* «épine» et *khoiros* «cochon»). Le latin populaire *porcospinus* paraît être une traduction du grec, qui se trouve à l'origine du deuxième nom du porc-épic en italien *(porcospino)*. C'est ce nom italien qui a été emprunté en français, d'abord sous la forme de *porc espi*, ou *porch espin*, puis finalement *porc-épic*. L'ancien nom français a traversé la Manche au Moyen Âge et il réapparaît en anglais sous la forme *porcupine* «porc-épic».

Les autres langues ont des noms équivalents : esp. *puerco espín*, ptg. *porco-espinho*, cat. *porc espí*, roum. *porc-spinos*, all. *Stachelschwein*, néerl. *Stekelvarken* (où l'allemand *Stachel* et le néerlandais *stekel* signifient «piquant»).

Dans le suédois *piggsvin* et le danois *hulepindsvin* ou *gnaversvin*, on retrouve toujours le nom du porc *(svin)*.

RÉCRÉATION

COMINUS ET EMINUS : «DE PRÈS ET DE LOIN»

Cominus et eminus : telle était la devise de l'*ordre du porc-épic*, créé à la fin du XIVe siècle et dont le sens était nettement belliqueux puisqu'elle voulait illustrer la puissance combative du duc d'Orléans, aussi bien «de près que de loin», traduction de cette devise. Seule une partie de la devise correspond bien à la réalité. Laquelle ?

RÉPONSE : *Cominus* «de près», car qui s'y frotte s'y pique, mais c'est par erreur que l'on pensait alors que le porc-épic avait la possibilité de projeter ses piquants sur ses assaillants et donc, qu'il pouvait les blesser «de près comme de loin».

Le porc-épic de Louis XII

Le porc-épic est familier aux visiteurs du château de Blois, où il figure en marbre au-dessus de la poterne du portail d'entrée. L'*Ordre du porc-épic* avait été créé par Louis Ier, duc d'Orléans, en 1394, et le porc-épic a été adopté comme emblème par Louis XII jusqu'au couronnement de François Ier, qui lui substitua la salamandre.[333]

LE COBAYE OU COCHON D'INDE

☞ *sujet d'expériences en laboratoire*

it.	*cavia, porcellino d'India*
esp.	*cobaya, conejillo de Indias*
angl.	*Guinea pig*
all.	*Meerschweinchen*

Le nom *cobaye* est tiré du latin scientifique *cobaya*, lui-même issu du tupi, par l'intermédiaire du portugais *cobaia*.

En français, ce petit rongeur garde généralement son nom d'origine, *cobaye*, quand on parle de l'animal utilisé pour des expérimentations en laboratoire, mais on dira plutôt *cochon d'Inde* quand il s'agit de l'animal de compagnie apprivoisé. C'est sans doute à cause des petits cris qu'il pousse qu'on le nomme «cochon», l'allusion à l'Inde étant due à la croyance que les premiers Européens débarquant en Amérique étaient arrivés aux Indes. Mais les noms ont parfois la vie dure, et le cobaye s'appelle toujours *cochon d'Inde*.

Cochon d'Inde ou de Guinée?

Cette référence géographique se retrouve dans l'italien *porcellino d'India* ou dans le portugais *porquinho-da-Índia*, mais pas en anglais, où ce n'est pas l'Inde mais la Guinée qui, de façon inattendue, devient la référence.

Pourquoi dit-on *Guinea pig* «cochon de Guinée» en anglais et *Guinees biggetje* en néerlandais, alors que l'animal n'existe pas en Guinée? Plusieurs explications ont été avancées: *Guinea* serait ici une déformation de *Guiana*, nom de la Guyane, où Christophe Colomb avait abordé en 1498. On a pensé aussi que *Guinea pig* pouvait être un petit cochon coûtant une guinée, pièce de monnaie anglaise de jadis.[334] Enfin, il s'agissait peut-être de bateaux en provenance d'Amérique vers l'Europe et faisant escale en Guinée, ce qui pouvait laisser croire que les animaux en provenaient.[335]

On peut ajouter une autre pièce à ce dossier déjà complexe, en citant ce qu'en dit Buffon: *«petit animal originaire des climats chauds du Brésil et de la Guinée.»*[336]

L'espagnol représente un cas particulier avec *conejillo de Indias*, qui compare le cobaye, non pas à un petit cochon, mais à un petit lapin (esp. *conejo* «lapin»). Sur le plan zoologique, cette comparaison du cobaye, qui est un rongeur, avec un lapin, est plus correcte que la comparaison avec un cochon car le lapin est plus proche des rongeurs, même s'il n'en est pas tout à fait un. Toutefois, les zoologistes n'ont pas craint de retenir la comparaison avec un petit cochon puisqu'ils ont donné à l'une des espèces de cobaye le nom latin scientifique *Cavia porcellus* «petit cochon cobaye».

LE CABIAI OU COCHON D'EAU

☞ *le plus gros des rongeurs actuels*

it. *capibara*
esp. *capibara*
angl. *capybara*
all. *Wasserschwein, Capybara*

Le nom *cabiai* vient d'une langue caraïbe de Guyane, dans laquelle il s'analyse en *cabi* «herbe» et *aica* «manger».[337] Cet animal a aussi un autre nom, venu du tupi, *capibara*, que l'on retrouve dans un certain nombre d'autres langues d'Europe.

Le cabiai se complaît sur le bord des rivières et, à la moindre alerte, il se réfugie dans l'eau, où il peut disparaître pendant plusieurs minutes. Cet amour de l'eau ressort de son nom en allemand *Wasserschwein* (mot à mot *cochon d'eau)* et il apparaît clairement dans le nom scientifique de la famille à laquelle il appartient: *hydrochaeridé* (formé sur le grec *hudor* «eau» + *khoiros* «porc»).

cabiai
Hydrochaeris hydrochaeris

LE CHINCHILLA

recherché pour sa fourrure

it. *cincilla*
esp. *chinchilla*
angl. *chinchilla*
all. *Chinchilla*

chinchilla
Chinchilla lanigera

Le nom du chinchilla vient, par l'espagnol, de l'aymara, langue indienne du Pérou. La graphie de ce nom est exactement la même, *chinchilla*, en français, en espagnol, en anglais, en néerlandais ou en danois, mais dans d'autres langues, il prend de nombreuses autres formes graphiques.

RÉCRÉATION

LE CHINCHILLA ET SON ORTHOGRAPHE

Le nom de ce rongeur est partout le même, mais il a différentes graphies selon les langues. Il faudrait les replacer correctement :

1. *cincilla*	A. allemand
2. *chinchila*	B. basque
3. *Chinchilla*	C. catalan
4. *txintxila*	D. espéranto
5. *xinxilla*	E. italien
6. *șinșilă*	F. portugais
7. *ĉinĉilo*	G. hongrois
8. *csincsilla*	H. roumain

RÉPONSE : 1E – 2F – 3A – 4B – 5C – 6H – 7D – 8G

LA VISCACHE

☞ *un lièvre des pampas*

it. *viscaccia*
esp. *vizcacha*
angl. *viscacha, vizcacha*
all. *Viscacha*

viscache
Lagostomus maximus

Proche du chinchilla, la viscache est également originaire de l'Amérique du Sud. Le nom *viscache* vient, par l'espagnol *vizcacha*, du quechua. La viscache a proliféré à la façon des lièvres et des lapins, d'où son autre nom, par exemple en néerlandais, *pampahaas* «lièvre de la pampa».

L'AGOUTI

☞ *gros rongeur des forêts humides*

it. *aguti*
esp. *agutí*
angl. *agouti*
all. *Aguti*

agouti
Dasyprocta azarae

Le nom de ce rongeur trapu, tout comme celui de la viscache, est sans doute peu connu, mais il figure bien dans la plupart des dictionnaires usuels.

Le nom *agouti* vient du tupi-guarani, et il se retrouve presque tel quel dans la plupart des langues.

Autour de l'écureuil

L'écureuil appartient à la famille des sciuridés, dans laquelle on trouve des écureuils particuliers comme le petit-gris, le spermophile, le tamia, ainsi que la marmotte et l'écureuil volant. Dans d'autres familles de rongeurs apparaissent le castor et le ragondin. Enfin, bien qu'il n'appartienne pas à l'ordre des rongeurs, le tupaïa trouve sa place ici car son nom signifie « qui ressemble à un écureuil » en malais.

RONGEURS (29 familles, 2014 espèces)
- **sciuridés**
  - *sciurinés*
    - ▸ L'ÉCUREUIL
    - ▸ LE PETIT-GRIS
    - ▸ LE TAMIA
    - ▸ LA MARMOTTE
    - ▸ LE SPERMOPHILE
    - ▸ L'ÉCUREUIL VOLANT OU POLATOUCHE OU PÉTAURISTE
- **castoridés**
  - ▸ LE CASTOR
- **myocastoridés**
  - ▸ LE RAGONDIN

SCANDENTIA (1 famille, 19 espèces)
- **tupaiidés**
  - ▸ LE TUPAÏA

(▸ espèces...)

(ordre) (famille) (sous-famille)

L'ÉCUREUIL

☞ *sa queue en panache lui fait de l'ombre*

it.	*scoiattolo*
esp.	*ardilla*
angl.	*squirrel*
all.	*Eichhörnchen*

Le nom de l'écureuil en grec est *skiouros,* forme qui s'est maintenue dans le grec moderne. On y reconnaît *-ouros* «queue» et *ski-* (cf. le grec *skia* «ombre»). De là à penser que *skiouros* signifie «à l'ombre de sa queue», il n'y a qu'un pas et c'est effectivement le sens que l'on donne habituellement à ce nom. Il faut reconnaître que l'explication a un petit air d'étymologie populaire: un peu trop beau pour être vrai. Et pourtant, cette explication simple est généralement acceptée.[338]

Buffon abonde d'ailleurs dans ce sens en décrivant l'écureuil: *«sa jolie figure est encore rehaussée, parée par une belle queue en forme de panache, qu'il relève jusque dessus sa tête et sous laquelle il se met à l'ombre».*[339]

Un nom latin en forme de diminutif

En latin classique, l'écureuil se dit *sciurus,* emprunté au grec *skiouros.* En bas-latin apparaît un diminutif en *-iolus,* attesté sous la forme *scuriolus*

LES NOMS DE L'ÉCUREUIL

ORIGINE COMMUNE		racine i.-e.	***aig-*** «chêne»
gr.	*skiouros*	all.	*Eichhörnchen*
néogr.	*skiouros*	néerl.	*eekhoorn*
lat.	*scuriolus*	dan.	*egern*
it.	*scoiattolo*		
angl.	*squirrel*		
ptg.	*esquilo*		
fr.	*écureuil*		
(interl.)	*sciuro, scuriolo*		
(espér.)	*sciuro*		

ORIGINES DIVERSES		racine i.-e.	***werwer-*** «écureuil»
esp.	*ardilla*	tch.	*veverka*
hong.	*mókus*		
bret.	*kaz-koad*		
basq.	*urtxintx, katagorri*		

«écureuil», qui est à la base de la plupart des noms de l'écureuil dans les langues romanes, comme on peut le vérifier dans le tableau ci-après.

Parmi les langues romanes, on remarquera que seul l'espagnol *ardilla* «écureuil» n'a aucun rapport avec le latin: c'est le diminutif d'un nom emprunté au berbère *aarda* «rat».

Écureuil*, c'est comme* école

Le nom de l'écureuil donne l'occasion d'illustrer une loi générale de l'évolution des noms latins commençant par [sk], en prenant pour exemple le nom de l'*école* dans les différentes langues romanes, avec, d'un côté, le maintien de l'initiale latine [sk] (pour *schola* ou *scuriolus)* :

lat.	*scuriolus, schola*
it.	*scoiattolo, scuola*
roum.	(*veveriţă*), *şcoală*

et de l'autre, l'adjonction d'une syllabe supplémentaire *(es-* ou *é-)*:

esp.	(*ardilla*), *escuela*
cat.	*esquirol, escola*
ptg.	*esquilo, escola*
a. fr.	*escurieu, escole*
fr.	*écureuil, école*

On voit que l'italien et le roumain conservent le début des mots en [sk], comme en latin, alors que l'espagnol, le catalan et le portugais ajoutent un *e* devant le *s*, tout comme l'ancien français, qui finalement fait évoluer le *es* en *é*. Ce *é* ajouté à l'initiale est dit prosthétique. En outre, on aura remarqué les parenthèses entourant les formes en roumain et en espagnol pour «écureuil», ces langues utilisant d'autres racines pour désigner cet animal (respectivement *veveriţă* et *ardilla)*.

Spirou, vif comme un écureuil

Sur le tableau des noms de l'écureuil auraient pu figurer les formes *skiron, spirou,* du wallon. Si cette langue méritait d'être particulièrement mise en lumière dans ce cas, c'est parce que *spirou,* qui en wallon désigne aussi un enfant vif et remuant, a été choisi comme nom d'un célèbre personnage de BD créé en 1938 par le dessinateur belge Robert Velter. L'année suivante, Spirou était accompagné d'un petit écureuil, nommé *Spip.*

Spirou et son écureuil Spip
© Dupuis-2003

L'écureuil et le chêne

Que ce soit en allemand *(Eichhörnchen)*, en suédois *(ekorre)*, en danois *(egern)* ou en néerlandais *(eekhoorn)*, le nom de l'écureuil commence par celui du chêne: all. *Eiche*, suéd. *ek*, dan. *eg*, néerl. *eik*. La présence de cet élément rappelle que si l'écureuil adore les noisettes, il ne dédaigne pas les glands et se plaît dans les forêts de chênes. La dernière partie de ces noms (all. *Hörnchen* «petite corne» ou néerl. *hoorn* «corne») est moins facile à expliquer. Est-ce parce que les oreilles pointues de l'écureuil apparaissent comme de petites cornes dans le feuillage du chêne? On a aussi pensé à rapprocher cette forme d'un nom germanique ancien du furet. À l'appui de cette hypothèse, il faut rappeler que c'est à partir du latin *viverra* «furet, belette» qu'a été formé le diminutif **viverrula* «écureuil»,[340] qui se retrouve d'ailleurs dans le nom de l'écureuil en roumain, *veveriţă*.

L'écureuil a d'abord été très mal vu

Au Moyen Âge, l'écureuil avait mauvaise réputation, comme tous les rongeurs, qui étaient alors plus ou moins méprisés parce que l'action de ronger était assimilée à la sournoiserie, à la lâcheté, et allait jusqu'à évoquer la rapacité des usuriers. L'écureuil était considéré comme paresseux, voleur, voire lubrique. De plus, sa couleur rousse lui a même valu d'être considéré comme diabolique, tout comme l'a été le renard. (cf. LE NOM DU RENARD, p.62)

Pourtant, on voit bientôt son statut changer du tout au tout: d'animal peu attirant, l'écureuil devient sympathique, joyeux, économe et prévoyant.

Le fouquet et Nicolas Fouquet

Avec les anciens noms familiers de l'écureuil en français, on reste perplexe devant des formes dont l'origine est mystérieuse:

- *jaquet*, ou *jacquet* «petit Jacques», d'où *dès potron-jaquet*, synonyme de l'expression plus usitée *dès potron-minet* (cf. récréation DÈS POTRON-MINET, p.130), qui signifie «très tôt le matin»;
- *fouquet*,[341] qui n'a pas donné naissance à une expression connue et qui semble remonter à une racine germanique signifiant «roux», mais il existe un nom de famille célèbre, *Fouquet*.

C'est en raison de cet ancien nom de l'écureuil *(fouquet)* que les ancêtres de Nicolas Fouquet (1615-1680), le célèbre surintendant des Finances de Louis XIV, en avaient mis deux dans leurs armoiries familiales.

Le père de Nicolas Fouquet y avait aussi inscrit l'ambitieuse devise : *Quo non ascendet* («jusqu'où ne montera-t-il pas ?»), peut-être par allusion à l'écureuil qui grimpe souvent tout en haut des arbres. Nicolas Fouquet, lui-même épris de grandeur, a continué à cultiver le symbole de l'écureuil actif et dominateur dans son luxueux château de Vaux-le-Vicomte, où les fêtes grandioses qu'il y organisait précipitèrent pourtant sa disgrâce.

Un nouveau symbole héraldique

De nos jours, l'écureuil du dispendieux Fouquet ne fait plus penser aux fastes de Vaux-le-Vicomte. Tout au contraire, par un retournement spectaculaire, il est devenu de nos jours le symbole même de l'épargne, et sert de logo à un groupe financier, celui de la Caisse d'Épargne.

En 1942, en réponse à un concours lancé par la Caisse d'Épargne pour définir son image de marque, c'est l'histoire suivante qui a été primée : des prisonniers de guerre, totalement privés de nourriture, après avoir adopté un écureuil, s'étaient finalement résignés à contrecœur à manger leur mascotte. Mais l'écureuil, flairant le danger, s'était sauvé jusqu'à une cachette où les soldats affamés qui l'avaient poursuivi avaient pu trouver de quoi survivre grâce aux provisions accumulées par l'écureuil prévoyant. Son sens de l'économie lui avait sauvé la vie, et depuis ce jour le symbole de l'épargne était trouvé : c'est un écureuil qui figure désormais sur le logo de la Caisse d'Épargne.

L'ÉCUREUIL DE LA CAISSE D'ÉPARGNE

L'évolution du logo de la Caisse d'Épargne, où figure un écureuil, fait penser à la formation des *kanjis*, ces idéogrammes chinois qui proviennent du même dessin original puis évoluent vers un graphisme de plus en plus stylisé.

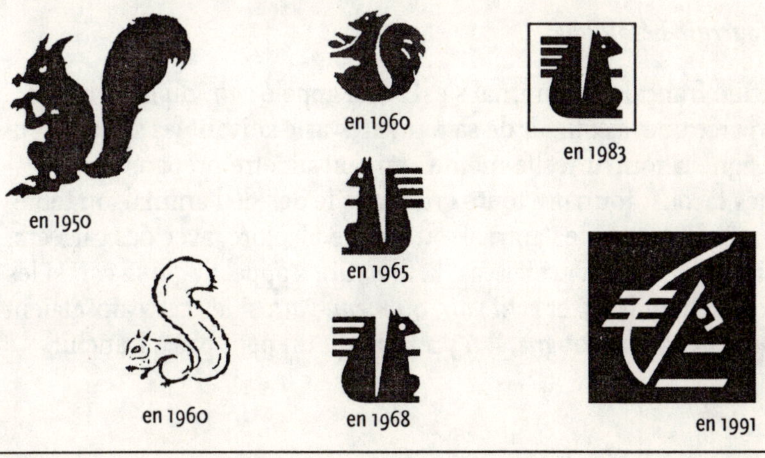

© CNCE

LE PETIT-GRIS

☞ *ou écureuil de Russie*

it. *scoiattolo siberiano*
esp. *gris*
angl. *Siberian grey squirrel*
all. *Siberische Eichhörnchen*

Le petit-gris est un écureuil recherché pour sa fourrure. L'étymologie de *petit-gris* (nom attesté en 1621) semble bien devoir se passer de commentaires : la couleur dominante de l'animal en hiver est bien grise et c'est la fourrure d'hiver qui est la plus recherchée, et son dos gris le plus prisé. Mais c'est *petit-gris*, et non pas *gris* qui est en cause.

En français, *gris* est attesté en 1140 comme nom pour désigner spécifiquement la fourrure (grise) de l'écureuil et comme adjectif désignant la couleur grise, d'abord uniquement en parlant de la barbe, des cheveux ou d'un vêtement.[342]

LA COULEUR GRISE

Tout comme *blanc*, *bleu* ou *brun*, *gris* est une forme d'origine germanique, que l'on retrouve dans l'allemand *greis* pour désigner le vieillard (à cause de ses cheveux gris ?) et dans le danois *gris*, où ce terme désigne le petit cochon, la couleur de ses soies évoquant sans doute aussi les cheveux gris des personnes âgées.[343]

Avant d'être appelé *petit-gris*, cet écureuil s'est appelé *gris* tout court. Mais pourquoi *petit*, alors qu'il est plutôt plus gros que l'écureuil le plus commun ? Pour répondre à cette question, il faut revenir sur le nom de l'écureuil en ancien français et accepter de faire un détour par la technique de la fourrure.

Le vair, fourrure héraldique

En ancien français, cet animal s'est aussi appelé *vair*, du latin *varius* «varié», parce que la couleur de sa fourrure varie suivant les saisons. Puis, *vair* a désigné la fourrure elle-même, qui pouvait être préparée de différentes façons : fourrure toute grise avec le dos de l'animal, ou toute blanche avec le ventre de l'animal, ou encore bicolore, avec des carreaux blancs et gris. Dans ce dernier cas, la fourrure s'appelait *grand vair* si les carreaux étaient grands, et *petit vair*, ou *menu-vair*, si les carreaux étaient petits. De *petit vair* à *petit-gris*, il n'y a alors qu'un petit pas à franchir.

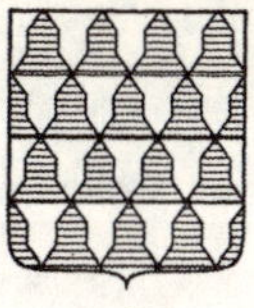
vair

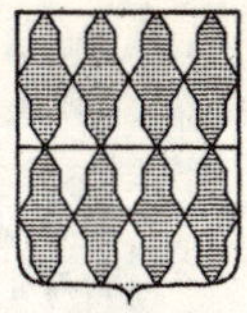
contre-vair

De nos jours, le terme *vair* ne s'emploie guère qu'en héraldique, pour désigner l'une des deux fourrures héraldiques (l'autre étant l'hermine). Le motif est composé de petites pièces en forme de clochetons de deux couleurs pour le vair, et de doubles clochetons pour le contre-vair. Il reste enfin un doute sur l'emploi de *vair* pour la pantoufle de Cendrillon.

La pantoufle de Cendrillon était-elle de vair, ou en verre ?

Charles Perrault a publié en 1697 les *Contes du temps passé,* parmi lesquels *Cendrillon, ou La petite pentoufle* (sic) *de verre* (re-sic), où cette pantoufle, perdue par Cendrillon au cours d'un bal, joue un rôle central. Mais de quelle matière était-elle faite ? Était-elle en fourrure ou vraiment en verre ?

Beaucoup plus tard, des auteurs comme Balzac, Littré ou Gide n'ont pas voulu croire à une pantoufle en verre. Ils ont considéré qu'il fallait comprendre «pantoufle de vair» (la fourrure). Balzac a même écrit: *«On distinguait le grand et le menu vair. Ce mot depuis cent ans est si bien tombé en désuétude que dans un nombre infini d'éditions des* Contes *de Perrault, la célèbre pantoufle de Cendrillon, sans doute de menu vair, est présentée comme étant de verre.»*

Et pourtant, Perrault a bien écrit < *verre* > dans la première édition de ce conte, ce qui est assez troublant. D'autant plus que d'autres contes de fées de l'époque ont mis en scène de légendaires souliers de verre, y compris dans des langues où n'existe pas l'homonymie *verre / vair.* Il faut en outre reconnaître que si le verre ne peut être qu'imaginaire pour des souliers, il en est de même pour le vair car cette fourrure ne semble pas avoir été utilisée pour des chaussures, et il faut enfin remarquer que des souliers de vair — tout comme des souliers de verre d'ailleurs — ne sont pas particulièrement adaptés pour aller danser.

Aussi invraisemblable que cela puisse paraître, la pantoufle de Cendrillon aurait bien pu, pour Charles Perrault, être une pantoufle en verre. Cela n'était d'ailleurs pas le seul miracle du conte, où l'on voit bien une citrouille se transformer en carrosse.

Des dictionnaires bilingues récents donnent aussi, pour *pantoufle de vair,* la traduction «pantoufle de verre»: all. *Glaspantoffel,* néerl. *glazen muiltje...* et, dans le film de Walt Disney, cette pantoufle, transparente, a effectivement toutes les apparences du verre.

LE TAMIA

☞ *habillé comme un garde suisse*

it. *chipmunk, tamia*
esp. *ardilla listada*
angl. *chipmunk*
all. *Streifenhörnchen, Chipmunk*

tamia
Tamias striatus

Le nom *tamia*, attesté chez Cuvier, a peut-être été forgé à partir du grec *tamias* «économe, intendant», sans doute pour rappeler le caractère prévoyant de cet animal. Les tamias vivent en Russie, et également en Amérique du Nord, où on leur a donné en anglais un nom issu de l'algonquin, *chipmunk*.
Au Canada, le tamia est aussi connu sous le nom de *suisse*, car son pelage est rayé sur sa longueur, comme l'ancien costume des mercenaires suisses, qui est encore l'uniforme des gardes pontificaux au Vatican.[344]

LA MARMOTTE

☞ *une grosse dormeuse ronronnante*

it. *marmotta*
esp. *marmota*
angl. *marmot*
all. *Murmeltier*

Parce que la marmotte semble bien marmonner pendant son sommeil, on considère le plus souvent que son nom vient des verbes *marmotter*, *marmonner*, voire *murmurer*, eux-mêmes d'origine onomatopéique, à partir d'un radical *marm-*. Mais on a pu faire remarquer[345] que le nom *marmotte* est attesté bien avant le verbe *marmotter*, ce qui suggère une autre hypothèse: *marmotte*, tout comme *marmot* (qui est l'ancien nom du singe), viendrait de l'ancien français *mermer*, *marmer*, du latin *minimare* «raccourcir», tout simplement parce que le museau de la marmotte (comme celui du singe) est aplati. Certaines autres langues ont repris la forme française : esp. *marmota*, angl. *marmot*. Mais en allemand, *Murmeltier* «marmotte» est formé à partir du latin *murem montis* «rat de montagne» + *tier* «animal», et en français, *murmel* est le nom donné à la fourrure de la marmotte, dont le nom courant est *siffleux* au Québec.[346]

LE SPERMOPHILE

☞ *grand amateur de graines*

it. *scoiattolo terricolo, spermofilo*
esp. *ardilla terrestre, espermófilo*
angl. *ground squirrel, spermophile*
all. *Erdhörnchen*

Les spermophiles sont des écureuils terrestres aux bajoues volumineuses, proches des marmottes. Le spermophile est beaucoup moins connu que la marmotte, et pourtant, face aux 16 espèces du genre *Marmota*, il existe 38 espèces du genre *Spermophilus*. Ce nom a été forgé par les zoologistes sur le grec à partir de *sperma* «graine» + *philos* «qui aime».

L'ÉCUREUIL VOLANT OU POLATOUCHE OU PÉTAURISTE

☞ *il ne vole pas, il plane*

it. *petaurista, scoiattolo volante*
esp. *ardilla voladora*
angl. *flying squirrel*
all. *Gleithörnchen, Petaurista*

Il y a plus de 40 espèces d'écureuils volants, qui ne volent pas réellement mais qui pratiquent le vol plané grâce à une membrane-parachute tendue entre leurs pattes. Cette adaptation au vol plané existe aussi chez d'autres mammifères par exemple chez le galéopithèque (cf. p.409). Les dictionnaires usuels donnent deux noms plus spécialisés pour certains de ces écureuils dits volants : *polatouche*, adaptation d'une forme slave *polatouka*, et *pétauriste* (du grec *petauristês* «équilibriste»). Ce nom a d'abord désigné l'artiste de cirque, puis l'animal.

LE CASTOR

☞ *bâtisseur par excellence*

it. *castoro*
esp. *castor*
angl. *beaver*
all. *Biber*

Le castor est un gros rongeur aquatique qui a la particularité de construire des barrages avec des branchages sur les cours d'eau ainsi que des terriers dont l'entrée est immergée.[347] De plus, le castor était autrefois un gibier très apprécié. On avait même décrété au Moyen Âge que l'arrière-train du castor pouvait être consommé les jours de jeûne, puisque, tel un poisson, il ne quittait jamais l'eau.

Le castor a depuis toujours été recherché par les trappeurs pour sa fourrure soyeuse. Sous le nom *castorette*, on a toutefois aussi traité la fourrure du lapin, ou même produit de la fourrure synthétique imitant le castor.

Castor et Pollux

À l'origine, *Castor* est un nom de personne probablement formé sur la racine grecque *kekasmai* «exceller, briller». C'est grâce à la mythologie grecque que l'on connaît l'histoire de Castor et Pollux, les deux frères jumeaux inséparables, appelés les *Dioscures* (de *Dios* «Zeus» et *kuroi* «fils»). Ils ont finalement été placés par Zeus parmi les constellations sous le nom de *Gémeaux*, l'un des signes du zodiaque.

RÉCRÉATION

LE CASTOR ET LE CYGNE

Si l'on se réfère à la mythologie grecque, on ne peut manquer d'évoquer le nom du *cygne* à propos de Castor et Pollux. Pourquoi ?

RÉPONSE : Parce qu'ils étaient les fils de la belle **Léda**, que Zeus avait séduite en prenant l'apparence d'un cygne.

C'est le nom du personnage mythologique Castor qui a fourni le nom de l'animal en grec ainsi que celui de sa sécrétion, *kastôr*,[348] jadis employée en pharmacopée. Elle est encore utilisée aujourd'hui en parfumerie comme fixateur sous le nom de *castoréum* ou *huile de castor*.

On doit évoquer ici une bizarrerie de l'anglais, qui non seulement utilise le mot *castor* pour désigner cette huile de castor mais qui conserve aussi l'expression *castor oil* pour désigner une autre huile naturelle, l'huile de ricin. Cela peut se comprendre si l'on sait que l'huile de ricin a remplacé l'huile de castor dans la plupart de ses usages médicinaux aussi bien que comme lubrifiant.

Le nom grec est repris en latin *(castor)*, puis dans la plupart des langues romanes : fr., esp., ptg., cat., roum. *castor*, it. *castoro*. Mais les langues germaniques ont perpétué un tout autre nom, que l'on trouve aussi en latin sous la forme *fiber*.

L'autre nom en latin et dans les langues germaniques

À côté du latin *castor*, emprunté au grec *kastôr*, on trouve le latin *fiber*, proche de sa variante celtique *beber*. Ce nom se rattache à la racine indo-européenne ***behr-*** signifiant «brun» et «ours», mais redoublée. Le castor peut en effet se comparer à un petit ours brun. On peut reconnaître la forme *beber* sous les noms de ce petit mammifère dans les langues germaniques : all. *Biber*, angl. *beaver*, néerl. *bever*, suéd. *bäver*, dan. *bæver*. (cf. encadré BRUN COMME UN OURS… OU COMME UN CASTOR, p.83)

RÉCRÉATION

LE CASTOR DE JEAN-PAUL SARTRE

Quand Jean-Paul Sartre faisait allusion à son *castor*, il pensait en fait à Simone de Beauvoir. Pourquoi ce surnom ?

RÉPONSE : Il l'appelait ainsi par allusion à la prononciation du nom **Beauvoir** par les anglophones, c'est-à-dire à peu près comme **beaver** «castor».

Le castor bâtisseur

En France, on retrouve sans y penser le castor bâtisseur lorsqu'on se rend dans un magasin *Castorama* pour acheter du matériel de bricolage. Cette association d'idées entre le bricolage et le castor remonte à la création de groupements de personnes qu'on a appelées les *castors* parce qu'elles avaient décidé de construire elles-mêmes leur maison sans l'aide d'entrepreneurs. Créé en 1927 en Suède, le mouvement s'est ensuite étendu à plusieurs pays d'Europe.[349]

Des castors un peu partout

Bien que les langues romanes modernes aient privilégié la forme *castor*, il est resté des traces de formes anciennes, comme *bevero, bivero* en ancien italien ou *bièvre* en ancien français, qui remontent au celtique *beber*.

Le nom *bièvre* est sorti de l'usage courant dans la langue française mais il est encore très présent sur les cartes de géographie. Peut-être beaucoup

LE CASTOR GAULOIS *(BEBER)* DANS LES NOMS DE LIEUX EN FRANCE

de rivières étaient-elles autrefois habitées par des castors[350]: la *Bièvre,*[351] petit affluent de la Seine qui traverse la ville de Bièvres (Essonne) et vient terminer son cours à Paris au-dessous de la rue de Bièvre, dans le Ve arrondissement; le *Beuvron,* affluent de la Loire, qui traverse Lamotte-Beuvron; la *Beauronne,* en Dordogne. Il existe aussi beaucoup de noms de villes souvent situées sur des ruisseaux: *Beaurières, Beurières, Beuvry, Bouvron, Brévannes, La Brévière...*

LE RAGONDIN

☞ *rongeur aquatique recherché pour sa fourrure*

it. *nutria*
esp. *coipo, quiyá*
angl. *coypu*
all. *Nutria, Biberatta*

Il s'agit d'un rongeur qui ressemble à un castor, mais qui a une queue de rat et des pattes postérieures à la fois palmées et très poilues. Autre particularité : ses dents ont la couleur des carottes.[352]

Le nom français de ce mammifère, *ragondin*, est d'origine obscure.

Parce qu'il vit auprès de l'eau, d'où il tire sa substance,[353] on donne aussi au ragondin le nom *myopotame* «rat du fleuve». Une ancienne orthographe, qui ne s'est pas maintenue, *rat gondin*, rappelle qu'un rapprochement avec le rat a pu être fait à une certaine époque. On a aussi pensé à une influence de l'anglais *racoon*, mais en anglais, ce nom désigne un tout autre animal, le raton laveur. (cf. LE RATON LAVEUR, HABILE DE SES MAINS (CHEZ LES ALGONQUINS), p.100)

Outre *ragondin, myopotame* et *myocastor*, on lui donne encore d'autres noms : *castor du Chili, castor de la Plata, castor des marais, nutria* ou *coypou*, ce dernier venant d'une langue amérindienne (de *co* «eau» + *ipun* «se déplacer majestueusement»).[354] Ces noms se retrouvent dans d'autres langues, par exemple en italien *(myopotamo, coipo, nutria)* ou en anglais *(nutria*, pour la fourrure, *coypu*, pour l'animal).[355]

Le nom *nutria* est une déformation du latin *lutra* «loutre».

LE TUPAÏA OU TOUPAYE

☞ *escaladeur habile*

it. *tupaia*
esp. *tupaya*
angl. *tree shrew*
all. *Spitzhörnchen*

tupaïa
Tupaia minor

Ce petit mammifère n'est ni un rongeur ni un insectivore, mais il a un peu la tête d'une musaraigne et la queue d'un écureuil. Le nom *tupaïa* vient du malais *tupai* «écureuil».[356] En anglais, on dit *tree shrew* «musaraigne des arbres», mais on retrouve l'écureuil dans l'allemand *Spitzhörnchen* «petit écureuil (au museau) pointu».

Le tupaïa fait partie de l'ordre des *Scandentia*, nom forgé à partir du latin *scandere* «escalader».

Autour du lièvre

Le lièvre et le lapin de garenne sont tous deux des gibiers recherchés, mais le lapin est aussi un animal de la ferme. Ces animaux ont longtemps été classés dans l'ordre des rongeurs, tandis qu'aujourd'hui les zoologistes considèrent que les lièvres et les lapins appartiennent à un ordre à part, celui des lagomorphes, du grec *lagôs* ***« lièvre ». Une des différences visibles entre les rongeurs et les lagomorphes tient à leur façon de remuer constamment les mandibules : les rongeurs les remuent d'avant en arrière, les lagomorphes de gauche à droite. La principale famille de l'ordre des lagomorphes est celle des léporidés, du latin*** *lepus, leporis* ***« lièvre », ici représentés par le lièvre et le lapin. Le daman fait partie d'un autre ordre et ressemble un peu à une marmotte. Le macroscélide, ou musaraigne-éléphant, a un museau flexible, à la manière d'une trompe de petit éléphant, et il appartient à un troisième ordre, celui des macroscélides.***

LAGOMORPHES (2 familles, 80 espèces)
léporidés
▶ **LE LIÈVRE**
▶ **LE LAPIN**

HYRACOÏDES (1 famille, 6 espèces)
procaviidés
▶ **LE DAMAN**

MACROSCÉLIDES (1 famille, 15 espèces)
macroscélididés
▶ **LE MACROSCÉLIDE OU MUSARAIGNE-ÉLÉPHANT**

(ordre) (famille) (▶ espèces...)

LE LIÈVRE

☞ *grandes oreilles et pieds velus, il détale à toute vitesse devant le danger*

it.	*lepre* (f.)
esp.	*liebre* (f.)
angl.	*hare*
all.	*Hase* (m.)

En grec, le lièvre se dit *lagôs*, ce qui signifie sans doute à l'origine «aux oreilles molles».[357]

C'est un nom donné par les chasseurs à un animal qui était peut-être considéré comme de mauvais augure et que l'on n'osait pas nommer. On ne connaît d'ailleurs aucun nom indo-européen du lièvre.[358]

C'est à partir du grec *lagôs* «lièvre» qu'ont été forgés en français des noms savants comme ceux qui figurent dans la récréation ci-dessous.

RÉCRÉATION

LE LIÈVRE, L'OISEAU ET LE SINGE

Le lièvre fait partie de l'ordre des *lagomorphes*, où l'on reconnaît le nom du lièvre en grec *lagôs*, suivi de *morphe* «forme». Sur cette même base ont été formés deux autres noms d'animaux: le *lagotriche* et le *lagopède*.
Quel est celui qui désigne un singe et celui qui désigne un oiseau ?

RÉPONSE : le lagotriche est un singe velu (thrix «poil») d'Amérique du Sud (cf. LE LAGOTRICHE OU SINGE LAINEUX, p.418) tandis que le *lagopède* est un oiseau aux pattes couvertes de plumes, comme les pieds du lièvre le sont de poils.

Le nom latin du lièvre

Sans étymologie connue, le nom latin *lepus, leporis* «lièvre» est sans doute un emprunt à une langue méditerranéenne. Il est à l'origine des noms du lièvre dans les langues romanes. On remarque que le /p/ de *lepus* a évolué dans ces langues comme celui de *lupus:* les lois de l'évolution phonétique sont têtues (cf. LES NOMS DU LOUP: UN REMARQUABLE CONSENSUS, p.21).

On constate que le *-p-* du latin est resté *-p-* par exemple en italien *(lupo)*, mais qu'il a abouti à *-b-* en espagnol *(lobo)* et à *-v-* en français (visible dans le nom de la *louve)*.

AU MILIEU D'UN MOT : *P = B = V*

Cette équation un peu sibylline se vérifie nettement pour le nom du lièvre dans les langues romanes :

1. le **-p-** du latin est resté **-p-** en italien et en roumain : **lepre, iepure**
2. le **-p-** du latin est devenu **-b-** en catalan, espagnol et portugais : **llebre, liebre, lebre**
3. le **-p-** du latin est devenu **-v-** en français : **lièvre.**

Ce type de correspondances est systématique :

lat. **-p-** —> **-p-**	it.	*lepre*	*sapone*	*coprire*	*capra*	*aprile*
	roum.	*iepure*	*săpun*	*acoperi*	*capră*	*aprilie*
lat. **-p-** —> **-b-**	esp.	*liebre*	*jabón*	*cubrir*	*cabra*	*abril*
	ptg.	*lebre*	*sabão*	*cobrir*	*cabra*	*abril*
	cat.	*llebre*	*sabó*	*cobrir*	*cabra*	*abril*
lat. **-p-** —> **-v-**	fr.	*lièvre*	*savon*	*couvrir*	*chèvre*	*avril*

Du lièvre au lévrier

Le latin avait déjà pour le lévrier l'expression *canis leporarius* « chien lévrier », et c'est aussi du nom du lièvre que vient le nom du lévrier (le chien) dans la plupart des langues romanes : it. *levriere* (emprunté au français), esp. *lebrel*, cat. *llebrer*, ptg. *lebréu*. Le roumain *ogar* « lévrier », de son côté, est un emprunt au turc (tout comme le hongrois *agar* « lévrier »).

RÉCRÉATION

DES LÉVRIERS DE DIVERS PAYS

Les cynophiles distinguent une douzaine de races de lévriers originaires de différents pays, dont le fameux lévrier afghan, les lévriers irlandais et écossais, le petit lévrier italien (ou levrette), ainsi que les suivants, qui sont à classer dans le bon ordre :

1. **galgo**	A. lévrier d'Iran
2. **greyhound**	B. lévrier du Mali
3. **magyar agar**	C. lévrier arabe (du Maroc)
4. **barzoi**	D. lévrier russe
5. **sloughi**	E. lévrier hongrois
6. **azawakh**	F. lévrier anglais
7. **saluki**	G. lévrier espagnol

RÉPONSE : 1G – 2F – 3E – 4D – 5C – 6B – 7A

Les langues germaniques ont d'autres noms : en allemand *Windhund*, en néerlandais *windhond* et en suédois *vinthund*. L'étymologie de ces formes,

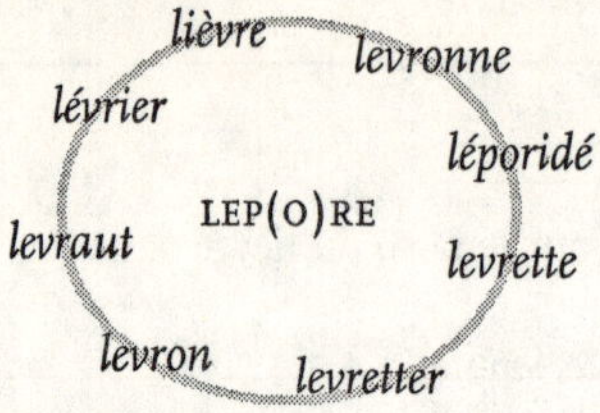

qui serait «chien des Vénètes» (c'est-à-dire de populations celtiques), est controversée.[359]

Cette étymologie trouve toutefois un écho dans l'espagnol et le portugais *galgo*, du latin *gallicus* (les lévriers ayant été considérés comme des animaux typiquement gaulois, c'est-à-dire celtes).

LE GREYHOUND ANGLAIS EST-IL GRIS ?

En général, ce grand chien dressé à la course ne l'est pas. D'ailleurs son nom est trompeur car, dans *greyhound*, *grey* ne vient pas de *grey* «gris», mais d'une forme ancienne apparentée à l'anglais, le vieux scandinave *grøy* «chienne».[360]

En français, la famille des dérivés du nom du lièvre remonte à une forme évoluée du latin *lep(o)re.*[361]

En dehors du nom du lièvre et de celui de la famille des léporidés, qui regroupe lièvres et lapins, les noms de cette rosace désignent tantôt des membres de la famille du lévrier, qui est un chien entraîné à la chasse au lièvre (la femelle: *levrette* ou *levronne*, les petits: *levron* ou *levronne)*, tantôt des races de lévrier de petite taille *(levrette* ou *levron* pour le petit lévrier italien). Le verbe *levretter* signifie «mettre bas» chez les lièvres. Les autres mots de cette rosace sont à découvrir dans la récréation suivante.

RÉCRÉATION

DES MOTS À NE PAS CONFONDRE...

...car certains désignent le lièvre et d'autres le chien dressé pour le chasser. Leur signification se trouve dans la colonne de droite, mais dans le désordre.

1. le lévrier	A. le jeune lièvre
2. la hase	B. le petit du lévrier
3. le levron	C. la femelle du lièvre
4. le levraut	D. groupe de races de chiens

RÉPONSE : 1D – 2C – 3B – 4A

Le lièvre dans les langues germaniques

Selon une hypothèse assez largement acceptée,[362] une même racine germanique signifiant «gris» pourrait être à l'origine des noms du lièvre dans les langues germaniques: angl., suéd., dan. *hare*, all. *Hase*, néerl. *haas*. On retrouve ici l'hypothèse de l'animal objet de tabou. Tous remonteraient à une très vieille forme *khason*,[363] signifiant «gris». Le lièvre aurait donc été nommé le «gris», tout comme l'ours, dans les langues germaniques, a été nommé le «brun». (cf. UN ANIMAL AU PELAGE BRUN, p.83)

Le français *hase*, qui désigne, en termes de chasse, la femelle du lièvre ou du lapin de garenne, est un emprunt tardif (XVIe siècle) à l'allemand.[364]

Le lièvre et les noms propres

En France, on trouve aussi bien des patronymes d'origine latine, comme *Lièvre, Lelièvre, Levraud, Levrel, Levrat, Lévrier*, que des noms d'origine germanique comme *Hase, Haase, Haas*. Malgré sa mauvaise réputation, la référence au lièvre n'a donc pas été évitée en France, où les patronymes *Le Lièvre* et surtout *Lelièvre* sont parmi les plus répandus (plus de 18 000 cas recensés au cours du XXe siècle).[365]

En Italie, les variantes de *Lepre* sont très nombreuses: *Lepri, Lepore, Lepori, Leproni, Leporino, Levorini, Levrini, Levratto, Levrotto, Levorati, Leverato*...[366]

Le lièvre du *Roman de Renart* s'appelle *Couart*, sans doute à cause de la hâte qu'il met à déguerpir devant le danger. La référence au lièvre s'avère beaucoup plus flatteuse avec le nom de *Leporello* («le petit lièvre») que Lorenzo Da Ponte, l'auteur du livret du *Don Giovanni* de Mozart, donne à un jeune serviteur diligent qui s'acquitte de ses charges avec la rapidité du lièvre.

LE LAPIN

☞ *vraiment «chaud»*

it. *coniglio*
esp. *conejo*
angl. *rabbit*
all. *Kaninchen*

LES NOMS DU LAPIN

ORIGINE COMMUNE		ORIGINES DIVERSES	
lat.	*cuniculus*	angl.	*rabbit*
gr.	*kouniklos*	tch.	*králík*
néogr.	*kouneli*	hong.	*nyúl*
(espér.)	*kuniklo*	basq.	*untxi*
it.	*coniglio*	fr.	*lapin*
esp.	*conejo*		
néerl.	*konijn*		
ptg.	*coelho*		
all.	*Kaninchen*		
bret.	*konifl, konikl*		
dan.	*kanin*		
(interl.)	*conilio*		

Pour une fois, c'est le grec ancien, *ko(u)niklos* «lapin» qui a été emprunté au latin, et non pas l'inverse. En latin, *cuniculus,* d'origine incertaine, peut-être d'une ancienne langue d'Espagne d'après Pline,[367] signifiait à la fois «lapin» et «galerie souterraine». Cette forme latine est à l'origine du nom du lapin dans la plupart des langues d'Europe: néogr. *kouneli,* it. *coniglio,* esp. *conejo,* cat. *conill,* ptg. *coelho,* néerl. *konijn,* all. *Kaninchen,* ou *Karnickel,* suéd. *kanin,* bret. *konifl, konikl,* dan. *kanin* ainsi que l'ancien français *conin, conil,* passé ensuite en anglais *(coney).*

Les formes de l'ancien français sont attestées dans le *Roman de Renart,* où l'on peut lire les exploits du roi *Connin,* qui est un lapin, mais *conin* n'a pas survécu en français.

Les plaisanteries sur conin

Délaissant *conin,* la langue française lui a préféré *lapin.*

On connaît d'autres exemples de noms de l'ancien français finalement éliminés par un nom différent. Le cas de *goupil* remplacé par *renard* est sans doute le plus connu. Rappelons aussi que *bièvre* a été oublié au profit de *castor* (cf. DES CASTORS UN PEU PARTOUT, p.315) et on verra plus loin que *belette* a éliminé *mosteile,* de même que *blaireau* s'est substitué à *taisson* (cf. LE LATIN TAXO ET SA DESCENDANCE, p.378). L'étonnant ici est l'apparition tardive de *lapin,* attesté seulement vers 1450, alors que le nom *lapereau* «petit du lapin» est déjà présent à la fin du XIVe siècle, donc bien avant le nom *lapin,* qui ne s'impose vraiment qu'au XVIIe siècle.

Pourquoi la langue française a-t-elle inventé pour le lapin un nom autre que la forme évoluée de *cuniculus*? On pense que c'est à cause des plaisanteries grivoises auxquelles sa consonance donnait lieu. Le *Roman de Renart* joue abondamment sur ce registre. Le plus cocasse, c'est que si *lapin* a fini par déloger *conin*, le problème reste entier avec le nom de la femelle du lapin, pour l'instant sans solution bienséante : beaucoup d'efforts pour rien.

Lapin ou lièvre

Quant à *lapereau*, «jeune lapin», terme utilisé notamment en cuisine, on pourrait le rattacher au latin *leporellus*, diminutif de *lepus* «lièvre». Le lien entre le lièvre et le lapin est ici patent. Il y a d'ailleurs des langues qui ont le même nom commun pour le lièvre et le lapin. C'est le cas du hongrois *nyúl* ou du roumain *iepure* qui, selon le contexte et les épithètes employées, désignent tantôt un lièvre, tantôt un lapin. En anglais, *jackrabbit* désigne, non pas un lapin, mais un gros lièvre de l'Ouest américain.

La petite famille du lapin

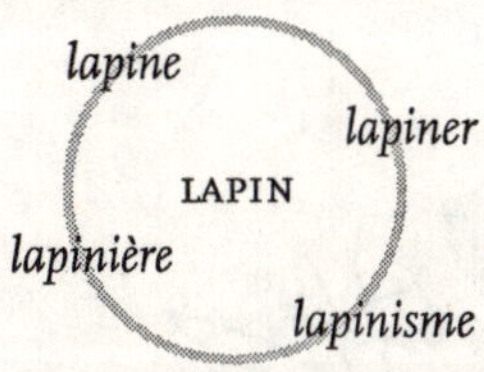

Si l'on ne craint pas les assonances inopportunes, on peut dire que la *lapine lapine* (du verbe *lapiner)* quand elle met bas. Il faut ajouter qu'une *lapinière* est le lieu où l'on élève les lapins et rappeler que l'on parle de *lapinisme*, de façon familière et péjorative, pour une population à la fécondité excessive.

Patronymes

Malgré le désamour dont il a été l'objet, l'ancien nom du lapin subsiste toutefois dans divers patronymes comme *Conin, Connin, Conil, Connil, Connilleau* (avec 2053 personnes nées sous ces noms pendant le XXe siècle). Quant au nom *Lapin*, il existe aussi (175 naissances) et il est attesté surtout en Guadeloupe et en Martinique.[370] Il est vrai que dans les contes antillais, Compère Lapin est un personnage célèbre, intelligent et très rusé.[371]

Le lapin, le rabot et rabbit

Avec une bonne dose d'imagination, on peut trouver que le *rabot*, l'outil du menuisier, ressemble à un lapin, ce qui expliquerait le nom de cet outil. Avec sa forme ramassée et ses lames qui dépassent en biais comme des oreilles de lapin, le rabot a un peu la silhouette de l'animal.

Pour désigner le jeune lapin, il existe d'ailleurs des formes dialectales comme *rabotte* (dans le Berry) et *robète* (en wallon), qui viendraient d'un ancien néerlandais *robbe* «lapin» et qui pourrait être à l'origine de l'anglais *rabbit* «lapin».[372]

Le terme *rabbit* a été introduit en anglais au XIVe siècle pour désigner d'abord le petit lapin, puis définitivement le lapin en général au XVIIIe siècle.

LE DAMAN

☞ *une sorte de gros lapin à petites oreilles*
daman
Dendrohyrax arboreus

it. *irace*
esp. *damán*
angl. *hyrax*
all. *Klippschliefer*

Le daman partage de nombreux traits avec divers autres animaux: il ressemble à un lapin, mais aussi à un cochon d'Inde, ses pattes sont pourvues de petits sabots et il a des incisives qui poussent vers l'avant, comme c'est le cas pour les défenses des éléphants. De fait, les diverses espèces de damans n'ont pu être classées ni avec les rongeurs, ni avec les lapins. Ces damans constituent un ordre à part, celui des *hyracoïdes* (du grec *hurax* «musaraigne» + le suffixe *-oïde* «qui a la forme de»). Le nom actuel de cet animal est d'ailleurs *hyrax* en anglais et *irace* en italien. L'allemand, le néerlandais et le danois ont des noms plus descriptifs: all. *Klippschliefer* («chien terrier des rochers»), néerl. *klipdas* («blaireau des rochers») et dan. *fjeldgrævling* («blaireau des champs»). Les noms de cet animal en français *(daman)*, en espagnol *(damán)* et en portugais *(damão)* sont des emprunts à l'arabe *damān*.

Buffon décrit plusieurs espèces de damans, dont une d'Afrique du Sud, appelée aussi *marmotte du Cap*, et une du Proche-Orient, qu'il nomme *daman-Israël*.[373]

À quatre reprises, le daman est d'ailleurs évoqué dans la Bible: dans le *Lévitique* (11, 5), le *Deutéronome* (14, 7), les *Psaumes* (104, 18) et les *Proverbes* (30, 26).

RÉCRÉATION

LES MAMMIFÈRES «IMPURS» DANS LA BIBLE

Voici une liste de mammifères parmi ceux qui sont cités dans la Bible : quatre d'entre eux sont considérés comme « impurs », et donc interdits à la consommation. Quels sont-ils ?

1. le lièvre • 2. le bœuf • 3. la girafe • 4. le daman • 5. le chameau • 6. le porc • 7. la gazelle • 8. la chèvre

RÉPONSE : 1. Le lièvre • 4. Le daman • 5. Le chameau • 6. Le porc[374]

Les damans et l'Espagne

Quand les premiers Phéniciens arrivèrent en Espagne, ils y trouvèrent des lapins, animaux qui leur étaient jusque-là inconnus. Ils les prirent pour des damans, qu'ils appelaient *saphan*[375] dans leur langue. C'est une des origines possibles du nom même de l'Espagne, qui serait au départ *Hisphania* «pays des lapins» (pris pour des damans).

LE MACROSCÉLIDE OU MUSARAIGNE-ÉLÉPHANT

☞ *au museau vaguement «éléphantesque»*

it.	*toporagno elefante*
esp.	*musaraña elefante*
angl.	*elephant shrew*
all.	*Rüsselspringer* *Elefantenspitzmaus*

musaraigne-éléphant
Macroscelides proboscideus

Du grec *makros* «grand» et *skelos* «jambe», le nom du macroscélide évoque ses jambes longues et fines, qui permettent à cet animal de se déplacer à une vitesse impressionnante. Comme son museau, très flexible, présente une vague ressemblance avec une trompe, on l'appelle aussi *musaraigne-éléphant* et il est classé dans plusieurs genres, dont le genre *Elephantulus*, qui signifie «petit éléphant».

Cependant ce mammifère n'est apparenté ni avec l'éléphant ni avec la musaraigne. Son plus proche cousin serait peut-être le lapin.[376]

Autour de la musaraigne

La musaraigne se dit en grec** hurax, **nom qui se relie au latin** sorex **«souris». C'est à partir de** sorex **qu'a été formé le nom de la famille des soricidés à laquelle la musaraigne appartient, ce qui peut être trompeur car la souris, elle, n'en fait pas partie. Autour de la musaraigne ont été regroupés les représentants de familles voisines: le hérisson, le tenrec, la taupe et le desman. Tous ces mammifères ne sont pas des rongeurs mais des insectivores.

INSECTIVORES (7 familles, 428 espèces)

soricidés

▶ **LA MUSARAIGNE**

érinacéidés

▶ **LE HÉRISSON**

tenrécidés

▶ **LE TENREC**

talpidés

talpinés

▶ **LA TAUPE**

desmaninés

▶ **LE DESMAN**

(▶ espèces...)

(ordre)

(famille)

(sous-famille)

LA MUSARAIGNE

☞ *la prédatrice au nez pointu*

it. *toporagno*
esp. *musaraña*
angl. *shrew*
all. *Spitzmaus*

Souris, araignée, belette

Le nom *musaraigne* vient du latin *musaraneus*, de *mus* «souris» et *aranea* «araignée». L'association de la souris et de l'araignée a de quoi surprendre, mais il est vrai que l'animal ressemble un peu à une souris et qu'on a longtemps cru que la musaraigne était venimeuse comme une araignée, sa morsure étant parfois douloureuse.

D'autres langues romanes ont des noms équivalents: it. *musaragno* ou *toporagno*, esp. *musaraña*, cat. *musaranya*, ptg. *musaranho*, à l'exception du roumain *chiţcănul*, qui se rattache au hongrois *cickány*, d'origine turque *(sickan)*.

L'appellation de la musaraigne en grec est *mugaleê*, de *mus* «souris» et *galeê* «belette». La musaraigne serait donc dans cette langue une sorte de belette (redoutable prédateur, tout comme l'araignée), mais qui ressemblerait à une souris.

À partir du nom de la musaraigne en latin (qui évoque une araignée) et en grec (qui évoque une belette), c'est un véritable chassé-croisé qui se produit en français: le grec *mugaleê* («souris» + «belette») devient finalement *mygale* et désigne une araignée, velue et vorace comme une belette, tandis que le latin *musaraneus* («souris» + «araignée») aboutit à *musaraigne* pour désigner au contraire un petit mammifère qui est tout sauf une araignée.

Ce n'est pas seulement sa ressemblance avec un autre animal, mais aussi une allusion à son museau pointu qui se manifeste dans le nom de la

LA MUSARAIGNE ÉTRUSQUE

Cette musaraigne étrusque *(Suncus etruscus)*, également appelée *pachyure étrusque*, a été décrite pour la première fois en 1822 par Savi à Pise, en Étrurie (Toscane). C'est une musaraigne lilliputienne, plus petite qu'un pouce d'homme et pesant de 1,5 à 2 grammes.[378]

musaraigne étrusque
(grandeur nature)
Suncus etruscus

LA MUSARAIGNE A MAUVAISE RÉPUTATION

Ce très-petit animal a une odeur forte qui lui est particulière, et qui répugne aux chats ; ils chassent, ils tuent la musaraigne, mais ils ne la mangent pas comme la souris. C'est apparemment cette mauvaise odeur et cette répugnance des chats qui a fondé le préjugé du venin de cet animal et de sa morsure dangereuse pour le bétail, et surtout pour les chevaux.[377]

Buffon, *Histoire naturelle*

musaraigne dans quelques langues germaniques: all. *Spitzmaus*, néerl. *spitsmuis*, dan. *spidsmus*... «souris (au museau) pointu», le suédois *näbbmus* «souris à bec».

La musaraigne et Shakespeare

En anglais, le nom de la musaraigne est *shrew*. C'est peut-être de là que vient le sens péjoratif de *shrew* «femme acariâtre», qui a été rendu célèbre par la pièce de Shakespeare: *The Taming of the Shrew*, «La mégère apprivoisée» (1593).[379]

LE HÉRISSON

☞ *une boule hérissée de piquants*

it.	*riccio*
esp.	*erizo*
angl.	*hedgehog*
all.	*Igel*

hérisson
Erinaceus europaeus

La racine indo-européenne ***eghi-*** «hérisson» est à l'origine du nom le plus courant du hérisson en grec *(ekhinos)*, ainsi que dans plusieurs langues germaniques: all. *Igel*, néerl. *egel*, suéd. *igelkott*.

Une autre racine proche, ***gher-*** est à l'origine de noms plus rares dans les langues anciennes: gr. *khêr*, lat. *(h)er*, *(h)eris*, puis *(h)ericius*, et *ericio* en bas-latin. C'est de cette forme qu'est issu *hérisson* en français ainsi que son équivalent dans la plupart des langues romanes: esp. *erizo*, cat. *eriçó*, ptg. *ouriço*, roum. *arici*, et même it. *riccio*, après aphérèse (c'est-à-dire après chute de la voyelle initiale).

Hérisson et porc-épic

Des confusions se sont produites depuis l'Antiquité entre les différentes espèces de hérissons et de porcs-épics, même si les premiers sont des insectivores et les seconds des rongeurs: les noms du porc-épic, *hustrix* en grec et *hystrix* en latin, ont aussi pu être utilisés pour désigner le hérisson.

D'autre part, l'assimilation du porc-épic à un porc, qui existe en français, se retrouve dans un certain nombre de langues européennes, mais pour désigner non pas le porc-épic mais le hérisson. En anglais, par exemple, *hedgehog* (de *hedge* «haie» et *hog* «porc») désigne le hérisson, tout comme *pindsvin* en danois, où l'on reconnaît *svin* «porc», et *sündisznó* en hongrois, où *disznó* signifie «porc».

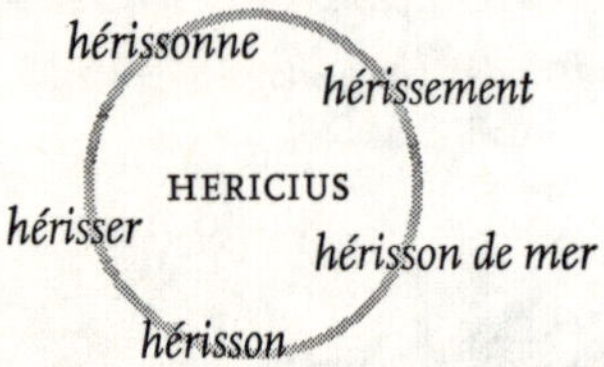

Le latin *hericius* a fourni à la langue française, non seulement le nom du mâle *(hérisson)* et de la femelle *(hérissonne)*, mais également *hérissement* et le verbe *hérisser*, qui peuvent s'appliquer tout autant aux piquants qu'aux poils ou aux plumes qui se dressent chez d'autres animaux.

Par ailleurs, c'est parce qu'il est couvert de longs piquants que l'on a nommé l'oursin *hérisson de mer*. L'analogie entre ces deux animaux avait déjà frappé les esprits dans l'Antiquité puisque *ekhinos*, en grec, était à la fois le nom du hérisson et celui de l'oursin. La tradition s'est poursuivie au cours des siècles: en effet, la plupart des langues représentées dans cet ouvrage nomment l'oursin «hérisson de la mer». Et même le nom *oursin*, qui semble être un diminutif de *ours*, n'est sans doute pas sans rapport avec celui du hérisson. (cf. L'OURSON (SUR TERRE) ET L'OURSIN (EN MER), p.86)

LE TENREC

☞ *un «cousin» du hérisson*

it.	*tenrec*
esp.	*tenrec*
angl.	*tenrec*
all.	*Tanrek*

Le nom *tenrec* (ou *tanrec)* vient du malgache *tandraka*. C'est un animal typique de Madagascar, qui ressemble beaucoup à un hérisson mais qui aurait sur le dos à la fois des poils et des piquants.

LA TAUPE

☞ *la souterraine*

it.	*talpa*
esp.	*topo*
angl.	*mole*
all.	*Maulwurf*

On a vu que le nom grec *spalax* «taupe» a été conservé dans les langues modernes pour désigner un autre mammifère que la taupe, le *spalax* ou *rat-taupe* (cf. LE SPALAX OU RAT-TAUPE, p.294).

Ce n'est donc pas le grec *spalax* mais le latin *talpa* «taupe» qui est à l'origine des noms de la taupe dans la plupart des langues romanes *(talpa* en italien, *topo* en espagnol, *toupeira* en portugais), à l'exception toutefois du roumain *cârţiţă*. Dans les langues germaniques, les formes se regroupent autour du néerlandais *mol* et de l'anglais *mole*, mais avec des

LES NOMS DE LA TAUPE

ORIGINE COMMUNE		ORIGINE COMMUNE		ORIGINES DIVERSES	
lat.	*talpa*	angl.	*mole*	néogr.	*tuphlopóntikas*
it.	*talpa*	néerl.	*mol*	gr.	*spalax*
fr.	*taupe*	all.	*Maulwurf*	bret.	*goz*
esp.	*topo*	dan.	*muldvarp*	tch.	*krtek*
ptg.	*toupeira*			hong.	*vakondok*
(espér.)	*talpo*			basq.	*sator*
(interl.)	*talpa*				

formes composées en allemand *(Maulwurf)* et dans les langues scandinaves (dan. *muldvarp*). Un ancien nom anglais de la taupe, *mouldwarp*, rappelle que cet animal creuse la terre et l'accumule ensuite en tas (vieil-anglais *weorpan* «jeter», à rapprocher de l'allemand *werfen* «lancer»), mais la forme la plus usuelle est aujourd'hui *mole*.

En français, le nom *mulot* se relie aussi au néerlandais *mol* (cf. LE MULOT, p.292). D'autre part, la *moleskine* est une sorte de tissu imperméabilisé dont le nom vient de l'anglais *moleskin*, de *mole* «taupe» et *skin* «peau».

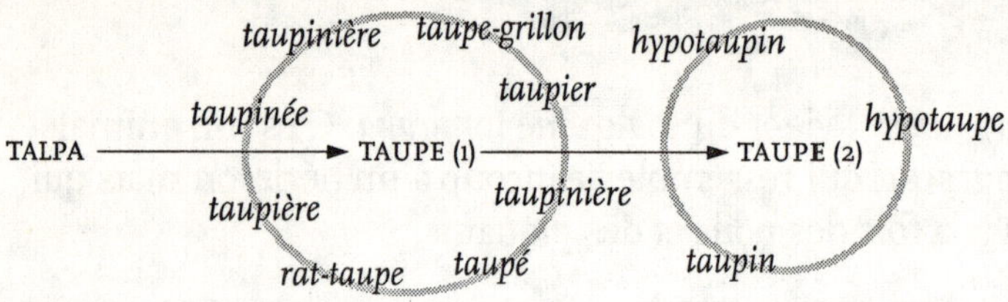

Comme on peut le voir sur cette rosace un peu particulière, la famille lexicale de la taupe est double. La première dérive du nom de l'animal lui-même, avec *taupinière* (ou *taupinée)* qui est l'antre de la taupe, *taupier* qui désigne l'homme chargé de détruire les taupes et *taupière* qui est le piège à taupes. D'autre part, malgré leurs noms, le *rat-taupe* n'est pas une taupe mais, comme elle, il vit sous terre (cf. LE SPALAX OU RAT-TAUPE, p.294), et la *taupe-grillon* non plus, car ce nom désigne la courtilière, qui est un gros insecte fouisseur. Enfin, la première rosace se termine avec le *taupé*, qui est un feutre rappelant la fourrure de la taupe.

Avec la deuxième rosace, on change complètement de domaine puisque *taupe* est alors le nom donné à la classe de mathématiques spéciales préparant à l'entrée dans les grandes écoles, classe précédée par une année *d'hypotaupe*, les *hypotaupins* et les *taupins* étant les élèves de ces classes.

LE DESMAN

☞ *la taupe d'eau douce*

it.	*desman*
esp.	*desmán*
angl.	*desman*
all.	*Desman*

Il y a deux espèces de desmans, qui sont des sortes de taupes bien adaptées à la vie aquatique des rivières : le *desman de Russie* et le *desman des Pyrénées*. Le nom *desman* vient du suédois *desmanråtta* «rat musqué», formé sur *desman* «musc», et le *desman de Russie* a d'ailleurs pour nom scientifique *Desmana moschata*.

Autour de la chauve-souris

L'un des étonnements que suscite la classification des mammifères est le grand nombre d'espèces de chauves-souris. Elles sont près de mille, ce qui représente environ 20 % de l'ensemble des mammifères. Ces animaux, volants et nocturnes, attirent la crainte et le dégoût plutôt que l'intérêt ou l'affection. Les dictionnaires courants ne retiennent qu'un petit nombre de noms de chauves-souris : vespertilion, pipistrelle, oreillard, noctule, roussette (ou renard volant), vampire, rhinolophe (ou fer-à-cheval). Parce que leurs ailes sont en fait un développement de leurs mains, les chauves-souris constituent un ordre à part, l'ordre des chiroptères, du grec kheir ***« main » et*** pteron ***« aile ».***

CHIROPTÈRES (17 familles, 925 espèces)

- ▶ **LA CHAUVE-SOURIS**

vespertilionidés

- ▶ **LE VESPERTILION**
- ▶ **LA PIPISTRELLE**
- ▶ **L'OREILLARD**
- ▶ **LA NOCTULE**

ptéropodidés

- ▶ **LA ROUSSETTE OU RENARD VOLANT**

rhinolophidés

- ▶ **LE RHINOLOPHE OU FER-À-CHEVAL**

phyllostomidés

- ▶ **LE VAMPIRE**

(▶ espèces...)

(ordre) (famille)

DE 2 À PRÈS DE 1000 ESPÈCES DE CHAUVES-SOURIS

Chronologie des découvertes

DATE		ESPÈCES
Vers –350	Aristote	2
1758	Linné	7
1769	Buffon - Daubenton	13
1820	Desmarest	95
1849	Boitard	143
1878	Dobson	401
1993	Smithsonian Institution	925
1994	Nowak	932[380]
2001	Burnie	977[381]

LA CHAUVE-SOURIS

☞ *présente presque partout dans le monde*

it. *pipistrello*
esp. *murciélago*
angl. *bat*
all. *Fledermaus*

Aristote distinguait seulement deux types de chauves-souris, respectivement *nukteris* et *alôpêx*, ce dernier nom s'appliquant par ailleurs au renard. On peut supposer qu'il désignait ainsi d'une part les plus petites chauves-souris, dont la tête est en général plus ou moins effrayante, et d'autre part les plus grandes chauves-souris, dont la tête ressemble parfois à celle d'un renard. (cf. LE RENARD QUI VOLE ET LE RENARD QUI NAGE, p.64)

De même, jusqu'au XVIIIe siècle, on ne connaissait que deux espèces : la petite et la grande chauve-souris. Linné, Buffon et Daubenton décriront d'abord sept espèces, puis progressivement d'autres encore, ouvrant la voie aux générations suivantes de zoologistes, qui en sont aujourd'hui à énumérer près de mille espèces différentes.

De la nuit en grec, du soir en latin

En grec, le nom de la chauve-souris (terme générique) est *nukteris*, formé à partir de *nux, nuktos* «nuit», et il a été conservé en grec moderne *(nukterida)*.

En latin, le goût de l'animal pour l'obscurité se manifeste dans *vespertilio*, du latin *vesper* «soir», d'où le nom *vespertilion* qui désigne certaines chauves-souris. C'est aussi du latin *vespertilio* que dérive l'ancien italien *vipistrello* «chauve-souris», qui évolue finalement en *pipistrello*, nom italien usuel de la chauve-souris en général. Mais c'est surtout le nom de cet animal en français qui mérite qu'on s'y attarde davantage.

Souris, d'accord, mais pourquoi chauve *?*

La comparaison d'une chauve-souris avec une souris n'a rien de choquant, du moins pour les petites chauves-souris, et l'on peut admettre que le nom s'est ensuite appliqué aux plus grosses. On verra d'ailleurs que le nom de la souris ou du rat apparaît dans celui de la chauve-souris dans de nombreuses langues. Mais pourquoi *chauve*? Bien sûr, on peut dire que certaines chauves-souris au moins, sans être chauves, ont le poil ras sur le dessus de la tête. Mais avant d'aller plus loin, une question vient à l'esprit: l'animal est-il qualifié de «chauve» dans d'autres langues?

L'exception française

La réponse est négative, et on peut même ajouter que la motivation du nom de l'animal est plus claire dans d'autres langues. On retrouve ici le même isolement du français déjà rencontré pour le nom du *cerf-volant* (le jeu), où seul le français fait apparemment voler un cerf (cf. LE «CERF» NE VOLE QU'EN FRANÇAIS, p.266). Ainsi, la chauve-souris est:

une «souris volante» dans plusieurs langues germaniques (all. *Fledermaus*, néerl. *vleermuis*, dan. *flagermus*, suéd. *fladdermus)*

un «rat ailé» en catalan *(rat penat)*

une «souris aveugle» en espagnol *(murciélago)* et en portugais *(morcego)*

un «vieux rat» en basque *(saguzar)* de *sagu* «rat» + *zar* «vieux»[382]

Mais pas de souris «chauve». La forme *chauve-souris* du français ne peut se comprendre que si l'on rappelle qu'il existait une forme du bas-latin *cawa sorix*, où *cawa* désignait la chouette, qui est un animal nocturne, tout comme la chauve-souris. Plus tard, dans les *Gloses de Reichenau*, qui datent du VIIIe siècle, on peut lire l'explication du nom pluriel latin *vespertiliones* par *calves sorices*,[384] où *cawa*, d'abord déformé en *calva* «chauve», a abouti au français *chauve*.

Parmi les langues romanes, le roumain n'a suivi ni le latin classique, ni le bas-latin, mais a emprunté le nom de la chauve-souris au bulgare: *liliac*.[385]

La chauve-souris en anglais

Le nom anglais, *bat*, est à mettre à part. Ce nom, d'origine obscure, est peut-être issu d'un verbe du scandinave ancien signifiant «voleter».[386]

Enfin, *Batman*, héros surhumain de la BD américaine, créé en 1939 par le dessinateur Bob Kane et le scénariste Bill Finger, porte sur la poitrine une chauve-souris stylisée.

LE VESPERTILION

☞ *chauve-souris de taille moyenne*

it. *vespertilio, vespertilione*
esp. (pas de nom collectif)
angl. (pas de nom collectif)
all. (pas de nom collectif)

Le nom *vespertilion* vient directement du latin *vespertilio*, qui désignait dans cette langue la chauve-souris en général. Mais ce nom *vespertilion* ne s'applique dans le vocabulaire savant actuel qu'à certaines espèces de chauves-souris de taille moyenne.

Ce nom *vespertilion* n'a pas d'équivalent en anglais et en allemand pour désigner collectivement ce type de chauve-souris, mais des noms d'espèces particulières. Ainsi, par exemple, le *vespertilion des marais (Myotis dasycneme)* se dit en anglais *pond bat* (de pond «mare») et en allemand *Teichfledermaus* (de *Teich* «marais»). Le *vespertilion* de Daubenton *(Myotis daubentoni)* se dit en anglais *Daubenton's bat*, en allemand *Wasserfledermaus*, en espagnol *murciélago ribereño*, c'est-à-dire «chauve-souris du rivage», car cette chauve-souris chasse près de l'eau.

LA PIPISTRELLE

☞ *la chauve-souris la plus petite d'Europe*

it. (pas de nom collectif)
esp. (pas de nom collectif)
angl. *pipistrelle bat*
all. (pas de nom collectif)

Le nom *pipistrelle* vient de l'italien *pipistrello*, qui désigne dans cette langue la chauve-souris en général. Il y a 50 espèces de pipistrelles, toutes du genre *Pipistrellus*. En allemand, comme en italien, chaque pipistrelle a un nom particulier, par exemple, la *pipistrelle de Kuhl (Pipistrellus kuhlii)* s'appelle *pipistrello di Kuhl* en italien et *Weissrandfledermaus* en allemand («chauve-souris dont le bord des ailes est blanc») et la *pipistrelle commune (Pipistrellus pipistrellus)* se dit *common pipistrelle* en anglais, *Zwergfledermaus* en allemand et *pipistrello comune* en italien, *murciélago común* en espagnol.

L'OREILLARD

☞ *la chauve-souris aux grandes oreilles*

it. *orecchione*
esp. *orejudo*
angl. *long-eared bat*
all. *Langohr*

L'oreillard a des oreilles démesurées par rapport à son corps, ce qui explique son nom proposé par Daubenton et repris dans les différentes langues d'Europe. Les oreillards appartiennent au genre *Plecotus*, nom latin scientifique forgé sur le grec *plektos* «tressé» et *ous, otos* «oreille», car les bords externes de leurs oreilles sont effectivement plissés.

LA NOCTULE

☞ *la nocturne*

it. *nottola*
esp. *nóctulo*
angl. *noctule*
all. *Abendsegler*

Daubenton écrit en 1759: *La* noctule, *ce nom vient des synonymes* noctula & nottola *que les Italiens donnent aux chauves-souris, sans doute parce qu'elles ne paraissent que la nuit, comme la chouette appelée par les Latins* noctua.[387]

Ce nom rappelle à la fois le nom grec de la chauve-souris *(nucteris)*, qui évoque la nuit, et la relation étymologique lointaine qu'il y a entre la chouette et la chauve-souris. (cf. SOURIS, D'ACCORD, MAIS POURQUOI CHAUVE ?, p.337)

En allemand, l'image est un peu plus développée, puisque *Abendsegler* signifie «voilier du soir».

LA ROUSSETTE OU RENARD VOLANT

☞ *une chauve-souris rousse et vraiment très grande*

it. *rossetta, volpe volante*
esp. *zorro volador*
angl. *flying fox*
all. *Flughund*

Le nom *roussette*, que l'on doit à Buffon, vient de *roux*, mais avec l'adjonction d'un diminutif qui étonne quelque peu quand on apprend que cette chauve-souris est parmi les plus grandes qui existent: la roussette géante a 1,50 m d'envergure.

En réalité, chaque langue privilégie un aspect différent de cet animal:

seul l'italien a l'équivalent de *roussette*, avec *rossetta* l'anglais emploie plutôt l'expression *flying fox* «renard volant»

d'autres langues germaniques préfèrent parler de « chien volant» (all. *Flughund*, néerl. *vliegende hond*, dan. *flyvende hund…)*

LÉONARD DE VINCI ET LA CHAUVE-SOURIS

C'est Léonard de Vinci (1452-1519) qui a été parmi les premiers à penser au modèle des ailes de la chauve-souris pour sa machine volante. Il écrit : *« Rappelle-toi que ton oiseau ne doit pas avoir d'autre modèle que la chauve-souris, car ses membranes sont l'armature, c'est-à-dire la charpente des ailes* [...] *la chauve souris est aidée par sa membrane et s'oppose à la pénétration de l'air.»* [388]

La chauve-souris, précurseur de l'avion

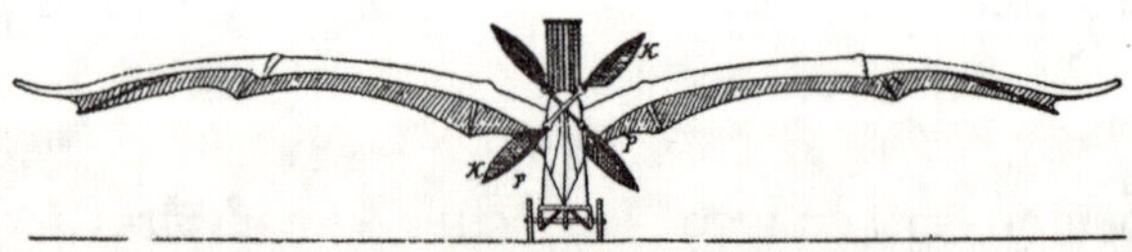

Le premier avion,
celui de Clément Ader ressemble à une chauve-souris.

Lorsque, quatre siècles après Léonard de Vinci, Clément Ader invente son aéronef, après avoir longuement étudié le vol des oiseaux et des chauve-souris, il choisit la forme d'une chauve-souris et plus particulièrement celle de la roussette des Indes, grâce à l'aide de Geoffroy Saint-Hilaire alors directeur du Jardin d'acclimatation du bois de Boulogne.[389] Il crée en même temps le mot *avion*, présent dans le texte de son brevet de 1890, sur le mot latin *avis* «oiseau». L'Avion 1, ou Éole 1, a volé le 9 octobre 1890, sur une cinquantaine de mètres, à 20 cm du sol.[390]

LE RHINOLOPHE OU FER-À-CHEVAL

☞ *avec une crête sur le nez*

it. *rinolofo, ferro di cavallo*
esp. *rinolofo, murciélago de herradura*
angl. *horseshoe bat*
all. *Hufeisennase*

Le nom *rhinolophe* est forgé à partir du grec *rhis, rhinos* «nez» et *lophos* «crête», pour désigner une chauve-souris qui porte une sorte de crête sur le nez. Comme cette crête a un peu la forme d'un fer à cheval, on lui donne aussi un autre nom, moins savant: *fer-à-cheval* en français, *horseshoe bat* en anglais, *Hufeisennase* en allemand, *murciélago de herradura* en espagnol.

LE VAMPIRE

☞ *avide de sang*

it. *vampiro*
esp. *vampiro*
angl. *vampire bat*
all. *Vampir*

vampire
Desmodus rotundus

S'inspirant des légendes d'Europe centrale, Buffon a adopté en 1751 le nom *vampire* pour nommer une chauve-souris d'Amérique qui suce le sang des animaux pendant leur sommeil. On connaît en effet trois espèces de chauves-souris — dont le *Desmodus rotundus* — qui se nourrissent ainsi, au moins partiellement.

Le vampire et l'imaginaire

Le nom *vampire* est attesté en français dans un texte publié à Paris en 1746 par Dom A. Calmet, et dont le titre laisse rêveur: *Traité sur les apparitions des anges, des démons et des esprits et sur les revenants et vampires.* Ce nom est emprunté à l'allemand *Vampir*, lui-même emprunté au serbe qui, comme son équivalent tchèque *upír*, pourrait remonter au turc *uber* «sorcière».

Trois chauves-souris seulement, sur près de mille espèces, ont donc le comportement du vampire. Ce sont de vilaines petites chauves-souris dont les canines et les incisives proéminentes ont pu inspirer les livres ou les films d'horreur mettant en scène le comte Dracula, archétype du vampire, légendaire fantôme qui sort la nuit de son tombeau pour sucer le sang des vivants. La réalité de la faune américaine a rattrapé la fiction européenne et ces vampires avides de sang ont certainement contribué à la mauvaise réputation des chauves-souris en général.

Du vampire à la vamp

Dans les débuts du cinéma, aux États-Unis, le personnage de la femme fatale dévastatrice a été appelé familièrement *vampire*, puis, en raccourci, *vamp*. Pour être précis, le nom de *vamp* a été attribué pour la première fois à l'actrice Theodosia Goodman, dite *Theda Bara* (anagramme de *Arab Death*, l'actrice étant fille d'une princesse arabe).[393]

Le vampire Dracula

Le romancier anglais Bram Stoker a fait de Dracula le plus célèbre des vampires. Son roman *Dracula* a été publié en 1897 et a été adapté au cinéma en 1922 par le réalisateur allemand Murnau sous le nom de *Nosferatu*.

Historiquement, *Dracula* est le surnom donné à Vlad III, voïvode de Valachie (1430-1476), fils de Vlad Dracul, qui étaient tous deux réputés pour leur cruauté. *Dracul* signifierait «le diable», du roumain *drac* «diable» (lié au nom du dragon).

La famille de vampire

Le vampire est la seule chauve-souris dont le nom a donné naissance à une petite famille lexicale en français :

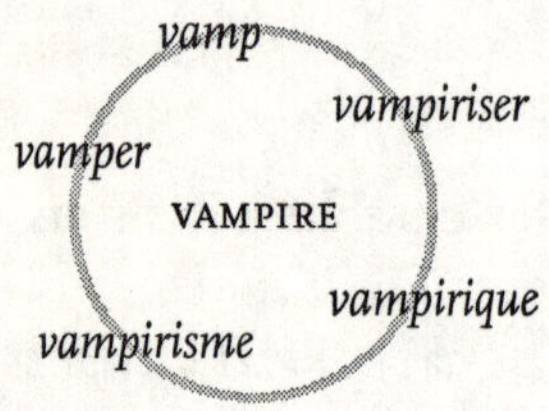

Mettre quelqu'un sous totale dépendance se dit *vampiriser*. Pour une femme, séduire à la manière d'une *vamp* se dit *vamper*. Le *vampirisme* est la croyance aux vampires, ou l'avidité de ceux qui *vampirisent*. L'adjectif *vampirique* signifie «relatif aux vampires, ou au vampirisme».

Autour de la baleine

De même qu'ils ont conquis les airs grâce aux chauves-souris, qui cohabitent avec les oiseaux, les mammifères ont conquis les mers et rivières grâce aux cétacés, qui cohabitent avec les poissons. Les cétacés, du grec* kêtos *« énorme animal marin », constituent un ordre qui comporte, dans plusieurs familles: la baleine, le bélouga, le narval, le cachalot, le rorqual et la jubarte, mais aussi le dauphin, l'orque et le marsouin.

CÉTACÉS (10 familles, 78 espèces)

balaenidés

- ▶ **LA BALEINE**

monodontidés

- ▶ **LE BÉLOUGA OU BALEINE BLANCHE**
- ▶ **LE NARVAL**

physetéridés

- ▶ **LE CACHALOT**

balaenoptéridés

- ▶ **LE RORQUAL OU BALÉNOPTÈRE**
- ▶ **LA JUBARTE OU BALEINE À BOSSE OU MÉGAPTÈRE**

delphinidés

- ▶ **LE DAUPHIN**
- ▶ **L'ORQUE OU ÉPAULARD**

phocénidés

- ▶ **LE MARSOUIN**

(▶ espèces...)

(ordre)

(famille)

LA BALEINE

le plus gros animal que la terre ait jamais porté

it. *balena*
esp. *ballena*
angl. *whale*
all. *Wal*

Le nom grec *kêtos*, d'étymologie inconnue, désignait dans cette langue tout animal marin énorme comme les baleines et autres cétacés, mais aussi des crocodiles, des phoques, voire de très gros poissons. Ces animaux ont facilement été perçus comme monstrueux, ce qui explique l'usage de *kêtos* en poésie, notamment chez Homère, pour désigner tout grand monstre marin. Le latin a emprunté le nom grec sous la forme *cetus* avec des sens comparables, donc avec le sens de «baleine», mais pas exclusivement.

Le nom de la baleine

Alors que seules trois espèces sont considérées comme les *baleines vraies*, on confond souvent, dans l'usage courant, de nombreux cétacés — comme les cachalots ou les rorquals — sous l'appellation commune: *baleine*. Les *baleines vraies* ont une tête énorme et des fanons à la place des dents. L'une d'entre elles est la *baleine franche*, dont le nom en latin scientifique est *Balaena mysticetus* (du grec *musta* «lèvre»). Elle a une bouche démesurée qui lui donne un air un peu «rigolard» et pourrait bien être à l'origine de l'expression *se marrer comme une baleine.*

La baleine, un animal «gonflé»

Outre *kêtos*, terme très général pour les monstres marins, il existait en grec un nom plus spécifique de la baleine: *phal(l)aina*, de même origine que le latin *ballena*, *bal(l)aena*, d'où vient *baleine*. Ces noms se relient à une racine indo-européenne ***bhel-*** signifiant «(se) gonfler», qui apparaît dans diverses familles de mots, dont:

en grec, *phallos* «phallus»: le grec *phallaina* «baleine» est bien considéré comme un dérivé de *phallos*, ce qui évoque les fantasmes que les dimensions des baleines ont pu inspirer,

en latin, *flare* «souffler», à l'origine de l'élément *-fler* qu'on trouve dans *souffler*, *enfler*, *gonfler*,

et même peut-être dans *belge*, du latin *Belga*, *Belgae*, ensemble des tribus celtiques situées au nord de la Seine dont les talents furent vantés par Jules César, et qui auraient donc été en quelque sorte «gonflées de fierté, ou de fureur».[394]

On retrouve la forme issue de *balaena* dans toutes les langues romanes : it., cat. *balena*, roum. *balenă*, esp. *ballena*, ptg. *baleia* (avec la disparition du /n/ intervocalique. Dans ce cas, le hongrois *bálna* et le basque *balea* se rangent, par emprunt, aux côtés des langues romanes.

La baleine dans les langues germaniques

Une même racine, représentée par le vieux-norrois *hvalr* ou le vieil-anglais *hwæl*, est à l'origine des noms germaniques de la baleine : angl. *whale*, dan. *hval*, suéd. *val*, all. *Wal* (ou, plus populaire : *Walfisch*, avec *Fisch* «poisson»), néerl. *walvis* (avec *vis* «poisson»). Les deux dernières appellations — avec la présence du mot désignant le poisson — rappellent que Linné n'a définitivement classé les cétacés dans les mammifères, et non dans les poissons, qu'en 1758.

Des baleines de toutes les couleurs

Les cétacés que l'on nomme *baleine bleue*, *baleine grise* et *baleine blanche* ne sont pas des baleines vraies. La *baleine bleue* est un rorqual (cf. LE RORQUAL OU BALÉNOPTÈRE, p.350). La *baleine blanche* ou *bélouga* ressemble plutôt à un dauphin ou à un marsouin, mais la «baleine blanche» de Moby Dick est en fait un cachalot tout comme la baleine qui a avalé Jonas, ou encore la baleine Monstro qui a avalé Pinocchio. Plus récemment encore, sous l'influence de l'anglais, qui étend le nom *whale* à de nombreux cétacés, il n'est pas rare, en français, de parler de la *baleine* alors qu'il s'agit de l'orque. (cf. L'ORQUE OU ÉPAULARD, p.356)

La descendance inattendue du nom latin cetus

Dans la rosace ci-dessous, on trouve d'une part le nom de l'ordre des cétacés, auquel appartiennent les baleines, d'autre part deux noms savants : *spermaceti* (ou *blanc de baleine*) et *cétane*.

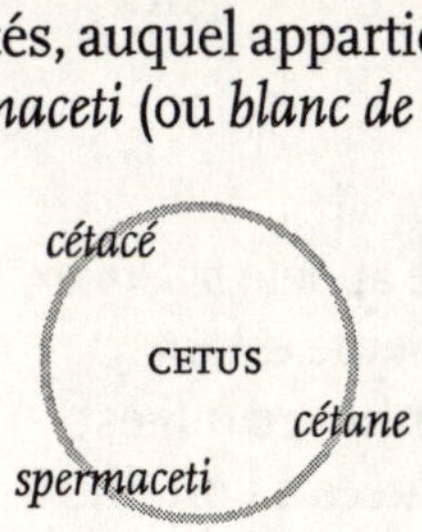

LA BALEINE ET LE MOTEUR DIESEL

On sait que le moteur inventé par Rudolf Diesel en 1893 ne fonctionne pas avec les mêmes carburants que le moteur à essence. Les carburants des moteurs à essence sont caractérisés par leur indice d'*octane*, alors que ceux utilisés par les moteurs Diesel le sont par leur indice de cétane (hydrocarbure saturé à 16 atomes de carbone).

Pourquoi les chimistes ont-ils choisi ce nom *cétane*? Parce qu'ils ont trouvé dans le *blanc de baleine* une structure moléculaire à 16 carbones, qui a donné l'idée de l'appellation *cétane*.

Il en résulte que le nom de la baleine *(cetus* en latin) se trouve caché sous l'indice de *cétane*, tout comme nous avons déjà trouvé le nom du bœuf caché sous le nom du gaz *butane*. (cf. encadré DU BŒUF AU BUTANE, p.192)

Le spermaceti ou blanc de baleine

Depuis toujours on a exploité, notamment en parfumerie, une substance huileuse trouvée dans la tête des cachalots et appelée communément *blanc de baleine* (ici, *baleine* est pris au sens large), le cachalot pouvant aussi être appelé *baleine*. On a donné à ce blanc de baleine un nom plus savant: *spermaceti* (du latin *sperma* «semence» et *ceti*, génitif de *cetus*, «de baleine»), et c'est aussi à partir de *cetus* que les chimistes ont formé le mot *cétane* pour désigner un produit chimique.

La descendance de baleine

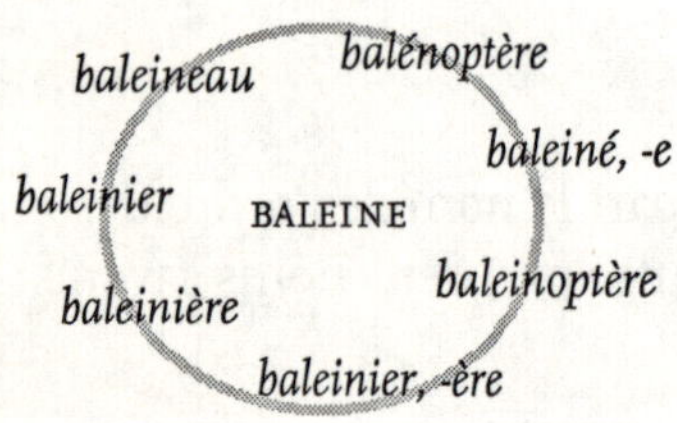

Pour la chasse à la baleine, on utilise soit un gros navire appelé *baleinier*, soit une petite embarcation, la *baleinière*. Le petit de la baleine est un *baleineau*. Ce qui est relatif à la baleine est dit *baleinier*. Enfin, ce qui est *baleiné* est armé de «baleines», c'est-à-dire de tiges fabriquées à l'origine à partir de fanons de baleine. Quant au *baleinoptère*, ou *balénoptère*, c'est le nom d'un cétacé proche de la baleine. (cf. LE RORQUAL OU BALÉNOPTÈRE, p.350)

La baleine du parapluie

Le nom *baleine* peut désigner les tiges flexibles d'un parapluie ou d'un corset. L'espagnol a emprunté cette dénomination au français *(ballena de corsé)*, mais dit *varilla de paraguas* pour le parapluie. Dans les langues germaniques, le nom de la baleine, emprunté au français, est utilisé pour désigner la baleine de parapluie : anglais *baleen*, néerlandais *balein*.

LE BÉLOUGA OU BALEINE BLANCHE

cétacé blanc des mers arctiques

it. *beluga*
esp. *beluga*
angl. *beluga whale*
all. *Beluga*

Deux noms pour la même blancheur

Le nom *baleine blanche* vient de l'effective blancheur de l'animal. On l'appelle parfois *marsouin blanc* ou *dauphin blanc*, ce qui correspond mieux à la taille et à l'allure de l'animal. Toutefois, la baleine blanche n'a pas de nageoire dorsale, ce qui explique son nom latin scientifique *Delphinapterus leucas*, c'est-à-dire « dauphin blanc sans aileron ».

Le nom *bélouga* (ou *béluga)* vient du russe *bieluga*, lui-même du russe *biely* « blanc ». On retrouve l'adjectif russe *biely* dans le nom de la Biélorussie, maintenant *Biélorus*, qui signifie « Russie blanche ».

RÉCRÉATION

LA BALEINE BLANCHE ET LE CAVIAR

Le deuxième nom de la baleine blanche, *bélouga*, fait tout de suite penser au caviar bélouga. Quel rapport entre les deux ?

RÉPONSE : À première vue, aucun, si ce n'est que *bélouga* est aussi le nom d'un grand esturgeon blanc dont les œufs fournissent effectivement ce caviar.

LE NARVAL

☞ *une licorne des mers*

it. *narvalo*
esp. *narval*
angl. *narwhal(e)*
all. *Narwal*

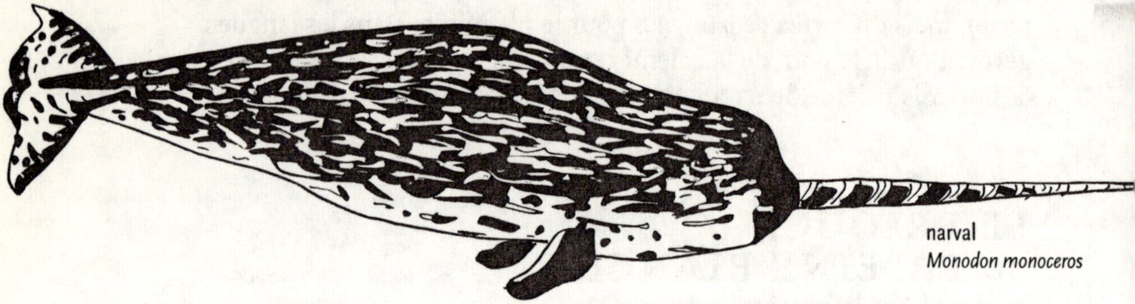

narval
Monodon monoceros

Le narval vit dans les régions nordiques, et c'est le plus étrange des cétacés. En effet, chez les mâles, l'incisive supérieure gauche se développe en une longue défense horizontale torsadée, qui peut atteindre deux mètres et qui leur sert dans les joutes prénuptiales : c'est un animal rêvé pour la création de légendes.

LE NARVAL ET LA LICORNE

À la Renaissance, dans les « cabinets de curiosités » et chez les apothicaires, on pouvait voir des défenses souvent présentées comme provenant de la licorne, animal fabuleux caractérisé par son unique corne frontale et omniprésent dans l'imaginaire populaire depuis le Moyen Âge.

En réalité, il s'agissait de défenses de narval importées d'Islande et du Groenland.[395]

Ce nom, *narval*, vient du vieux-norrois *nahvalr*, à partir de *nár* « corps, cadavre », la peau du narval, d'un blanc-gris tacheté de vert, faisant penser à la blancheur cadavérique.[396]

Dans les noms germaniques du narval (dan. *narhval*, angl. *narwhal*, all. *Narwal*, néerl. *narwal)* on reconnaît immédiatement le nom de la baleine (angl. *whale*, all. *Wal)*.

LE CACHALOT

☞ *il a la «grosse tête»*

it. *capodoglio*
esp. *cachalote*
angl. *sperm whale, cachalot*
all. *Pottwal*

L'une des manifestations étonnantes des cétacés, surtout des cachalots, est leur souffle puissant, qui produit une sorte de geyser bruyant au-dessus de la mer et qui permet d'ailleurs de les repérer de loin. D'où le nom de *souffleur* attribué longtemps aux cétacés, et plus particulièrement au cachalot, dont le souffle prodigieux s'entend à plus d'un kilomètre de distance.

C'était déjà l'impression des Grecs, qui, à partir de *phusa* «souffle, soufflet», avaient formé des noms désignant divers animaux.

Le nom grec *phusêtêr* a été repris en latin sous la forme *physeter* pour désigner un cétacé souffleur chez Pline. Les zoologistes ont adopté ce nom comme nom du genre *Physeter*, comportant la seule espèce *Physeter catodon*, nom latin scientifique du grand cachalot: *catodon* est forgé sur le grec *kata* «en bas» et *odous, odontos* «dent», ce qui indique que les cachalots n'ont de dents qu'à la mâchoire inférieure.

Il y a trois espèces de cachalots: le grand (jusqu'à 20 mètres de long), le petit (jusqu'à 3,5 mètres de long) et le nain (jusqu'à 2,7 mètres de long). C'est le grand cachalot qui a le plus impressionné les hommes avec notamment sa capacité à plonger à 1000 m de profondeur ou plus, et qui a inspiré des légendes comme celles de Moby Dick, de Jonas et de Pinocchio.

Le cachalot et sa grosse tête

Ce qui frappe le plus dans l'allure du cachalot, c'est son énorme tête, qui représente un tiers de l'animal.

Le nom de ce cétacé vient du portugais *cachalote*, à partir de *cachola* «tête», forme probablement dérivée, par métaphore, du latin vulgaire *cacculus* «marmite».[397] Cette forme a été ultérieurement empruntée par l'espagnol *(cachalote)* puis par le français *(cachalot)*, le catalan *(catxalot)*, le roumain *(caşalot)* et même par le suédois *kaskelotval* et le danois *kaskelot(hval)*.

Avec les autres langues germaniques, on retrouve l'évocation de la «marmite», déjà présente en portugais: all. *Pottwal* «baleine à marmite», néerl. *potvis* «poisson à marmite» mais l'anglais a emprunté *cachalot* au français, à côté de *sperm whale*.

Le cachalot et le blanc de baleine

Le cachalot a dans la tête, près des fosses nasales, un organe qui contient une substance huileuse, le *spermaceti*, également appelé *blanc de baleine* (cf. encadré LA BALEINE ET LE MOTEUR DIESEL, p.346). Les zoologistes pensent que c'est l'organe qui lui permet de réguler sa pression au cours des plongées en grande profondeur. Cette substance huileuse est clairement évoquée dans le nom du cachalot en italien, *capodoglio*, de *capo* «tête» et *olio* «huile», mais, dans cette langue, le blanc de baleine se dit *bianco di balena* ou *spermaceti*.

Par ailleurs, si le blanc de baleine se dit en anglais *sperm oil*, et le cachalot, *sperm whale*, c'est que le blanc de baleine, d'abord trouvé sur des cadavres de cachalots échoués, a d'abord été pris pour la semence de l'animal.

LE RORQUAL OU BALÉNOPTÈRE

☞ *la baleine géante*

it. *balenottera* (f.)
esp. *rorcual*
angl. *finback, rorqual*
all. *Finnwal*

Les balénoptères se distinguent des autres baleines par le fait qu'ils possèdent une nageoire dorsale, d'où leur nom forgé sur *baleine* et gr. *pteron* «aile», ici «aileron», d'où également leur nom en anglais, *finback* «dos à aileron», ainsi qu'en all. *Finnwal*, dan. *finhval* (= baleine à aileron), néerl. *vinvis* (= poisson à aileron), le néerlandais utilisant largement l'élément *-vis* «poisson» pour désigner les cétacés.

Le plus gros des mammifères

Il y a cinq espèces de balénoptères, ou rorquals, dont le véritable géant est le *rorqual bleu*, ou *baleine bleue*, qui atteint jusqu'à 33 mètres de long et peut peser jusqu'à 150 tonnes. C'est probablement le plus grand animal que notre planète ait jamais porté.[398]

Quand on songe que le plus petit mammifère connu à ce jour est la musaraigne étrusque, dont le plus petit spécimen pèse environ 1,5 gramme, on s'aperçoit que le plus gros des mammifères est environ 100 millions de fois plus lourd que le plus petit (cf. encadré LA MUSARAIGNE ÉTRUSQUE, p.330). On peut alors se demander pourquoi Linné a donné à la grande baleine bleue le nom latin scientifique *Balaena musculus*, du latin *musculus* «petite souris». A-t-il voulu plaisanter avec cette espèce d'antiphrase ? Plus tard, Lacepède a rebaptisé cette baleine du nom toujours actuel de *Balaenoptera musculus*, sans être gêné par l'allusion incongrue à la petite souris.

Un nom viking pour le rorqual

Le nom *rorqual* vient du vieux-norrois *raudhhwalr*. On reconnaît dans *hwalr* le nom germanique de la baleine (cf. l'anglais *whale)*. Pour le début du nom, il y a plusieurs hypothèses, dont celle qui remonte à Cuvier, selon laquelle les Vikings appelaient cette baleine *ror-kval*, c'est-à-dire «baleine-tube». Les rorquals ont effectivement la gorge striée, comme si elle était constituée de tubes placés côte à côte.

LA JUBARTE OU BALEINE À BOSSE OU MÉGAPTÈRE

☞ *petite bosse mais grandes nageoires*

it. *megattera*
esp. *yubarta*
angl. *humpbacked whale*
all. *Buckelwal*

La baleine à bosse est l'un des cétacés les plus spectaculaires, grâce aux évolutions acrobatiques que lui permettent ses immenses nageoires pectorales, d'où son nom de *mégaptère* (gr. *mega* «grand» + *pteron* «aile, aileron»).

Ce cétacé est peut-être encore plus remarquable pour une autre raison : il chante ![399] Les sons musicaux que la baleine à bosse émet dans l'eau et qui constituent «le chant des baleines» peuvent être enregistrés à plusieurs kilomètres, mais cette dernière qualité n'apparaît dans aucun de ses trois noms.

Trois noms pour une baleine

Le nom *baleine à bosse* vient de la petite proéminence que cette baleine porte sur le dos et sur laquelle est placée sa nageoire dorsale. Les noms germaniques font aussi allusion à cette bosse : angl. *humpbacked whale*, all. *Buckelwal*, néerl. *bultrugwalvis*, dan. *pukkelhval*.

Le nom *jubarte* est de même inspiration. On le trouve en vieil-anglais sous la forme *jubartes*, forme que l'on peut relier au latin *gibbus* «bosse, gibbosité».[400]

Le nom *mégaptère* reflète une autre caractéristique de cette baleine, dont les immenses nageoires pectorales peuvent mesurer jusqu'à deux mètres de long.

LE DAUPHIN

☞ *un ami de l'homme depuis l'Antiquité*

it. *delfino*
esp. *delfín*
angl. *dolphin*
all. *Delphin*

Le plus ancien nom grec du dauphin est *delphis*, que l'on rapproche du grec *delphax* «truie» car il existe une certaine ressemblance entre un dauphin et un porc. À son tour, *delphax* est apparenté à *delphus* «matrice, utérus», en raison de la grande activité procréatrice de la truie.

Le dauphin et la ville de Delphes

Il y aurait un rapport étymologique entre le nom du dauphin et celui de la ville de Delphes, que l'on rattache à *delphus* «matrice».[401] Chez les Grecs, Delphes était en effet considéré comme le centre du monde, où l'on venait de loin pour y recueillir les révélations de la Pythie, dont les oracles étaient célèbres. De plus, on dit qu'Apollon prit l'aspect d'un dauphin lorsqu'il fonda le temple de Delphes. C'est donc la mythologie qui crée un rapport entre le nom de la ville et le dauphin.

De delphis à dauphin

Le nom grec *delphis* a été emprunté par le latin sous la forme *delphin*, ou plus communément *delphinus* «dauphin», d'où le nom de l'animal dans la plupart des langues romanes : it. *delfino*, esp. *delfín*, cat. *delfí*, *dofí*, roum. *delfin*.

Le portugais présente une évolution particulière car, après avoir pris la forme *dolfinho*, c'est *golfinho* qui s'est définitivement imposé au début du XVe siècle. La forme *delfim* est également attestée, mais très rarement comme nom de l'animal. En revanche, *delfim* s'emploie pour désigner le Dauphin du trône de France et a également pu désigner une pièce du jeu d'échecs, le fou.[402]

LE DAUPHIN FÉTICHE DE ROBERT LAFFONT

Lorsqu'en 1941, Robert Laffont crée sa maison d'édition, il choisit de lui donner un logo représentant le poète latin Arion, sauvé par un dauphin des « sauvages marins que les accents de sa lyre n'avaient su attendrir. Ainsi serait pour les poètes, les écrivains, le futur éditeur ».[405]

Ce logo, qui apparaît sur tous les ouvrages publiés chez Robert Laffont, a pris diverses formes au cours des ans :

en 1941 en 2001

Dans les langues germaniques, mais aussi en irlandais et même en hongrois, les formes sont très voisines de l'origine latine : all. *Delphin*, dan., suéd., hong. *delfin*, irl. *deilf*, tout comme en français *(dauphin)*, en anglais *(dolphin)* et en néerlandais *(dolfijn)*.

En basque, le nom du dauphin, *izurda, izurde*, s'analyse en *iz* « eau, mer » et *urde* « cochon », c'est-à-dire « cochon de mer ».[403]

Le dauphin, un ami de l'homme

Une amitié entre le dauphin et l'homme est illustrée chez Hérodote, puis chez Pline l'Ancien. Celui-ci décrit ainsi le sauvetage miraculeux d'un joueur de cithare, célèbre en Grèce au VIIe siècle av. J.-C. : « [...] *les matelots, pour s'emparer de l'argent qu'il avait gagné, se préparaient à le tuer en pleine mer ; il obtint d'eux de chanter une dernière fois en s'accompagnant de la cithare ; la musique attira les dauphins, et, s'étant jeté à la mer, il fut transporté par l'un d'eux sur la côte du promontoire de Ténare* ».[404]

C'est ce même dauphin légendaire au grand cœur qui est représenté sur le logo des Éditions Robert Laffont, dont la devise est *Canoros vehit canentes* (« Mélodieux sont les chants qu'il transporte »).

L'observation du comportement des dauphins a montré qu'ils savent se mettre à plusieurs pour écarter un prédateur, un requin par exemple, d'un de leurs petits en difficulté, et on a pu voir des dauphins se précipiter pour aider des êtres humains attaqués par des requins en agissant par réflexe de la même manière. Il n'est pas rare enfin que des dauphins, rapides et agiles, suivent spontanément les bateaux, comme pour les protéger en les escortant.

Vedette très recherchée des attractions marines, le *grand dauphin* peut atteindre 4 m de long. En allemand, son nom est *grosser Tümmler* et en anglais *bottlenose dolphin.*

Du dauphin au Dauphin

Devenu prestigieux, le nom du dauphin a été donné aux êtres humains: *Delphis* en grec, *Delphinus* en latin, puis dans les diverses langues romanes, et en particulier en français. Au début du XIIe siècle, un certain Guigues, comte du Viennois, a été affectueusement surnommé *Dauphin.* Le comte a tellement apprécié ce surnom qu'il a fait orner de dauphins son heaume et sa cotte de mailles. Il a aussi introduit le dauphin dans le blason du comté. Par la suite, ce surnom est devenu héréditaire, et il est même devenu un titre. Le caractère emblématique de l'animal a encore franchi un degré lorsqu'au XIIIe siècle, la province elle-même a pris le nom de *Dauphiné.*

blason du Dauphiné

Mais cela n'est pas tout. En 1349, Humbert II, le dernier Dauphin indépendant, vendit le Dauphiné au roi de France, Philippe VI, en demandant que le titre de Dauphin revienne systématiquement au fils aîné du roi de France. En 1560, le Dauphiné a été définitivement rattaché au royaume de France, et on a continué à appeler *Dauphin* l'héritier présomptif de la Couronne de France, et *Dauphine* son épouse.Toute cette histoire peut encore se lire en image dans le blason actuel du Dauphiné, qui associe le dauphin (l'animal) et les fleurs de lis du royaume de France.

Paris aussi garde vivant le souvenir du titre donné au fils aîné des rois de France pendant plus de quatre siècles. C'est en 1607 qu'Henri IV avait fait aménager la place Dauphine et la rue Dauphine en l'honneur du Dauphin, le futur roi Louis XIII.

RÉCRÉATION

LE GRAND DAUPHIN

Le fils aîné de Louis XIV fut appelé le *Grand Dauphin.* En quelle année devint-il roi?

RÉPONSE : Jamais, car il mourut en 1711 alors que Louis XIV (1638-1715) régnait encore.

Une voiture nommée Dauphine

Ultérieurement, on a aussi employé l'appellation *dauphin* pour le successeur, désigné ou présumé, d'un chef d'État, du président d'une institution, et plus souvent encore d'un chef d'entreprise. C'est cette signification qui est à l'origine du nom de la *Dauphine*, qui fut une voiture emblématique de la Régie Renault, lancée en 1955. En effet, dans le *Roman de Renault*, Édouard Seidler raconte que, Renault venant de connaître le succès important de sa 4 CV, on disait : *La 4 CV, c'est la reine ! Eh bien ! La nouvelle venue ne peut être que la Dauphine !* Le président de Renault est mort peu après accidentellement, et on a pu écrire : *Frappé en pleine course, Pierre Lefaucheux n'avait pu désigner son dauphin. Mais il a laissé à la Régie une Dauphine.*[407]

Des prénoms et des noms de famille

Les prénoms *Dauphin, Dauphine* sont sortis de l'usage, mais *Delphine* est resté courant. On trouve les patronymes *Dauphin, Delphin* (en Savoie), *Delphy* (dans le Midi), *Dalphin* (en Dauphiné), *Darphin, Dauffart* ou *Dauffard* et même *Dauphiné*, plus rare.[406]

Le dauphin en famille

Le nom du dauphin a donné naissance en français à deux petites familles lexicales, l'une à partir de la forme latine *delphinus*, l'autre à partir de la forme française *dauphin* :

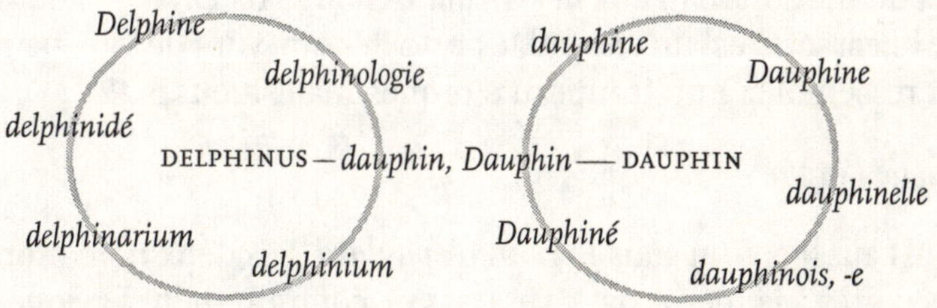

L'examen des noms qui entourent ces deux rosaces apporte à première vue peu de surprises : il ne faut pas, en effet, faire preuve d'une grande imagination pour deviner que la *delphinologie* est l'étude des dauphins et que le *delphinarium* est l'aquarium dans lequel on fait évoluer les dauphins dressés, tous les dauphins faisant partie des *delphinidés*.

En revanche, *delphinium* est le nom d'une fleur, déjà appelée *delphinion* en grec. Le lien entre la plante et le dauphin est dû à sa fleur qui se prolonge en une sorte d'éperon rappelant la forme effilée du nez du dauphin.[408]

Pour nommer cette fleur, il existe en français deux autres appellations : l'une, plus rare, *dauphinelle*, refaite plus tard sur *dauphin*, et l'autre plus courante, nommée *pied-d'alouette*, car l'éperon de la fleur rappelle aussi la griffe postérieure très développée de l'alouette.

L'ORQUE OU ÉPAULARD

☞ *monstre marin à la nageoire dorsale en forme d'épée*

it. *orca*
esp. *orca*
angl. *killer whale*
all. *Schwertwal*

Le nom de l'orque qui peut être masculin ou féminin en français, vient du latin *orca*, utilisé par Pline pour désigner n'importe quel cétacé à l'*«énorme masse de chair, aux dents redoutables»*. Pline ajoute que les orques sont les plus grands ennemis des baleines, qu'ils déchirent à coups de dents après les avoir poursuivies et jetées contre les rochers.[409] Cet animal vraiment monstrueux peut atteindre 9 m de long.

En français, *orque* apparaît vers 1550 chez les poètes de la Pléiade, par exemple chez Ronsard et du Bellay, qui désignaient ainsi un monstre mythologique. On pense tout de suite à l'ogre, et pourtant aucun lien n'a pu être établi avec *Orcus*, la divinité infernale des Latins dont le nom est peut-être à l'origine de celui de l'ogre.

L'orque a donné son nom aux *îles Orcades*, en anglais *Orkney Islands*, au nord-est de l'Écosse. C'est un ensemble de 70 îles qui, vues de loin, peuvent vaguement ressembler à un troupeau d'orques majestueuses.[411]

L'autre nom de l'orque

L'orque est aussi connu sous le nom d'*épaulard*. Les deux noms sont attestés à peu près à la même date, vers 1555 et, contrairement à ce que l'on pourrait penser, ce n'est pas le nom de l'épaule, mais celui de l'épée qui se cache sous *épaulard*, à cause de la nageoire en forme d'*épée* que l'orque porte sur le dos. Plus précisément, l'ancien français *espee* «épée» se reconnaît dans l'ancien nom de l'orque, *espaart*, qui a ensuite évolué en *épaulard* sous l'influence de *épaule*.

Les noms de l'orque dans d'autres langues

En dehors des langues qui ont pris modèle sur le latin *orca*, a été privilégiée :

soit la ressemblance de son aileron avec une épée (all. *Schwertwal*, néerl. *swaardwalvis*, fr. *épaulard*, hong. *kardszárnyú delfin*, nom formé sur *kard* «épée» + *szárny* «aileron»),

soit la voracité de l'animal (dan. *spaekhugger* «qui dévore»),

soit encore sa réputation de tueur (angl. *killer whale*).

LE MARSOUIN

☞ *ou cochon de mer*

it. *marsovino, focena*
esp. *marsopa, marsopla*
angl. *porpoise*
all. *Schweinswal, Tümmler, Braunfisch*

Aristote appelle *phôkaina* un animal proche du dauphin, mais «plus petit de taille, plus large de dos, et de couleur bleu foncé».[412] On peut penser qu'Aristote désignait ainsi le marsouin. En effet, les marsouins, qui ne dépassent en général pas 2 mètres de long, ressemblent en plus petit aux dauphins qui, eux, atteignent couramment 3 mètres de long, et même 4 pour le *grand dauphin*. (cf. LE DAUPHIN, p.352)

Le nom grec *phôkaina* est dérivé de *phôkê* «phoque», avec un suffixe péjoratif *-aina*, mais la désignation des différents cétacés reste confuse en grec ancien, le phoque étant parfois appelé du nom générique *kêtos*, comme par exemple dans *L'Odyssée*. Enfin, signalons que le grec *phôkaina* est à l'origine de *focena*, l'un des noms du marsouin en italien.

Le marsouin ressemble à un cochon

On a déjà vu que le nom grec du dauphin peut être mis en relation avec celui de la truie, mais l'allure du marsouin est plus porcine encore. Dès le latin, on trouve effectivement l'expression *porcus marinus* (= porc marin) pour désigner le marsouin.

Le nom *marsouin* présente une formation hybride : *marsvin* «marsouin» (du danois *svin* «porc» et du latin *mare* «mer»).

Pour désigner le marsouin, l'allemand avait autrefois la forme *Meerschwein*, mais ce nom a ensuite été utilisé pour désigner, sous la forme du diminutif *Meerschweinchen*, le cochon d'Inde. (cf. LE COBAYE OU COCHON D'INDE, p.300)

D'autres noms du marsouin

L'espagnol *marsopa* (ou *marsopla)* est un emprunt à une ancienne forme française *marsoupe* («mer» + «engloutir») par allusion à l'eau que cet animal avale.[413]

L'allemand et les langues scandinaves ont encore d'autres noms pour le marsouin, dont l'un est formé à partir d'un verbe signifiant «s'ébrouer» (all. *tummeln* «s'ébattre») : all. *Tümmler*, dan. *tumler*, suéd. *tumlare* «marsouin».

En allemand, le marsouin a aussi un nom bien moins expressif mais tout de même descriptif de sa couleur brune : *Braunfisch*.

RÉCRÉATION

COMMENT S'Y RETROUVER DANS TOUTES CES BALEINES ?

Nous confondons souvent les diverses sortes de cétacés. Voici quelques indications permettant de les distinguer, mais présentées dans le désordre. Il n'y a plus qu'à rendre à chacun les caractéristiques qui lui reviennent.

1. un ami de l'homme	**A. bélouga**
2. à la grosse tête	**B. cachalot**
3. à la nageoire dorsale proéminente	**C. dauphin**
4. cochon de mer	**D. jubarte**
5. baleine blanche	**E. marsouin**
6. baleine bleue	**F. narval**
7. baleine à bosse	**G. orque**
8. licorne des mers	**H. grand rorqual**

RÉPONSE : 1C – 2B – 3G – 4E – 5A – 6H – 7D – 8F

Autour du phoque

Le phoque est bien connu depuis l'Antiquité, époque à laquelle il était encore abondant en Méditerranée. Il est accompagné de sa cousine à oreilles, l'otarie, qui a su devenir une vedette de cirque, et de son cousin le morse, aux défenses spectaculaires. Ces animaux font partie de l'ordre des carnivores mais ils vivent tantôt dans l'eau, tantôt sur terre. D'autres animaux, comme le lamantin et le dugong, leur ressemblent un peu, bien qu'ils appartiennent à un tout autre ordre.

CARNIVORES (11 familles, 272 espèces)

- **phocidés**
  - ▶ **LE PHOQUE**
- **otariidés**
  - ▶ **L'OTARIE**
- **odobénidés**
  - ▶ **LE MORSE**

SIRÉNIENS (2 familles, 5 espèces)

- **trichéchidés**
  - ▶ **LE LAMANTIN**
- **dugongidés**
  - ▶ **LE DUGONG**

(ordre) (famille) (▶ espèces...)

LE PHOQUE

☞ *l'éternel essoufflé*

it.	*foca* (f.)
esp.	*foca* (f.)
angl.	*seal*
all.	*Robbe*

Le latin *phoca* est emprunté au grec *phôkê* «phoque», lui-même d'origine obscure, mais que l'on peut songer à rapprocher de *phusa* «souffle», déjà vu à propos du cachalot, à cause de l'expression courante *souffler comme un phoque.*

Les langues romanes ont des appellations venues du nom latin: *foca* en italien, espagnol, catalan, portugais, *focă* en roumain, *phoque* en français.

Le hongrois *fóka* et le basque *foka* sont des emprunts. L'espéranto a forgé *foko* et l'interlingua, *phoca.*

Marseille, la cité phocéenne

Y a-t-il un rapport entre le nom de Marseille, la cité *phocéenne,* et celui du *phoque*? Certainement, mais par des voies détournées.

Rappelons que le nom du phoque apparaît dans le nom de personnages de la mythologie grecque: *Phocos,* par exemple, est le nom d'un héros de la Phocide, dans la région de Delphes. Il doit son nom, selon la légende, au fait que sa mère avait été transformée en phoque. D'autre part, dans *Les Métamorphoses* d'Ovide, un certain *Phoca* est également transformé en phoque. Enfin, en Asie Mineure se trouvait la cité de *Phocée,* fondée par des Grecs sans doute originaires de Phocide, et dont les habitants ont ensuite essaimé vers l'ouest de la Méditerranée, notamment là où se situe aujourd'hui Marseille, connue depuis comme la cité *phocéenne.*

Le phoque dans les langues germaniques

D'une même racine germanique, de sens inconnu, viennent: angl. *seal,* dan. *sæl,* suéd. *säl* «phoque». Des noms provenant de cette racine ont existé en ancien allemand et en ancien néerlandais, mais le nom actuel du phoque dans ces deux langues remonte à une autre racine germanique signifiant «poil de museau»: all. *Robbe,* néerl. *rob* «phoque». Il est un fait que les phoques ont des poils de moustache et, pour certains, des sourcils remarquables.

Toutes sortes de phoques

Il y a 19 espèces dans la famille des phocidés, dont seules certaines sont présentes dans les dictionnaires courants: l'*éléphant de mer*, le *léopard de mer* et le *phoque-veau marin.*

L'*éléphant de mer*, le plus grand des phoques, est doté d'une espèce de trompe : angl. *sea elephant* ou *elephant seal* et all. *See-Elefant.*

Le *léopard de mer*, très rapide, est un prédateur redoutable.

Le *phoque-veau marin* est peut-être le plus intéressant car c'est le phoque le plus commun de l'Atlantique Nord. Il a donné lieu à de nombreuses appellations, apparemment contradictoires: *veau marin, chien de mer*, et *loup marin.*

L'OTARIE

☞ *le phoque à oreilles apparentes*

it. *otaria*
esp. *otaria*
angl. *eared seal, otary*
all. *Ohrenrobbe*

Le nom des otaries rappelle que, contrairement aux phoques, elles ont des oreilles bien visibles. Attesté en français vers 1810, le nom *otarie* est en effet formé sur le grec *ôtarion* «petite oreille d'animal», diminutif du grec *ous, ôtos* «oreille». Ce nom se retrouve dans les langues romanes: it., esp. *otaria*, ptg. *otária*, roum. *otarie*, ainsi qu'en anglais spécialisé *(otary)*. Les langues germaniques ont des noms qui s'analysent aussi comme «phoque à oreilles»: angl. *eared seal*, all. *Ohrenrobbe*, néerl. *oorrob.*

En grec et en latin, le phoque et l'otarie ont le même nom. D'ailleurs le nom *otarie* est récent, bien postérieur à Buffon qui, par exemple, distinguait simplement les phoques sans oreilles et ceux avec oreilles. Dans le langage courant, on appelle parfois *phoque* ce qui est une otarie. Ce fut le cas pour certains des bébés phoques défendus par Brigitte Bardot, qui étaient en fait des bébés d'otaries. Leur exploitation sur des îles de la mer de Béring est maintenant sévèrement contrôlée. Leur nom en latin scientifique est *Callorhinus ursinus*, qui signifie «petit ours au joli museau».

Les otaries à fourrure ont aussi été appelées *ours marins* dans le passé, par Buffon par exemple. L'allemand a encore *Seebär* («ours de mer») et le nom scientifique du genre d'otaries qui comporte le plus d'espèces (huit espèces) est appelé *Arctocephalus*, ce qui signifie «à tête d'ours».

D'autres otaries ont une crinière, qui est à l'origine du nom *lion de mer*, autre appellation très répandue pour ces animaux marins. On la retrouve dans toutes les langues : it. *leone di mare*, esp. *león marino*, roum. *leu de mare*, angl. *sea lion*, all. *Seelöwe*, dan. *søløve*, suéd. *sjölejon*.

LE MORSE

☞ *le cheval-baleine des Scandinaves*

it. *tricheco*
esp. *morsa*
angl. *walrus*
all. *Walross*

Le nom *morse*, généralisé par Buffon, vient du lapon, par le russe *morj*. Ce nom se retrouve dans esp., cat., ptg. *morsa*, roum. *morsă*, basque *mortsa*, mais pas en italien, où *tricheco* est formé sur le grec *thrix*, *thrikhos* « poil » et *ekhein* « avoir », à cause de sa moustache bien visible.[414]

Les langues germaniques partent d'un nom scandinave : *hross-hvalr*, où l'on reconnaît « cheval + baleine ». L'évocation de la baleine se comprend pour un gros animal marin (environ 5 m), et celle du cheval remonte loin puisque déjà le grec *hippos* désignait divers animaux marins. Du scandinave, mais avec inversion des deux termes, viennent angl., néerl. *walrus*, all. *Walross*, suéd. *valross*, dan. *hvalros*.

Mais, curieusement, aucun des noms du morse n'évoque explicitement ses défenses, pourtant imposantes. Les zoologistes ont comblé cette lacune en forgeant le nom de genre *Odobenus*, du grec *odous* « dent » et *banein* « marcher », pour rappeler que le morse peut utiliser canines pour se hisser sur une berge.

LE LAMANTIN

☞ *aux allures de sirène plaintive*

it. *lamantino*
esp. *manati*
angl. *manatee*
all. *Lamantin, Manati*

Les lamantins sont des mammifères au corps massif, dont la taille peut atteindre 4,50 m[415] et qui ont la particularité d'émettre des sons plaintifs et puissants, presque humains. Leurs nageoires pectorales, avec lesquelles ils manipulent la nourriture, ressemblent à des mains. Les femelles ont des mamelles sous leurs nageoires et allaitent parfois leurs petits en se tenant debout dans l'eau, dans une attitude presque humaine.

lamantin
Trichecus manatus

Le chant des sirènes

Dans ces conditions, on comprend que les marins aient pu prendre ces animaux pour des monstres mi-humains, mi-poissons. Leur chant pouvait rappeler celui des sirènes qui, selon la légende, attirait les navigateurs. Cela justifie le nom de *siréniens* donné en 1811 à l'ordre des mammifères qui regroupe les *lamantins* et les *dugongs*.

Un nom caraïbe et un nom français

C'est d'un nom caraïbe, *manattoui*, signifiant «mamelle»,[416] que viennent les noms du lamantin en espagnol *(manati)*, en anglais *(manatee)* et en catalan *(manatí)*.

Le français a d'abord emprunté à l'espagnol le terme *manati*, attesté en 1533, puis l'a abandonné pour *lamentin* (puis *lamantin*, attesté chez Buffon), sous l'influence du verbe *lamenter*.

RÉCRÉATION

LES LAMANTINS SONT DES SIRÉNIENS

Le nom de l'ordre des *siréniens* a pour origine le nom de la *sirène*, qui peut prendre plusieurs sens. En effet, une *sirène* peut être :

A. une divinité de l'Antiquité ayant une tête de femme sur un corps d'oiseau
B. un être fabuleux ayant un corps de femme terminé par une queue de poisson
C. un dispositif d'alerte sonore destiné à avertir d'un danger.

Chacune de ces sirènes peut être associée à l'un des noms ci-dessous :

1. Cagniard de La Tour • 2. Homère • 3. Andersen

Quels sont les appariements appropriés ?

RÉPONSE : A2 – B3 – C1 : Cagniard de La Tour (1777-1859) a découvert en 1819 le principe de la sirène, appelée ainsi parce qu'elle permettait d'émettre des sons dans l'eau.

C'est le nom français qui a été adopté par la plupart des langues autres que l'espagnol et l'anglais : it. *lamantino*, ptg. *lamantim*, roum. *lamantin*, all. *Lamantin*, néerl. *lamantijn*.

LES SIRÈNES ONT DÉÇU CHRISTOPHE COLOMB

Lorsque Christophe Colomb avait aperçu des lamantins — qu'il prenait peut-être pour les sirènes de la mythologie —, il semble avoir été déçu, comme on peut le constater dans ce court extrait de son journal de bord :

« *L'Amiral dit que la veille, alors qu'il allait au fleuve de l'Or, il vit trois sirènes qui sautèrent haut, hors de la mer. Mais elles n'étaient pas aussi belles qu'on les dépeint, et en aucune façon elles n'avaient forme humaine de visage* ».[417]

LE DUGONG

☞ *le sirénien des mers du Sud*

it.	*dugongo*
esp.	*dugongo*
angl.	*dugong*
all.	*Dugong*

Le nom *dugong* vient du malais et se retrouve pratiquement dans toutes les langues. Il s'agit d'un gros mammifère marin qui mesure environ 3 m.

Parce que le dugong mâle, un peu comme le morse, est pourvu de défenses, mais moins apparentes, Buffon considérait que le dugong (qu'il écrivait *dugon*) faisait partie des morses en général.[418]

Ce rapprochement entre dugong et morse est aujourd'hui abandonné et ils sont classés dans deux ordres différents. En effet, les défenses du morse sont des canines alors que celles du dugong sont des incisives. En cela, les dugongs se rapprochent des éléphants, dont les défenses sont des incisives, et des damans qui ont également des incisives qui poussent vers l'avant (cf. LE DAMAN, p.326). Aussi extraordinaire que cela puisse paraître, les éléphants, les damans et les siréniens (dont fait partie le dugong) constituent trois ordres que les zoologistes considèrent comme proches les uns des autres.

Autour de la belette

La belette, petit animal familier dans les campagnes, est la tête de file de la famille des mustélidés, dans laquelle on trouve beaucoup d'espèces recherchées pour leur fourrure, en particulier l'hermine, la martre, le vison, la zibeline, la zorille ou encore le blaireau dont le poil est réputé pour la fabrication des brosses. Ce sont de petits carnassiers et certains d'entre eux sont particulièrement redoutables, comme le glouton (appelé** carcajou **au Canada). Ils sont souvent malodorants, comme le nom du putois l'indique, et la palme en cela revient à la mouffette (ou sconse). Ils courent partout, comme le furet et la fouine. Certains sont aquatiques, comme la loutre, d'autres aiment le miel, comme le ratel.

CARNIVORES (11 familles, 272 espèces)

mustélidés

mustélinés

- ▶ **LA BELETTE**
- ▶ **L'HERMINE**
- ▶ **LE VISON**
- ▶ **LE PUTOIS**
- ▶ **LE FURET**
- ▶ **LA MARTRE**
- ▶ **LA FOUINE**
- ▶ **LA ZIBELINE**
- ▶ **LE PÉKAN**
- ▶ **LA ZORILLE**
- ▶ **LE GLOUTON OU CARCAJOU**

mélinés et ***taxidiinés***

- ▶ **LE BLAIREAU**

lutrinés

- ▶ **LA LOUTRE**

mellivorinés

- ▶ **LE RATEL**

méphitinés

- ▶ **LA MOUFFETTE OU SCONSE**

(ordre) (famille) (sous-famille) (▶ espèces...)

LA BELETTE

☞ *aussi redoutable que belle*

it. *donnola*
esp. *comadreja*
angl. *weasel*
all. *Wiesel*

Dans le cas de la belette, on a des noms complètement différents en grec, en latin et en français.

De la belette à la galère, en grec

En grec, *galeê*, ou *galê*, désigne la belette, mais aussi la martre, la fouine ou encore le putois, car la distinction entre ces animaux ne pouvait pas encore être rigoureuse. Il faut rappeler ici que ces animaux étaient communément utilisés, chez les Grecs et encore largement à l'époque romaine, pour chasser les souris, et *galê* a aussi été le nom du chat en grec, mais à une époque plus tardive.

Ce nom *galê* a dû également désigner un casque fait de fourrure de belette, ce qui expliquerait l'origine de *galea* «casque» en latin. Il a sans doute été primitivement recouvert d'une peau de belette qui passait pour transmettre au guerrier la combativité attribuée à cette bête.

Mais le rapprochement le plus inattendu est celui que l'on peut établir entre un autre dérivé *galeos* «requin» et une forme *galea* en grec byzantin[419] et qui a été repris en bas-latin pour désigner un navire de guerre, la *galère*. Ce navire de grande longueur a dû faire penser à un requin, grand prédateur marin, comparable au prédateur terrestre qu'est la belette.

La descendance du nom grec galê en français

À partir de *galê*, le français est allé jusqu'à créer une étrange famille de mots, qui, toutefois, parle de tout sauf de la belette:

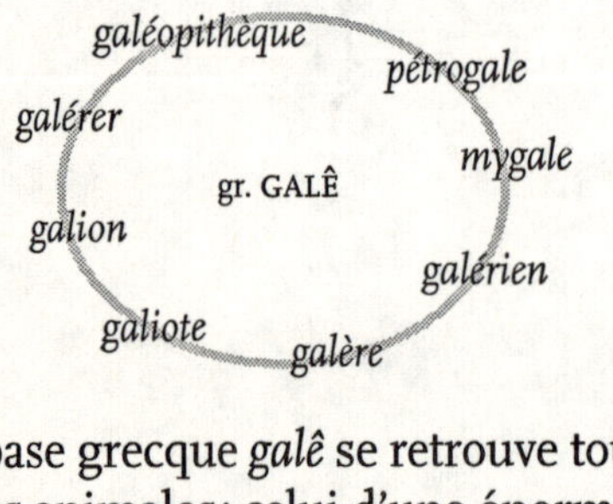

La base grecque *galê* se retrouve tout d'abord dans les noms d'autres espèces animales: celui d'une énorme araignée, la *mygale* (cf. SOURIS, ARAIGNÉE, BELETTE, p.330), celui d'un petit mammifère de la taille d'un chat, le *galéopithèque* (cf. AUTOUR DE L'AYE-AYE, p.405) et celui d'un petit mammifère proche des kangourous, le *pétrogale.*

Par ailleurs, en dehors de *galère* et de ses dérivés *galérien* et *galérer,* il y a aussi *galion,* qui désigne un grand navire utilisé à partir du XVIe siècle par les Espagnols pour transporter l'or et les matières précieuses en provenance de leurs colonies du Nouveau Monde. Il y a enfin *galiote,* qui était primitivement un petit navire à voiles employé surtout par les pirates barbaresques.

La belette en latin

En latin, *mustela* peut désigner la belette ou la fouine et, par analogie, également un poisson. Ce nom *mustela* n'a pas d'étymologie claire. Est-il lié au latin *mus* «rat, souris», à cause du rôle de la belette dans la chasse aux souris ? Cette hypothèse n'est pas confirmée mais reste plausible.

De la belette au lait de toilette, en passant par l'hermine

La marque de crème *Mustela* est bien connue en cosmétique. C'est une crème créée à l'origine pour les bébés, d'une blancheur immaculée et d'une texture très douce. Ce nom de marque a-t-il un rapport avec la belette ? Oui, mais surtout parce que la belette appartient à la même famille que l'hermine : dans sa recherche d'un nom évoquant à la fois la douceur et la blancheur, le créateur de cette crème tombe sur le mot latin *mustela* dont il apprend que c'est une famille de mammifères comprenant la belette et l'hermine, réputée pour la blancheur et la douceur de sa fourrure. C'est ainsi qu'est né le nom de marque *Mustela.*[420]

LA BELETTE, APHRODITE ET LA SOURIS

*« Une **belette** tombée amoureuse d'un beau jeune homme pria **Aphrodite** de la métamorphoser en femme. La déesse prit sa passion en pitié, et fit d'elle une charmante jeune fille. C'est ainsi que le jeune homme fut séduit au premier regard et la prit pour femme. Comme ils reposaient sur le lit nuptial, **Aphrodite**, curieuse de savoir si la belette, en changeant de corps, avait aussi pris d'autres mœurs, lâcha une **souris** au milieu de la pièce : oubliant sa situation, l'épousée bondit hors de sa couche et poursuivit la souris pour la dévorer. Alors la déesse courroucée la rétablit dans son ancienne nature.*

Ainsi des hommes : ceux qui ont un mauvais naturel peuvent changer de façons, mais leur nature reste inchangée. »[421]

Ésope, *Fables.*

En fait, la belette elle-même peut aussi être considérée comme une référence de blancheur car non seulement elle a le ventre blanc, mais elle peut, tout comme l'hermine, être presque blanche en hiver, dans le Grand Nord, d'où son nom latin scientifique *Mustela nivalis*, de *nivalis* «neigeux, blanc comme neige».

La belette, une petite belle

Mais pourquoi, en français moderne, dit-on *belette*, ce nom qui ne s'inspire ni du grec *galê*, ni du latin *mustela*? En fait, *belette* correspond à «petite belle». Ce terme affectueux constitue une antiphrase, dite propitiatoire, destinée à conjurer les méfaits de ce mammifère carnassier réputé pour sa voracité.

D'autres langues montrent la même tendance à flatter cette bête redoutée:

l'idée de «belle» existe en danois: *kjønne* «belette», féminin de *køn* «beau», et en breton *kaerell*, formé sur *kaer* «beau»;

celle de «petite belle» dans l'italien de Lucques *bellola* «belette»;

celle de «belle petite bête» en bavarois *Schöntierlein* «belette»;[423]

celle de «fée» en anglais: *fairy*, formé sur *fair* «jolie», qui a aujourd'hui le sens de «fée», mais qui a autrefois désigné aussi la belette;

l'idée voisine de «petite dame» existe dans l'italien *donnola* ou dans le portugais *doninha* «belette», ainsi que dans le basque *andereder* «belette», où *andere* signifie «demoiselle»;

l'idée de «commère» se trouve dans esp. *comadreja* «belette», formé sur *comadre* «commère»;

RÉCRÉATION

LA BELETTE CHEZ LA FONTAINE

La Fontaine met la belette en scène dans quatre de ses fables:[422]

1. *Le chat, la belette et le petit lapin*
2. *La chauve-souris et les deux belettes*
3. *La belette entrée dans un grenier*
4. *Le combat des rats et des belettes*

et il la présente comme

A. **Damoiselle Belette**

B. **Dame Belette**

C. **l'animal à longue échine**

D. **la dame du logis avec son long museau.**

Sans doute, seuls les spécialistes de La Fontaine pourront-ils trouver à quelle fable appartient chacune des appellations de la belette. Ce n'est pas une raison pour ne pas essayer.

RÉPONSE : A3 – B1 – C4 – D2

le roumain fait allusion à la «jeune mariée» *(nevăstuică)*;

le hongrois et le grec moderne apportent une variante, de sens voisin : en hongrois la belette se dit *menyét*, qui se relie à *meny* «bru, belle-fille», et la forme *nuphitsa*, en grec moderne, vient de *nuphê* «bru, belle-fille».

Une fois n'est pas coutume, la forme grecque *galê* et la forme latine *mustela* ont été abandonnées dans la plupart des langues de l'Europe au profit de métaphores plutôt flatteuses.

La belette dans les langues germaniques

Par ailleurs, c'est une même racine germanique **wisulōn*, signifiant «venin, puanteur», qui semble figurer dans:

angl. *weasel* «belette»,[424]

all. *Wiesel*, suéd. *vessla*, dan. *væsel*, néerl. *wezel*. Le dictionnaire étymologique de néerlandais[425] mentionne le lien possible de *wezel* avec une racine indo-européenne exprimant l'idée de puanteur et aboutissant aussi aux formes *visse, wisent, bison*...

L'HERMINE OU ROSELET (EN ÉTÉ)

☞ *blanche et pure, en hiver*

it.	*ermellino*
esp.	*armiño*
angl.	*stoat, ermine*
all.	*Hermelin*

L'hermine *(Mustela erminea)* est originaire des régions qui bordent la mer Noire, que les Grecs appelaient *Pontos Euxos*, c'est-à-dire «mer hospitalière», alors que cette étendue d'eau était assombrie par de fréquents brouillards, et donc plutôt inhospitalière.

Le nom grec de l'hermine était *pontikos mus* chez Aristote, un nom qui a été repris en latin par Pline l'Ancien: *mus ponticus*, bientôt remplacé par *mus armenius* «rat d'Arménie». Et c'est finalement la référence à l'Arménie qui a été retenue dans les langues romanes pour désigner l'hermine: fr. *hermine*, it. *ermellino*, esp. *armiño*. En anglais, on emploie le plus souvent le terme *ermine* pour la fourrure, mais *stoat*, pour l'animal. En allemand, *Hermelin*, qui a été influencé par les formes romanes, remonte cependant au vieux haut-allemand *harmilo* «belette, hermine», lui-même relié à une racine désignant la neige.[426]

L'hermine, fourrure héraldique par excellence

L'hermine ressemble à la belette, en un peu plus gros. Elle se caractérise par son changement de couleur radical entre été et hiver. L'été, sa robe est roux jaunâtre, avec le ventre blanc: elle se distingue alors difficilement d'une belette ou d'une martre. En hiver, elle est d'une blancheur remarquable, sauf le bout de la queue, qui reste noir.

En héraldique, c'est cette fourrure d'hiver qui est représentée par l'hermine. La forme en croix du motif noir que l'on peut voir sur le drapeau de la Bretagne (en breton *Gwenn ha du* «blanc et noir»), ne se voit pas chez l'animal; elle vient du fait que l'on accrochait jadis la dépouille d'hermine sur un vêtement à l'aide de trois épingles. C'est Pierre de Dreux qui, en devenant comte de Bretagne en 1213, introduisit l'hermine sur le blason de ce pays. Le duc de Bretagne Jean V institua en 1381 l'ordre de l'Hermine, le seul ordre de chevalerie accessible aux femmes.[427] Toujours en héraldique, le motif de l'hermine a été inversé sous une forme appelée *contre-hermine,* illustrée ci-dessous:

hermine

contre-hermine

L'hermine immaculée

En dehors de toute considération esthétique, l'hermine a été en héraldique, dans la chevalerie, et encore aujourd'hui dans les vêtements de la magistrature, le symbole de la pureté. Selon la légende, poursuivie par un renard, l'hermine aurait préféré mourir plutôt que de franchir un fossé boueux, ce qui l'aurait salie.

L'herminette: le mammifère et l'outil

Dans sa robe d'été, l'hermine est appelée *herminette,* ou encore *roselet* car elle prend alors une couleur légèrement rosée. Cette fourrure d'été est beaucoup moins prisée que la blanche.

Il existe une autre *herminette* (ou *erminette)* qui est une hachette au tranchant recourbé rappelant le museau de l'hermine.

LE VISON

☞ *la fourrure de rêve*

it. *visone*
esp. *visón*
angl. *mink*
all. *Nerz*

Le côté luxueux de la fourrure du vison n'empêche pas son nom d'avoir une origine modeste et peu prestigieuse : *vison* se rattache au latin *vissio* «puanteur». On a vu que ce nom peut se relier au nom germanique de la belette (cf. *weasel* en anglais) et à celui du bison (cf. LE BISON, p.209) : la peau des animaux à fourrure sécrète des produits gras assez malodorants mais qui ont l'avantage d'imperméabiliser leurs poils. On retrouvera la même caractéristique chez le putois et la mouffette. Pour désigner le vison, les langues romanes y compris le roumain *vizon*, ont gardé des noms venus du latin *vissio*.

L'anglais, le danois, le suédois ont la même forme *mink* «vison», qui est empruntée à une langue balte, tandis que l'allemand *Nerz* et le néerlandais *nerts* «vison» sont des emprunts à une langue slave, l'ukrainien, forme qui est également à l'origine du hongrois *nyérc* «vison».

Le vison sur le plan zoologique

Le nom latin scientifique du vison d'Europe est *Mustela lutreola*, à cause de sa ressemblance avec une petite loutre ; celui du vison d'Amérique est *Mustela vison*. Le vison appartient donc au même genre zoologique que la belette *(Mustela nivalis)* et l'hermine *(Mustela erminea)* déjà évoquées, et on verra au chapitre suivant que le putois ou le furet *(Mustela putorius)* en font également partie, d'où des confusions dans les appellations anciennes.

En espéranto, on fait la distinction entre *vizono* «vison d'Amérique» et *lutreolo* «vison d'Europe».

LE PUTOIS

☞ *vraiment malodorant*

it. *puzzola*
esp. *turón*
angl. *polecat*
all. *Iltis*

Contrairement au furet, qui est un putois apprivoisé et dont le nom remonte à la même origine dans la plupart des langues européennes, le putois, qui n'a pas de nom clairement identifié en grec ni en latin, a des appellations extrêmement diverses dans les langues européennes :

En français, *putois*, attesté en 1165, dérive de l'ancien français *put*, *pute* «puant, puante». Ce nom remonte à une racine indo-européenne ***pu-***, correspondant à l'idée de pourriture, qui est à la base d'une très grande quantité de mots en français : *puer*, *punaise*, *pus*, *pustule*, *putride*, *pourrir*, etc.

Il n'y a que l'italien *puzzola* qui relève de la même origine, liée à la puanteur de l'animal.

En revanche :

l'espagnol *turón*, le portugais *tourão* «putois» paraissent venir du nom du taureau (esp. *toro*, ptg. *touro)*,

le roumain est *dihor* «putois»,

l'anglais *polecat* «putois» contient *cat* «chat», et *pole*, qui est peut-être la déformation du nom de la poule, qui est au putois ce que la souris est au chat,

on retrouve le nom du chat dans le nom basque du putois, *gatupitotx(a)* «chat sauvage, putois»,

l'allemand *Iltis*, le danois *ilder*, le suédois *iller* «putois», sont peut-être liés à la couleur brune,[428] mais d'autres hypothèses ont été avancées,

le néerlandais *bunzing* «putois» est aussi d'origine inconnue,

le hongrois utilise le terme *görény*, d'origine turque.

LE FURET

☞ *il court, il court*

it.	*furetto*
esp.	*hurón*
angl.	*ferret*
all.	*Frettchen*

L'apprivoisement du putois depuis l'Antiquité a produit une variété un peu plus petite, appelée *furet*, mais putois et furets constituent une même espèce. Le furet est donc un putois domestiqué.

Le furet est un petit voleur

Les noms du furet remontent à la même forme de base latine :

du latin *fur*, *furis* «voleur» dérive le diminutif latin populaire **furittus* «petit voleur», d'où le nom français *furet*, attesté au XIIIe siècle pour désigner l'animal prompt à s'introduire dans les terriers pour y perpétrer ses larcins. À partir de *furet*, d'autres formes ont pu se développer : *fureter*, *fureteur*, *furetage*,

du même latin *fur* dérive *furo*, *furonis* «furet», attesté chez Isidore de Séville (VIe-VIIe siècle), qui existait en ancien français sous la forme *fuiron*, mais qui ne s'est pas maintenu.

Par l'une ou l'autre filiation, on aboutit au nom du furet dans beaucoup d'autres langues : it. *furetto*, angl. *ferret*, néerl. *fret*, suéd. *frett*, dan. *fritte*, all. *Frettchen,* esp. *hurón,* ptg. *furão,* cat. *fura,* mais le roumain est très différent: *dihor alb,* et le hongrois, *vadászgöreny* «putois chasseur» rappelle le nom du putois *(göreny).*

LA MARTRE

☞ *à la fourrure dorée*

it. *martora*
esp. *marta*
angl. *marten*
all. *Marder*

Le nom de la martre en grec, *iktis,* suggère un rapprochement avec *ikteros* «jaune» (d'où *ictère,* nom savant de la jaunisse). En grec et en latin, ce nom a dû s'appliquer à divers mustélidés plus ou moins jaunes, comme les martres (qui comprennent les fouines et les zibelines), les putois, les furets.

Martre = marte

Le français n'a toujours pas tranché définitivement entre *marte* et *martre,* cette dernière forme ayant tout de même tendance à l'emporter.

Les deux formes sont d'origine germanique:

martre est attesté très tôt (1080, dans *La Chanson de Roland).* Il est d'origine francique *(*martar),* tout comme le néerlandais *marter,* l'anglais *marten* ou l'italien *martora;*

la forme *marte* n'est attestée qu'au XVIe siècle, et Buffon, au XVIIIe siècle, employait toujours cette forme *marte.* Ce nom a pour origine une autre base germanique, d'où viennent également: all. *Marder,* suéd. *mård,* dan *mår,* esp., ptg. *marta,* cat. *mart.* Cette deuxième base se relie peut-être au sens «jeune fille, fiancée», en rapport avec le latin *marita* «épouse», ce qui rappelle les évocations que suggèrent les noms de la belette.

LA FOUINE

☞ *une martre qui met son nez partout*

it. *faina*
esp. *garduña*
angl. *stone marten*
all. *Steinmarder, Hausmarder*

Le nom de la *faine,* fruit du hêtre, vient du latin *fagina glans* «gland de hêtre», et l'adjectif *faginus* est dérivé de *fagus* «hêtre». Or la fouine semble volontiers fréquenter les forêts de hêtres, ce qui explique son nom latin populaire **fagina mustela,* ou «belette des hêtres». En français, les noms *faine* et *fouine* sont donc des doublets puisque tous deux sont issus de *fagina.*

On a également des doublets en catalan (*faja* «faine» et *fagina* «fouine»), en italien (*faggina* «faine» et *faina* «fouine»), ce dernier influencé par l'ancien français *faïne* «fouine». Le portugais *fuinha* «fouine» vient du français.

L'espagnol a une forme *garduña*, empruntée au berbère *'ağárda* «souris des champs».[429]

Martre des pierres ou des maisons

Les langues germaniques n'ont pas de nom spécifique pour la fouine, qu'elles décrivent comme la «martre des pierres» (angl. *stone marten*, all. *Steinmarder*, néerl. *steenmarter*, suéd. *stenmård...*) ou «martre des maisons» (all. *Hausmarder*, dan. *husmår*).

La petite famille de fouine en français

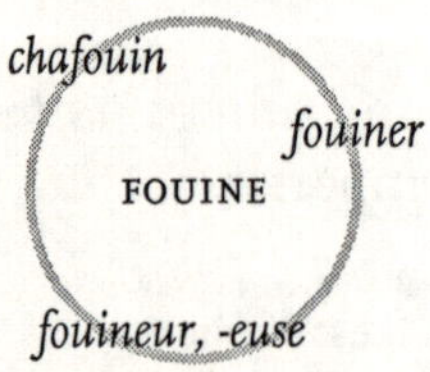

À partir de *fouine* ont été formés *fouiner* «fouiller» ainsi que *fouineur* et *fouineuse*, mais aussi *chafouin* «rusé, sournois», composé de *chat* et *fouin*, forme masculine aujourd'hui disparue.

LA ZIBELINE

☞ *à la fourrure soyeuse*

it. *zibellino (m)*
esp. *cebellina (f)*
angl. *sable*
all. *Zobel*

La zibeline est une espèce de martre dont la fourrure, qui va du brun foncé au brun-jaune, est particulièrement prisée. Elle se distingue des autres martres par sa queue, beaucoup plus courte.

Son nom vient d'une langue asiatique, par l'intermédiaire du russe *sobol'*,[430] et désigne une variété de martre que l'on retrouve sous des formes voisines dans la plupart des langues européennes.

Ne pas confondre sable et sable

Si l'on évoque la couleur *sable* en français courant, on pense à une sorte de gris-beige, de la couleur du sable, mais rien de tel en héraldique, où la couleur *sable* est le noir.

Pourquoi cela, et pourquoi évoquer cette contradiction à propos de la zibeline, qui elle-même est en général de couleur fauve clair ? Tout simplement parce que la variété de martre appelée *sobol'* en russe, qui a donné son nom à la zibeline, était noire. De ce fait, l'ancien français *sable* signifiait à la fois «zibeline» et «noir», et le mot *sable* est resté comme terme héraldique pour le noir. Buffon dit d'ailleurs que la zibeline la plus prisée était noire. Le nom *zibeline* de l'animal et le terme héraldique *sable* sont donc des doublets. Cette distinction n'existe pas en anglais car, dans cette langue, un seul nom, *sable*, désigne à la fois la zibeline et la couleur noire en héraldique.

LE PÉKAN

☞ *ou martre du Canada*

it. *martora di Pennant*
esp. *pekán, marta del Canada, pescador*
angl. *pekan, fisher*
all. *Fischermarden*

Le nom *pékan* vient de l'algonquin *pékané.*[431] Il désigne une martre très recherchée au Canada pour sa fourrure brun foncé

LA ZORILLE

☞ *à la fourrure noire marquée de bandes claires*

it. *zorilla (f)*
esp. *zorillo (m)*
angl. *zorilla*
all. *Zorilla*

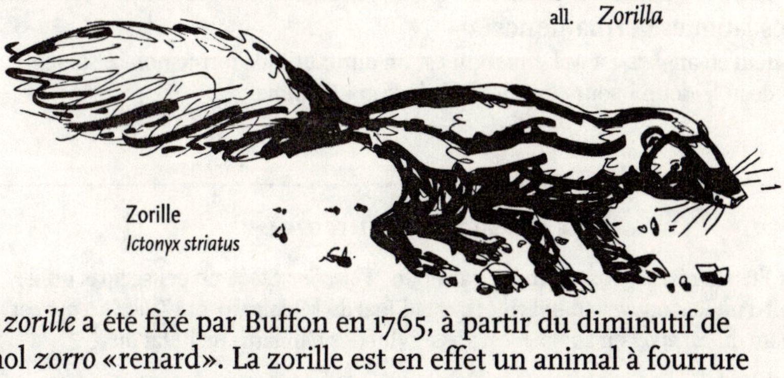

Zorille
Ictonyx striatus

Le nom *zorille* a été fixé par Buffon en 1765, à partir du diminutif de l'espagnol *zorro* «renard». La zorille est en effet un animal à fourrure recherchée, et doté, comme le renard, d'une queue bien fournie. Par ailleurs, comme la mouffette, elle dégage une odeur de musc nauséabonde.[432]

Toutes les langues ont repris le nom espagnol : it., angl., dan. *zorilla*, all. *Zorilla*, ptg. *zorrilho* mais en espagnol, *zorrillo* signifie à la fois «renardeau» et «zorille».

LE GLOUTON OU CARCAJOU

☞ *vorace, comme son nom l'indique*

it. *ghiottone*
esp. *glotón*
angl. *wolverine*
all. *Vielfrass*

glouton
Gulo gulo

Le nom *glouton* donné à cet animal vient de son extrême voracité. Ce nom fait partie d'une vaste famille lexicale remontant à la racine indo-européenne **g^w^el-, g^w^er-**, signifiant «avaler».[433] En français cette famille comporte trois branches, représentées respectivement par *glouton, goulu* et *gorge*. Le glouton est d'ailleurs aussi appelé *goulu* et les zoologistes lui ont donné le nom de genre *Gulo*, comportant la seule espèce *Gulo gulo*. Les langues romanes ont un nom proche du français *glouton* (it. *ghiottone*, esp. *glotón)* et elles l'utilisent pour désigner à la fois l'animal et les personnes. Dans les langues germaniques :

le nom en anglais est *wolverine*, qui est un diminutif (de forme non classique) de *wolf* «loup» pour désigner le «glouton» (l'animal) ;

LE CARCAJOU ET LE MICHIGAN

Aux États-Unis, si vous entendez parler du *Wolverine State*, ne pensez pas qu'il s'agit d'un État nouvellement créé : c'est «l'État du Michigan» et *Wolverine*, qui est le nom du *carcajou* en anglais, est aussi celui des habitants de l'État du Michigan.[434]

l'allemand et le néerlandais ont créé le même type de nom composé : all. *Vielfrass*, où l'on reconnaît *viel* «beaucoup» + la même racine que dans le verbe *fressen* «manger beaucoup». Il en est de même pour néerl. *veelvraat* «glouton» *(veel* = «beaucoup» + *vraat* «énorme faim»).

Le glouton, ou carcajou, terreur des trappeurs

Ce mammifère carnivore du nord de l'Amérique a la réputation d'être un animal à la fois féroce et rusé, et dont la fourrure est recherchée pour doubler les manteaux d'hiver car elle ne givre pas.

Le nom québécois du glouton est *carcajou*, d'abord sous la forme *carcajoux* (donc invariable), puis *carcajou* (avec le pluriel régulier *carcajous)*. Ce nom vient du montagnais, langue de la famille algonquienne.

Les premiers colons français, terrifiés par cet animal, l'avaient nommé «enfant du diable»[436]

LE *CARCAJOU*, AU NOM TABOU

Le roman de Bernard Clavel, *Le Carcajou*, décrit bien le terrible glouton, et non le blaireau commun: «*Le carcajou, c'est le diable. La grande terreur des trappeurs, c'est de le savoir dans la forêt car rien ne lui résiste. C'est l'animal le plus rusé qui soit. C'est le plus féroce aussi. Il s'attaque à l'orignal, et même à l'ours gris* ». Et l'auteur ajoute: «*Personne n'a le courage de prononcer son nom* ».[437]

LE BLAIREAU

☞ *célèbre pour la qualité de son poil*

it. *tasso*
esp. *tejón*
angl. *badger*
all. *Dachs*

Contrairement au terrible carcajou, le blaireau commun, malgré ses fortes griffes qui lui permettent de retourner le sol, de détruire des ruches ou de saccager des vignobles, est un animal débonnaire, qui fait bon ménage avec les hôtes des terriers voisins.[438]

Il court, il court, le blaireau aussi

Tous les hellénistes connaissent le classique exemple de grammaire élémentaire: *ta zôa trekhei* «les animaux courent», où figure le verbe grec *trekhein* «courir». C'est sur ce verbe qu'est formé en grec ancien le nom *trekhos*, qui peut s'appliquer à tout animal qui court et qui désigne principalement le blaireau, mais dont le nom en grec moderne *(kounavi)* a une origine slave, donc tout autre.

En latin, le nom du blaireau est *meles*, qui peut aussi désigner la martre. Les zoologistes ont adopté ce nom pour le genre *Meles* et pour forger le nom de la sous-famille des *mélinés*.

Mais on va voir que ni le grec *trekhos* ni le latin *meles* ne sont à l'origine des noms modernes du blaireau.

Les noms du blaireau en Europe

Le tableau des noms du blaireau montre les relations qui existent entre les noms de cet animal en allemand, en néerlandais et dans la plupart des langues romanes: ils remontent à une même racine germanique, empruntée tardivement au latin *taxo* et ayant supplanté la forme du latin classique *meles*.

LES NOMS DU BLAIREAU

ORIGINE GERMANIQUE		ORIGINES DIVERSES	
lat.	*meles*	(espér.)	*melo*
all.	*Dachs*	fr.	*blaireau*
néerl.	*das*	dan.	*grævling*
it.	*tasso*	angl.	*badger*
esp.	*tejón*	gr.	*trekho*
ptg.	*texugo*	néogr.	*kounavi*
(interl.)	*taxon*		
hong.	*borz*		
bret.	*broh*		
tch.	*jezevec*		
basq.	*azkonar*		

Le latin taxo et sa descendance

Le nom *blaireau* a supplanté en français le nom *taisson* qui existait pour cet animal en ancien français. Ce nom *taisson* vient du latin *taxo* «blaireau», lui-même étant une forme latinisée issue d'une racine germanique signifiant «bâtir». Ce nom subsiste dans les patronymes *Taisson*, plus souvent *Tesson* ou *Tessel.*

D'autre part, sur *taxo* «blaireau» a été formé **taxonaria*, qui désignait au sens propre le terrier du blaireau, puis plus largement le gîte d'autres animaux ou même d'humains. Ce nom a évolué en *taisnière, tainiere* et finalement *tanière.* Le terrier du blaireau, particulièrement profond et confortable, apparaît finalement comme un modèle pour les autres animaux puisque *tanière* peut s'appliquer de nos jours à la demeure de n'importe quel animal.

Le nom de la tanière se retrouve à son tour dans des patronymes comme *Tesnière, Tesnier, Ténier, Tanière, Taisne, Taine.*

RÉCRÉATION

LES PATRONYMES *TAINE* ET *TESSON*

Qu'y a-t-il de commun entre les deux noms et prénoms suivants :
Hippolyte Taine et Philippe Tesson?

RÉPONSE : ils ont tous les deux un **cheval** (gr. **hippos**) dans leur prénom et un **blaireau** (lat. **taxo**) dans leur nom de famille.

De nombreux noms de lieux rappellent aussi le nom du blaireau: *Tachoires* (du gascon *tachoère* «repaire de blaireau»), *La Tagnière, Taisnières, Taisnil, Tannières, Tessonnière...*

Mais il peut y avoir confusion de *taxo* «blaireau» avec le latin *taxus* «if» pour les noms de lieux, et aussi avec le latin *taxus* «taux» pour les noms de personnes: par exemple, le substantif italien *tasso* peut signifier «blaireau», «if» ou «taux». Le cas du nom de l'écrivain italien *Torquato Tasso* (1544-1595), en français *Le Tasse,* reste donc un peu mystérieux, bien que sur le blason de sa famille figure une tête de cheval casquée de peaux de blaireau.

Dans les langues scandinaves (dan. *grævlingon,* suéd. *gräveling,* par exemple), le nom du blaireau rappelle qu'il est habile à creuser la terre (dan. *grave* «creuser»).

Une tache blanche sur le museau

C'est d'un radical *blar- signifiant «blanc, pâle», représenté par l'ancien français *blair* «tacheté de blanc», que viendrait le gaulois *blaros «blaireau», origine lointaine de *blaireau,* qui a fini par éliminer l'ancien français *taisson.*

En français, on appelle aussi *blaireau* le gros pinceau qu'on utilise pour étendre la crème à raser sur le visage, et qui, à l'origine, était en poils de blaireau.

Enfin, au XIXe siècle est apparu le terme argotique *blair,* pour désigner le nez, à cause du museau pointu de l'animal. De là, le verbe *blairer,* signifiant familièrement «sentir» au sens figuré, surtout employé négativement: *ne pas blairer quelqu'un,* c'est ne pas le supporter, ne pas pouvoir le sentir.

Le *blaireau,* avec son allusion à la rayure médiane de poils blancs qui marque sa tête, est donc isolé parmi les appellations européennes de l'animal.

Le blaireau en anglais

L'anglais *badger* «blaireau» l'est tout autant. Il est d'origine obscure et n'apparaît qu'au XVIe siècle mais, en le rapprochant de *badge* «insigne», on retrouve peut-être une allusion à cette marque blanche qui le caractérise.[439]

Le chien chasseur de blaireau

De l'allemand *Dachs* «blaireau», vient le nom allemand du chien dressé à chasser les blaireaux: initialement *Dackel,* puis *Teckel.* C'est ce dernier nom qui est repris tel quel dans plusieurs langues, dont l'espagnol, le français *teckel,* le grec moderne *tekel.*

Aujourd'hui, le chien prend plutôt le nom allemand *Dachshund,* repris tel quel en anglais, *dachshund,* analogue au néerlandais *dashond.*

Les teckels font partie des chiens bas sur pattes appelés en français des *bassets.* En italien, le teckel se dit *bassotto,* en portugais *baixote.*

LA LOUTRE

☞ *aux mœurs aquatiques*

it.	*lontra*
esp.	*nutria*
angl.	*otter*
all.	*Otter*

Le nom de la loutre en grec, *enudris* (resté tel quel en grec moderne), signifie tout simplement «(qui vit) dans l'eau», du grec *en* «dans» et *hudôr* «eau». Les langues germaniques se réfèrent également à l'eau pour désigner cet animal: angl. *otter* «loutre» se relie au grec *hudrios* «serpent d'eau, hydre, animal aquatique», lui-même formé sur *hudôr* «eau», de même que néerl. *otter,* dan. *odder,* suéd. *utter,* all. *Otter.*

La loutre ne craint pas la boue

Le nom latin *lutra* «loutre» paraît venir d'un croisement entre la forme -*utra* de type germanique et le latin *lutrum* «boue», puisque l'habitat de la loutre est en habituellement boueux. Les langues romanes ont généralement adopté ce nom: fr. *loutre,* cat. *llúdria,* roum. l*utră,* it., ptg. *lontra*, à l'exception de l'espagnol *nutria* «loutre», qui conserve une autre forme, apparue en bas-latin.

La loutre et l'outre

Y a-t-il un rapport entre le nom *loutre*, qui est celui d'un animal qui passe beaucoup de temps dans l'eau, et le nom *outre*, qui désigne un récipient qu'on peut remplir d'eau?

C'est bien probable, car on vient de voir que les noms de la loutre peuvent être rapprochés du grec *hudôr* «eau». De plus, celui-ci est aussi l'origine probable du nom *outre*, par le grec *hudria* «vase à eau».

LE RATEL

☞ *friand de miel*

it. *ratelo, mellivora*
esp. *ratel, tejón mielero*
angl. *honey badger*
all. *Honigdachs*

ratel
Mellivora capensis

Le nom *ratel*, attesté en 1846, est formé sur *rat*. Il désigne une sorte de blaireau d'Afrique très friand de miel, d'où son nom latin scientifique *Mellivora capensis* «mangeur de miel, du Cap», seule espèce de la sous-famille des mellivorinés.

La plupart des langues romanes retiennent des formes proches de *ratel*, mais les langues germaniques sont, comme souvent, plus imagées et parlent de «blaireau à miel»: all. *Honigdachs*, néerl. *honigdas*, dan. *honninggrævling*.

LA MOUFFETTE OU SCONSE

☞ *la puanteur est son moyen de défense*

it. *moffetta*
esp. *mofeta*
angl. *skunk*
all. *Skunk, Stinktier*

La mouffette décourage ses prédateurs en leur projetant au nez un liquide pestilentiel. Ce nom *mouffette* remonte au latin *mefitis,* (ou *mephitis)* désignant toute exhalaison malodorante provenant d'animaux ou du sol. Dans l'Antiquité, le nom *Mephitis* était celui de la déesse des exhalaisons nauséabondes.

Le français *mofette* a d'abord désigné les émanations de gaz carbonique dans les terrains volcaniques puis la mouffette elle-même.

Les autres langues romanes ont: esp., ptg., cat. *mofeta*, it. *moffetta.*

RÉCRÉATION

LA RUE MOUFFETARD ET LA VILLE DE CHICAGO

C'est pour une raison peu agréable à rappeler que l'on peut mettre en relation le nom de cette très ancienne rue de Paris et celui de cette grande ville des États-Unis. Laquelle ?

RÉPONSE : Les exhalaisons qu'on y sentait autrefois.

Des noms qui évoquent la mouffette et son odeur

Au Moyen Âge se trouvaient dans le quartier de la rue Mouffetard à Paris des teinturiers, des tanneries et des triperies qui déversaient leurs eaux polluées dans la Bièvre,[440] d'où le nom *Mouffetard,* venant de *mofette* «odeur pestilentielle».

De son côté, Chicago doit probablement son nom à un mot algonquin signifiant «lieu d'odeurs méphitiques» (où vivent des mouffettes et des putois). C'est le nom algonquin de la mouffette qui est retenu en français pour désigner la fourrure de cet animal, sous des formes graphiques diverses: *sconse, skons, skuns* ou *skunks,* mais Buffon écrivait *scunck* en 1764.

Le roumain *sconcs,* le hongrois *szkunksz* ont aussi fait le choix de l'algonquin.

Les langues germaniques ont adopté la forme *skunk* (angl., all., dan.) ou encore all. *Stinktier*, néerl. *stinkdier*, dan. *stinkdyr*, où l'on reconnaît le verbe allemand *stinken* «puer»

Autour de la mangouste

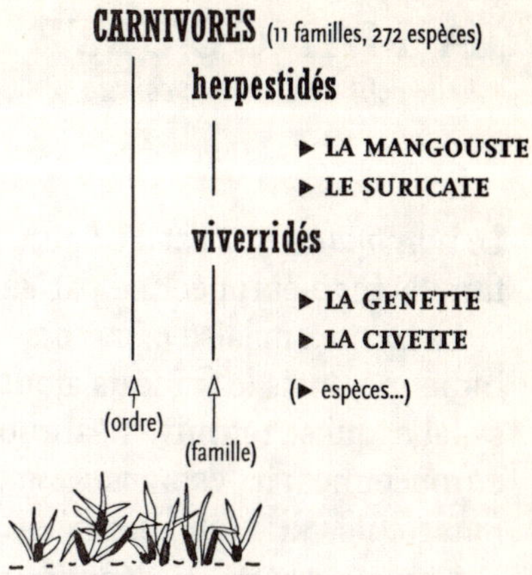

Habile à se faufiler en rampant dans l'herbe ou dans les rochers, la mangouste est célèbre pour son aptitude à venir à bout des serpents les plus venimeux. De ce fait, elle est particulièrement appréciée en Inde, à l'instar de la mangouste Rikki-tikki, victorieuse du cobra Nag dans *Le Livre de la jungle.* ***Parmi les mangoustes, on s'attardera plus particulièrement sur le suricate, qui impressionne par ses postures incroyablement humaines. Moins spectaculaires, la civette et la genette font partie d'une autre famille, celle des viverridés, dans laquelle on classait jadis les mangoustes.***

LA MANGOUSTE

☞ *elle peut terrasser un cobra*

it. *mangosta*
esp. *mangosta*
angl. *mongoose*
all. *Manguste*

Le nom *mangouste* est d'origine indienne : *mangûs* en marathe, langue de la famille indo-européenne parlée dans la région de Bombay.

La forme anglaise *mongoose* « mangouste » est restée proche de l'origine indienne, mais le français ajoute un t quelque peu arbitraire à la dernière syllabe, qui se retrouve néanmoins dans presque toutes les autres langues européennes : it., esp. *mangosta*, ptg. *mangusto*, roum. *mangustă*, néogr. *mangousta*, all. *Manguste*, néerl. *mangoest*, dan. *mangust*.

Le nom *mangouste* s'applique, au sens large, aux 37 espèces connues de la famille des *herpestidés*, et dont le nom est formé sur le verbe grec *herpein* « ramper ».

LE SURICATE

☞ *une mangouste aux attitudes presque humaines*

it. *suricata* (m.)
esp. *suricata* (f.)
angl. *suricate*
all. *Surikate, Erdmännchen*

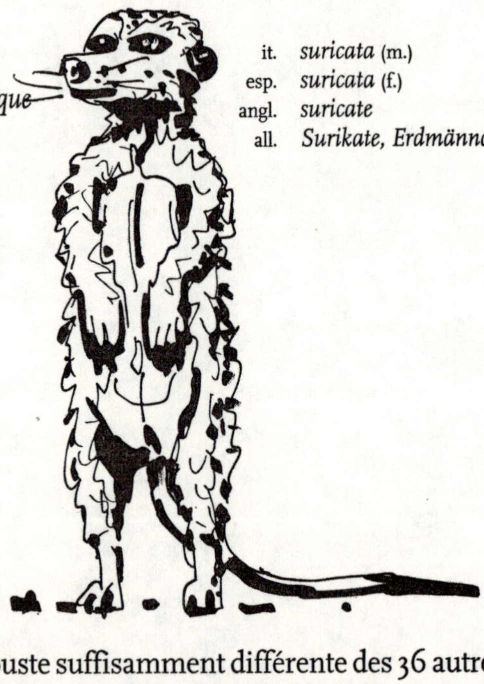

suricate
Suricata suricatta

Le suricate est une petite mangouste suffisamment différente des 36 autres espèces connues pour avoir un nom particulier figurant dans les dictionnaires usuels. Ce nom, *suricate*, qui vient d'une langue d'Afrique du Sud, a été fixé par Buffon.

Ce qui est le plus impressionnant chez les suricates, c'est leur façon de se tenir debout, dressés sur leurs pattes postérieures, les bras ballants, en petits attroupements, et de scruter l'horizon, comme de petits hommes, pour guetter le danger éventuel.

LA GENETTE

☞ *un redoutable prédateur*

it. *genetta*
esp. *jineta, geneta*
angl. *genet*
all. *Genette*

genette
Genetta genetta

La genette est une redoutable tueuse de rongeurs, de reptiles, d'oiseaux et parfois d'insectes. Elle fut autrefois utilisée pour chasser les rats dans les maisons, avant le chat Le nom *genette* vient de l'arabe andalou *djarnajt*, probablement par l'espagnol *jineta*, de même sens. Les langues germaniques ont repris ce même nom: angl. *genet* (ou *genette)*, dan. *genette*, néerl. *genetkat*, all. *Genette*, mais l'allemand utilise aussi un autre nom, *Ginsterkatze*, qui veut dire «chat des genêts», comme si l'animal fréquentait particulièrement les zones plantées de genêts.

LA CIVETTE

recherchée par les parfumeurs

it.	*zibetto*
esp.	*gato de algalia, civeta*
angl.	*civet (cat)*
all.	*Zibetkatze*

En latin, *viverra* désignait divers petits animaux à fourrure: le furet (chez Pline), la belette (plus couramment *mustela)*, et aussi l'écureuil sous la forme d'un diminutif, **viverrula*. Les zoologistes ont adopté le nom latin *viverra* pour désigner la famille des viverridés à laquelle appartient la civette.

Une sorte de chat producteur de civette

De nombreuses espèces de civettes sécrètent une substance musquée qui a été largement utilisée au cours des siècles passés pour la fabrication des parfums. La civette s'appelle en arabe *qatt az-zabad*, où *qatt* signifie «chat» et où *zabad* désigne la substance musquée sécrétée par l'animal. C'est de *zabad* que viennent l'italien *zibetto* ainsi que le nom français *civette*. Le français *civette*, tout comme l'italien *zibetto*, désigne à la fois l'animal et la substance. Mais la plupart des autres langues, à l'instar de l'arabe, utilisent pour l'animal l'expression équivalant à «chat à civette»:

	NOMS DE LA SUBSTANCE	NOMS DE L'ANIMAL:
angl.	*civet*	*civet (cat)*
all.	*Zibet*	*Zibetkatze*
néerl.	*civet*	*civetkat*
suéd.	*civett*	*sibetkatt*
esp.	*algalia*	*gato de algalia, civeta*
ptg.	*algália*	*gato-de-algália*
cat.	*algàlia*	*gat masquer* (de *mesc* «musc»)

Remarque: dans les langues romanes de la péninsule Ibérique, le nom de la substance vient de l'arabe *al galiya* «substance musquée».

RÉCRÉATION

IL Y A *CIVETTE* ET *CIVETTE*

L'une est un mammifère dont les sécrétions musquées sont appréciées en parfumerie, l'autre est une variété d'oignon recherchée en gastronomie. Quel rapport entre ces deux *civettes*?

RÉPONSE : Aucun, en dehors d'une identité formelle, car le nom de l'animal vient de l'arabe *zabad* et celui de l'oignon, du latin *cepa* «oignon».

Autour du paresseux

À cause de leurs dents rudimentaires ou même absentes, on classait, jusqu'à ces dernières années, tous les mammifères de ce chapitre dans l'ordre des édentés. En fait, les dents de certains de ces animaux, même si elles sont très petites et peu utilisées par l'animal, n'en sont pas moins incroyablement nombreuses, jusqu'à plus de 100 chez certains tatous: le record pour un mammifère. Aujourd'hui, on classe ces animaux en deux ordres, d'une part, le paresseux, l'unau, l'aï, le tamanoir, le tamandua ainsi que le tatou et le priodonte; d'autre part, les pangolins, qui constituent un autre ordre. Ce chapitre comprend enfin des informations sur un animal fossile: le mégathérium†.

XÉNARTHRES (4 familles, 29 espèces)

- ▶ LE MÉGATHÉRIUM†
- ▶ LE PARESSEUX

mégalonychidés

- ▶ L'UNAU OU PARESSEUX DIDACTYLE

bradypodidés

- ▶ L'AÏ OU PARESSEUX TRIDACTYLE OU BRADYPE

myrmécophagidés

- ▶ LE FOURMILIER
- ▶ LE TAMANOIR OU GRAND FOURMILIER
- ▶ LE TAMANDUA

dasypodidés

- ▶ LE TATOU

PHOLIDOTES (1 famille, 7 espèces)

manidés

- ▶ LE PANGOLIN

(▶ espèces...)

(ordre) (famille)

LE MÉGATHÉRIUM†

☞ *paresseux géant fossile*

it. *megaterio*
esp. *megaterio*
angl. *megatherium*
all. *Riesenfaultier*

C'est grâce aux recherches de Cuvier que l'on connaît l'existence de ce paresseux de l'ère tertiaire : « *Cuvier va réaliser l'un de ses premiers travaux sur les mammifères fossiles en étudiant les dessins d'un étrange animal parvenus au Museum par la voie très officielle d'un fonctionnaire de la République en poste à Saint-Domingue* ».[441] Cuvier reconnaît dans ce fossile un très grand paresseux de 4 mètres de long, qu'il nomme *mégathérium*, du grec *megas* «grand» et *thêrion* «bête sauvage».

LE PARESSEUX

☞ *il se hâte lentement*

it. *bradipo, poltrone*
esp. *perezoso*
angl. *sloth*
all. *Faultier*

On distingue deux types de paresseux selon le nombre de leurs doigts aux pattes avant : l'unau a deux doigts, l'aï en a trois, mais tous ont des griffes très puissantes et tous sont caractérisés par la lenteur de leur démarche.

Buffon dit que «l'on a donné à ces [...] animaux l'épithète de paresseux, à cause de la lenteur de leurs mouvements et de la difficulté qu'ils ont à marcher».[442] En anglais, le nom de l'animal est *sloth*, qui est probablement un doublet de *slow* «lent», sans rapport avec l'adjectif *lazy* «paresseux».

L'UNAU OU PARESSEUX DIDACTYLE

☞ *il n'a que deux doigts*

it. *bradipo didattilo*
esp. *perezoso didáctilo, unáu*
angl. *two-toed sloth, unau*
all. *Zweifingerfaultier, Unau*

Le nom *unau* vient d'une langue indienne du Brésil. Les deux doigts qui caractérisent l'unau (ou paresseux didactyle) apparaissent explicitement dans son nom en anglais *(two-toed sloth)*, en allemand *(Zweifingerfaultier)*, et en néerlandais *(tweevingerige luiaard)*.

L'AÏ
OU PARESSEUX TRIDACTYLE
OU BRADYPE

☞ *il a trois doigts*

it. *bradipo tridattilo, ai*
esp. *perezoso tridáctilo, aí*
angl. *three-toed sloth, ai*
all. *Dreifingerfaultier, Ai*

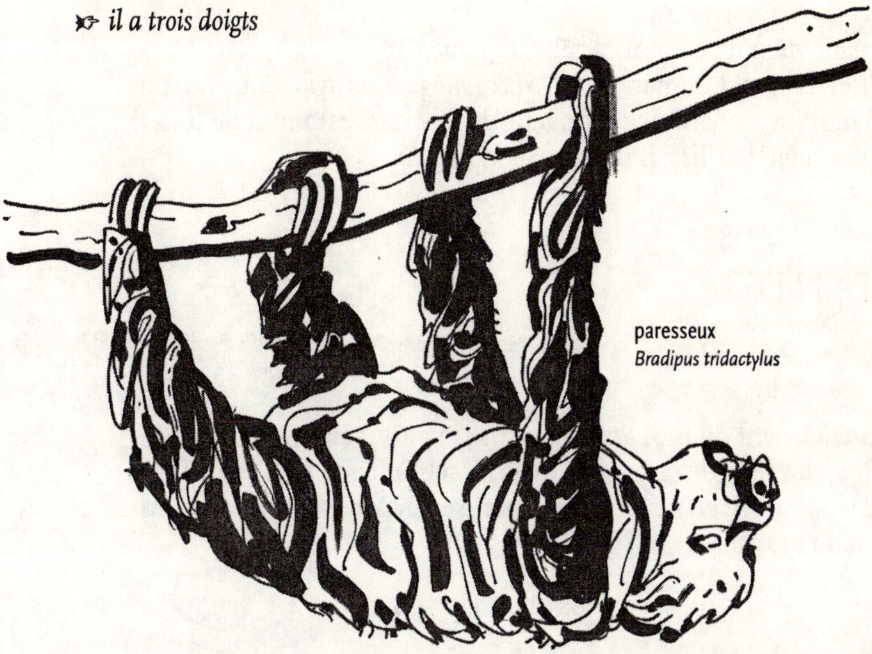

paresseux
Bradipus tridactylus

Le nom *aï* est d'origine tupi. Il est repris par toutes les langues. L'aï appartient au genre *Bradypus*, d'où son autre nom, *bradype*, forgé par les zoologistes à partir du grec *bradus* «lent» et *pous* «pied, patte».

L'expression correspondant à *paresseux tridactyle* se retrouve dans l'anglais *three-toed sloth* et dans l'allemand *Dreifingerfaultier*.

LE FOURMILIER

☞ *à la longue langue visqueuse*

it. *formichiere*
esp. *oso hormiguero*
angl. *anteater*
all. *Ameisenbär*

Le nom *fourmilier* vient du nom de la fourmi dans toutes les langues : it. *formichiere*, esp. *hormiguero* (de *hormiga* «fourmi»), angl. *anteater* (de *ant* «fourmi»), néerl. *miereneter* (de *mier* «fourmi»), dan. *myresluger* (dan. *myre* «fourmi»). Les fourmiliers ont été comparés à des ours, d'où d'anciennes appellations *ours fourmier* (attesté en français en 1575) et *ant bear* en anglais.

LE TAMANOIR

☞ *ou grand fourmilier*

it. *formichiere gigante*
esp. *oso hormiguero gigante*
angl. *great anteater*
all. *grosser Ameisenbär*

Le nom *tamanoir* vient d'un nom caraïbe, *tamanoa*.[443]

Il n'y a qu'une espèce de tamanoir, *Myrmecophaga tridactyla*. Comme son nom savant l'indique, cet animal, mangeur de fourmis, est muni de trois doigts. Avec sa queue touffue, il mesure jusqu'à 3 m.

LE TAMANDUA

☞ *ou petit fourmilier*

it. *tamandua*
esp. *tamanduá*
angl. *tamandua, collared anteater*
all. *Tamandua*

Le nom *tamandua* vient du tupi *tamandoa*, par le portugais.

Le tamandua est voisin du tamanoir, mais il est beaucoup plus petit. Tout comme le tamanoir, il vit en Amérique centrale et en Amérique du Sud, en se nourrissant de fourmis.

LE TATOU

☞ *à plusieurs bandes*

it. *armadillo, tatú*
esp. *armadillo, tatú*
angl. *armadillo*
all. *Gürteltier*

Le nom de cet animal dans les langues européennes a trois origines différentes :

du tupi vient le nom français *tatou*, qui existe aussi en italien, espagnol, portugais, catalan, roumain, hongrois et grec moderne sous des formes presque identiques ;

de l'espagnol *armado* «armé» vient le diminutif *armadillo*, autre nom du tatou en espagnol, car c'est un petit animal qui paraît revêtu d'une armure ; le nom *armadillo* est repris tel quel en italien et en anglais ;

enfin, la carapace des tatous comporte un certain nombre de lames cornées articulées, d'où les noms germaniques : all. *Gürteltier*, néerl. *gordeldier*, dan. *bæltedyr* «animal à bandes».

Il y a 20 espèces de tatous, toutes dans le Nouveau Monde. Elles ont chacune une taille différente, qui peut aller de 12,5 cm pour l'espèce la plus petite à 1,5 m pour la plus grande, le *tatou géant*.[446] La structure de leur carapace est caractérisée notamment par le nombre de bandes articulées qu'elles portent sur le dos. Buffon, qui reconnaissait une difficulté certaine à bien classer les tatous en espèces distinctes, avait adopté des noms différents selon le nombre de bandes que ces animaux ont sur le dos.

Malheureusement, dans certaines espèces, le nombre de bandes n'est pas rigoureusement constant. Ainsi, le tatou appelé encore aujourd'hui *tatou à neuf bandes* peut avoir de 8 à 11 bandes. Son nom latin scientifique est tout de même *Dasypus novemcinctus* (du latin *novem* «neuf» et *cinctum* «ceinture»). Le nom de genre *Dasypus* vient du grec *dasus* «velu» et *pous* «patte», d'où celui de la famille des tatous, les *dasypodidés*.

LE PANGOLIN

☞ *cuirassé d'écailles*

it. *pangolino*
esp. *pangolín*
angl. *pangolin*
all. *Schuppentier*

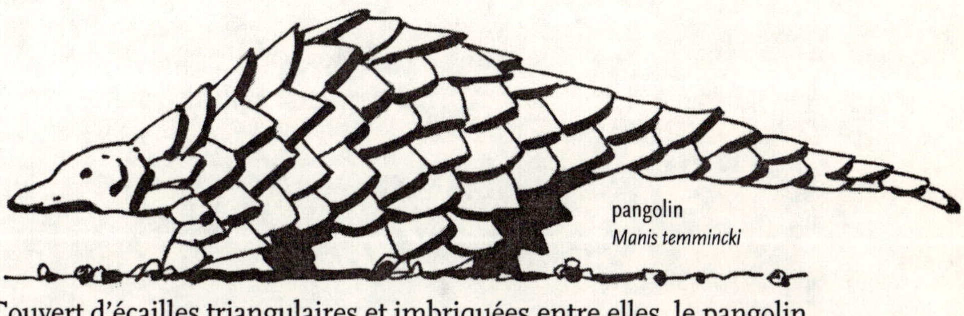

pangolin
Manis temmincki

Couvert d'écailles triangulaires et imbriquées entre elles, le pangolin ressemble à une énorme pomme de pin. Lorsqu'il est attaqué, il se roule en boule, d'où son nom, *pangolin*, qui vient du malais *pang-goling*, signifiant «celui qui s'enroule».[448]

Les pangolins constituent à eux seuls l'ordre des *Pholidotes*, du grec *pholidôtos* «écailleux», idée qui est également exprimée dans le nom allemand du pangolin, *Schuppentier* «animal à écailles».

Autour du kangourou

Ont été regroupés autour du kangourou l'ensemble des marsupiaux, qui sont des mammifères à poche. Ils constituent une sous-classe des mammifères comportant 272 espèces. Certains marsupiaux ont une allure immédiatement reconnaissable, comme le kangourou ou le wallaby. D'autres sont beaucoup plus semblables aux mammifères sans poche (dits placentaires) ; ainsi, le koala ressemble vraiment à un ourson et le thylacine†, aujourd'hui disparu, ressemblait à un loup.

DIPROTODONTES (10 familles, 117 espèces)

- **macropodidés**
  - ▶ LE KANGOUROU
  - ▶ LE WALLABY
  - ▶ LE PÉTROGALE
- **phalangéridés**
  - ▶ LE PHALANGER
- **phascolarctidés**
  - ▶ LE KOALA
- **vombatidés**
  - ▶ LE WOMBAT

DASYUROMORPHES (3 familles, 63 espèces)

- **dasyuridés**
  - ▶ LE DASYURE
- **thylacinidés**
  - ▶ LE THYLACINE† OU LOUP DE TASMANIE

DIDELPHIMORPHES (1 famille, 63 espèces)

- **didelphidés**
  - ▶ LA SARIGUE OU OPOSSUM

(▶ espèces...)

(ordre)

(famille)

LE KANGOUROU

☞ *le bébé est dans la poche de sa mère*

it. *canguro*
esp. *canguro*
angl. *kangaroo*
all. *Känguru*

Le début de la vie d'un petit kangourou est très particulier: à la naissance après seulement un mois de gestation, c'est un minuscule embryon de moins d'un gramme. Celui-ci est tout de même muni de bonnes griffes aux pattes avant et sa première tâche est de ramper jusqu'à la poche ventrale de sa mère, où il s'installe pour téter une mamelle. Là, il se développe pendant près de 8 mois jusqu'à devenir un petit kangourou capable de sortir de la poche et d'y retourner. Il reste ensuite plusieurs mois au voisinage de sa mère.

Ce mode de développement du petit en plusieurs étapes est typique de tout un ensemble de mammifères appelés *marsupiaux*, dotés d'une poche dite marsupiale chez les femelles. Au contraire, chez la grande majorité des autres mammifères, dits *placentaires*, il se forme pendant la gestation un placenta qui permet à la mère de nourrir plus complètement le petit avant sa naissance.

Un animal «à poche»

Le nom *marsupial*, attesté dès 1736, vient du latin *marsupium* «bourse», lui-même du grec *marsipion* «petit sac». La plupart des langues ont repris ce même nom. En grec moderne, *marsipophora* «marsupial» s'analyse en *marsipos* «poche marsupiale» et *phora* «qui porte».

Comme souvent, les langues germaniques ont un nom ouvertement descriptif, signifiant dans ce cas «animal à poche»: all. *Beuteltier*, néerl. *buideldier*, dan. *pungdyr*... Le hongrois fait de même avec *erszényes*, qui vient de *erszény* «sac».

Il existe de nombreuses espèces de marsupiaux et les zoologistes ont déployé toutes leurs connaissances du lexique grec pour les différencier à partir des diverses appellations du sac en grec comme *marsipos* (cf. marsupial) ou *thulakos*.

L'Australie, terre des marsupiaux

La zoologie et la géographie se rejoignent à propos de ces mammifères très particuliers car la quasi-totalité des marsupiaux (sauf les sarigues et opossums) est originaire d'Australie. Réciproquement l'essentiel des mammifères australiens d'origine est constitué de marsupiaux.

Il faut remonter loin dans l'histoire de la terre pour expliquer, ou tenter d'expliquer cette exclusivité. La différenciation entre marsupiaux (mammifères à poche) et placentaires (mammifères à placenta) se serait produite il y a environ 130 millions d'années.

La dérive des continents

Du fait de la dérive des continents, l'ensemble des terres émergées n'avait absolument pas, à cette époque, la forme d'aujourd'hui. Les territoires qui allaient devenir l'Amérique du Sud, l'Afrique, l'Inde, l'Australie et l'Antarctique étaient alors réunis en un vaste continent du Sud, appelé *Gondwana*. Les marsupiaux sont apparus probablement dans la partie correspondant à la future Amérique du Sud, d'où la présence encore aujourd'hui de marsupiaux d'Amérique, notamment les sarigues. Mais — et ceci n'est pas complètement expliqué — la plupart de ces marsupiaux se sont déplacés dans la partie qui allait devenir l'Australie, alors que les mammifères placentaires n'y étaient pratiquement pas présents.

LES MOUVEMENTS DES PLAQUES TECTONIQUES

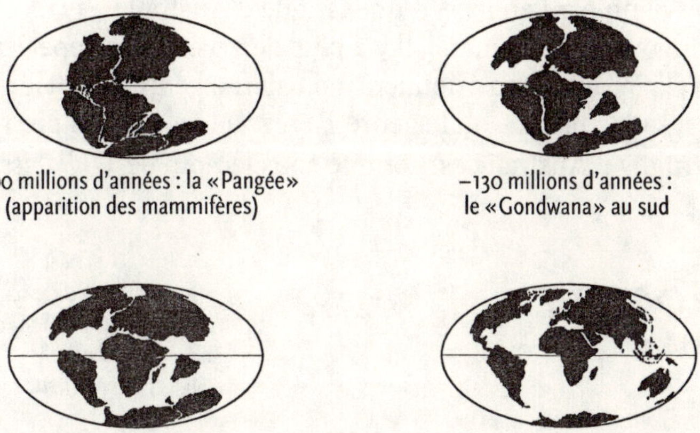

–200 millions d'années : la « Pangée » (apparition des mammifères)

–130 millions d'années : le « Gondwana » au sud

–65 millions d'années

Aujourd'hui

L'Australie a progressivement dérivé au cours de dizaines de millions d'années en s'isolant de plus en plus des autres continents et, de ce fait, les marsupiaux se sont trouvés isolés des autres mammifères et s'y sont diversifiés. L'Australie est devenue le paradis des marsupiaux, ce qu'elle est toujours, tout comme la Nouvelle-Guinée et l'île de Tasmanie, qui ont connu la même aventure biologique.[449]

En revanche, les îles de la Nouvelle-Zélande, qui avaient commencé à dériver longtemps auparavant, n'ont pas connu cette évolution : la plupart des mammifères qui y vivent aujourd'hui ont été introduits par l'homme[450].

Le nom du kangourou

Typiquement australien, le kangourou est considéré un peu comme l'animal fétiche de l'Australie.

Le nom *kangourou* est emprunté à l'anglais *kangaroo*, lui-même repris à une langue indigène d'Australie. Avec des graphies légèrement modifiées, toutes les langues ont adopté le nom *kangourou*.

Le plus grand des kangourous est de taille presque humaine. C'est le *kangourou roux*, dont le nom latin scientifique est *Macropus rufus*.

LE WALLABY

☞ *le petit kangourou*

it. *wallaby*
esp. *wallaby*
angl. *wallaby*
all. *Wallaby*

Le nom *wallaby* vient, par l'anglais, d'une langue d'Australie.

Parmi les kangourous en général, il y a plus de 20 espèces appelées couramment *wallaby*. Elles appartiennent à plusieurs genres, dont le genre *Macropus* « aux grands pieds », ou le genre *Petrogale* « belette des pierres ».

L'équipe de rugby d'Australie est connue sous le nom de *Wallabies*.

LE PÉTROGALE

☞ *le wallaby des rochers*

it. *wallaby di roccia*
esp. *wallaby de las rocas*
angl. *rock wallaby*
all. *Felskänguru*

Le nom *pétrogale* reprend le nom latin scientifique du genre *Petrogale*, du grec *petra* « pierre » et *galêe* « belette », qui rappelle que ces animaux vivent dans les zones rocheuses.

Cela se retrouve dans l'allemand *Felskänguru*, formé sur *Fels* « rocher », et dans l'anglais *rock wallaby*.

LE PHALANGER

☞ *aux doigts de pied bizarres*

it. *falangista*
esp. *falangero*
angl. *phalanger*
all. *Phalanger*

phalanger volant
Petaurus breviceps

Le nom de cet animal est dû à Buffon, qui explique son choix en faisant remarquer que le phalanger présente une singularité au niveau des phalanges de ses pattes arrière: deux doigts sont soudés et sont aussi plus petits que les autres. Cette particularité des phalanges des membres postérieurs existe aussi chez plus de la moitié des marsupiaux, et en particulier chez le kangourou, le wallaby et le koala.

LE KOALA

☞ *comme un petit ours marsupial*

it. *koala, orsetto marsupiale*
esp. *koala*
angl. *koala*
all. *Koala, Beutelbär*

Le nom de ce marsupial vient d'une langue des Aborigènes d'Australie, où, aux côtés du kangourou, il est aussi devenu un animal fétiche. Le nom indigène du koala signifiait peut-être «celui qui ne boit pas» ou plutôt «celui qui mord».[452] La ressemblance du koala avec un ours, et en particulier avec le grand panda, est évidente, mais, alors que le grand panda ne mange que du bambou, le koala, lui, se nourrit exclusivement de feuilles d'eucalyptus. La ressemblance du koala avec un ourson a donné naissance à des appellations comme néerl. *koalabeertje* («koala» + «ourson») ou all. *Beutelbär* et dan. *pungbjørn* («ours à poche», c'est-à-dire «ours marsupial»).

LE WOMBAT

marsupial fouisseur

it. *vombat*
esp. *wombat*
angl. *wombat*
all. *Wombat*

Le nom *wombat* vient d'une langue d'Australie. Cet animal est aussi nommé *phascolome* (Cuvier, 1808). Cette appellation a été formée à partir du grec *phaskôlos* «sac de cuir, valise» et *mus* «souris, rat», car l'animal est un marsupial et peut rappeler un gros rat.

Il creuse des terriers comme les blaireaux, mais il est végétarien.

LE DASYURE

à la queue velue

it. *dasiuro*
esp. *dasiuro*
angl. *dasyure*
all. *Beutelmarder*

Le nom *dasyure*, donné à ce marsupial par Geoffroy Saint-Hilaire en 1796, vient du grec *dasus* «velu» (déjà vu à propos des tatous) et *oura* «queue». Ce nom, peu connu bien qu'il figure dans tous les dictionnaires usuels, intéresse un grand nombre d'animaux (61 espèces).

L'allemand *Beutelmarder* signifie «martre à poche».

Certains dasyures ont des noms usuels plus familiers, comme *rat marsupial, chat marsupial* ou encore *souris marsupiale.* Cette dernière est réputée pour sa voracité,[453] et le *diable de Tasmanie* est un charognard aux mâchoires de hyène.

LE THYLACINE OU LOUP DE TASMANIE†

marsupial aujourd'hui disparu

it. *tilacino, lupo di Tasmania*
esp. *tilacino*
angl. *thylacine*
all. *Beutelwolf, Tasmanian wolf*

Le nom *thylacine* vient du latin zoologique *thylacinus,* du grec *thulakos* «sac formé d'une peau de bête vidée; sac de farine; poche enveloppant les œufs de thon». On trouve dans ce nom une allusion à la poche marsupiale de l'animal. L'animal, jugé dangereux pour les moutons, a été très pourchassé depuis le XIXe siècle, et son dernier représentant est mort le 7 septembre 1936 au zoo de Hobart, capitale de la Tasmanie.[454]

LA SARIGUE OU OPOSSUM

☞ *un marsupial d'Amérique*

it. *opossum, sariga*
esp. *zarigüeya*
angl. *opossum*
all. *Beutelratte, Opossum*

sarigue
Didelphis virginiana

Par l'intermédiaire du portugais *sarigüê*, le nom *sarigue* vient d'un nom tupi signifiant «animal à sac», ce qui montre que le caractère marsupial de l'animal n'avait pas échappé aux autochtones. Le nom *sarigue* se retrouve dans les langues romanes sous des formes voisines: ptg. *sarigueia*, esp. *zarigüeya*, it., cat. *sariga*.

L'autre nom de ce marsupial, *opossum*, vient, par l'anglais, de l'algonquin *aposon* «bête blanche», certains opossums étant blancs.

Le nom *opossum* est d'usage courant en anglais et il a été adopté par d'autres langues (par exemple it., all. *Opossum*). Cet animal se caractérise en particulier par une aptitude à faire semblant d'être mort lorsqu'il est attaqué, ce qui lui sauve la vie, d'où l'expression anglaise *to play possum* «faire le mort».

Aujourd'hui les noms *sarigue* et *opossum* sont encore pratiquement synonymes. Ils s'appliquent avec divers déterminants aux 69 espèces de ces animaux, qui sont présents sur tout le continent américain.

Dans les langues germaniques ces animaux ont des noms qui signifient «rat à poche»: all. *Beutelratte*, néerl. *buidelrat*, dan. *pungrotte*.

Le marsupilami

Le marsupilami
© Marsu-2003
www.marsupilami.com

Le marsupilami est un animal imaginaire, sympathique et amical, comme la fin de son nom l'indique, et qui est apparu pour la première fois en 1952 dans le journal *Spirou*, mais désormais il a sa propre existence. Il est impulsif, joueur, affectueux, fantaisiste. Son caractère physique le plus original est sa queue de 7 mètres de long, organe préhensile, comme celui de la sarigue et, comme cette dernière, il est originaire d'Amérique du Sud. Ces éléments, ajoutés à la consonance de son nom, pourraient laisser penser que le marsupilami a été conçu comme un marsupial. Or il pond des œufs, ce qui n'est pas le cas d'un marsupial, mais de l'ornithorynque, mammifère unique en son genre, qui fait l'objet du chapitre suivant.

Autour de l'ornithorynque

L'ornithorynque est sans doute le plus étrange des mammifères, à la fois pour son apparence insolite et pour son mode de reproduction original. L'ornithorynque est le représentant principal de l'ordre des monotrèmes, qui comprend aussi deux espèces d'échidnés.

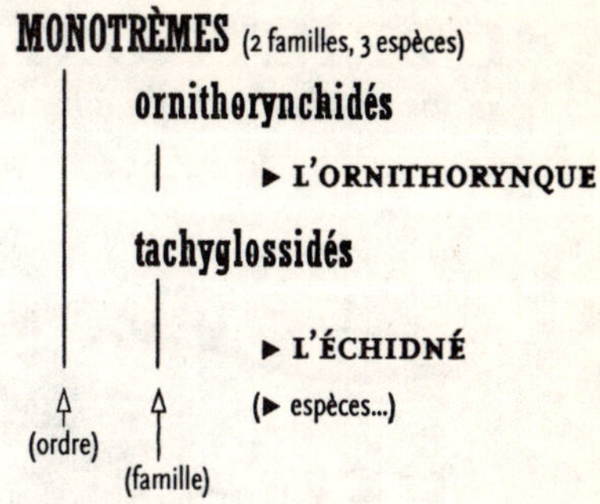

L'ORNITHORYNQUE

☞ *un mammifère poilu à bec de canard*

it. *ornitorinco*
esp. *ornitorrinco*
angl. *platypus*
all. *Schnabeltier*

ornithorynque
Ornithorhynchus anatinus

L'arrivée du premier ornithorynque empaillé, envoyé d'Australie en Europe au naturaliste George Shaw en 1798, a tout d'abord créé la surprise et l'incrédulité chez ce savant. Voici ce qu'en dit Umberto Eco dans son ouvrage *Kant et l'ornithorynque*: « *Shaw, qui ne peut évidemment examiner que la peau de l'animal* [...] *montre des signes d'étonnement et de perplexité: l'animal lui fait aussitôt penser qu'un bec de canard a été "agrafé" au bout de la tête d'un quadrupède. Le terme n'est pas choisi au hasard. La peau arrivait après avoir navigué dans l'océan Indien et l'on connaissait à cette époque de diaboliques taxidermistes chinois assez adroits pour accoler, par exemple, une queue de poisson sur un corps de singe et créer ainsi des monstres sirénoïdes. Shaw a donc de bonnes raisons de soupçonner au premier abord qu'il s'agit d'une "préparation truquée"* ».[457]

Mais l'animal n'avait pas été truqué, et il s'est avéré que l'ornithorynque est un mammifère qui a bel et bien un bec de canard. Son nom latin scientifique *Ornithorhynchus anatinus* «au bec d'oiseau semblable à celui d'un canard» a été formé à partir du grec *ornis, ornithos* «oiseau» + *rhunkhos* «bec» et du latin *anas, anatis* «canard».

En allemand *(Schnabeltier)* et en néerlandais *(vogelbekdier)* on retrouve aussi le nom du bec impressionnant de ce mammifère, tandis qu'en anglais, *platypus*, qui est une adaptation du grec *platupous* «pied plat», ce sont les pieds palmés de l'animal qui sont mis en relief.

Un mammifère unique en son genre

En dépit de son bec de canard, de sa queue plate et de ses pattes palmées, l'ornithorynque est bien un mammifère car, si la femelle pond des œufs qu'elle couve pendant une dizaine de jours, elle allaite ensuite ses petits. Enfin, son appareil de reproduction est vraiment original car chez cet animal, les voies génitales, urinaires et digestives se terminent par un seul orifice, une sorte de cloaque, comme celui des oiseaux. Cela explique le nom de la famille des *monotrèmes* à laquelle il est rattaché, du grec *mono-* «un seul» et *trêma* «trou». En allemand, *Kloakentier* et, en néerlandais, *kloakendier* «monotrème» correspondent exactement à «animal à cloaque».

RÉCRÉATION

L'ORNITHORYNQUE, LE DÉ À JOUER ET LE TRÉMA

Le rapport entre l'*ornithorynque*, le *dé* à jouer et le *tréma* est un peu «loin cherché», mais il existe.
Quel est-il ?

Pour trouver la solution, il faut se souvenir que l'ornithorynque appartient à l'ordre des Monotrèmes.

RÉPONSE : Le rapport est étymologique et passe par le tréma, qui vient du grec **trêma** «trou» et «point sur un dé», d'où le signe < ¨ > qui rappelle les points en creux du dé. Enfin, l'ordre des Monotrèmes doit son nom au grec **monos** «un» + **trêma** «trou».

L'ÉCHIDNÉ

☞ *une sorte de hérisson à longs piquants*

it.	*echidna*
esp.	*equidna*
angl.	*echidna*
all.	*Ameisenigel*

Le nom *échidné*, donné par Cuvier en 1806, vient du grec *ekhidna* «vipère», les piquants de l'animal rappelant les crochets de la vipère, mais son nom remonte à une racine grecque qui est aussi celle d'où vient *hérisson*. Alors que la plupart des langues de l'Europe ont repris le nom donné par Cuvier, quelques langues germaniques, comme l'all. *Ameisenigel*, appellent cet animal «hérisson à fourmis».

Autour de l'aye-aye

On a regroupé autour de l'aye-aye, au nom insolite, un certain nombre de mammifères aux noms encore plus rares. La plupart d'entre eux font partie des lémuriens, qui constituent un sous-ordre des primates, et dont la plus grande partie vit exclusivement à Madagascar, notamment l'aye-aye, le maki et l'indri. Le loris est assez répandu en Afrique et en Asie. Les tarsiers appartiennent à une autre famille, intermédiaire entre les lémuriens et les singes. Enfin, si le galéopithèque accompagne ici les lémuriens, c'est parce qu'il leur ressemble.

PRIMATES (13 familles, 233 espèces)

- **daubentoniidés**
  - ▶ L'AYE-AYE
- **lémuridés**
  - ▶ LE MAKI
- **indridés**
  - ▶ L'INDRI
- **lorisidés**
  - ▶ LE LORIS
- **tarsiidés**
  - ▶ LE TARSIER

DERMOPTÈRES (1 famille, 2 espèces)

- **cynocéphalidés**
  - ▶ LE GALÉOPITHÈQUE

(ordre) (famille) (▶ espèces...)

L'AYE-AYE

☞ *aux doigts démesurés*

it. *aye-aye*
esp. *ayeaye*
angl. *aye-aye*
all. *Aye-Aye, Fingertier*

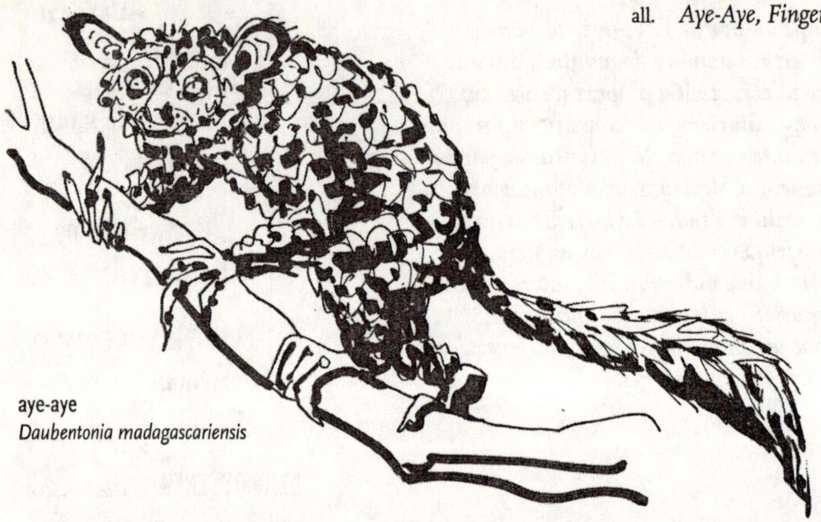

aye-aye
Daubentonia madagascariensis

L'aye-aye est peut-être le plus rare et le plus mystérieux des lémuriens : nocturne, solitaire et timide, il est classé parmi les espèces à protéger.

Bien connu des amateurs de mots croisés, le nom *aye-aye* serait, d'après Buffon *« une exclamation des habitants de Madagascar »*. Ce sont ses doigts extrêmement longs et minces et son ouïe fine qui attirent l'attention. À juste raison, car le majeur, plus fin et plus long que les autres doigts, lui permet d'extraire de leurs galeries creusées dans le bois les larves d'insectes dont il se nourrit.

Les noms germaniques de ce mammifère signifient d'ailleurs « animal à doigt » (all. *Fingertier*, dan. *fingerdyr)* ou « singe rongeur » (dan. *gnaverabe)*.

QUEL EST, EN FRANÇAIS, LE PLURIEL DE AYE-AYE ?

Des ayes-ayes

LE MAKI

☞ *à la longue queue annelée*

it. *catta* (m.)
esp. *lémur de cola anillada*
angl. *ring-tailed lemur*
all. *Maki*

Tout comme l'aye-aye, le maki appartient au sous-ordre des lémuriens, dont le nom s'appuie sur le nom latin *lemures*. Toutefois, en latin, *lemures* ne désignait pas des animaux mais les âmes des défunts et les spectres des morts prêts à revenir tourmenter les vivants. Il y avait même chez les Romains des fêtes organisées en l'honneur des lémures, précisément destinées à écarter les ombres des morts.

Les makis ont de grands yeux globuleux, ils sortent la nuit pour chasser et certains d'entre eux ont l'allure carrément spectrale de petits gnomes rappelant les lémures de l'Antiquité. C'est pourquoi Linné qui, comme tous les naturalistes, connaissait bien l'histoire grecque et romaine, a donné en 1804 le nom *lémurien* à l'ensemble de ces petits primates.

Les lémuriens ont aussi été connus sous le nom de *prosimiens*, du latin *pro* «avant» + *simius* «singe», car ils présentent un certain nombre de caractères archaïques par rapport aux singes.[458] Pour exprimer cette différence, les langues germaniques ont l'expression «demi-singe»: all. *Halbaffe*, néerl. *halfaap*, dan. *halvaber*.

Le nom *maki* vient d'une langue du Mozambique ou de Madagascar. Le maki ressemble à un chat, d'où son nom latin scientifique, *Lemur catta*.

L'INDRI

☞ *en danger d'extinction*

it. *indri*
esp. *indri*
angl. *indri*
all. *Indri*

L'indri est le seul lémurien réellement dépourvu de queue.

Le nom de ce grand lémurien de Madagascar proviendrait d'une erreur d'interprétation de la part du naturaliste français Sonnerat (1748-1814). Entendant un indigène dire: *indri* «regardez!» ou *indri izi* «le voici!», il aurait pris cette exclamation pour le nom de l'animal.[460] En fait, le vrai nom malgache de cet animal est *babakoto*.

LE TARSIER

☞ *aux grands yeux ronds*

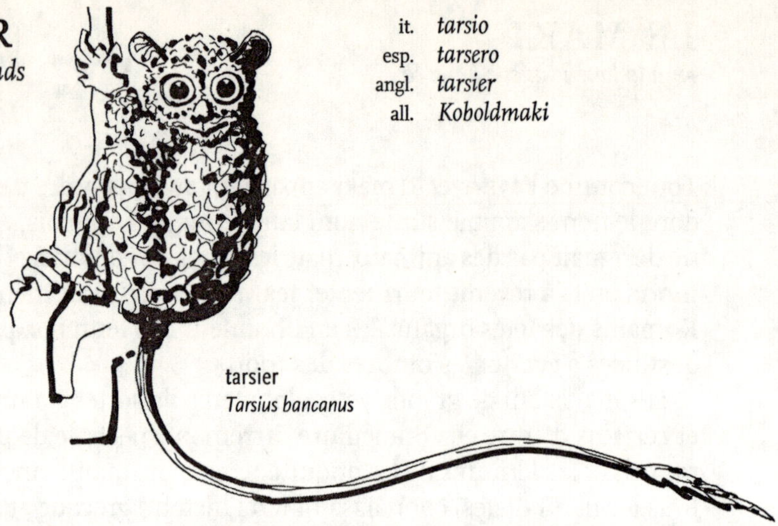

tarsier
Tarsius bancanus

it. *tarsio*
esp. *tarsero*
angl. *tarsier*
all. *Koboldmaki*

Le tarsier porte un nom provisoire… qui dure depuis près de trois cents ans. On le sait grâce à Buffon qui, ayant remarqué la taille démesurée de ses chevilles, ajoute : *«ce nom* Tarsier, *que nous donnons aujourd'hui à cet animal ne doit être pris que pour un nom précaire, qu'il faudra changer lorsqu'on connaîtra son vrai nom, c'est-à-dire le nom qu'il porte dans le pays qu'il habite».*[462]

Mais on attend toujours !

En allemand, *Koboldmaki* tient compte de la ressemblance de l'animal avec un petit gnome, *Kobold* étant le nom d'un petit n□ain légendaire (dont on a tiré le nom du *cobalt)*.

LE LORIS

☞ *aux yeux rouges luminescents*

it. *lori*
esp. *loris*
angl. *loris*
all. *Lori*

C'est probablement parce qu'il se déplace lentement et de façon maladroite que cet animal a été nommé *loris,* un terme qui dérive d'une ancienne forme *loeris* du néerlandais signifiant «nigaud, clown».[461]

LE GALÉOPITHÈQUE

➳ *mammifère planeur à tête de chien*

it. *galeopiteco*
esp. *galeopiteco, lémur volador, colugo*
angl. *flying lemur*
all. *Gleitflieger*

Le nom *galéopithèque*, formé à partir de *galêe* «belette» et *pithêkos* «singe», atteste de la difficulté que l'on a eue à classer ce mammifère.

N'étant ni belette ni singe, sa caractéristique la plus frappante est peut-être la membrane joignant ses membres et sa queue, ce qui lui permet d'effectuer entre deux arbres d'incroyables vols planés pouvant atteindre 135 mètres.[463]

Il appartient au genre *Cynocephalus*, sa tête ressemblant un peu à celle d'un chien.

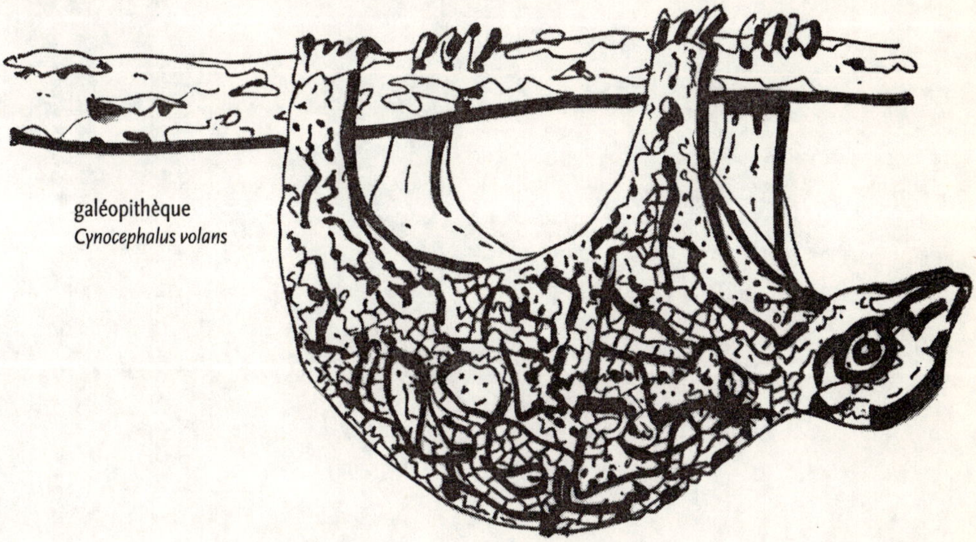

galéopithèque
Cynocephalus volans

Autour du singe

Parmi les singes, qui font partie de l'ordre des primates, on distingue les singes de l'Ancien Monde (96 espèces) et ceux du Nouveau Monde (84 espèces, selon les chiffres de la Smithsonian Institution, 1993). Ces derniers, appelés ainsi parce qu'ils ont été découverts à la suite des voyages de Christophe Colomb, se classent en deux familles, auxquelles appartiennent d'une part le ouistiti, le tamarin et le sagouin, de l'autre le saki, le sapajou, le capucin, le saïmiri, l'alouate, l'atèle et le lagotriche.

PRIMATES (13 familles, 233 espèces)

- ▶ **LE SINGE**
- ▶ **LA GUENON**
- **callithricidés**
  - ▶ **LE OUISTITI**
  - ▶ **LE TAMARIN**
  - ▶ **LE SAGOUIN**
- **cébidés**
  - ***pithéciinés***
    - ▶ **LE SAKI**
  - ***cébinés***
    - ▶ **LE SAÏMIRI OU SINGE-ÉCUREUIL**
    - ▶ **LE SAPAJOU OU SAJOU**
    - ▶ **LE CAPUCIN OU SAÏ**
  - ***atélinés***
    - ▶ **LE LAGOTRICHE OU SINGE LAINEUX**
    - ▶ **L'ATÈLE OU SINGE-ARAIGNÉE**
  - ***alouattinés***
    - ▶ **L'ALOUATE OU SINGE HURLEUR**

(ordre) (famille) (sous-famille) (▶ espèces...)

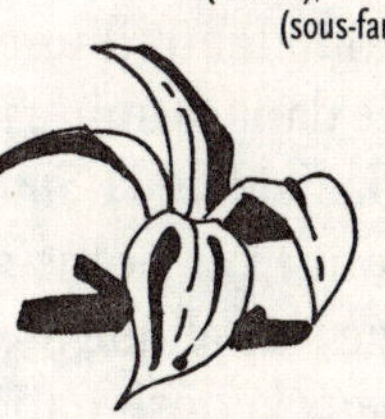

LE SINGE

☞ *le quadrumane par excellence*

it. *scimmia*
esp. *mono, simio*
angl. *monkey, ape*
all. *Affe*

C'est par le terme générique *singe* que l'on désigne aujourd'hui aussi bien le petit ouistiti de 20 cm que le gorille qui peut atteindre 1,80 mètre. Tous ont quelque chose dans leur aspect qui rappelle l'être humain.

LES NOMS DU SINGE

ORIGINE LATINE		ORIGINE GERMANIQUE		ORIGINES DIVERSES	
lat.	*simius*	all.	*Affe*	gr.	*pithêkos*
fr.	*singe*	néerl.	*aap*	néogr.	*pithêkos*
it.	*scimmia*	dan.	*abe*		
basq.	*tximino*	tch.	*opice*	esp.	*mono*
(espér.)	*simio*	angl.	*ape*	bret.	*marmous*
(interl.)	*simia*			ptg.	*macaco*
angl.	*monkey*			hong.	*majom*

Le singe en grec

Aristote[464] commence son chapitre sur les singes par une présentation de ces animaux en trois catégories :

kêbos pour les singes à longue queue,

kunokephalos (de *kuôn*, kunos « chien » et *kephalê* « tête ») pour ceux dont la tête rappelle celle d'un chien (on parle encore aujourd'hui de singes *cynocéphales*) et

pithêkos, pour ceux qui n'ont ni une longue queue ni une tête de chien.

Tel est le tout début d'une classification des singes, qui sera perfectionnée dans la suite, jusqu'à couvrir les 180 espèces connues de nos jours (selon la liste de la *Smithsonian Institution*, 1993).

Il existe donc trois noms grecs pour désigner des singes, mais aucun d'entre eux ne s'applique à tous. En pratique, c'est le nom *pithêkos* qui traduit le mieux la désignation du singe en général. Le grec moderne a d'ailleurs conservé *pithêkos* « singe », d'où *pithêkina* « guenon, femelle du singe », mais il emploie aussi *maimou* « singe, guenon », un nom dont l'étymologie a fait couler beaucoup d'encre. (cf. D'AUTRES ORIGINES POUR LE NOM DU SINGE, p.414)

RÉCRÉATION

PITHÈQUE

Tous les noms de la rosace ci-dessous ont été forgés par les naturalistes au XIXe ou au XXe siècle, à l'exception de l'un d'entre eux, qui existait déjà en grec ancien. Il est attesté chez Strabon au Ier siècle av. J.-C.

Quel est le nom de ce singe ?

RÉPONSE : cercopithèque, du grec *pithêkos* «singe» + *kerkos* «queue».

Dans les langues modernes, le grec *pithêkos* est largement utilisé dans les termes savants, comme on peut le constater dans les noms où figure l'élément *pithèque* dans les dictionnaires usuels français :

australopithèque
cercopithèque
anthropopithèque
PITHÊKOS
galéopithèque
semnopithèque
pithécanthrope

Le nom *galéopithèque* a fait l'objet du chapitre précédent (cf. LE GALÉOPITHÈQUE, p.409), le *semnopithèque* est un singe à très longue queue (cf. p.422). Quant au *cercopithèque*, son nom évoque un légendaire éclat de rire à la vue des fesses noires (bronzées ?) d'Héraclès.

LES FESSES NOIRES D'HÉRACLÈS

Le nom *cercopithèque* fait penser à celui des *Cercopes :* dans la mythologie grecque, les Cercopes étaient deux frères vivant de brigandage et qui avaient tenté de voler les armes d'Héraclès (Hercule). Mais ce dernier les avait capturés et emmenés suspendus à un bâton qu'il portait sur l'épaule. Leurs visages ballottaient donc à la hauteur de ses fesses.

À cette vue, les deux voleurs partent d'un rire si communicatif qu'Héraclès lui-même éclate de rire à son tour et leur rend la liberté. Ils reprennent alors leur vie de brigands. Pour les punir, Zeus les transforme en singes et les condamne à vivre dans les îles de Procida et d'Ischia, dans la baie de Naples, autrefois appelées *Pithecousae* «Îles aux singes».[465]

D'autre part, dans cette rosace, on est en présence d'un cas, peut-être unique dans la langue française, de deux noms aux composantes inversées : *anthropopithèque* et *pithécanthrope*, tous deux formés sur *anthrôpos* «homme» et *pithêkos* «singe». Le premier terme n'est plus utilisé que pour désigner tout hominidé fossile, sans autre précision. Le nom *pithécanthrope* est apparu à l'occasion de découvertes de fossiles, notamment du célèbre pithécanthrope trouvé à Java en 1891, un hominien reconnu aujourd'hui comme *Homo erectus.*[466]

Le nom *australopithèque* est le plus récent. Le latin scientifique *australopithecus* «singe du Sud» a été forgé en 1925 par le paléontologue anglais Dart qui venait de découvrir en Afrique du Sud un fragment de crâne. Mais la vraie célébrité de l'australopithèque vient de la découverte en 1974 en Éthiopie du squelette presque complet de Lucy, une jeune australopithèque ayant vécu il y a 3 millions d'années.

LUCY ET LES BEATLES

Yves Coppens raconte que le nom de Lucy a été choisi par son équipe de chercheurs à partir de la chanson des Beatles *Lucy in the Sky with Diamonds*, créée en 1967, et que les archéologues fredonnaient souvent sur le chantier.[467]

Le singe en latin

Le latin a utilisé tardivement *pithecus*, emprunté au grec, mais le nom latin usuel du singe est *simia*, puis *simius*, peut-être lié à l'adjectif *simus* «qui a le nez aplati, camus», lui-même emprunté au grec *simos*, de même sens. Les singes ont en effet le visage plutôt aplati, à l'exception toutefois des singes cynocéphales, et surtout du nasique, qui a un grand nez.

Le nom français *singe* vient du latin *simius*, par une évolution phonétique un peu particulière, semblable à celle qui a abouti à *vendange*, du latin *vindemia*, à *songe*, du latin *somnium*, à *linge*, du latin *lineu(s)*, ou à *lange*, du latin *laneu(s)*.[468]

Les adjectifs *simien* «relatif au singe» et *simiesque* «qui tient du singe» sont des emprunts ultérieurs aux formes du latin classique.

C'est aussi du latin *simia* que vient l'italien *scimmia* «singe».

D'autres origines pour le nom du singe

En ancien français existait aussi la forme *monne* «guenon» et *gat-maimon* «singe», que l'on peut rapprocher de l'espagnol *mono*, du roumain *maimuţă*, du néogrec *maimou*, du breton *marmous* et du hongrois *majom*, qui signifient tous «singe». La plupart des dictionnaires étymologiques identifient là un emprunt au turc *maimûn*, lui-même emprunté à l'arabe *maymūn*.[469]

Or, des recherches récentes sur l'arabe remettent en cause cette étymologie[470] et apportent une vaste documentation mettant en rapport les noms du singe et ceux du chat au Moyen Âge et favorisant au contraire l'hypothèse d'un emprunt de l'arabe aux langues romanes et non l'inverse.

L'un des noms du singe en anglais est *monkey*, dont l'origine reste mystérieuse. Tout comme pour les formes précédentes, une étymologie à partir de *maymūn* a toutefois été proposée en s'appuyant sur une forme *moneke*, attestée au Moyen Âge et interprétée comme une évolution de *maymūn*, avec le diminutif *-ke*.[471] Viendrait à l'appui de cette thèse l'existence de *Moneke*, nom du fils de *Martin the Ape* dans *Reynard the Fox* (c'est-à-dire de *Martin le singe* dans la version anglaise du *Roman de Renart*).

Le singe dans les langues germaniques

En dehors de *monkey*, qui désigne le singe en général, et plutôt un petit singe, l'anglais utilise un autre terme, *ape*, pour les grands singes. Ainsi, en anglais, un ouistiti sera appelé *monkey*, alors qu'un gorille sera appelé *ape*.

Ces deux noms du singe se répartissent dans des expressions différentes: *to monkey about* «faire le singe» et *artful as a monkey* «malin comme un singe», mais *to ape* «singer, imiter». La forme *ape* se relie à une racine d'où viennent également l'allemand *Affe*, le néerlandais *aap*, le danois *abe* et le suédois *apa*.

Des noms particuliers en portugais

En portugais, c'est le nom *macaco*, d'origine africaine, qui désigne le singe en général, mais *mono* et *simio* existent aussi, et même *bugio* (cf. LE BABOUIN OU CYNOCÉPHALE OU PAPION, p.425) dans un usage plus restreint.

LA GUENON

☞ *autrefois mâle ou femelle*

it. *scimmia femmina*
esp. *mona*
angl. *female monkey*
all. *Äffin*

Le nom *guenon*, attesté en 1505 (et parfois masculin au XVIe siècle), a eu des significations variables au cours du temps, comme Buffon l'explique: *«l'on a employé ce mot* guenon, *généralement pour désigner les singes de petite taille, et en même temps on l'a employé particulièrement pour nommer la femelle du singe: mais plus anciennement nous appelions* singes ou magots *les singes sans queue, et* guenons ou mones *ceux qui avaient une longue queue»*. Buffon décide finalement d'appeler *guenons* les singes *«qui ont de longues queues, c'est-à-dire des queues aussi longues ou plus longues que le corps»*.[473]

La nomenclature des singes évoluant, le nom *guenon* s'est finalement spécialisé pour désigner la femelle du singe en général, éliminant l'ancien nom *singesse*.

Enfin, on a pu relier *guenon* au nom *guenille*, mais ce rapprochement reste une hypothèse assez problématique.

LE OUISTITI

☞ *il est tout petit et pousse des cris aigus*

it.	*uistiti*
esp.	*tití*
angl.	*marmoset*
all.	(pas de nom collectif)

Nous disons aujourd'hui *le ouistiti* mais Buffon intitulait son chapitre *L'ouistiti*. Il explique ainsi l'origine du nom: *«ouistiti, son articulé que cet animal fait entendre toutes les fois qu'il donne de la voix, et que nous lui avons donné pour nom»*.[474]

Les ouistitis appartiennent à la famille des *callithricidés* (du grec *kalos* «beau» et *thrix* «poil»). Le nom anglais est *marmoset*, de l'ancien français *marmouset*, formé sur *marmot* «petit singe».

En allemand, les différentes espèces de ouistitis ont chacune un nom propre, par exemple *Pinseläffchen* «petit singe qui a des touffes de poils».

LE TAMARIN

☞ *proche du ouistiti, en un peu plus gros*

it.	*tamarino*
esp.	*tamarín*
angl.	*tamarin*
all.	*Tamarin*

Le nom *tamarin* vient d'une langue amérindienne de l'Amazone.

L'une des douze espèces de tamarins est le *tamarin midas* (en latin scientifique *Saguinus midas)*, qui se caractérise par de grandes oreilles. Ce nom rappelle les aventures du roi Midas de la mythologique grecque, qui fut affublé d'un bonnet d'âne.

LE SAGOUIN

☞ *anciennement, petit singe à longue queue d'Amérique du Sud*

it. / esp. / angl. / all. } (pas de nom de singe équivalent)

Le nom *sagouin* vient du guarani *sagui* «singe», par le portugais *saguim*. Aujourd'hui, *sagouin* est un terme vieilli en zoologie, où on lui préfère les noms *ouistiti* ou *tamarin*. Il désignait chez Buffon (qui écrivait *sagoin* en 1770) un ensemble de petits singes d'Amérique du Sud, à longue queue non préhensile, principalement le saki, les ouistitis, les tamarins et les singes-lions.

Le nom *sagouin* n'a pas disparu en français mais il ne s'emploie plus aujourd'hui que dans le sens de personne négligée, au propre ou au figuré. Ce nom subsiste cependant sous le nom du genre *Saguinus* comportant 12 espèces, en général appelées *tamarins*.

LE SAKI

☞ *à l'épaisse fourrure*

it. *pitecia, saki*
esp. *sakí*
angl. *saki*
all. *Saki*

Le nom *saki* vient du tupi *sahy* «singe». Le principal genre de saki est le genre *Pithecia* (5 espèces), d'où l'italien *pitecia* pour désigner ce singe.

LE SAÏMIRI

☞ *ou singe-écureuil*

it. *saimiri, scimmia scoiattolo*
esp. *mono ardilla*
angl. *squirrel monkey*
all. *Totenkopfäffchen*

Le nom *saïmiri* vient du tupi *sahy* «singe» et *miri* «petit». On l'appelle aussi *singe-écureuil*. L'une des espèces de saïmiris a d'ailleurs pour nom latin scientifique *Saimiri sciureus*, où l'on reconnaît le nom latin de l'écureuil. En allemand, le saïmiri est appelé *Totenkopfäffchen* «petit singe à tête de mort».

LE SAPAJOU OU SAJOU

☞ *singe d'Amérique du Sud, à longue queue préhensile*

it. *cebo*
esp. *sajú*
angl. *sapajou*
all. *Rollschwanzaffe*

Le nom *sapajou* s'applique à tout un ensemble de singes. Pour Buffon, les sapajous, caractérisés par une longue queue préhensile, comprenaient en particulier des singes appelés aussi d'une série d'autres noms : *alouate, sajou, singe-capucin, saï*, ou encore *saïmiri*. Aujourd'hui, le nom *sapajou* (ou *sajou*, beaucoup moins usité) s'applique toujours à un ensemble de singes appelés aussi soit *capucins* ou *saïs*, soit *saïmiris*.

Les noms *sapajou* et *sajou* viennent du tupi.

De nos jours, *sapajou, sajou* et *capucin* sont employés presque comme des synonymes.

LE CAPUCIN OU SAÏ

☞ *couvert d'une sorte de capuchon*

it. *cebo cappuccino*
esp. *capuchino*
angl. *capuchin*
all. *Kapuziner*

Le saï, dont le nom vient du tupi, est aussi appelé *capucin* à cause d'une certaine ressemblance avec les moines de saint François, qui portent une sorte de capuchon.

LE LAGOTRICHE OU SINGE LAINEUX

☞ *à l'épaisse toison*

it. *lagotrice*
esp. *mono lanudo*
angl. *lagothrix, woolly monkey*
all. *Wollaffe*

Du grec *lagôs* « lièvre » + *thrix* « poil », ce singe du Nouveau Monde porte bien son nom car son corps est entièrement recouvert, tête comprise, d'une fourrure courte et épaisse, ce qui lui donne un aspect tout à fait étrange.

L'ATÈLE OU SINGE-ARAIGNÉE

☞ *il lui manque un doigt*

it.	*atele, scimmia ragno*
esp.	*ateles, mono araña*
angl.	*spider monkey*
all.	*Spinneaffe*

atèle
Ateles chamek

Il y a 6 espèces d'atèles, dont la plupart n'ont pas de pouce aux mains. C'est de là que vient leur nom *atèle*, du grec *atelês* «incomplet», de *a-* «sans» et *telêeis* «complet». Avec seulement quatre doigts, ces singes ont donc des membres antérieurs «incomplets», alors que les autres singes ont normalement cinq doigts. C'est exactement la situation inverse de celle du *protèle*, sorte de petite hyène (cf. LE PROTÈLE, p.79), qui a cinq doigts à ses membres antérieurs alors que les autres hyènes n'en ont que quatre.

La plupart des langues européennes retiennent le nom commun «singe-araignée», mais ce n'est pas le cas du néerlandais, où *bosduivel* signifie «diable des bois» et *slingeraap* «singe qui se balance».

L'ALOUATE OU SINGE HURLEUR

☞ *qui fait grand bruit*

it.	*aluatta, scimmia urlatrice*
esp.	*araguato*
angl.	*howler (monkey)*
all.	*Brüllaffe*

Le nom *alouate* (tout comme le nom italien *aluatta)* vient d'une langue de Guyane, tandis que son nom espagnol, *araguato*, vient d'une langue de Colombie ou du Venezuela.

L'expression «singe hurleur» se retrouve dans d'autres langues que le français : it. *scimmia urlatrice*, ptg. *macaco gritador*, angl. *howler (monkey)*, all. *Brüllaffe*, néerl. *brulaap*, dan. *brøleabe*, car les cris de ce singe peuvent s'entendre dans le silence de la nuit parfois jusqu'à cinq kilomètres de distance. Ces cris sont différents selon les espèces : ceux des petits singes de l'espèce *Aluatta palliata* (au Panamá) peuvent être comparés aux acclamations de la foule sur un terrain de football tandis que ceux des grands singes de l'espèce *Aluatta seniculus* ressemblent au bruit des vagues sur la plage ou au hurlement du vent dans le lointain.[476]

Autour du bonobo

Parmi les singes de l'Ancien Monde figurent le cercopithèque, à longue queue, le semnopithèque, majestueux, les macaques, dont le magot et le rhésus, les cynocéphales que sont les babouins, le drill et le mandrill, ainsi que le nasique au grand nez et le gibbon, totalement dépourvu de queue. Font aussi partie de ce groupe, mais dans une famille différente, les plus proches parents biologiques de l'homme : l'orang-outan(g), le gorille, le chimpanzé et le bonobo, qui est le dernier à avoir été reconnu en tant qu'espèce à part entière. Cependant, ces 4 espèces ne forment pas la totalité de leur famille zoologique : il faut leur adjoindre l'homme pour obtenir les 5 représentants de la famille des hominidés. L'homme, en latin scientifique Homo sapiens, ***a tout de même le privilège d'être le seul dans son genre.***

PRIMATES (13 familles, 233 espèces)

- **cercopithécidés**
  - ▶ **LE CERCOPITHÈQUE**
  - ▶ **LE SEMNOPITHÈQUE**
  - ▶ **LE MACAQUE**
  - ▶ **LE MAGOT**
  - ▶ **LE RHÉSUS**
  - ▶ **LE BABOUIN OU CYNOCÉPHALE OU PAPION**
  - ▶ **L'HAMADRYAS**
  - ▶ **LE MANDRILL**
  - ▶ **LE DRILL**
  - ▶ **LE NASIQUE**
- **hylobatidés**
  - ▶ **LE GIBBON**
- **hominidés**
  - ▶ **L'ORANG-OUTAN(G)**
  - ▶ **LE GORILLE**
  - ▶ **LE CHIMPANZÉ**
  - ▶ **LE BONOBO**
  - ▶ **L'HOMME**

(ordre) (famille) (▶ espèces...)

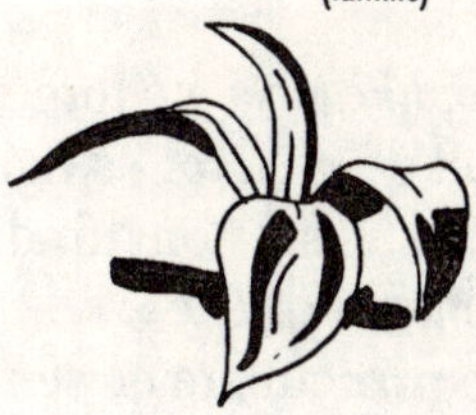

LE CERCOPITHÈQUE

☞ *le singe à longue queue*

it. *cercopiteco*
esp. *cercopiteco*
angl. *guenon*
all. *Meerkatze*

Le nom *cercopithèque* s'applique à tout un ensemble de singes. Il existait déjà en grec: *kerkopithêkos,* de *kerkos* «queue» et *pithêkos* «singe». On trouve ici *kerkos,* un nom grec qui s'applique plutôt à une queue mince comme celle du cochon ou des singes à longue queue, tandis que le nom *oura,* plus fréquent, s'applique à une queue touffue qui s'élargit comme celle d'un écureuil (cf. son nom en grec, *skiouros).*

Les noms du cercopithèque en allemand, *Meerkatze,* et en néerlandais, *meerkat,* en font une espèce de chat d'au-delà des mers, la plupart des cercopithèques vivant dans les lointaines forêts africaines.

Plus surprenante est la dénomination de ce singe en anglais: *guenon.* Cela s'explique pourtant si l'on se rappelle que pour Buffon aussi, au XVIIIe siècle, une guenon était un petit singe à longue queue[477] et non pas la femelle du singe. (cf. LA GUENON, p.415)

LE SEMNOPITHÈQUE

☞ *le singe majestueux*

it. *semnopiteco*
esp. *semnopiteco, langur*
angl. *langur*
all. *Langur*

Le nom *semnopithèque* a été forgé à partir du grec *semnos* «vénérable, majestueux» et de *pithêkos* «singe». Il y a une dizaine d'espèces de semnopithèques. Leur nom hindi, repris par d'autres langues, vient du sanskrit *langulin* «à queue».

Une espèce particulière de semnopithèques est représentée par l'*entelle (Semnopithecus entellus),* du nom d'un personnage de *L'Énéide* de Virgile, *Entellus.* C'est un animal sacré en Inde et au Sri Lanka. On rencontre souvent ces singes dans les ruines et les temples, où ils jouent en quelque sorte le rôle de gardiens.[478]

LE MACAQUE

☞ *pas vraiment beau, mais malicieux*

it.	*macaco*
esp.	*macaco*
angl.	*macaque*
all.	*Makak*

Le nom *macaque* est emprunté au portugais *macaco*, dont on a vu qu'il pouvait désigner dans cette langue le singe en général. Le nom portugais lui-même a été emprunté aux langues bantoues. On le retrouve dans la plupart des langues d'Europe.

Il y a 16 espèces du genre *Macaca*, dont certaines sont célèbres : le *magot du rocher de Gibraltar* (cf. LE MAGOT, p.423), le *rhésus*, bien connu des biologistes (cf. LE RHÉSUS, p.424), ou encore le *macaque japonais*.

Le macaque japonais (angl. *Japanese macaque)* est le seul singe qui vit en liberté au Japon. Il existe un bas-relief en bois du temple japonais de Nikko, au nord de Tokyo, représentant trois singes aux postures inoubliables : l'un se bouche les oreilles, le second cache sa bouche, et le troisième se couvre les yeux de ses mains : une image de la sagesse d'Extrême-Orient.

Dessin d'après un bas-relief en bois du Temple de Nikko

LE MAGOT

☞ *sur son rocher de Gibraltar*

it.	*bertuccia, mammone*
esp.	*mona de Gibraltar*
angl.	*barbary ape, magot*
all.	*Magot, Berberaffe*

Selon une vieille tradition, la présence anglaise à Gibraltar durera tant qu'il y aura des singes sur son rocher. Ces singes, protégés sur un budget du ministère de la Guerre britannique, sont des *macaques* de l'espèce *Macaca sylvanus*, appelés aussi *magots*. Le nom *magot* est tiré du nom biblique *Magog*, ou *Magos*. Dans la Bible, Ézéchiel parle de Gog, le roi du pays de Magog, en Asie Mineure, qui devait venir avec une armée détruire Jérusalem et la Terre sainte. Puis, dans *l'Apocalypse*, Gog et Magog sont des peuples conduits par Satan pour détruire Jérusalem.

Le nom de ce singe est aussi *magot* dans plusieurs langues d'Europe, mais l'italien a un nom inattendu : *bertuccia*, formé sur le prénom *Berta*

(Berthe), peut-être par dérision car ce prénom se relie à la racine germanique *berht-* «brillant».

En français, le nom *magot* a désigné aussi, un peu comme *macaque*, un vilain bonhomme. Il désigne encore une statuette représentant un personnage gros et trapu, originaire de Chine ou du Japon. On peut en voir à Paris deux spécimens dans le café *Les deux magots*, en face de l'église de Saint-Germain-des-Prés.

Mais tout cela n'a aucun rapport avec *magot*, somme d'argent mise à l'abri, dont l'origine est l'ancien français *mugot* «lieu où l'on conserve les fruits» et «réserve d'argent».

LE RHÉSUS

☞ *connu pour son facteur*

it. *reso, rhesus*
esp. *rhesus macaque*
angl. *rhesus monkey*
all. *Rhesusaffe*

Le nom *rhésus* a été donné en 1799 par J.-B. Audebert au singe macaque, de l'espèce *Macaca mulatta*, à partir d'un nom de la mythologie, celui d'un prince légendaire de Thrace, *Rhêsos* en grec, *Rhesus* en latin, qui fut tué à Troie par Ulysse et Diomède. Le choix de ce nom n'est pas expliqué, mais il ne surprend pas vraiment car les zoologistes ont plusieurs fois fait appel à la mythologie pour nommer des singes : on a déjà vu *entelle* pour le semnopithèque et *magot* pour une variété de macaques, et on verra plus loin *hamadryas* pour une variété de babouins. Il y en a beaucoup d'autres, comme le *cercopithèque diane* ou le *babouin anubis* ou encore le *chimpanzé Pan*.

Le singe rhésus a été largement utilisé comme animal de laboratoire en biologie. De là le terme de *facteur rhésus*, mis en évidence en 1940, à partir d'expériences sur le sang de ce singe.

LE BABOUIN OU CYNOCÉPHALE OU PAPION

☞ *à tête de chien*

it.	*babbuino, cinocefalo, paviano*
esp.	*papión, cinocéfalo*
angl.	*baboon, dog-faced baboon*
all.	*Pavian, Hundskopfaffe*

Le nom *babouin* est d'origine onomatopéique et se rattache au radical *bab-* exprimant le mouvement des lèvres (comme dans *babine* ou *babiller)*. Ce nom a désigné un homme niais, avant de s'appliquer dès la fin du XIIIe siècle à un singe caractérisé par des lèvres proéminentes. Aujourd'hui, on appelle *babouins* les plus grands singes d'Afrique qui ressemblent le plus à des chiens: par la tête qui rappelle celle d'un chien (d'où leur autre nom, *cynocéphales)*, par leurs canines redoutables, et même par leur apparence.

Buffon explique, à propos du babouin cynocéphale, ou babouin proprement dit, comment il a créé le nom *papion*: *«mot dérivé de* papio, *nom de cet animal en latin moderne* (sic) *et que nous avons adopté pour le distinguer des autres babouins».*[479]

Le nom *papion* n'est plus très employé mais il est encore présent dans les dictionnaires usuels pour désigner les singes du type babouin ou lui ressemblant, comme le mandrill et le drill (cf. LE DRILL, p.428).

LE SINGE ET LA BOUGIE

Ce titre n'est pas celui d'une fable mais annonce un rapprochement étymologique inattendu. Tout part de la ville d'Algérie appelée aujourd'hui *Bejaïa*, et dont le nom était *Bugia* en portugais et *Bougie* en français. C'est de là que vient le nom *bougie* en français, et autrefois *bugia* en portugais, car cette ville était réputée au Moyen Âge pour sa production de cire destinée à l'éclairage.

En portugais, l'histoire ne s'arrête pas là : certains grands singes étaient jadis très nombreux dans la région de la ville de Bougie. Buffon lui-même évoque ce fait. Et c'est de là que vient le portugais *bugio* «gros singe de type babouin», qui peut éventuellement désigner le singe en général. Le singe et la bougie se trouvent ainsi curieusement réunis par les hasards de l'étymologie.

L'HAMADRYAS

le babouin sacré d'Égypte ancienne

it. *amadriade*
esp. *hamadríade*
angl. *hamadryad*
all. *Mantelpavian*

hamadryas
Papio hamadryas

L'hamadryas est un babouin plutôt plus petit que les autres, qui se caractérise par une fourrure très abondante et une face à peau rose. Le nom *hamadryas* a été adopté par les zoologistes à partir du grec *hamadruas*, de *hama* «ensemble» et *druas* «arbre», originellement «chêne». Ce nom désigne dans la mythologie grecque une nymphe des bois, l'hamadryade, qui naissait avec chaque arbre et mourait avec lui.

Les peintures de l'Égypte ancienne montrent ce singe tenu en laisse comme un chien ou jouant avec des enfants. Le singe hamadryas était sacré en Égypte. Comment ne pas penser qu'un singe à tête de chien a pu inspirer l'invention du dieu Anubis, le dieu cynocéphale ? C'est sans doute la raison pour laquelle les zoologistes ont donné à l'une des sous-espèces de babouin le nom de *babouin anubis.*

LE MANDRILL

☞ *à l'arrière-train et à la tête bariolés de rouge et de bleu*

it. *mandrillo*
esp. *mandril*
angl. *mandrill*
all. *Mandrill*

mandrill
Mandrillus sphinx

Voici ce que Buffon dit du nom de ce singe : *«Mandrill, nom que les Anglois qui fréquentent la côte de Guinée ont donné à cet animal, & que nous avons adopté».*[480] Il ajoute que ce nom vient probablement de *man* «homme» + *drill.*

Les zoologistes ont latinisé le nom pour définir le genre *Mandrillus*, qui ne comporte que deux espèces :

le *mandrill*, dont le nom scientifique est *Mandrillus sphinx*, où l'on trouve encore une référence à la mythologie pour nommer un singe ;

le *drill*, *Mandrillus leucophaeus* (du grec *leukophaios* «gris clair, tirant sur le blanc», car ce singe a une sorte de barbe presque blanche).

LE DRILL

☞ *dont seul l'arrière-train est bariolé de rouge et de bleu*

it. *drillo*
esp. *dril*
angl. *drill*
all. *Drill*

Le nom *drill* vient d'une langue africaine, par l'anglais *drill.*

Les zoologistes ont adopté le nom *drill* pour désigner un singe proche du mandrill, mais dont seul l'arrière-train est bariolé, tandis que la tête porte une sorte de barbe blanche spectaculaire.

LE NASIQUE

☞ *Cyrano chez les singes*

it. *nasica* (m.)
esp. *mono narigudo*
angl. *proboscis monkey*
all. *Nasenaffe*

On a vu que le nom *singe* lui-même signifie peut-être «au nez aplati, camus». Il est vrai qu'en dehors des cynocéphales à museau de chien, la plupart des singes ont une face d'apparence humaine, mais avec un nez aplati. Or la nature comporte tout de même des singes munis d'un nez proéminent. On pense inévitablement à la tirade du nez dans *Cyrano de Bergerac* d'Edmond Rostand.[481]

Le latin *nasica* «celui qui a le nez mince et pointu», de *nasus* «nez» était aussi un surnom, qui était par exemple celui de *Publius Cornelius Scipio Nasica,* cousin du plus célèbre *Publius Cornelius Scipio Africanus,* dit *Scipion l'Africain.*

LE GIBBON

☞ *petit, mais avec des bras démesurés*

it. *gibbone*
esp. *gibón*
angl. *gibbon*
all. *Gibbon*

Le gibbon, introduit en France au XVIIIe siècle par Dupleix, est le plus petit des singes anthropomorphes.[482] Il n'a pas de queue et il est caractérisé par la longueur prodigieuse de ses bras *«qui sont aussi longs que le corps et les jambes pris ensemble, en sorte que l'animal étant debout sur ses pieds de derrière, ses mains touchent encore à terre, et qu'il peut marcher à quatre pieds sans que son corps se penche.»*[483]

L'origine du nom *gibbon* reste mystérieuse, malgré l'hypothèse, aujourd'hui controversée, de Buffon, qui le faisait dériver du grec *kêbos* «singe à longue queue» et celle de Pierre Guiraud, plus vraisemblable, qui le rapproche du latin *gibbus* «bosse, gibbosité» en raison de l'allure de l'animal «qui s'appuie sur ses bras en courbant le dos».[484]

L'ORANG-OUTAN(G)

☞ *l'homme des bois*

it. *orango, orangutan*
esp. *orangután*
angl. *orang-outang*
all. *Otang-Utan*

Le nom *orang-outan* vient du malais *orang* «homme» et *hūtan* «bois, forêt» et désigne un grand singe aux longs bras, qui vit dans les arbres et qui «ressemble à l'homme par le corps plus qu'il ne ressemble aux autres singes ou à aucun autre animal».[485]

Le nom en latin scientifique de l'*orang-outan* est *Pongo pygmaeus*, où *pongo* est un ancien nom de ce singe. Cet ancien nom, présent chez Buffon, est aujourd'hui obsolète, bien qu'on le reconnaisse encore dans les dictionnaires courants sous le nom de la famille des pongidés, pour désigner l'ensemble des singes anthropoïdes (chimpanzés, gorilles, orangs-outans et parfois gibbons).

LE GORILLE

☞ *le plus grand primate vivant*

it. *gorilla* (m.)
esp. *gorila* (m.)
angl. *gorilla*
all. *Gorilla*

La première attestation du nom du gorille remonte au Ve siècle av. J.-C., dans une traduction grecque du voyage en Afrique occidentale du général carthaginois Hannon. On y apprend l'existence d'une tribu d'êtres velus dont les femelles étaient appelées *gorillai*, adaptation en grec d'un nom africain.[486] Ce nom pourrait être rapproché de la racine *gor* («homme» dans plusieurs langues du Sénégal). C'est seulement en 1847 que le missionnaire américain Thomas Savage adopta ce nom pour désigner le plus grand des singes actuels: *Gorilla gorilla*.

KING KONG, UN GORILLE MYTHIQUE

King Kong est un gorille géant dont la célébrité remonte à 1933, date à laquelle est sorti le film de Merian Cooper et Ernest Schoedsack et qui est devenu depuis un film culte.

On y voit un singe gigantesque tomber amoureux d'une frêle jeune fille qu'il transporte au sommet de l'Empire State Building, où il finit par être abattu par une escadrille aérienne.

LE CHIMPANZÉ

☞ *un singe proche de l'homme*

it. *scimpanzé*
esp. *chimpancé*
angl. *chimpanzee*
all. *Schimpanse*

Le nom du chimpanzé vient d'une langue d'Afrique occidentale. Ce primate peut non seulement utiliser des outils mais il est également capable d'en fabriquer,[487] ce qui en fait l'un des singes les plus proches de l'homme. Le chimpanzé commun vit dans la savane africaine et son nom, en latin scientifique, est *Pan troglodytes*. On y retrouve le nom du dieu *Pan*, symbole de la lubricité dont font preuve les singes et en particulier les chimpanzés. Par ailleurs, on peut se poser des questions sur *troglodytes*, qui est le nom d'une ancienne peuplade éthiopienne. Il n'est pas sûr que ce nom de peuplade soit le même que le nom *troglodyte* utilisé aujourd'hui pour désigner des populations vivant dans des habitations creusées dans le rocher.[488]

LE BONOBO

☞ *un chimpanzé encore plus proche de l'homme*

it. *bonobo*
esp. *bonobo*
angl. *bonobo*
all. *Bonobo*

Le bonobo est l'un des derniers mammifères à avoir pris place dans les dictionnaires usuels, mais il est déjà célèbre.

Son nom en latin scientifique est *Pan paniscus*, qui reprend le nom du dieu grec des troupeaux et des forêts, connu pour sa lascivité et son assiduité à poursuivre les nymphes. Vient ensuite un diminutif en *-iscus*,

bonobo
Pan paniscus

sans doute pour marquer qu'il est généralement plus petit que le chimpanzé commun.

On savait depuis longtemps que vivaient au sud du fleuve Zaïre des chimpanzés plutôt plus petits que la plupart des autres chimpanzés et ayant un comportement social particulièrement élaboré. Ce n'est qu'en 1929 qu'il a été clairement établi que ces singes constituaient une espèce différente du chimpanzé commun. Cette espèce a été appelée *chimpanzé pygmée*, appellation aujourd'hui remplacée par *bonobo*. Ce nom semble issu d'une langue du Congo. Cependant, certains affirment que *bonobo* est sans doute le résultat d'une transcription erronée de *Bolobo*, une ville de la République démocratique du Congo.[489]

L'une des caractéristiques les plus remarquées chez les bonobos a été celle de leurs mœurs sexuelles, tout à fait particulières.

L'AMOUR CHEZ LES BONOBOS

Chez les bonobos, *la sexualité joue un rôle très important pour assurer la cohésion sociale du groupe. Les tensions et les conflits sont presque toujours réglés par des accouplements réels ou simulés, alors que chez les chimpanzés communs, d'un naturel plus agressif, les affrontements sont beaucoup plus fréquents.*[490]

Parmi les traits qui permettent de distinguer le bonobo du chimpanzé commun, il en est un qui retiendra plus particulièrement notre attention: leurs vocalisations ne sont pas les mêmes. Chez les bonobos, elles sont plutôt aiguës, [æ] et [a], tandis que chez les chimpanzés, elles sont plus graves et ressemblent davantage à des [o].[491]

Nous ne pouvons pas donner un sens à ces différentes vocalisations, mais il est assez piquant de constater que c'est aussi par la voix — et peut-être surtout par elle — que l'on peut faire la différence entre les deux derniers animaux de cet ouvrage.[492]

ÉPILOGUE

Un dernier regard sur ces mammifères

En examinant à nouveau cette collection de noms de mammifères, mais cette fois plus particulièrement sur le plan chronologique, on peut constater que certains d'entre eux existaient déjà en grec ou en latin et que l'on peut même remonter parfois jusqu'aux racines indo-européennes. Ainsi en est-il des noms du loup, du chien, du bœuf. Il est vrai que plusieurs mammifères, même l'éléphant ou la panthère pourtant venus de loin, étaient déjà bien connus en Europe et précisément nommés en grec ou en latin.

D'autres animaux ont été découverts plus tard :

dans les Amériques, après 1492, comme le jaguar ou le guanaco ;
dans des régions jusque-là inexplorées de l'Afrique, comme le gorille ou l'okapi ;
en Asie, comme le petit panda et le grand panda ;
aux antipodes, dans la lointaine Australie, comme le kangourou ou le koala.

Les noms qu'ils portent ont très souvent été repris et diffusés par les grands naturalistes du XVIIIe et du XIXe siècle : Buffon (1707-1788), Linné (1707-1778), Geoffroy Saint-Hilaire (1772-1844) ou Cuvier (1769-1832).

Dans certains cas, le nom d'origine a été adopté presque tel quel, en l'adaptant simplement aux habitudes linguistiques des usagers des langues européennes. Ainsi, *maki* est le nom malgache d'un animal proche du singe et *coati* le nom tupi d'un mammifère d'Amérique du Sud, proche du raton laveur. Ce nom se retrouve pratiquement sous sa forme d'origine, *coati*, dans bon nombre de langues européennes.

Parfois, c'est un caractère physique ou tout autre trait marquant de l'animal qui a été retenu dans sa dénomination. Tel est très souvent le cas en allemand, où le coati, dont le nez en forme de courte trompe est tout à fait curieux, se dit *Nasenbär* (« nez » + « ours »), où le pangolin, dont le corps est recouvert d'écailles, se dit *Schuppentier* « animal à écailles » et où le tatou, caractérisé par les bandes articulées qu'il porte sur le dos, est *Gürteltier* « animal à bandes ».

D'autres fois, il semble que l'on ait eu recours à une onomatopée. C'est ce que signale Buffon lui-même pour *ouistiti*, et c'est aussi peut-être le cas pour *marmotte*, *babouin* ou encore *aye-aye*.

Plus rarement, c'est à la mythologie grecque que l'on a eu recours : le singe *rhésus* par exemple doit son nom à celui de Rhésos, roi légendaire de Thrace.

Deux noms pour un même mammifère

Un même mammifère venu d'ailleurs a pu être introduit en Europe en empruntant deux chemins différents : en passant soit par deux langues exotiques, soit par une langue originaire d'un pays lointain et une langue européenne.

RÉCRÉATION

DEUX SYNONYMES POUR UN MÊME MAMMIFÈRE

Dans la langue française

1. *puma* et *couguar*
2. *sarigue* et *opossum*
3. *renne* et *caribou*
4. *élan* et *orignal*

sont des exemples de synonymes s'appliquant au même animal. Ils sont venus respectivement des langues suivantes :

A. le tupi et l'algonquin
B. une langue balte et le basque
C. le quechua et le tupi
D. une langue scandinave et le micmac (algonquin).

Quelles sont, pour chaque couple, les deux langues d'origine ?

RÉPONSE : 1C – 2A – 3D – 4B

Des noms venus d'un peu partout

On peut aussi jeter un nouveau coup d'œil sur l'ensemble des noms de mammifères, mais en se concentrant sur les langues qui ont été citées pour avoir été à l'origine de ces noms. La récréation ci-dessous offre une occasion de retrouver, classés selon leur langue d'origine, ceux qui sont nés hors d'Europe.

RÉCRÉATION

DES NOMS VENUS DE LOIN

Les noms suivants, cités sous leur forme française, ont pris naissance dans différentes langues : **l'arabe, une langue d'Afrique, une langue d'Australie, le hindi, le javanais, le malais, le malgache, le marathe, le népalais, le persan, le tibétain, le turc.**

Quelles sont les correspondances entre les noms des animaux et les langues d'où ils sont issus ?

1	2	3	4	5	6
chimpanzé	*algazelle*	*dingo*	*babiroussa*	*aye-aye*	*gaur*
drill	*civette*	*kangourou*	*dugong*	*indri*	*gayal*
gnou	*daman*	*koala*	*orang-outan*	*maki*	*nilgaut*
impala	*fennec*		*pangolin*	*tenrec*	
macaque	*gazelle*	*wallaby*	*tupaïa*		
okapi	*genette*	*wombat*			
suricate	*gerboise*				
	girafe				
	méhari				

7	8	9	10	11	12
chacal	*caracal*	*muntjac*	*yack*	*mangouste*	*panda*

RÉPONSE : 1 une langue d'Afrique - 2 l'arabe – 3 une langue d'Australie – 4 le malais – 5 le malgache – 6 le hindi – 7 le persan – 8 le turc – 9 le javanais – 10 le tibétain – 11 le marathe – 12 le népalais.

Des noms venus des Amériques

Les noms des mammifères américains ont été transmis aux langues d'Europe par l'intermédiaire du portugais ou de l'espagnol pour l'Amérique du Sud et l'Amérique centrale, par l'anglais ou le français pour l'Amérique du Nord.

Des noms venus de quelques langues européennes

La récolte est moins abondante pour des emprunts à des langues de l'Europe. Voici néanmoins quelques exemples de noms d'origine européenne :

buffle, guépard, pipistrelle, noctule, serval ont été adaptés de l'italien

bélouga, saïga sont d'origine russe

mammouth vient d'une langue de Sibérie, par l'intermédiaire du russe, qui a aussi servi à transmettre *zibeline*, qui vient d'une langue asiatique et *morse*, du lapon

CARTE DES NOMS VENUS DE LANGUES AMÉRINDIENNES

Parfois originaires de deux langues différentes, il existe quelques synonymes, comme

puma et cougouar, sajou et sapajou, sarigue et opossum.

polatouche est originaire d'une autre langue slave

bouquetin, laie, martre sont d'origine francique et *aurochs* et *hamster* ont été ultérieurement empruntés à l'allemand

desman, lemming, marsouin, narval, rorqual viennent de diverses langues scandinaves

vampire est un emprunt au serbe

cachalot vient du portugais

mouflon vient du corse ou du sarde

orignal est d'origine basque.

La langue grecque, deux fois exploitée

Parmi les langues de l'Europe, seul le grec est représenté dans un grand nombre de noms de mammifères. Cela s'est fait de deux manières différentes : emprunt d'une forme grecque attestée ou formation d'une nouvelle forme à partir d'une base grecque.

Emprunts de formes existantes

Plusieurs noms de mammifères existaient déjà en grec ancien pour désigner les mêmes animaux qu'aujourd'hui, et ils sont souvent passés dans les langues modernes par l'intermédiaire du latin, comme par exemple ceux qui sont à l'origine de :

baleine, bubale, castor, cercopithèque, cynocéphale, dauphin, écureuil, éléphant, hippopotame, hyène, lion, lynx, onagre, oryx, panthère, phoque, rhinocéros, tigre.

Toutefois, l'identité de forme peut être trompeuse, comme pour *hémione* ou *spalax*, qui, en grec ancien, ne désignaient pas les mêmes espèces qu'aujourd'hui.

Nouvelles formations

Le second procédé a consisté à forger ultérieurement de nombreux noms d'animaux quand les savants ont voulu désigner chacune des espèces de façon systématique.

Tel est le cas de *semnopithèque* ou *galéopithèque*, sur le modèle de *cercopithèque*, où l'on reconnaît, sous *-pithèque*, un des noms grecs du singe : *pithêkos*.

Il en est de même pour *phacochère* et *potamochère*, où la terminaison *-chère* est l'adaptation du nom grec du porc, *khoirôs*.

En revanche, c'est le début du nom qui met sur la voie, pour des mammifères de taille imposante, dans *mégacéros*, *mégaptère* ou *mégathérium*. On pourrait ajouter *bradype*, formé sur l'adjectif grec signifiant « lent » et qui est l'autre nom d'un *paresseux*, *otarie* forgé sur le nom de l'oreille en grec, ou encore *ornithorynque*, qui désigne l'animal le plus original qui soit et dont le nom (« oiseau » + « bec ») évoque une particularité anatomique tout à fait insolite pour un mammifère.

Dans ces noms créés par les naturalistes, on retrouve bien souvent des éléments anatomiques :

la dent, en grec *odous, odontos*, dans *mastodonte*
la corne, en grec *keras*, dans *rhinocéros, mégacéros*
le nez, en grec *rhis, rhinos*, dans *rhinocéros, rhinolophe*

la queue, en grec *oura*, dans *dasyure, écureuil*
le poil, en grec *thrix, trikhos*, dans *lagotriche*
l'aile, l'aileron, du grec *pteron*, dans *mégaptère, balénoptère*
l'oreille, en grec *ous, ôtos*, dans *otarie, otocyon.*

Enfin, le grec est souvent à la base du latin scientifique des naturalistes dans les noms que ces derniers ont donnés aux différentes espèces après les avoir clairement identifiées.

Une nomenclature savante de forme latine

Comme on a pu abondamment le constater, d'une langue à une autre, le nom d'un même animal peut être très ressemblant, par exemple pour l'éléphant, le lion, le kangourou, mais il peut aussi diverger complètement (fr. *phoque*, angl. *seal*, all. *Robbe*...), si bien que le passage d'une langue à une autre est parfois délicat: si *guenon* désigne seulement la femelle d'un singe en français, ce même terme s'applique en anglais à tout un ensemble de singes à longue queue, ceux que l'on nomme aujourd'hui *cercopithèques* en français.

Cela permet de comprendre que les zoologistes aient décidé d'établir la liste des noms « officiels » de toutes les espèces répertoriées, chaque espèce portant un nom de référence selon le principe suivant:

RÉCRÉATION

UN JEU DE DOMINOS ANIMALIER

Comme dans un jeu de dominos qui serait fondé sur des rapprochements étymologiques, *otocyon, cynomys, myopotame* et *potamochère* sont des noms de mammifères qui s'enchaînent sans peine grâce à leurs éléments communs.

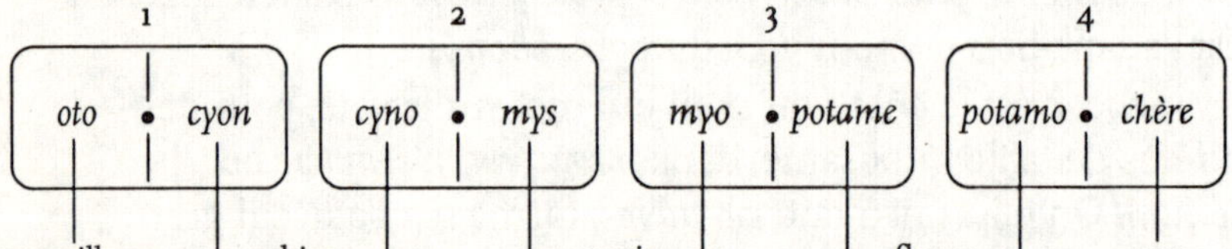

Ces noms, dont l'étymologie est rappelée entre guillemets, correspondent respectivement:

A	B	C	D
au ragondin	au chien oreillard	au chien de prairie	à un mammifère porcin d'Afrique

Il devrait être aisé d'établir les équivalences entre les deux listes.

RÉPONSE : 1B – 2C – 3A – 4D

le premier terme se rapporte au **genre** de l'animal, par exemple *Ursus*

le second détermine **l'espèce**, par exemple *arktos* pour l'ours brun, dont le nom latin scientifique est donc *Ursus arktos.*

Ces noms prennent toujours des formes latines ou latinisées.

Il y a ensuite la notion de sous-espèce, qui correspond à des variations de l'espèce, en général dans des zones géographiques distinctes. La sous-espèce est alors spécifiée par l'adjonction d'un troisième élément. Ainsi, à la même espèce de l'ours brun se rattachent:

l'ours brun européen, dont le nom scientifique complet est *Ursus arktos arktos*

le grizzly, américain, *Ursus arktos horribilis.*

Parmi les félidés, *Felis silvestris* est le nom du chat sauvage, dont on connaît au moins trois sous-espèces:

le *chat sauvage* d'Europe, nommé *Felis silvestris silvestris*

le *chat sauvage* d'Asie, ou *chat orné*: *Felis silvestris ornata*

le *chat sauvage* d'Afrique, ou *chat ganté*: *Felis silvestris lybica*[493]

Cette nomenclature savante de référence est une réponse au problème posé par la diversité des dénominations d'un même animal dans les différentes langues du monde, mais il faut bien constater que les zoologistes sont parfois partagés à propos des sous-espèces. Ainsi, certains considèrent que le chien et le loup appartiennent à la même espèce *Canis lupus,* le chien étant la sous-espèce *Canis lupus familiaris.* D'autres continuent à donner au chien le nom proposé par Linné, *Canis familiaris,* le loup étant *Canis lupus.*

Des noms transparents et des noms opaques

Tout au long de ces pages, on aura certainement remarqué la présence de noms tout à fait descriptifs de l'animal: le *paresseux* a en effet des mouvements lents, *l'oreillard* a de grandes oreilles, le *phalanger* a des phalanges bizarres. Mais on aurait tort de toujours se fier aveuglément à la forme des noms.

RÉCRÉATION

DES NOMS DESCRIPTIFS, PARFOIS TROMPEURS

La plupart des noms ci-dessous désignent des mammifères, mais il y a un intrus. Lequel?

1. *capucin* • 2. *fourmilier* • 3. *nasique* • 4. *oreillard* • 5. *fourmilion* • 6. *paresseux* • 7. *phalanger* • 8. *roussette* • 9. *tarsier*

RÉPONSE : le **fourmilion**, qui n'est pas, comme on pourrait le croire, un lion mais un insecte dont la larve se nourrit de fourmis.

En contrepoint aux noms dont la motivation saute aux yeux, il en est d'autres dont l'étymologie est un peu plus dissimulée et parfois vraiment surprenante. Une dernière récréation permettra d'en redécouvrir quelques-unes.

RÉCRÉATION

LE SENS CACHÉ DES NOMS DES MAMMIFÈRES

Les étymologies présentées ci-dessous sont-elles exactes ou erronées?

1. *fouine*: « qui fréquente les forêts de hêtres »?
2. *rhinocéros*: « à tête de chien »?
3. *bouquetin*: « qui a une corne sur le nez »?
4. *écureuil*: « à l'ombre de sa queue »?
5. *hermine*: « qui gambade dans les rochers »?
6. *sanglier*: « solitaire »?
7. *vespertilion*: « nocturne »?
8. *dromadaire*: « adapté à la course »?
9. *cerf*: « cornu »?
10. *cynocéphale* « d'Arménie »?

RÉPONSE : 1. vrai • 2. faux: *rhinocéros* = « qui a une corne sur le nez » • 3. faux: *bouquetin* = « qui gambade dans les rochers » • 4. vrai • 5. faux: *hermine* = « d'Arménie » • 6. vrai • 7. vrai • 8. vrai • 9. vrai • 10. faux: *cynocéphale* = « à tête de chien ».

D'un bestiaire à l'autre

En portant un ultime regard, un peu différent, sur cet ensemble de noms de mammifères aux multiples prolongements, on se rend compte que c'est aussi toute une collection de grands bestiaires de l'humanité que l'on a pu côtoyer au fil des pages, depuis les peintures rupestres de la lointaine préhistoire où sont représentés mammouths, aurochs, lionnes et rennes, jusqu'aux bandes dessinées et aux dessins animés des temps modernes qui racontent aux enfants les aventures d'une petite souris nommée *Mickey*, de *Bambi*, le gentil faon, et même d'un facétieux mammifère imaginaire à la queue interminable, le *Marsupilami*.

Chemin faisant, on a pu faire une brève incursion dans un autre bestiaire, celui des hiéroglyphes égyptiens, avec l'éléphant, le chat ou encore le lion couché figurant dans les cartouches de Ptolémée et de Cléopâtre.

On a eu également l'occasion de se remettre en mémoire la mythologie grecque et latine à propos du loup, du chien, du cheval ou de la chèvre, et de visiter les constellations de la voûte céleste avec la Grande Ourse et la Petite Ourse, la constellation du Grand Chien et celle du Lion, en y joignant le zodiaque, où trônent quelques mammifères comme le bélier ou le taureau.

D'autres bestiaires, littéraires cette fois, ont été cités à propos du renard, du chat, de la belette ou du petit lapin, abondamment mis en scène dans les fables d'Ésope, dans le *Roman de Renart* ou chez La Fontaine.

En outre, le bestiaire de l'héraldique a maintes fois été évoqué car des mammifères comme le lion, l'hermine ou le dauphin sont des figures familières dans de nombreux blasons historiques, et on en retrouve souvent dans notre vie quotidienne pour symboliser des productions de l'industrie, du commerce, de la banque, voire de l'édition, témoin le lion de *Peugeot*, le jaguar des voitures du même nom, le taureau de *Merrill Lynch*, l'écureuil de la *Caisse d'épargne*, ou encore le dauphin des éditions *Robert Laffont*.

Omniprésents dans la vie et dans l'imaginaire des adultes, les animaux jouent un rôle encore plus important chez les enfants, qui sont passionnément attachés à certains animaux de compagnie et tout aussi prêts à chérir les animaux en peluche, si doux à caresser. Mieux encore, il n'est pas rare qu'un très jeune enfant connaisse déjà le nom du *grand panda*, emblématique des espèces en voie de disparition.

Enfin, l'abécédaire des tout-petits ne va-t-il pas bien souvent de *A* à *Zèbre*? En forçant à peine la note et afin de rester dans un bestiaire à forte tendance étymologique, on pourrait suggérer que cet abécédaire va en fait du taureau au zèbre.

NOTES

et références bibliographiques utiles

1 *Le Petit Robert*, 2002 & *Le Petit Larousse*, 2002, *Hachette Encyclopédie*, 2002.

2. *Smithsonian Institution de Washington*, site Internet: http://nmnhwww.si.edu/msw/mammals-data list. Nous remercions Joy GOLD, du département de biologie systématique, division des mammifères, de nous avoir fourni quelques informations complémentaires.

3. BOUCHET, Philippe, « L'insaisissable inventaire des espèces », dans *La Recherche*, n°333, juil.-août 2000, p.40-45.

4. BURNIE, David (sous la dir.), *Animal, The Definitive Visual Guide to the World's Wildlife*, Londres, Dorling Kinderley, 2001, p.221.

5. MEILLET, Antoine, *Introduction à l'étude comparative des langues indo-européennes*, Paris, Klincksieck, 1922, University of Alabama Press, 516 p., p.35.

6. GIMBUTAS, Marija, *The Language of the Goddess, Unearthing the Hidden Symbols of Western Civilization*, San Francisco, Harper & Row, 1989, 388 p.
GIMBUTAS, Marija, « Old Europe in the Fifth Millennium B.C. The European Situation on the Arrival of Indo-Europeans », *The Indo-Europeans in the Fourth and Third Millennia*, sous la dir. de Edgar C. Polomé, Karoma Publishers, Ann Arbor, 1982, p.2. BN [8 X 30159 (14)].
GIMBUTAS, Marija, *Goddesses and Gods of Old Europe*, 6500-3500 B.C. Myths and Cult Images, London, Thames & Hudson (1re éd. 1974), 1982 BN [4e G 5250].
GIMBUTAS, Marija, « Proto-Indo-European Culture : the Kurgan Culture during the Fifth, Fourth and Third Millennia B.C. » dans CARDONA, George, HOENIGSWALD, Henry & SENN, Alfred (sous la dir.), *Indo-European and Indo-Europeans*, Philadelphia, Univ. of Pennsylvania Press, 1970, p.155-197. BN [8-X-27852 (9)].

7. MARTINET, André, *Des steppes aux océans. L'indo-européen et les « Indo-Européens »*, Paris, Payot, 1986, 274 p., p.,.
SERGENT, Bernard, *Les Indo-Européens. Histoire, langues, mythes*, Paris, Payot & Rivages, 1995, 536 p., notamment p.399-409.

8. DELAMARRE, X., *Le vocabulaire indo-européen*, Paris, Librairie d'Amérique et d'Orient, Maisonneuve, 11 rue St-Sulpice, 1984, réédité en 1991, 330 p.
GAMKRELIDZE, Tamaz V.& IVANHOF, V., V., *Indo-European and the Indo-Europeans*, Berlin-New York, 1995, traduction d'un ouvrage paru en russe en 1984.
LEHMANN, Winfred P., *Theoretical Bases of Indo-European Linguistics*, London-New York, Routledge, 1993, traduction italienne d'Albano LEONI, *La linguistica indoeuropea*, Bologne, Il Mulino, 1999, 466 p.
MARTINET, *Des steppes*... (cf. note 7).
MEILLET, Antoine, *Les dialectes indo-européens*, Paris, Champion, réédition 1950, 138 p.
MEILLET, *Introduction*... (cf. note 5).
MEILLET, Antoine, *La méthode comparative en linguistique historique*, Paris, Champion, [1re éd. 1924] 1954, 116 p.
RAMAT, Anna Giacalone & RAMAT, Paolo (sous la dir.), *Le lingue indoeuropee*, Bologne, Il Mulino, 1993, 546 p.
SERGENT, *Les Indo-Européen*. (cf. note 7).
VILLAR, Francisco, *Los indoeuropeos y los origenes de Europa. Lenguaje e historia*, Madrid, Gredos, 1991, traduction italienne de Donatella Siviero : *Gli indoeuropei e le origini dell'Europa*, Bologne, Il Mulino, 1997, 681 p.

9. MARTINET, *Des steppes*... (cf. note 7).

10. WATKINS, Calvert, « Il protoindoeuropeo », RAMAT, Paolo & RAMAT, Anna GIACALONE (sous la dir.), *Le lingue indoeuropee*, Bologne, Il Mulino, 1993, 546 p., p.45-88, notamment p.45.

11. MARTINET, *Des steppes*... (cf. note 7).

12. MEILLET, *La méthode*... (cf. note 8).

13. MARTINET, *Des steppes*... (cf. note 7).

14. MEILLET, *Introduction*... (cf. note 8).

15. Tous nos remerciements à Maria KAKRIDI-FERRARI, professeur de linguistique à l'université d'Athènes. N. B: Afin d'éviter les caractères typographiques de l'alphabet grec, toutes les formes grecques, anciennes et modernes, ont été translittérées, lettre pour lettre, en alphabet latin, à partir de l'orthographe grecque.

16. Tous nos remerciements à Simone CAPELLI, professeur, et à Maître Alberto FRISIA.

17. Tous nos remerciements à Koldo de VIAR Y BILBAO ainsi qu'à José CARLOS HERRERAS, Professeur d'espagnol à l'université de Valenciennes.

18. Tous nos remerciements à Gérard CASTELLO-LOPES.

19. Tous nos remerciements à Barbara et Zuzana BOHAC.

20. Tous nos remerciements à Katalin VENCZEL, de l'Institut hongrois de Paris.

21. Tous nos remerciements à Karmele ROTAETXE, professeur de linguistique à l'université de Bilbao.

22. JANTON, Pierre, *L'espéranto*, Paris, PUF, «Que sais-je?» n°1511 [1re éd. 1973], 1977, 126 p.
LE PUIL, Jacques & DANVY, Jean-Pierre, *Grand Dictionnaire français - espéranto*, Paris, France-Espéranto, 1992, 939 p.

23. ROUX, Jacques, *Dictionnaire français - interlingua*, Union interlinguiste de France, 15 rue des Genêts, « Les Monceaux» 91150 Morigny, 1993, 102 p.

24. RISTERUCCI, Jean-Pierre, *Le loup*, Association pour le Muséum d'histoire naturelle, Toulon, s. d. [1995], non paginé, chap. « Le retour du loup en France dans le Mercantour».

25. Charte publiée dans le *Guide du lieutenant de louveterie*, éd. par l'Ass. des lieutenants de louveterie de France, 10 rue de Lisbonne, 75008, Paris, 1988, p.36-37.

26. BUCK, Carl Darling, *A Dictionary of Selected Synonyms in the Principal Indo-European Languages*, Chicago, 1949, 1515 p., p.185.

27. WALTER, Henriette, « Les noms du loup en Europe», dans RISTERUCCI, Jean-Pierre (sous la dir), *Le loup*, (cf. note 24).

28. SERGENT, *Les Indo-Européens*. (cf. note 7), p.203.

29. MARTINET, *Des steppes*... (cf. note 7), p.247-248.

30. MARTINET, *Des steppes*... (cf. note 7), p.84.

31. BOURCIEZ, Edouard & BOURCIEZ, Jean, *Phonétique française. Etude historique*, Paris, Klincksieck, 1967, 243 p., § 163, p.168-169.

32. MAITLAND EMMET, A., *The Scientific Names of the British Lepidoptera*, Colchester (Essex, G-B), Harley Books, 1991, 288 p., notamment p.148-149.

33. *Hymne orphique dédié à Aphrodite* (55, vers 11) cf. A. N. ATHANASSAKIS, The Orphic Hymns Society of Biblical Literature, 1977. Nous remercions chaleureusement Yvette MORIZOT qui nous a fourni cette information.

34. PELT, Jean-Marie, *Des légumes*, Paris, Fayard, 1993, 231 p., p.150.

35. GRIMAL, Pierre, *Dictionnaire de la mythologie grecque et romaine*, Paris, PUF, 1999, 576 p., p.267-270.

36. SERGENT, *Les Indo-Européen*... (cf. note 7), p.143.

37. GRIMAL, *Dictionnaire*... (cf. note 35), p.266.

38. GUIRAUD, Pierre, *Dictionnaire des étymologies obscures*, Paris, Payot, 1982, 522 p., sous *loupe* et *louper*, p.376.

39. MELLOR, Alec, *Dictionnaire de la franc-maçonnerie et des Francs-maçons*, Paris, Belfond, 1971, 321 p., p.278.

40. LIGOU, Daniel, *Dictionnaire de la franc-maçonnerie*, Paris, PUF, 1987, sous *louve* et *louveteau*, p.740-741.

41. CARBONE, Geneviève, *La peur du loup*, Paris, Gallimard, La Découverte, n°124, 1991, 176 p., p.31-35.

42. RISTERUCCI, *Le loup*... (cf. note 24).

43. GUTIERRE, Tibón, *Diccionario etimológico comparado de los apellidos españoles, hispanoamericanos y filipinos* [1re édition 1988], México, Éd. Diana, 1995, 433 p., sous *Vega*.

44. Merci à nos amis Simone CAPELLI et Alberto FRISIA pour toutes les informations fournies à propos de l'italien.
PELT, *Des légumes*... (cf. note 34), p.143-144.

45. KIRK, R. & OTHMER, D., *Encyclopedia of Chemical Technology*, New York, Interscience, 1955, vol. 14, p.353.

46. GRIMAL, *Dictionnaire*... (cf. note 35).

47. JULLIAN, Marcel, *Le roman de l'homme*, Paris, Albin Michel, 1997, 325 p., p.265.

48. MAGNIEN, Victor & LACROIX, Maurice, *Dictionnaire grec-français*, Paris, Belin, 1969, 2167 p., sous *skullê*.
CHANTRAINE, Pierre, *Dictionnaire étymologique de la langue grecque*, Paris, Klincksieck, 1990, 2 tomes, 1368 p., sous *skulax*, p.1023.

49. HOMÈRE, *L'Odyssée*, trad. de Philippe Jaccottet, Paris, Le club français du livre, 1955, chant XII, v. 73-126.

50. COROMINAS, Joan, *Diccionario etimològic i complementari de la llengua catalana*, Curial Edicions Catalanes, Caixa de pensions « La Caixa», Barcelona, 1983, sous *gos*, p.577-580.

51. MISTRAL, Frédéric, *Lou Tresor Dóu Felibrige ou Dictionnaire provençal-français*, Raphèle-lès-Arles, Petit, 1979, tome 1, 1196 p., tome 2, 1179 p., sous *gous*.

52. ERNOUT, A. & MEILLET, Antoine, *Dictionnaire étymologique de la langue latine. Histoire des mots*, Paris, Klincksieck, [1re éd. 1932], 1967, 827 p., sous *segusius*.

53. COROMINAS, Joan, *Breve dicciona.κ etimológico de la lengua castellana*, Madrid, Grados, (1re éd. 1961) 3e éd 1987, 627 p., sous *perro*.

54. ERNOUT & MEILLET, *Dictionnaire*... (cf. note 52), sous *canis* (p.92) et sous *catulus* (p.106).

55. REY, Alain (sous la dir.) *Dictionnaire historique de la langue française*, Paris Le Robert, 1992, 2 tomes 2. 383 p., sous *chiot*.

56. MISTRAL, *Lou Tresor...* (cf. note 51), sous *cagnard.* REY, Jean-Claude, *Fan de Chichourlo ! Les mots de chez nous*, tome 2, Marseille, Autres Temps, 1998, 245 p., p.48, sous *cagne.*

57. PLINE L'ANCIEN, *Histoire naturelle*, Paris, Les Belles Lettres, 1952, 182 p. (traduction d'A. ERNOUT), Livre VIII, §63, p.76.

58. PLINE L'ANCIEN, cité par DEROY, Louis & MULON, Marianne, *Dictionnaire de noms de lieux*, Paris, éd. Le Robert, 1992, 531 p., sous *Canaries*, p.88.

59. FLAMMARION, Camille, *Les merveilles célestes*, Paris, Hachette, 1872, p.111-114.

60. MAGNIEN, Victor & LACROIX, Maurice, *Dictionnaire grec-français*, Paris, Belin, 1969, 2167 p., sous *seiriaô, seirios.*

61. *Grand Larousse universel* (en 15 volumes), Paris, Larousse, 1997, sous *Cerbère.*

62. COLOMB, Christophe, *La découverte de l'Amérique 1, Journal de bord 1492-1493*, Paris, Gallimard, éd. La découverte, 1992, p.94 et 112.

63. DUCRAY-DUMINIL, François Guillaume, *Lolotte et Fanfan ou Les aventures de deux enfants abandonnés dans une île déserte*, rédigées et publiées sur des manuscrits anglais, Chalestown et Paris, 1788.

64. Nous remercions Jean LAFITTE pour toutes les informations qu'il a eu l'amabilité de nous fournir sur le gascon.

65. BLOCH, Oscar & WARTBURG, Walther von, *Dictionnaire étymologique de la langue française*, Paris, PUF., [1re éd. 1932], 2002, sous *chenille.*

66. GUIRAUD, *Dictionnaire...* (cf. note 38), sous *chenille.*

67. BLOCH & WARTBURG, *Dictionnaire étymologique*(cf. note 65), sous *chien.* BEDEL, Jean (sous la dir.), *Dictionnaire illustré des antiquités et de la brocante*, Paris, Larousse, 1983, 503 p., sous *chenet.*

68. MENENDEZ PIDAL, Ramón (sous la dir.), *Diccionario Durván de la lengua española*, Bilbao, Durvan, 1970, 1280 p., sous *morillo.*

69. MORLET, Marie-Thérèse, *Dictionnaire étymologique des Noms de famille*, Paris, Perrin, (1991)1997, 1027 p., sous *Cagne.*

70. GRENIER, Roger, *Les larmes d'Ulysse*, Gallimard, 1998, p.163.

71. ARTUS-BERTRAND, Yann, *Chiens*, Paris, éd. du Tertre, 1992-2000, 383 p.

72. *Le Grand Robert*, sous *alain.*

73. MATTEI, Christelle, *100 chiens de légende*, Paris, Solar, 2000, 142 p., p.132.

74. MARIVAUX, *Télémaque travesti*, comm. par Deloffre, Paris, p.197 et 210.

75. CABARD, Pierre & CHAUVET, Bernard, *L'étymologie des noms des mammifères*, Saint-Yrieix, Eveil Editeur, 1998, 240 p., p.100.

76. GUYOT, Lucien & GIBASSIER, Pierre, *Les noms des animaux terrestres*, Paris, PUF, «Que sais-je?» n°1250, 1967, 126 p.

77. GRANDSAIGNES D'HAUTERIVE, R., *Dictionnaire des racines des langues indo-européennes*, Paris, Larousse, (1re éd. 1948) 1994, 365 p., p.228. BUCK, *A Dictionary...* (cf. note 26), p.186-187.

78. ÉSOPE, *Fables*, texte établi et traduit par Émile Chambry, Paris, Les Belles Lettres, [1re éd. 1927], 1996, 163 p.

79. LA FONTAINE, *Fables, contes et nouvelles*, Paris, Gallimard, La Pléiade, 1948, 751 p.

80. CHANTRAINE, *Dictionnaire...* (cf. note 48), p.168, sous *bassara.*

81. ARISTOTE, *Histoire des animaux*, Les Belles Lettres (traduction de Pierre Louis), livre I, ch. 5, et livre IX, ch. 37.

82. REY, *Dictionnaire...* (cf. note 55), sous *renard.*

83. CAZENAVE, M., *Encyclopédie des symboles*, Paris, Le livre de poche, 1996, p.573.

84. *Roman de Renart*, éd. publiée sous la dir. d'Armand STRUBEL, «La Pléiade», Paris, Gallimard, 1998, 1515 p.

85. Au cours d'une conversation, le 30 octobre 1997, avec André MARTINET, ce dernier nous a confirmé que cette hypothèse était vraisemblable et qu'elle méritait d'être évoquée.

86. Cf. les albums illustrés de Benjamin RABIER (1869-1939) *Le renard nommé Goupil* (extrait de *Aristide et Bobino*, de Benjamin RABIER, Paris, Garnier, 1929).

87. CHANTRAINE, *Dictionnaire...* (cf. note 48), sous *alôpêx.*

88. ÉSOPE, *Fables*, (cf. note 78), p.17-18.

89. BOTET, Renat, *Vocabulaire roussillonnais*, 66140 Canet, Libres del Traducaire, 1997, p.192.

90. BUCK, *A Dictionary...* (cf. note 26), sous *fox.*

91. BUCK, *A Dictionary...* (cf. note 26), sous *fox.*

92. POPLIN, François, «Un ou deux lapins dans le bestiaire de Jules Renard», dans *Jules Renard, Actes du colloque de Nevers*, 8-10 juin 1990, Conseil général de la Nièvre, p.189-203, notamment p.190.

93. WALTER, Henriette, *Le français d'ici, de là, de là-bas*, Paris, J.-C. Lattès, 1998, 416 p., p.230 PROTEAU, Lorenzo, *La parlure québécoise*, Boucherville, Proteau, 1982, 230p., p.116.

94. BUCK, *A Dictionary...* (cf. note 26), p.186. Présente l'hypothèse d'un emprunt au basque *azari* «renard».

95. POINCARÉ, Henri, *Fonctions fuchsiennes*, Science et méthode, Paris, Flammarion, 1908.

96. *Dictionnaire du cinéma*, Paris, Larousse, 1986, p.259.

97. Hillairet, Jacques, *Dictionnaire historique des rues de Paris*, Paris, éd. de Minuit, 1964 [1re éd 1961], 2 tomes, tome 2, p.330.

98. Vincent Catherine, « La hyène tachetée, hermaphrodite comme l'ange », dans *Le Monde* du 17/18 juin 2001.

99. Martinet, André & Walter, Henriette, *Dictionnaire de la prononciation française dans son usage réel*, Paris, Champion, Genève, Droz, 1973, 932 p.

100. Buffon, *Histoire naturelle*, (35 tomes), avec la collaboration de Daubenton, Verdière et Ladrange [1re éd. 1824], tome 21, p.328.

101. Meillet, Antoine, « Quelques hypothèses sur des interdictions de vocabulaire dans les langues indo-européennes », *Linguistique historique et linguistique générale*, Paris, Champion, 1958, tome 1, 334 p., tome 2, 234 p., p.281-291, notamment p.285.

102. Bobbé, Sophie, *L'ours et le loup — Essai d'anthropologie symbolique*, Paris, éd. de la Maison des Sciences de l'Homme, INRA, 2002, 258 p., p.87.

103. Ayto, John, *Dictionary of Word Origins*, New York, Little, Brown & Company, 1990, 582 p., p.57, sous *bear*.

104. *Grand Larousse universel*... (cf. note 61), sous *Ourse*.

105. *Oxford Paperback Encyclopedia*, Oxford, Oxford University Press, 1998, 1496 p., sous *Ursa Major*.

106. Laffitte, Roland, *Des noms arabes pour les étoiles*, Paris, Geuthner, 2001, 272 p., p.145-146.

107. Pellequer, Bernard, *Petit guide du ciel*, Paris, Seuil, 1990, Préface de Hubert Reeves, 91 p., p.24.

108. Verdet, Jean-Pierre, *Le ciel, ordre et désordre*, Paris, Gallimard, Découvertes, 1987, 200 p., p.32-33.

109. *Grand Larousse Encyclopédique* (en 10 volumes), Paris, Larousse, 1960-1964, sous *Arcturus*.

110. Pastoureau, Michel, *Les animaux célèbres*, Paris, Bonneton, 2001, 255 p., p.20.

111. Dalbera, J. -Ph. « L'ours, le hérisson et la châtaigne... », *Les zoonymes*, Nice, Publications de la Faculté des Lettres, Artts et Sciences humaines, 1997, p.141.

112. *Annuaire de l'École polytechnique 1794-1994*, édité à l'occasion du bicentenaire de l'École Polytechnique, Paris, Gauthiers-Villars, 1994.

113. Dauzat, Albert, *Dictionnaire étymologique des noms et prénoms de France*, Paris, Larousse, (1re éd. 1980), éd. revue et augmetée par Marie-Thérèse Morlet, 1996, 626 p., p.453.

114. Nègre, Ernest, *Les noms de lieux du Tarn*, Paris, D'Artrey, 1972, 124 p., p.59.

115. Hillairet, *Dictionnaire*... (cf. note 97), vol. 2, p.207.

116. Hillairet, *Dictionnaire*... (cf. note 97), vol. 2, p.282, sous *Poissy*.

117. Colin, Jean-Paul (sous la dir.), *Dictionnaire de l'argot français et de ses origines*, Paris, Larousse, 1999, 903 p. (réédition mise à jour et enrichie du *Dictionnaire de l'argot*, Paris, Larousse, 1990, 763 p.).

118. Dauzat, *Dictionnaire*... (cf. note 113), sous *Humbert*.

119. Partridge, Eric, *Origins, an Etymological Dictionary of Modern English*, Londres, Routledge, [1958] 1991, 972 p., p.268, sous *grisl y* et *grizzly*.

120. Ayto, *Dictionary*... (cf. note 103), p.265, sous *grizzle*.

121. Caravan, Jill, *Pandas*, Todri production Ltd, New York, PML Editions, 1996.

122. Angel, Heather, *Pandas*, Paris, Nathan, 1999.

123. La plupart des informations présentées dans ce chapitre sur le raton laveur ont été tirées de Holmgren, Virginia C., *Raccoons in folklore, history and today's backyards*, Santa Barbara (Californie), Capra Press, 1990.

124. Carte extraite de Holmgren, *Racoons*... (cf. note 123).

125. Colomb, Christophe, *La découverte de l'Amérique, I Journal de bord 1492-1493*, trad. par Soledad Estorach et Michel Lequenne, Paris, Éd. La Découverte, 1992, 239 p., p.13, Introduction historique de Michel Lequenne: *« On ne connaît à Colomb qu'une seule langue, le castillan, utilisée jusque dans ses notes personnelles et dans des lettres à des amis italiens. »*

126. Carte extraite de Holmgren, *Raccoons*... (cf. note 123).

127. Information due à François Poplin, que nous remercions de son aide, et qui a comparé trois éditions du Brockhaus-Wahrig (1934, 1973 et 1983).

128. Buffon, *Histoire naturelle*... (cf. note 100), tome 20, p.279-282.

129. Nous remercions Maria Kakridi, professeur à l'université d'Athènes, pour ces informations concernant le grec moderne.

130. Prévert, Jacques, *Paroles*, Paris, Club français du livre, 1948, 276 p., p.228-231.

131. Buffon, *Histoire naturelle*... (cf. note 100), tome 20, p.409.

132. Gwalnik, David B., *Collins Concise Dictionary of the English Language*, Londres et Glasgow, 1980.

133. Buffon, *Histoire naturelle*... (cf. note 100), tome 19, p.71.

134. Pastoureau, *Les animaux célèbres*, (cf. note 110), p.20.

135. Betrò, Maria Carmela, *Hiéroglyphes. Les mystères de l'écriture*, Milan, Mondadori, Paris, Flammarion, 1995, 251 p., p.98 et 118.

136. Boulanger, Jean-Paul & Renisio, *Geneviève, Naissance de l'écriture*, Paris, Édition des Musées nationaux, 1982, 383 p., p.121.

137. Lacouture, Jean, *Champollion, une vie de lumières*, Paris, Grasset, 529 p., p.317 et 471-472.

138. CHAMPOLLION, Jean-François, *Principes généraux de l'écriture sacrée égyptienne appliquée à la représentation de la langue parlée*, publié sur manuscrit autographe par ordre de M. Guizot, Paris, Firmin-Didot, 1836-1841, Institut d'Orient MIchel Sidhom, Paris, 1984, 555 p.

139. JACQ, Christian, *Le petit Champollion illustré*, Paris, Robert Laffont, 1994, 234 p., p.44.

140. SCHUMANN-ANTELME, Ruth & ROSSINI, Stéphane, *Lecture illustrée des hiéroglyphes : l'écriture sacrée de l'Égypte*, Édition du Rocher, Monaco, 1998, 359 p., p.50-51.

141. LACOUTURE, *Champollion*... (cf. note 137), p.291.

142. CLOTTES, Jean (sous la dir.) *La grotte de Chauvet. L'art des origines*, Paris, Seuil, 2001, 224 p., p.130-131, 138, 146, 205.

143. BUCK, *A Dictionary*... (cf. note 26), p.185.

144. DEROY & MULON, *Dictionnaire*... (cf. note 58), sous *Singapour* et sous *Ceylan*.

145. ÉSOPE, *Fables*, (cf. note 78), p.92 et 119.

146. LA FONTAINE, *Fables*, (cf. note 79), Liv. 1, fable VI, p.35.

147. *Le Grand Larousse*... (cf. note 104), sous *Léon IV*.

148. IFRAH, Georges, *Histoire universelle des chiffres*, Paris, Seghers, 1981, 567 p., réédition Robert Laffont, coll «Bouquins», 1994, 2 tomes, 1042 p. et 1010 p., tome 2, p.367 et suiv.

149. MORLET, *Dictionnaire étymologique*... (cf. note 69), sous *Napoléon*.

150. CORTELAZZO, Manlio & ZOLLI, Paolo, *Dizionario etimologico della lingua italiana*, Bologna, Zanichelli, 1979, 5 tomes, 1470 p., sous *pantalone*.

151. SALA GALLINI, Mario & MOIRAGHI, Elena, *Il grande libro dei Cognomi*, Casale Monferrato, Piemme, 1997, 439 p., p.276, sous *Pantaleo*, nom de famille italien attesté depuis le XIIIe siècle, d'abord dans le sud de l'Italie, puis très largement à Venise.

152. DEROY & MULON, *Dictionnaire*... (cf. note 58), sous *Léon* p.271.

153. GATTEGNO, David, *B. A. BA Héraldique*, Puiseaux, éd. Pardès, [1996], 1998, 127 p., p.12.

154. GODEFROY, Frédéric, *Lexique de l'ancien français*, Paris, Champion, 1965, 544 p., sous *ramper*.

155. BLOCH & WARTBURG, *Dictionnaire étymologique*... (cf. note 65), sous *ramper*.

156. GATTEGNO, *B.A. BA Héraldique*, (cf. note 153).

157. PASTOUREAU, *Les animaux*... (cf. note 110), p.110-113.

158. CHANTRAINE, *Dictionnaire*... (cf. note 48), sous *panthère*.

159. CLOTTES, Jean (sous la dir.), *La grotte Chauvet. L'art des origines*, Paris, Le Seuil, 2001, 224 p., p.78.

160. Dessins animés de FRELENG, PRATT, CHINIQUY et DAVIS, *The Pink Panther*, USA 1964.

161. HOLMGREN, *Raccoons in folklore*... (cf. note 123), p.21.

162. WRIGHT, Nicky, *Jaguar, histoire d'une passion*, Courbevoie, Éditions Soline, 1992, 160 p.

163. LAPESA, Rafael, *Historia de la lengua española*, Madrid, Grados, 8e éd. 1986, 690 p., p.556-557.

164. ERNOUT & MEILLET, *Dictionnaire étymologique*... (cf. note 52), sous *tigris*.

165. *Grand Larousse*... (cf. note 104), sous *tigron*.

166. BLOCH & WARTBURG, *Dictionnaire étymologique*... (cf. note 65), sous *once*.

167. ERNOUT & MEILLET, *Dictionnaire étymologique*... (cf. note 52), sous *lynx*.

168. DANTE Alighieri, *La divine comédie*, *L'Enfer*, chant 1, v. 31-34 (trad. par Alexandre Masseron).

169. BUCK, *A Dictionary*... (cf. note 26), sous *cat*.

170. ERNOUT & MEILLET, *Dictionnaire étymologique*... (cf. note 52), sous *cattus*.

171. Nous remercions vivement Yu XIUJING pour toutes les informations qu'elle nous a fournies sur le chinois.

172. LAFFONT-BOMPIANI, *Dictionnaire des Personnages*, sous *Grippeminaud*, p.436 et sous *Raminagrobis*, p.826.

173. PARTRIDGE, *Origins, an Etymological Dictionary*... (cf. note 119), sous *malkin*.

174. BUFFON, *Histoire naturelle*... (cf. note 100), tome 21, p.284-296.

175. GRIMAL, *Dictionnaire*... (cf. note 35), sous *Lyncée 2*.

176. GREGORY, Tullio, représentant l'Accademia dei Lincei, allocution prononcée pour le 3e centenaire de l'Académie française, dans QUEMADA, Bernard et PRUVOST, Jean (sous la dir.), *Le dictionnaire de l'Académie française et la lexicologie institutionnelle européenne*, Paris, Champion, 1998, 535 p., p.23.

177. HOLMGREN, *Raccoons in folklore*... (cf. note 123), p.21.

178. BUFFON, *Histoire naturelle*... (cf. note 100), tome 21, p.241.

179. BUFFON, *Histoire naturelle*... (cf. note 100), tome 21, p.258.

180. BUFFON, *Histoire naturelle*... (cf. note 100), tome 21, p.277-279.

181. GOULD, Edwin & MCKAY, George, *Mammiferi, Caracteristiche, Ambiante, Comportamento*, Milano, Mondadori, 1991 (pour la traduction italienne), 240 p., p.147-148.

182. LAMPEDUSA, Giuseppe Tomasi di, *Le Guépard*, trad. par Fanette PÉZARD, Paris, Le Seuil, 1958, 248 p.

183. TOMASI, Gioacchino LANZA, *Giuseppe Tomasi di Lampedusa, Una biografia per immagini*, Palermo, Sellerio, photo n°18.

184. DAUZAT, *Dictionnaire*... (cf. note 113), sous *oliphant*.

185. CATACH, Nina (sous la dir.), *Dictionnaire historique de l'orthographe française*, Paris, CNRS, 1995, 1327 p., §106, p.1164 ainsi que sous chacun des noms cités.

186. Documents administratifs, *Journal officiel de la République Française*, 1990, n°100, paru le 6 décembre 1990, 19 p.

187. BUCK, *A Dictionary*... (cf. note 26), p.182, sous *elephant*.

188. ARISTOTE, *Histoire*... (cf. note 81), vol. II, 1, p.35.

189. VAJ, Stefano, *L'éléphant, Art, histoire, symbolisme*, Paris, Robert Laffont, traduction par Françoise Brun, 1989.

190. Alfred ROCA, Nicholas GEORGIADIS, Jill PECON-SLATTERY & Stephen O'BRIEN, *Science* (USA), du 24 août 2001, p.1473-1476. Cet article a été repris dans *Pour la science* (oct. 2001),information relayée par *Le Figaro* du 25-26 août 2001 et *Le Monde* du 6 sept. 2001.

191. BURNIE, *Animal*... (cf. note 4), p.221.

192. BUIGUES, Bernard, avec la collaboration de Jean-Claude DENIAU, *Sur la piste du mammouth*, (Préface d'Yves COPPENS), Paris, Robert Laffont, 2001, 279 p., p.43-45.

193. HARTENBERGER, Jean-Louis, *Une brève histoire des mammifères*, Paris, Belin, 2001, 287 p., p.29.

194. BUIGUES, *Sur la piste*... (cf. note 192), p.141.

195. HARTENBERGER, *Une brève histoire*... (cf. note 193), p.23.

196. GOULD, Edwin & MCKAY, George, *Les mammifères, Encyclopédie des animaux*, Paris, Bordas, 1991, 240 p., traduction française par M.-C., de Saint-Girons de l'édition anglaise, *Encyclopedia of Animals*. Mammals, McMahons Point, Sydney, Australia,1990, 240 p., p.183.

197. WHITFIELD, Philip, *Le grand livre des animaux*, Paris, Solar, 1984, 599 p., p.124.

198. GOULD & MCKAY, *Les mammifères*... (cf. note 196), p.183.

199. *Grand Larousse*... (cf. note 104), sous *paléothérium*.

200. BUFFON, *Histoire*... (cf. note 100), tome 16, p.179.

201. PAUWELS, Louis (sous la dir.), *Encyclopédie Planète, «L'homme et l'animal»*, Paris, 114 Champs Élysées, s.d., p.70.

202. MARTINET, *Des steppes*... (cf. note 7), p.240-241.

203. WALTER, Henriette, *L'aventure des langues en Occident. Leur origine, leur histoire et leur géographie* (Préface d'André MARTINET), Paris, Robert Laffont, 1994, 498 p., (à propos des langues celtiques, p.74-76.).

204. AYTO, *Dictionary*... (cf. note 103), sous *hobby*.

205. *Petit Robert* et *Petit Larousse*, sous *cheval*.

206. AYTO, *Dictionary*... (cf. note 103), sous *horse*.
ERNOUT & MEILLET, *Dictionnaire*... (cf. note 52), sous *curro* ;
BUCK, *A Dictionary*... (cf. note 26), sous *run* p.691-692 et sous *horse* p.167 et suiv., en particulier p.168 (alinéa 5).
GRANDSAIGNES D'HAUTERIVE, *Dictionnaire des racines*... (cf. note 77), sous **kur*.
MARTINET, *Des steppes*... (cf. note 7), p.241.

207. GUIRAUD, *Dictionnaire*... (cf. note 38), p.470 et 474.

208. Nous remercions le professeur Mohamed BENDIHA, qui a confirmé que *ḥiṣan* désignait en arabe le cheval en général et non un cheval à la robe fauve.

209. BAUMGARTNER, Emmanuèle & MÉNARD, Philippe, *Dictionnaire étymologique et historique de la langue française*, Paris, Librairie générale, 1996, 848 p. sous *alezan*.

210. FORDANT, Laurent, *Atlas des noms de famille en France*, Paris, Archives et Culture, 1999, 190 p., p.10 et 13.

211. MARTINET, *Des steppes*... (cf. note 7), p.205-206.
ERNOUT & MEILLET *Dictionnaire étymologique*... (cf. note 52), sous *iugum*, *eo*, *vado* et *ambulo*.

212. REY, *Dictionnaire historique*... (cf. note 55), sous *maréchal*.

213. AYTO, *Dictionary*... (cf. note 103), sous *poney*.

214. ONIONS, C. T. (sous la dir.), *The Oxford Dictionary of English Etymology*, avec la collaboration de FRIEDERICHSEN, G.W.S. & BURCHFIELD, R.W., Oxford, Clarendon Press, (1re éd. 1966) 1985, 1024 p., sous *zebra*.

215. PARTRIDGE, *Origins*... (cf. note 119), sous *zebra*.

216. DELIGEORGES, Stéphane, «Les obscures zébrures du zèbre», *La Recherche*, n° 316, janv. 1999, p.46.

217. COROMINAS, *Breve diccionario*... (cf. note 53), sous *cebra*.

218. DELIGEORGES, Stéphane, «Les obscures zébrures du zèbre», *La Recherche*, n° 316, janv. 1999, p.46.

219. BUCK, *A Dictionary*... (cf. note 26), sous *ass*.

220. BENKO, Loránd (sous la dir.) *A Magyar Nyelv Történeti-Etimológiai Szótára* (*Dictionnaire historique-étymologique de la langue hongroise*), Budapest, Akadémiai Kiadó, 1984.

221. AYTO, *Dictionary*... (cf. note 103), sous *donkey*.

222. *Oxford Etymological Dictionary*, sous *dicky*, *neddy* et *cuddy*.

223. *Petit Robert 2002*, sous *pas-d'âne*.

224. WALTER, Henriette, *Le français d'ici, de là, de là-bas*, Paris, J.C. Lattès, 1998, 416 p., p.47.

225. LA FONTAINE, *Fables*... (cf. note 79), Livre I, Fable 13, p.42.

226. VOLOT, René, *L'esprit de l'âne*, éd. Cheminements, Rennes, 2001, 174 p., p.169-170, qui présente ce

même tableau sous un autre titre. On peut retrouver le souvenir du « Lapin agile », à Paris, au musée de Montmartre, 12 rue Cortot (XVIIIe) et on peut voir le tableau du prétendu Boronali au Centre culturel de Milly-la-Forêt. Nous remercions Aude Bodet-Semin pour toutes ces informations.

227. DAUDET, Alphonse, *Les lettres de mon moulin*, Paris, Hachette, 1994.

228. TILLIER, Simon (sous la dir.), *Dictionnaire du règne animal*, Paris, Larousse, 1999, 509 p., sous *onagre*.

229. AYTO, *Dictionary*... (cf. note 103), sous *cow*.

230. MARTINET, *Des steppes*... (cf. note 7), p.244.

231. GRANDSAIGNES D'HAUTERIVE, *Dictionnaire des racines*... (cf. note 77), p.67-68, sous **gwen, *gwem*.
AYTO, *Dictionary*... (cf. note 103), sous *come*.

232. BUCK, *A Dictionary*... (cf. note 26), p.152 et 154, §3.22.3.

233. ERNOUT & MEILLET, *Dictionnaire*... (cf. note 52), sous *septem*, sous *trio, trionis* et sous *meridies*.

234. BRIQUEL, Dominique, *Les Etrusques, Peuple de la différence*, Paris, Colin, 1993, 223 p., p.36 et.
FACCHETTI, Giulio M., *L'enigma svelato della Lingua etrusca*, Roma, Newton & Compton, 2000, 295 p., p.27-28.

235. *Le Point*, 26/10/2001, p.68.

236. BRÉCOURT-VILLARS, Claudine, *Mots de table, mots de bouche*, Paris, Stock, 1996, 427 p., p.383, sous *vacherin*.

237. FORDANT, *Atlas des noms*... (cf. note 210), p.19 et 20.

238. BEC, Pierre, *La langue occitane*, Paris, PUF, « Que sais-je ? » n°1059, [1re éd. 1963] 6e éd. 1995, 127 p., p.47.

239. Toutes ces étymologies ont été vérifiées dans NÈGRE, Ernest, *Toponymie générale de la France*, Genève, Droz, 1990, tome 1, 704 p., 1991, tome 2, p.714-1381 & tome 3, p.1452-1852.

240. Toponymes relevés dans le *Dictionnaire national des communes de France*, Paris, Albin Michel, 1977, 1150 p.

241. WALTER, Henriette, *Honni soit qui mal y pense. L'incroyable histoire d'amour entre le français et l'anglais*, Paris, Robert Laffont, 2001, 364 p., p.85-86.

242. REY, *Dictionnaire historique*... (cf. note 55), sous *bœuf*.

243. WALTER, *Honni soit*... (cf. note 241), p.73 et 242.

244. WALTER, Henriette & WALTER, Gérard, *Dictionnaire des mots d'origine étrangère*, Paris, Larousse, (1991), 2e éd. revue et augm., 1998, 427 p., sous *rosbif* et *bifteck*.

245. AYTO, *Dictionary*... (cf. note 103), sous *corne*.

246. PLINE L'ANCIEN, *Histoire naturelle*, (cf. note 57), livre VIII, §37.

247. ERNOUT & MEILLET, *Dictionnaire*... (cf. note 52), sous *boia* p.72, et pour la forme anglaise *buoy*, du vieux français *buie, boie* « chaîne ».
PARTRIDGE, *Origins*... (cf. note 119), sous *buoy*, p.64.

248. DEROY & MULON, *Dictionnaire*... (cf. note 58), sous *Bosphore*.

249. NÈGRE, *Toponymie*... (cf. note 239), tome 2, p.714-1381 & tome 3, p.1452-1852, n°18635.

250. DEROY & MULON, *Dictionnaire*... (cf. note 58), sous *Elbeuf*.

251. MORLET, *Dictionnaire étymologique*... (cf. note 69), p.932, sous *Touchebœuf*.

252. Les dessins des lettres sont tirés de ROBINSON, Andrew, *The Story of Writing*, Londres, Thames and Hudson, 1995, 224 p. notamment p.164-165 pour le phénicien, p.166-167 pour le grec et p.170-171 pour le latin.
AGUIRRE, Manuel, *La escritura en el mundo*, Madrid, Reliex, 1961, 514 p., p.108 et 110 ;
OUAKNIN, Marc-Alain, *Les mystères de l'alphabet*, Paris, éd. Assouline, 1997, 375 p., notamment p.119.

253. DEROY & MULON, *Dictionnaire*... (cf. note 58), sous *Turin*.

254. ERNOUT & MEILLET, *Dictionnaire étymologique*... (cf. note 52), p.328, sous *iunix*.

255. BATAILLE, Georges, *Lascaux ou la naissance de l'art*, Genève, Skira, 1955, 149 p. en particulier p.60 et 88.
CLOTTES, *La grotte Chauvet*... (cf. note 142).
CYRULNIK, Boris, LOU MATIGNON, Karine & FOUGEA, Frédéric, *La fabuleuse aventure des hommes et des animaux*, Paris, éd. du Chêne, 2001, 177 p., p.39.

256. PFEIFER, Wolfgang (sous la dir.), *Etymologisches Wörterbuch des Deutschen*, Berlin, Akademie Verlag, 1989, 3 tomes, 2093 p., sous *Auerochse*.

257. WHITFIELD, *Le grand livre*... (cf. note 197), p.132, sous *dromadaire*.

258. ARISTOTE, *Histoire des animaux*, tome III, Livre IX, 44, (cf. note 81), p.134.

259. PLINE L'ANCIEN, *Histoire naturelle*, (cf. note 57), Livre VIII, p.37.

260. Manuscrit de la Bibliothèque de Besançon, Ms 1017 (Chroniques de Besançon), copié par le calligraphe bisontin Hugues DESCHAMPS (seconde moitié du XVIe siècle), avec dessin à la plume d'un bison. Tous nos remerciements à Marie-Claude WAILLE, conservateur de la bibliothèque municipale de Besançon.

261. ERNOUT & MEILLET, *Dictionnaire étymologique*... (cf. note 52), sous *haedus*.

262. REY, *Dictionnaire historique*... (cf. note 55), sous *chèvre*.

263. AYTO, *Dictionary*... (cf. note 103), sous *goat*.

264. GRIMAL, *Dictionnaire*... (cf. note 35), p.453, sous *Thésée*.

265. Ernout & Meillet, *Dictionnaire étymologique...* (cf. note 52), sous *haedus*.

266. Wolgensinger, Jacques, *André Citroën*, Flammarion, 1991.

267. Cortelazzo & Zolli, *Dizionario etimologico...* (cf. note 150), sous *capriccio*.

268. Mistral, *Lou Tresor...* (cf. note 51), sous *cabrit*.

269. Buck, *A Dictionary...* (cf. note 26), §3.37, p.165, sous *he-goat*.

270. Tous nos remerciements vont à Maria Pavel, professeur à l'université de Iasi, pour ces précisions.

271. Rey, *Dictionnaire historique...* (cf. note 55), sous *boucan*.

272. Walter, Henriette, *Le français d'ici, de là, de là-bas*, Paris, J.-C. Lattès, 1998, 416 p., p.216-220 pour *boucan*.

273. Rey, *Dictionnaire historique...* (cf. note 55), sous *bouquetin*.

274. Pline l'ancien, *Histoire naturelle*, (cf. note 57), livre VIII, p.98-99, § 214.

275. Colin, Didier, *Dictionnaire des symboles, des mythes et des légendes*, Paris, Hachette, 2000, 591 p., p.574.

276. *Site Internet de la Smithsonian Institution : http://nmnhwww.si.edu/msw/.

277. Walter, *L'aventure des langues...* (cf. note 203).
Walter, *Honni soit...* (cf. note 241).

278. Corominas, *Breve diccionario...* (cf. note 53), sous *mesta*.

279. Flamant, Jean-Claude, « *Histoires de races animales, histoires de sociétés humaines* », Agrobiosciences, Les Cahiers, n°8, maa, oct. 2001.

280. Pagnol, Marcel, *Topaze*, Acte I, scène 1.

281. Bloch & Wartburg, *Dictionnaire étymologique...* (cf. note 65), sous *robinet*.

282. Bloch & Wartburg, *Dictionnaire étymologique...* (cf. note 65), sous *brouette*.

283. *Roman de Renart*, Paris, Gallimard, 1998, 1515 p., XXI, p.741.

284. Ayto, *Dictionary...* (cf. note 103), sous *lamb*.

285. Tillier, *Dictionnaire...* (cf. note 228), sous *mouflon*, p.305.

286. Ayto, *Dictionary...* (cf. note 103), sous *antelope*.

287. Tillier, *Dictionnaire...* (cf. note 228), sous *antilopinés*.

288. Buffon, *Histoire naturelle...* (cf. note 100), tome 26, p.439.

289. Littré, Émile, *Dictionnaire de la langue française*, Paris, 1863-1872 (1re éd. Hachette 1872) Jean-Jacques Pauvert, 1956, 7 vol., sous *porque*.

290. Cicéron, *Verrines*, IV, 9.

291. Pastoureau, *Les animaux...* (cf. note 110), ch. Les truies de Vauban, p.161-170.

292. Corominas, *Diccionari...* (cf. note 50), 1983, 9 vol.

293. *Paperback Encyclopedia*, Oxford, Oxford University Press, 1998, 1496 p., sous *peccary*.

294. Hérodote, *Histoires*, II, 71.

295. Buffon, *Histoire naturelle...* (cf. note 100), tome 24, p.306.

296. http://www.hippopotamus.fr.

297. Poplin, François, « Les fondements de la notion de corne », *Préhistoire d'os. Recueil d'études sur l'industrie osseuse préhistorique*, offert à Henriette Camps-Fabrer, Aix-en-Provence, 1999, p.29-37, notamment p.33.

298. *Grand Larousse...* (cf. note 61), sous *cerf*.

299. Chantraine, *Dictionnaire...* (cf. note 48), sous *kemas*.
Onions, *The Oxford Dictionary...* (cf. note 214), sous *hind*.

300. *Grand Larousse Encyclopédique* (cf. note 109), sous *mégacéros*.

301. Whitfield, *Le grand livre...* (cf. note 197), p.136.

302. Corominas, *Breve diccionario...* (cf. note 53), sous *gamo*.

303. Ayto, *Dictionary...* (cf. note 103), sous *fallow*.

304. Poirier, Claude (sous la dir.), *Dictionnaire du français Plus à l'usage des francophones d'Amérique*, Montréal, Centre éducatif et culturel, 1988, 1856 p., p.386, sous *orignal*.

305. *Grand Larousse...* (cf. note 61), sous *chevrotin* et *chevrillard*.

306. Boudet, Jacques, *Les mots de l'histoire*, Paris, Robert Laffont, 1990, 1374 p., p.313. et.
Quid 2002, p.301b.

307. Bloch & Wartburg, *Dictionnaire étymologique...* (cf. note 65), sous *musc*.

308. Whitfield, *Le grand livre...* (cf. note 197), p.132.

309. Buck, *A Dictionary...* (cf. note 26), p.189, §3-77 sous *elephant* et §3-78 sous *camel*.

310. Aristote, *Histoire...* (cf. note 81), tome I, livre 2, p.38.

311. Ouaknin, *Les mystères...* (cf. note 252).

312. Walter, *L'aventure des langues...* (cf. note 203), p.38.

313. Chantraine, *Dictionnaire...* (cf. note 48).
Ouaknin, *Les mystères...* (cf. note 252).
Higounet, Charles, *L'écriture*, Paris, puf, « Que sais-je? » n°653, (1re éd. 1955).1969, 136 p., p.50.
Aguirre, Manuel, *La escritura en el mundo*, Madrid, Reliex, 1961, 514 p. p.108.
Toutefois, Février émet des réserves :
Février, James, *Histoire de l'écriture*, Paris, Payot (1re éd. 1948), 1995, 615 p., p.227.

314. DRIVER, G., R., *Semitic Writing, from pictograph to alphabet*, Oxford University Press, 1976, p.163, ainsi que.
ALBRIGHT, W. F., *The Protosinaitic Inscriptions and their Decipherment*, Haward, Londres, 1966
ROBINSON, Andrew, *The Story of Writing*, London, Thames & Hudson, 1995, 224 p., p.166.

315. ERNOUT & MEILLET, *Dictionnaire étymologique...* (cf. note 52), sous *dromeda* et *dromedarius*.

316. CÔTÉ, Louise, TARDIVEL, Louis & VAUGEOIS, Denis, *L'indien généreux. Ce que le monde doit aux Amériques*, Paris, Boréal-Seuil, 1995, 287 p., p.165 sous *lama*.

317. CÔTÉ, TARDIVEL & VAUGEOIS, *L'Indien généreux.* (cf. note 316), sous *guanaco*.

318. CÔTÉ, TARDIVEL & VAUGEOIS, *L'Indien généreux.* (cf. note 316), p.48, sous *alpaga*.

319. CÔTÉ, TARDIVEL & VAUGEOIS, *L'Indien généreux.* (cf. note 316), p.275-276 sous *vigogne*.

320. WHITFIELD, *Le grand livre...* (cf. note 197), p.138.

321. CORTELAZZO & ZOLLI, *Dizionario etimologico...* (cf. note 150), sous *giraffa*.

322. WHITFIELD, *Le grand livre...* (cf. note 197), p.138.

323. BUFFON, *Histoire naturelle...* (cf. note 100), tome 20, p.167.

324. AYTO, *Dictionary...* (cf. note 103), sous *vole*.

325. CÔTÉ, TARDIVEL & VAUGEOIS, *L'Indien généreux.* (cf. note 316), p.194, sous *ondatra*.

326. TILLIER, *Dictionnaire...* (cf. note 228), sous *spalax*.
GOULD & McKAY, *Les mammifères...* (cf. note 181), p.228.

327. APICIUS, *L'art culinaire, De re coqvinaria*, texte établi, traduit et commenté par Jacques André, Paris, Les Belles Lettres, (1re éd. 1974) 1987, 234 p., Livre VIII, § 397, p.105.

328. *Grand Larousse universel...* (cf. note 61), sous *dormants*.

329. Nous remercions vivement Maryvonne AKAMATSU de nous avoir fourni ces informations inattendues sur le culte des sept dormants.
CABARD & CHAUVET, *L'étymologie...* (cf. note 75), p.44.

330. BUFFON, *Histoire naturelle...* (cf. note 100), tome 20, p.143.

331. BUFFON, *Histoire naturelle...* (cf. note 100), tome 20, p.15.

332. BUFFON, *Histoire naturelle...* (cf. note 100), tome 23, p.77-78.

333. HOCHNER, Nicole, «Louis XII et le porc-épic des ducs d'Orléans (1394-1515)», Bulletin: *Les amis du château et des musées de Blois*, n°32, déc. 2001, p.13-21.

334. GURNEY, Peter, *Le guide du cochon d'Inde*, Marabout, 2001.

335. COLLINS, *Concise English Dictionary*, 1978, sous *guinea*.

336. BUFFON, *Histoire naturelle...* (cf. note 100), tome 19, p.377.

337. *Le Petit Robert 2000*, sous *cabiai*.

338. CHANTRAINE, *Dictionnaire...* (cf. note 48).

339. BUFFON, *Histoire naturelle...* (cf. note 100), tome 19, p.229.

340. ERNOUT & MEILLET, *Dictionnaire étymologique...* (cf. note 52), sous *uiuerra*.

341. LACHIVER, Marcel, *Dictionnaire du monde rural*, Paris, Fayard, 1997, 1766 p., sous *fouquet*.

342. REY, *Dictionnaire historique...* (cf. note 55), sous *gris, grise*.

343. WALTER, *L'aventure des langues...* (cf. note 203), p.235-236.

344. POIRIER, *Dictionnaire...* (cf. note 304), sous *suisse*.

345. GUIRAUD, *Dictionnaire...* (cf. note 38), sous *marmotte*.

346. POIRIER, *Dictionnaire...* (cf. note 304), sous *siffleux*.

347. WHITFIELD, *Le grand livre...* (cf. note 197), p.164, sous *castoridæ*.

348. CHANTRAINE, *Dictionnaire...* (cf. note 48), sous *kastôr*.

349. *Grand Larousse universel...* (cf. note 61), sous *castor*.

350. CAGNEUX, R., ANCKAERT, J., *Sur les traces de la Bièvre parisienne*, Paris, éd. Parigrammes, Compagnie parisienne du livre, 2002, 156 p., notamment p.8-9.

351. MULON, Marianne, *Noms de lieusx de l'Île de France*, Paris, Bonneton, 1997, 232 p., p.28-29 et 174.

352. *Grand Larousse Encyclopédique* (cf. note 109), sous *myopotame*.

353. WHITFIELD, *Le grand livre...* (cf. note 197), sous *ragondin*.

354. CABARD & CHAUVET, *L'étymologie...* (cf. note 75), p.55.

355. Robert & Collins Senior, *Dictionnaire français-anglais et anglais-français*, [1978], 1995, sous *ragondin*.

356. GOULD & McKAY, *Les mammifères...* (cf. note 181), p.86.

357. CHANTRAINE, *Dictionnaire...* (cf. note 48), sous *lagôs*.

358. ERNOUT & MEILLET, *Dictionnaire étymologique...* (cf. note 52), sous *lepus, leporis*.

359. PFEIFER, *Etymologisches...* (cf. note 256), sous *Windhund*.

360. AYTO, *Dictionary...* (cf. note 103), sous *greyhound*.

361. BOURCIEZ, Édouard, *Précis de phonétique française*, Paris, Klincksieck, 1958, 235 p., § 14, 15, 46, 168, 184.

362. AYTO, *Dictionary...* (cf. note 103), sous *hare*.
PARTRIDGE, *Origins...* (cf. note 119), sous *hare*.

363. AYTO, *Dictionary...* (cf. note 103), sous *hare*.

364. REY, *Dictionnaire historique...* (cf. note 55), sous *hase*. Cet ouvrage fait l'hypothèse du rattachement à une racine i.-e. **kazon* «sauter».

365. site Internet http://www cartedefrance.tm.fr, La France de votre nom de famille.

366. Gallini, Mario Sala & Moirachi, Elena, *Il grande libro dei cognomi*, Casale Monferrato, 1997, 439 p., p.210, sous *Lepri*.

367. Pline l'ancien, *Histoire naturelle*, (cf. note 57), Livre VIII, p.217.

368. *The Holy Bible*, translated out of the original tongues and with the former translations diligently compared and revised by his Majesty's command, Oxford, University Press, sans date, 894 p.

369. Ayto, *Dictionary*... (cf. note 103), sous *rabbit*.

370. Site Internet http://www cartedefrance.tm.fr, La France de votre nom de famille.

371. Telchid, Sylviane, *Dictionnaire du français régional des Antilles*, Paris, Bonneton, 1997, 223 p., sous *Compère Lapin*.

372. Ayto, *Dictionary*... (cf. note 103), sous *rabbit*.

373. Buffon, *Histoire naturelle*... (cf. note 100), tome 24 p.278 pour le daman du Cap et p.293 pour le daman - Israël, avec les figures 1 et 2 des p.321 et 322 du tome des Planches.

374. *The Holy Bible*, (cf. note 368), *Le Lévitique*, 11, 5-8.

375. Buffon, *Histoire naturelle*... (cf. note 100), tome 24, note p.285 daman.

376. Gould & McKAY, *Les mammifères*... (cf. note 181), p.232.

377. Buffon, *Histoire naturelle*... (cf. note 100), Tome 19, p.443.

378. *Le Point*, n°1557, 19 juillet 2002, p.60-62.

379. Hoad, T.F. (sous la dir.), *The Concise Oxford Dictionary of English Etymology*, Oxford, Clarendon Press, 1986, 552 p., sous *shrew 2*.

380. Arthur, L. & Lemaire, M., *Les chauves-souris, maîtresses de la nuit. Description, biologie, mœurs, observation, protection*..., Lausanne, Delachaux & Niestlé, 1999, 265 p., p.6 et 37.

381. Burnie, *Animals*... (cf. note 4), p.20.

382. Azkue, R. M. de, *Diccionario vasco - español - frances*, Bilbo, Espagne, 1984, 1219 p., sous *saguzar*.

383. Tupinier, Denise, *La chauve-souris et l'homme*, Paris, L'Harmattan, 1989, 218 p., p.42.

384. Diez, Frédéric, *Anciens glossaires romans*, Paris, Franck, 1870, 140 p., p.47, §192.

385. Nous remercions Maria Pavel, de l'université de Iasi (Roumanie) pour cette information.

386. Partridge, *Origins*... (cf. note 119), sous *bat*.

387. cité par Tupinier, Yves dans « *Historique de la description des espèces européennes de Chiroptères* », Revue *Le rhinolophe*, 15, 2001., 140 p., notamment p.117.

388. Cette citation de Léonard de Vinci est reproduite dans Tupinier, *La chauve-souris*... (cf. note 383), p.55.

389. Lissarague, Pierre, *Clément Ader, inventeur d'avions*, éd. Privat, Toulouse, 1990, 320 p., notamment p.58.

390. Document issu du *brevet* n°205155 du 19 avril 1890.

391. Gould & McKAY, *Les mammifères*... (cf. note 181), p.90.

392. Tupinier, *La chauve-souris*... (cf. note 383), p.425.

393. Rey, *Dictionnaire historique*... (cf. note 55), sous *vampire*.

394. Deroy & Mulon, *Dictionnaire*... (cf. note 58), sous *Belgique*.

395. Cazenave, Michel, *Encyclopédie des symboles*, trad. française de *Kraurslexikon der Symbole*, Munich, 1989 par Françoise Périgaut, Paris, Le livre de poche, Librairie générale française, 19980, 818 p., p.358.

396. Partridge, *Origins*... (cf. note 119), sous *narwhal* et *whale 2*, ainsi que.
Tillier, *Dictionnaire*... (cf. note 228), sous *narval*.

397. Cunha, Antônio Geraldo da, *Dicionário etimológico da língua portuguesa*, Botafogo (Brésil), Editora Nova fronteira, (1re éd. 1982) 2e éd. augmentée1987, 832 p.+ XX p.+101 p., sous *cacho*.

398. Tillier, *Dictionnaire*... (cf. note 228), p.427-428, sous *rorqual*.

399. Bompar, Jean-Michel, *Les cétacés de Méditerranée*, Edisud, Aix-en-Provence, 2000.

400. Cabard & Chauvet, *L'étymologie*... (cf. note 75), p.129.

401. Deroy & Mulon, *Dictionnaire*... (cf. note 58), sous Delphes, p.135.

402. Nous remercions Gérard Castello Lopes pour toutes ces précisions.
Morais da Silva, *Grande Dicionario da lingua portoguesa*, Editorial Confluência, Lisbonne, 12 vol., 10e éd. 1948.
Machado, Jose Pedro, *Dicionario etimológico da lingua portuguesa*, Livros horizonte, 4 vol., 3e éd. 1977.

403. Azkue, R. M. de, *Diccionario vasco - español - frances*, Bilbo, Espagne, 1984, 1219 p., sous *izurda, izurde*.

404. Pline l'ancien, *Histoire naturelle*, (cf. note 57), p.128-129.

405. *Robert Laffont, 1941-1991. Cinquante ans d'édition, cinquante ans de passion*, plaquette éditée à l'occasion du cinquantième anniversaire de cette maison d'édition.

406. Dauzat, Albert, *Dictionnaire étymologique des noms et prénoms de France*, Paris, Larousse, (1re éd. 1980), éd. revue et augmentée par Marie-Thérèse Morlet, 1996, 624 p., sous *Dauphin*.

407. Seidler, Édouard, *Le roman de Renault*, Edita S.A. & Seidler, Lausanne,1973, 253 p., p.116 et 120.

408. Coste, abbé H., *Flore descriptive et illustrée de la France*, rééd. par Albert Blanchard, Paris, 1998, tome 1, 416 p., p.48.

409. Pline l'Ancien, *Histoire naturelle*, (cf. note 57), Livre IX, p.41-42, § VI (5).

410. Tillier, *Dictionnaire*... (cf. note 228), p.337-338, sous *orque*.

411. Deroy & Mulon, *Dictionnaire*... (cf. note 58), p.355, sous *Orcades*.

412. Aristote, *Histoire des animaux*, (cf. note 81), Livre VI, §XII, p.86.

413. Corominas, *Breve diccionario*... (cf. note 53), sous *marsopa*.

414. Cortelazzo & Zolli, *Dizionario etimologico*... (cf. note 150), sous *tricheco*.

415. Tillier, *Dictionnaire*... (cf. note 228), sous *lamantin*.

416. Côté, TARDIVEL & VAUGEOIS, *L'Indien généreux*. (cf. note 316), p.166, sous *lamantin*.

417. Extrait de Christophe Colomb, *La découverte de l'Amérique, 1 Journal de bord (1492-1493)*, Paris, éd. La découverte [1979], 1992, p.191.

418. Buffon, *Histoire naturelle*... (cf. note 100), tome 27, p.221.

419. Greimas, Algirdas Julien, *Dictionnaire de l'ancien français. Le Moyen Âge*, Paris, Larousse, [1re éd.1979], 1994, 630 p., sous *galee, galie*, qui fait bien remonter le mot au grec byzantin, mais qui précise qu'il est d'origine arabe.

420. Lettre du 17 juillet 1996 de Chantal Larcade, chargée de la communication de la société Expanscience, qui produit cette crème, 73 boulevard de la Mission Marchand, BP 302, 92402 Courbevoie.

421. Extrait des *Fables* d'Ésope, édition bilingue, traduction, introduction et notes par Daniel Loayza, Paris, Flammarion, fable 50, p.82-83 et note 68 mentionnant que La Fontaine, qui a repris cette même fable sous le titre « La chatte métamorphosée en femme» (vol. II, 18), met en scène une chatte et non pas une belette.

422. Cette Récréation a été inspirée par l'article de Catherine Vincent, «Dame Belette, du palais d'un jeune lapin...», *Le Monde*, 3-4 nov. 2002, p.18.

423. Rey, *Dictionnaire historique*... (cf. note 55), sous *belette*.

424. Partridge, *Origins*... (cf. note 119), sous *weasel* et *virulence*.

425. Veen, P.A.F. van, *Etymologisch woordenboek*, Utrecht-Antwerpen, van Dale, 1989, sous *wezel*.

426. Kluge, Friedrick, *Etymologisches Wörterbuch des Deutschen Sprache*, Walter de Gruyter, Berlin, New-York, 1989.

427. Cabard & Chauvet, *L'étymologie*... (cf. note 75), p.111.

428. Pfeifer, *Etymologisches*... (cf. note 256), sous *Iltis*.

429. Corominas, *Breve diccionario*... (cf. note 53), sous *ardilla*.

430. Corominas, *Breve diccionario*... (cf. note 53), sous *cibelina*.

431. Côté, Tardivel & Vaugeois, *L'Indien généreux*. (cf. note 316), p.204, sous *pékan*.

432. Tillier, *Dictionnaire*... (cf. note 228), sous *zorille*.

433. Grandsaignes d'Hauterive, *Dictionnaire des racines*... (cf. note 77), sous *gʷen-, gʷel-*.

434. *Oxford Paperback Encyclopedia*, Oxford-New York, Oxford University Press, 1998, 1496 p., sous Michigan.

435. Poirier, *Dictionnaire*... (cf. note 304), sous *carcajou*.

436. Côté, Tardivel & Vaugeois, *L'Indien généreux*. (cf. note 316), p.90.

437. Clavel, Bernard, *Le Carcajou*, Paris, Robert Laffont, 1996, 147 p. p.102-103.

438. Tillier, *Dictionnaire*... (cf. note 228), sous *blaireau*.

439. Ayto, *Dictionary*... (cf. note 103), sous *badger*.

440. Hillairet, *Dictionnaire*... (cf. note 97), tome 2, p.163.

441. Hartenberger, *Une brève histoire*... (cf. note 193), p.18.

442. Buffon, *Histoire naturelle*... (cf. note 100), tome 23, p.282.

443. Côté, Tardivel & Vaugeois, *L'Indien généreux*. (cf. note 316), p.250-251 sous *tamanoir*.

444. Whitfield, *Le grand livre*... (cf. note 197).

445. Kindersley, Dorling, *Le règne animal. Encyclopédie universelle*, Paris, Gallimard, 2002.

446. Tillier, *Dictionnaire*... (cf. note 228), sous *tatou*.

447. Whitfield, *Le grand livre*... (cf. note 197), sous *tatou*.

448. Rey, *Dictionnaire historique*... (cf. note 55), sous *pangolin*.

449. Hartenberger, *Une brève histoire*... (cf. note 193), p.119-123.

450. King, Caroline L., *Handbook of New Zealand Mammals*, Melbourne-Oxford, Oxford University Press, 1990.

451. Rey, *Dictionnaire historique*... (cf. note 55), sous *kangourou*.

452. Gould & McKay, *Les mammifères*... (cf. note 181), p.56.

453. Tillier, *Dictionnaire*... (cf. note 228), p.452.

454. Vincent, Catherine, *Le Monde*, 23/06/2002, p.25.

455. Onions, *The Oxford Dictionary*... (cf. note 214), sous *bandicoot*.

456. Buffon, *Histoire naturelle*... (cf. note 100), tome 22, p.153, note 1.

457. Eco, Umberto, *Kant et l'ornithorynque*, "Paris, Grasset, 1997, 470 p., p.247-249.

458. Tillier, *Dictionnaire*... (cf. note 228), sous *prosimiens*.

459. GOULD & McKAY, *Les mammifères*... (cf. note 181), p.110, sous *Indridi*.

460. ONIONS, *The Oxford Dictionary*... (cf. note 214), sous *indri*.

461. ONIONS, *The Oxford Dictionary*... (cf. note 214), sous *loris*.

462. BUFFON, *Histoire naturelle*... (cf. note 100), tome 29, p.241.

463. WHITFIELD, *Le grand livre*... (cf. note 197), p.36.

464. ARISTOTE, *Histoire des animaux*, (cf. note 81), tome 1, Livre 2, § 8, p.47.

465. GRIMAL, *Dictionnaire*... (cf. note 35), p.86, sous *Cercopes*.

466. *Dictionnaire Hachette Encyclopédique 2002*, 2001, sous *pithécanthrope*.

467. COPPENS, Yves, *Le genou de Lucy*, Paris, Odile Jacob, Poches, 2000, 219 p., p.155.

468. BOURCIEZ, Edouard, *Précis de phonétique française*, Paris, Klincksieck, 1958, 235 p., p.193-194 § 199 et.
BLOCH & WARTBURG, *Dictionnaire étymologique*... (cf. note 65), sous *vendange*, *songe*, *linge* et *lange*.

469. COROMINAS, *Breve diccionario*... (cf. note 53), p.401 sous *mono*.
AYTO, *Dictionary*... (cf. note 103), sous *monkey*.
ONIONS, *The Oxford Dictionary*... (cf. note 214), sous *monkey*.
PARTRIDGE, *Origins*... (cf. note 119), sous *monkey*.
BUCK, *A Dictionary*... (cf. note 26), p.1888, sous *monkey*.

470. MASSON, Michel, «Mystères de singes», communication au GLECS (Groupe Linguistique d'Études Chamito-Sémitiques) en mars 2002, à paraître dans le *Bulletin du G.L.E.C.S.*, Paris, 2003.
LONNET, Antoine, communication au GLECS en février 2002.

471. AYTO, *Dictionary*... (cf. note 103), sous *monkey*.
ONIONS, *The Oxford Dictionary*... (cf. note 214), sous *monkey*.
PARTRIDGE, *Origins*... (cf. note 119), sous *monkey*.

472. BUCK, *A Dictionary*... (cf. note 26), p.188, sous *monkey*.

473. BUFFON, *Histoire naturelle*... (cf. note 100), tome 28, p.7-8, sous *guenon*.

474. BUFFON, *Histoire naturelle*... (cf. note 100), tome 29, p.130, note 1.

475. HILLAIRET, *Dictionnaire*... (cf. note 97), sous *rue des Marmousets*.

476. GOULD , Edwin & McKAY, George, *Mammiferi, Caracteristiche, Ambiante, Comportamento*, Milano, Mondadori, 1991, 240 p., traduction italienne par G. Brosisio & M. Podestà de l'édition anglaise, *Encyclopedia of Animals. Mammals*, McMahons Point, Sydney, Australia,1990, 240 p., p.115.

477. BUFFON, *Histoire naturelle*... (cf. note 100), tome 28, p.7-8.

478. TILLIER, *Dictionnaire*... (cf. note 228), p.119, sous *colobinés*.

479. BUFFON, *Histoire naturelle*... (cf. note 100), tome 28, p.176, note 1.

480. BUFFON, *Histoire naturelle*... (cf. note 100), tome 28.

481. ROSTAND, Edmond, *Cyrano de Bergerac*, Paris, Pierre Lafitte, 1910, acte I, p.40-42.

482. GOULD & McKAY, *Les mammifères*... (cf. note 181), p.122.

483. BUFFON, *Histoire naturelle*... (cf. note 100), tome 28, p.120.

484. GUIRAUD, *Dictionnaire*... (cf. note 38), sous *gibbon*.

485. BUFFON, *Histoire naturelle*... (cf. note 100), tome 28, p.65.

486. PARTRIDGE, *Origins*... (cf. note 119), sous *gorilla*.
AYTO, *Dictionary*... (cf. note 103), sous *gorilla*.

487. CLUTTON-BROCK, Juliet, *Mammals*, London, Penguin, 2002, 400 p., p.126.

488. CHANTRAINE, *Dictionnaire*... (cf. note 48), sous *trôgô*.

489. WAAL, Frans de & LANTING, Frans, «*Bonobos, the Forgotten Ape*», University of California Press, 1997, traduit en français par Jean-Paul Mourlon, *Le bonheur d'être singe*, Paris, Fayard, 1999, 210 p., p.8-9.

490. TILLIER, *Dictionnaire*... (cf. note 228), p.99, sous *chimpanzé*.

491. WAAL & LANTING, *Bonobo*... (cf. note 489), p.9.

492. WAAL & LANTING, *Bonobo*... (cf. note 489), p.144.

493. JACKSON, Peter & FARRELL JACKSON, Adrienne, *Les félins*, trad. française Danièle Devitre, Lausanne-Paris, Delachaux et Niestlé, 1996, 272 p., p.63 (*chat ganté*), p.143 (*chat orné*) et p.251 (*chat domestique*).

INDEX DES MAMMIFÈRES

☞ *faisant l'objet d'un chapitre.*

INDEX DES NOMS DE LIEUX, LANGUES ET PEUPLES

☞ *Les noms de lieux sont en petites capitales. Exemple :* ALGÉRIE.

☞ *Les noms de langues ou de peuples sont en romain. Exemple :* anglais, Anglais.

A

B

C

G

H

I

J

K

L

INDEX DES NOMS PROPRES

☞ *Figurent ici les noms de personnages réels (Exemple* Buffon*) ou mythiques (Exemple* Cerbère*) ainsi que les noms attribués à des mammifères célèbres dans la littérature (Exemple* Ysengrin*). N'ont pas été inclus dans cet index: les noms de marques, les noms de constellations ainsi que les prénoms et patronymes formés sur des noms de mammifères mais ne se référant pas à un personnage précis (Exemple* Rodolphe, Bouvier*).*

A

B

C

INDEX DES NOTIONS

☞ *linguistiques, zoologiques, géographiques...*

LISTE DES ENCADRÉS

☞ *117 encadrés savants ou anecdotiques*

LISTE DES CARTES

6 cartes linguistiques & 2 cartes d'orientation

LISTE DES RÉCRÉATIONS

95 récréations pour en savoir plus

TABLE DES MATIÈRES DÉTAILLÉE

autour des 35 mammifères-vedettes

Autour du renard

Autour de la hyène

Autour de l'ours

Autour du raton laveur

Autour du lion

Autour du chat

Autour de la chèvre

Autour du mouton

Autour de l'antilope

Autour du porc

Autour du singe

Autour du bonobo

Cet ouvrage a été imprimé par

FIRMIN DIDOT

GROUPE CPI

Mesnil-sur-l'Estrée

pour le compte des Éditions Robert Laffont
24, avenue Marceau, 75008 Paris
en mars 2003

Imprimé en France

Dépôt légal : avril 2003
N° d'édition : 43469/01 – N° d'impression : 63377